广西壮族自治区人文社会科学资助项目
广西大学文学与文化研究中心资助项目

朴学

影响下的清代广西学术

郑朝晖 等◎著

人民出版社

自　序

深入理解一个地方的学术生成史，是一个学者形成学术自觉的途径之一。而要深入理解这个生成史，需要从两个方面入手，即学术节点与学术生态。

学术节点是指一个地方的重要学者，或者代表性学者的出现。这里所说的代表性学者，是指具有全国影响力的创新型学者。并非每一个地方都能够产生具有足够影响力的创新型学者，以引领全国的学术发展方向。对于那些没有能力产生重要学者的地方，则学术节点是指外来的重要学者因机缘巧合来到当地推动学风之转向。

学术生态是指一个地方的学术生长机制，可分成内生型学术机制与外驱型学术机制。内生型学术机制是指当地有着完善的学术培养与学术人才的成长机制，可以依其内在力量不断产生一代又一代的重要学者，保持其学术创造力。外驱型学术机制是指当地没有形成完善的学术培养与学术人才的成长机制，没有能力依其内在力量产生当地的重要学者，其学者的成长之路一方面依赖于外出游学，另一方面依赖于外来学者的外在驱动。

迄今为止，广西学术尚未形成内生型学术机制，还是外驱型学术机制。其学术史上，灵渠开凿、宗元谪柳、张栻治桂、阳明来邕、康氏游桂，都是重要的学术节点，需要细致梳理，深入研究。其中，阳明来邕与康氏游桂之后，广西学风都发生了重大转向。本书截取朴学对清代广西学术影响的时间段，以为典型。就此一时间段而言，谢启昆编《广西通志》与康有为桂林讲学是两个重要的学术节点，后之广西学风，受此节点影响而有转变。但因在此节点后，广西学界仍未建成内生型学术机制，而使其当地学者的成长仍依赖于游学机制的推动。

本书由绪言、前论、正论、附论与附录部分组成。绪言介绍清代朴学的述言方式，这是理解全书所言朴学影响的思想基础。前论部分讨论了柳宗元、张栻、王阳明、方以智在广西期间的思想历程，以期显示他们对于广西学术的重要影响。正论部分选择十五位学者，包括外地的重要学者：赵翼、谢启昆、康有为，本地的重要学者：陈宏谋、岭西五大家、郑献甫、王鹏运、陈柱、冯振、王力、罗尔纲，具体说明这些学者对朴学方法的运用与发展情况。附论部分则是整体分析，一个是对桂林书院转向朴学原因的探索，另一个是对广西朴学外驱型学术机制的揭示。附录部分是对广西历史上重大学术节点灵渠开凿的补充介绍，以及笔者对当代广西国学教育的反思，以期引发读者诸君的深入反思。

是为序。

郑朝晖于南宁暮堂书院

2021 年 2 月 6 日清晨

目　录

前　论

正　论

附　论

附　录

绪言 清代朴学的"述言"方式

　　一般认为，朴学取得了巨大的考据学成就，若无清人之考据，则传世古书难以释读。对其成就之评价，趋向两极。一些学者赞扬朴学方法具有科学之精神，如胡适更以"大胆假设，小心求证"论之。另外一些学者则批评其"哲学性"、"思想性"的缺失，甚至目之为严重的历史退步。然而，若我们转换"观念论"的视野，就能发现朴学的另一层学术意义，即朴学家重视对"语言存在"的传述[1]，专注于对"语言存在"的研究，追求语言的真实性与真理性，注重"语言真"的严格证明，并在双真统一的意义上，从象辞转换规则入手解决象辞相应问题，从而使儒家的传述传统由作（读）者中心主义转向文本中心主义。

一、朴学的语言传述

　　儒家具有述而不作的文化传统，孔子明确提出"述而不作，信而好古"[2]的文化理念。述指传述，作指创作，意谓对于圣贤的文化传统，应重在传述而非创作。只是孔子并非一般的反对作，而是反对凭空臆造；主张述也非赞

---

[1] 笔者以为，清代朴学家不单单是从工具性的角度研究语言，而是意识到了语言的存在面向，即认识到，人是一种语言存在，并以此为出发点研究语言现象。

[2] 杨伯峻：《论语译注》，中华书局1980年版，本书之论语引文均出此书，因为学界熟知，故后不出注。

成盲从，而是有选择、有判断、有见识地选择继承，所谓"多闻择其善者而从之，多见而识之"。这种传承性的知，孔子称为次知，他还说"生而知之者上也，学而知之者次也"。因此次知即是学而知之，而学而知之即是述知。与之相应，作即是指生而知之，生而知之只有圣人能当之，即便孔子亦只能学而知之，故孔子也只是自许"祖述尧舜，宪章文武"（《中庸》），传承周公开创的礼乐文化，所谓"郁郁乎文哉！吾从周"。

东周礼崩乐坏，主要原因在于礼乐制度不能适应新的人文觉醒思潮。孔子好古的实质在于"温故而知新"，他敏锐地意识到礼乐传承的关键在于用新的人文思潮改造其内涵，而非简单地复原古代社会。因此，孔子所言之新不是旧的断裂而是旧中新萌芽的成长，所谓"克己复礼曰仁"的重心亦不在复礼，而在曰仁，即对礼中蕴含的仁爱本质的体认，对仁爱的看重实际是礼乐制度适应时代要求的表现，因而孔子说"当仁不让于师"，"人而不仁如礼何？人而不仁如乐何？"后世儒者传述的儒家学说，实为孔子对周礼进行人文改造后创立的这种仁学系统，他们对仁学系统的传述主要采用了三种模式。

第一种是经学模式。经学模式有两种，一是古文经学的"实事求是"，二是今文经学的"微言大义"。古文经学家主张"务得事实，每得真是"[1]，其意在于，通过训诂手段把握文字的原貌原义，以保证不偏离作者表达的本意，从而传承圣人的仁义之道。今文经学家则相信"见其指者，不任其辞"[2]，认为一字一句的文字训诂无法把握作者本意，只有深入把握文本的整体叙事风格，经历"合而通之，缘而求之，五其比，偶其类，览其绪，屠其赘"[3]的探求过程，方可领悟文本的隐微内蕴。但是，两者内在的传述目的一致，均强调对作者本意的把握，他们讲究师法家法，意在通过经师之间的口耳相传，人人相继，将道（文化精神或者文化境界）传承下去。

---

① 《汉书》卷53《景十三王传第二十三》，中华书局1962年版，第2410页。

② 苏舆：《春秋繁露义证》，中华书局1992年版，第51页。

③ 苏舆：《春秋繁露义证》，中华书局1992年版，第33页。

第二种是理学模式。宋明儒受佛道法统思想影响，重视传承道统①。先儒多从传承序次来述说道统，朱熹则将儒家道统的内容具化为十六字心经，"其见于经，则允执厥中者，尧之所以授舜也；人心惟危，道心惟微，惟精惟一，允执厥中者，舜之所以授禹也。"②此说的重点在于"允持精一"的工夫，重视的是传承者个人对道的悟解与践履体验。虽然宋明儒对道的理解有天理、心理之别，并因之而有道问工夫与德性工夫的争执，但两者讨论传述之事的理论视角却是一致的，秉持的都是工夫论的视角。③

第三种是朴学模式。朴学家特别注重考辨传述内容的可信度，尤其是作为传述载体的语言可信度。如惠栋认为，"不从见闻中所得而凿空妄造者"④是郢书燕说，虽有理而无述，因而不可信。述言是否可信，取决于能否传述原意，而原意是否得传的关键，又在于语言是否保持原貌，是否与文本其他内容相协。就易学史而言，惠氏认为，易学有兴有废，所谓废是指圣人创造的易学没有得到传承，失传既是指后人没有理解易理，更指易学载体在流传过程中失去原貌；所谓兴是指易学新圣充分理解易理，并通过新的创作将失传的易学原貌重新恢复，因此对于前人之易而言，兴是述，对于后人之易而言，兴是作，"神农黄帝尧舜皆述庖牺之易而亦云作。"⑤此后，戴震进一步确认了言语传述的中心地位，他认为对言语本身的深入探究，是谈论境界、工夫的前提，言语具有真实的现实效用，谬误言论为祸其甚，所以他特别指出，言语之事，不可不辨。

"盖言之谬，非终于言也，将转移人心；心受其蔽，必害于事，害

---

① 道统之说或脱胎于孔孟对儒学先圣的追述，而由韩愈明言之，"尧以是传之舜，舜以是传之禹，禹以是传之汤，汤以是传之文武周公，文武周公传之孔子，孔子传之孟轲。轲之死，不得其传焉"。参马其昶：《韩昌黎文集校注》，上海古籍出版社1986年版，第18页。

② 朱熹：《四书章句集注》，中华书局1983年版，第14页。

③ 陆九渊是心学家，他也是从工夫论角度来言说道统之学的，他说："（道学）草创未为光明，到今日若不大段光明，更干当甚事？""见在无事，须是事事物物不放过，磨考其理。"参见《陆九渊集》，中华书局1980年版，第436、453页。

④ 惠栋：《九曜斋笔记》，《丛书集成续编》，上海书店出版社1994年版，第92册，第513页。

⑤ 惠栋撰，江藩补，袁庭栋整理：《周易述》，巴蜀书社1993年版，第492—493页。

于政。彼目之曰小人之害天下后世也，显而共见；目之曰贤智君子之害天下后世也，相率趋之以为美言，其入人心深，祸斯民也大，而终莫之或悟。辨恶可已哉！"①

三种模式均因传述目的而生，但其传述中心有境界、工夫、语言的不同，至朴学阶段，方自觉到语言存在自身。在朴学家看来，义理传述依附语言存在，儒学传述的实质是"语言存在"的传述。

二、朴学的语言专注

朴学家意识到，相对于思想而言，语言也是一个独立的研究对象，需要对之进行专门之研究。章太炎认为朴学家关注语言甚于关注思想，因而清代学术在思想创造上无甚成就，在需要学力基础的学术研究方面，成绩甚大。

"（清代学术）方面甚广，然大概由天才而得者少，由学力而成者多。关于天才方面的，如诗、词、古文等均属之。清代的诗本不甚好，词亦平常，古文亦不能越唐宋八大家之范围，均难独树一帜。至于学力方面的学术，乃清代所特长，亦特多，如小学、经学、史学、算学、地理学等，均甚有成绩。此等学术，全赖学力，不赖天才。此外如理学，是半赖学力、半赖天才的，清代于此学亦不甚高明。"②

章氏虽然意识到清代学术别有专长，但他似较消极，没有意识到清代学术专门化的学术史意义。梁启超则看到了清学转向实学研究，在学术史上具有特殊的意义，是文明的进步，学术研究的专门化倾向实是转向实学的必然要求。

"（朴学）以实事求是为学鹄，颇饶有科学的精神，而更辅以分业的

---

① 戴震：《孟子字义疏证》，中华书局 1961 年版，第 1 页。
② 章太炎：《清代学术之系统》，《清代学问的门径》，中华书局 2009 年版，第 51 页。

组织，惜乎其用不广，而仅寄诸琐琐之考据……所谓分业组织，何也？生计家言，谓社会愈进于文明，则分业愈趋于细密。此不徒生计界为然也，学界亦然。晚近实学益昌，而学者亦益以专门为贵，分科中又分科焉，硕儒大师，往往终身专执一科以名其家。"①

不过，梁氏在肯定专门性研究的同时，亦秉执观念论传统，批评清代学术缺少思想性探究，"支离破碎，汩没性灵。"此批评表明，梁氏没有意识到专门之专，其实质意义是专注于语言存在的探究。也没有意识到，对语言存在之探究，是学术思想的重要进步。

朴学家对语言的专注主要表现在两个方面：一个方面是对考据事业的自觉，他们甚至自觉放弃功名追求，而专注于考据事业。这种放弃并非全然被动，有其内在的事业认知作为理据。如惠栋认为学术非为职业谋，应付考试的八股文只是代人说话，没有真正的价值，他在放弃功名追求之前，其实已"屏场屋者三十余年"②，"得馆谷金悉以购书，造次颠沛，未尝去手，远近号为读书种子。"③惠氏还认为，学术创作需要一定的自由空间，有其内在的表达规则，若"文章必系于职司，则一代无名文矣"。④又如焦循对异卦同辞语言现象的关注，起于"念先子之教"，自幼至长，历三十余年萦绕于心，至晚年方自信找到了解决的途径，这份坚持非因外在压力而为，亦非生计所迫，是一种内在的学术自觉。

"循承祖父之学，幼年好易。忆乾隆丙申夏，自塾中归，先子问曰：所课者何？循举小畜象辞，且诵所闻于师之解，先子曰：然。所谓密云不雨，自我西郊者，何以复见于小过之六五？童子宜有会心，其思之也。循于是反复其故不可得。推之同人、旅人之号咷，蛊、巽之先甲、后甲、先庚、后庚，明夷、涣之用拯马壮吉，益愤塞郁滞，悒悒于胸腹中，不

---

① 梁启超：《近世之学术》，《清代学问的门径》，中华书局 2009 年版，第 73 页。
② 惠栋：《松崖文钞》，《丛书集成续编》，上海书店出版社 1994 年版，第 129 册，第 584 页。
③ 朱绶：《传经图序》，《国朝耆献类征初编》卷 419，经学节第 46 函，武汉大学古籍馆，第 15 页。
④ 惠栋：《九曜斋笔记》，《丛书集成续编》，上海书店出版社 1994 年版，第 92 册，第 515 页。

能自释。闻有善说易者，就而叩之，无以应也。乙巳丁忧，辍举子业。乃遍求说易之书阅之，于所疑皆无发明。……循既学洞渊九容之术，乃以数之比例求易之比例，向来所疑渐能理解。"①

另一个方面是对语言方法的自觉，朴学家将传统语言方法作了专业化的提升，出现了音韵学、文字学、校勘学、金石学等大量专门性著作，如惠栋特别强调识字审音对于理解义理的基础作用。

"五经出于屋壁，多古字古音，非经师不能辨，经之义存乎训，识字审音乃知其义，是故古训不可改也，经师不可废也。"②

又如焦循引入数学比例方法研究易学中传统的象辞问题，从而使其发明"大中而上下应之"的旁通方法，以贯通象辞，发前人之所未发。

"始习九九之术，既明九章，又得秦道古、李仁卿之书，得闻洞渊九容奥义。读《测圆海镜》卷首《识别》一册，而其所谓正负寄左、如积相消者，精微全在于此，极奇零隐曲之数，一比例之，无弗显豁可见，因悟圣人作易，所倚之数，正与此同。无九数之要，不外齐同、比例，以此之盈，补彼之朒，数之齐同如是，易之齐同亦如是。以此推之得此数，以彼推之亦得此数，数之比例如是，易之比例亦如是。"③

朴学家所言之语言方法并非仅是一种理论探求，而是与其考据实践紧密结合，取得了大量的语言考据成果。

三、朴学的语言真实

朴学家认为，语言必须是真的，真的语言才有意义。钱穆因此特别表彰惠氏之学，认为以求真为目的具有语言革命的意义。

---

① 焦循：《雕菰楼易学五种》，凤凰出版社 2012 年版，第 229—230 页。
② 惠栋：《九经古义原序》，《九经古义》，《影印文渊阁四库全书》，商务印书馆 1984 年版，第 191 本，第 362 页。
③ 陈居渊：《易章句导读》，齐鲁书社 2002 年版，第 300 页。

"至苏州惠氏出，而怀疑之精神变为笃信，辨伪之工夫转向求真，其还归汉儒者，乃自蔑弃唐宋而然。……吴学实为急进，为趋新，走先一步，带有革命之气度。"①

所谓真的，包括两个方面，即真实的与真理的，这两个方面应当具有一致性。如戴震认为，既要追求故训明，也要追求理义明，故训明是对真实性的追求，理义明是对真理性的追求，两者不可缺一。

"故训明则古经明，古经明则贤人圣人之理义明，而我心之所同然者，乃因之而明。贤人圣人之理义非它，存乎典章制度者是也。松崖先生之为经也，欲学者事于汉经师之故训，以博稽三古典章制度，由是推求理义，确有据依。彼歧故训、理义二之，是故训非以明理义，而故训胡为？理义不存乎典章制度，势必流入异学曲说而不自知，其亦远乎先生之教矣。"②

对于真实性与真理性的双重要求，并非戴氏的独见，而是当时朴学家的共识。当有学者批评"惠学求古，戴学求是"时，王鸣盛即从真实性与真理性一致的角度，予以辩护，而主张求古求是不可分割。

"方今学者断推两先生，惠君之治经求其古，戴君求其是，究之，舍古亦无以为是。"③

在朴学家看来，语言的真实性之所以值得重视，与语言存在是一种客观性存在相关。正因为语言存在是客观的，因而就存在变异的可能。文本失真，所谓真理性也必然无法保证。如惠栋即注意到，经学文本在流传的过程中，会发生各种损毁，圣人之言多非本来面目。

"六经定于孔子，毁于秦，传于汉，汉学之亡久矣。独《诗》、《礼》二经犹存毛郑两家，《春秋》为杜氏所乱，《尚书》为伪孔氏所乱，《易经》为王氏所乱。杜氏虽有更定，大较同于贾服。伪孔氏则杂采马王之说，汉学虽亡而未尽亡也。惟王辅嗣以假象说易，根本黄老而汉经师之

---

① 钱穆：《中国近三百年学术史》，商务印书馆 1997 年版，上册，第 353—354 页。
② 《题惠定宇先生授经图》，《戴震文集》，中华书局 1980 年版，第 167—168 页。
③ 洪榜：《戴先生行状》，《戴震文集》，中华书局 1980 年版，第 225 页。

义荡然无复有存者矣。故宋人赵紫芝有诗云：'辅嗣易行无汉学，玄晖诗变有唐风。'盖实录也。"①

在朴学家看来，文本失传的原因与著作保存不善、文字形状讹变、今古音韵不同、古今词义变化都有密切之关系，因此，要保证文本的真实性，就必须采用专业而有效的考据方法分辨真假，并最终复原文本。如惠栋在典型性的周易考证著作中，就通过对文字、音韵、校勘、词源等考证方法的恰当运用，以期达到对汉易的真实复原。

"程氏迥曰：蔡邕《石经》、郭京《举正》，'即鹿无虞，何以从禽也？'皆有何字，今本脱。案：蔡邕《易石经》，宋时已亡，未知沙随何据云然。郭京曾云得王、韩手札与《石经》，然则所谓蔡邕《石经》者，亦郭氏之乱说，而沙随误信之耳。"②

"所谓阳九之戹，百六之会，寻九戹当作无妄，即易无妄，故孟康以为《易传》篆无妄与九戹相似，故误从之。《易无妄传》疑七十子之门人所撰，如魏文侯之《孝经传》也。"③

"震亦作振，古文震、振、祇三字同物同音。祇有耆音，故《说文》引易作榰恒也。"④

"舍《诗小序》无以言诗，舍《尔雅》、《说文》无以言训诂也。"⑤

另一方面，语言文本的真实可信，还只是研究的开始，对于文本意义的把握，尤其是真实意义的甄别，还须结合整体解读的悟解方法，如惠栋即强调了在易学研究中，对语言的内在表达结构的认知的重要性，此方法与真理性追求有关。

"十五年前，曾取资州《李氏易解》反复研求，恍然悟洁静精微之旨，

---

① 惠栋：《易汉学》，《象数易学发展史》，齐鲁书社 1994 年版，第 365 页。
② 惠栋：《周易本义辨证》，《续修四库》，上海古籍出版社 1995 年版，第 21 册，第 298 页上。
③ 惠栋撰，江藩补，袁庭栋整理：《周易述》，巴蜀书社 1993 年版，第 88 页。
④ 惠栋撰，江藩补，袁庭栋整理：《周易述》，巴蜀书社 1993 年版，第 110 页。
⑤ 惠栋：《趋庭录》，《九曜斋笔记》卷 2，《丛书集成续编》，上海书店出版社 1994 年版，第 92 册，第 526 页上。

子游《礼运》，子思《中庸》，纯是易理，乃知师法家传，渊源有自，此则栋独知之契用，敢献之左右者也。"①

不过，朴学家强调，无论是对真实性文本的考证，还是对真理性意义的思索，都必须建立在对文本自身的反复探求之上，如焦循即明确指出，只有实测经文实情，揣摸经文传文的内在表达结构，根据文本语法，方能揣摸文本真义。

"余学易所悟得者有三：一曰旁通，二曰相错，三曰时行。此三者，皆孔子之言也。孔子所以赞伏羲、文王、周公者也。夫易，犹天也。天不可知，以实测而知。七政恒星，错综不齐，而不出乎三百六十度之经纬；山泽水火，错综不齐，而不出乎三百八十四爻之变化。本行度而实测之，天以渐而明；本经文而实测之，易亦以渐而明。非可以虚理尽，非可以外心衡也。余初不知其何为相错？实测经文传文，而后知比例之义出于相错，不知相错则比例之义不明。余初不知其何为旁通？实测经文传文，而后知升降之妙出于旁通，不知旁通，则升降之妙不著。余初不知其何为时行？实测经文传文，而后知变化之道出于时行，不知时行，则变化之道不神。未实测于全易之先，胸中本无此三者之名。既实测于全易，觉经文传文有如是者，乃孔子所谓相错；有如是者，乃孔子所谓旁通；有如是者，乃孔子所谓时行。测之既久，益觉非相错、非旁通、非时行，则不可以解经文传文，则不可以通伏羲、文王、周公、孔子之意。十数年来，以测天之法测易，而此三者乃从全易中自然契合。"②

四、朴学的语言证明

在朴学家看来，无论是真实性还是真理性，必须通过严格的证明，才能

---

① 惠栋：《上制军尹元长先生书》，《松崖文钞》卷1，《丛书集成续编》，上海书店出版社1994年版，第129册，第584页下—585页上。
② 陈居渊：《易章句导读》，齐鲁书社2002年版，第247页。

达到。所谓严格的证明，既指有效的证明方法，也指有效的证据运用。

关于证据方法的有效性问题，焦循即认为，不同的证明方法各有其相对的优缺点，其证明强度亦非一致，单独使用难以保证证明效度达到百分之百，因而应当发挥不同证据各自的优势，互补为用，增强证明的强度，他明确地提出了"兼之则相济"的证明主张。

"今学经者众矣，而著书之派有五：一曰通核，二曰据守，三曰校雠，四曰摭拾，五曰丛缀。此五者各以其所近而为之。通核者，主以全经，贯以百氏，协其文辞，揆以道理，人之所蔽，独得其间，可以别是非，化拘滞，相授以意，各慊其衷；其弊也，自师成见，亡其所宗，故迟钝苦其不及，高明苦其太过焉。据守者，信古最深，谓传注之言，坚确不易，不求于心，固守其说，一字句不敢议，绝浮游之空论，卫古学之遗传；其弊也，跼蹐狭隘，曲为之原，守古人之言，而失古人之心。校雠者，六经传注，各有师授，传写有讹，义蕴乃晦，鸠集众本，互相纠核；其弊也，不求其端，任情删易，往往改者之误，失其本真，宜主一本，列其殊文，俾阅者考之也。摭拾者，其书已亡，间存他籍，采而聚之，如断圭碎璧，补苴成卷，虽不获全，可以窥半；是学也，勠力至繁，取资甚便，不知鉴别，以赝为真，亦其弊矣。丛缀者，博览广稽，随有心获，或考订一字，或辨证一言，略所共知，得未曾有，溥博渊深，不名一物；其弊也，不顾全文，信此屈彼，故集义所生，非由义袭，道听途说，所宜戒也。五者兼之则相济，学者或具其一，而外其余，余患其见之不广也，于是乎辨。"①

因为朴学家的证实方法主要是例证性的，一些学者因此怀疑朴学证明的有效性。或因为焦氏等对方法的自觉，胡适认为朴学家的证明方式结合了例证与通则，是归纳与演绎并用的科学方法，具有确定性的证明功效。

"（1）研究古书，并不是不许人有独立的见解，但是每立一种新见解，必须有物观的证据。（2）汉学家的证据完全是例证。例证就是举例

① 焦循：《辨学》，《雕菰集》卷8，商务印书馆1937年版，第109页。

为证。……（3）举例作证是归纳法。举的例不多，便是类推（Analogy）的证法。举的例多了，便是正当的归纳法（Induction）了。类推与归纳，不过是程度的区别，其实它们的性质是根本相同的。（4）汉学家的归纳手续不是完全被动的，是很能用假设的。这是他们和朱子大不相同之处。他们所以能举例作证，正因为他们观察了一些个体的例之后，脑中先已有了一种假设的通则，然后用这通则所包涵的例来证同类的例。他们实际上是用个体的例来证个体的例，精神上实是把这些个体的例所代表的通则，演绎出来。故他们的方法是归纳与演绎同时并用的科学方法。"①

关于有效的证据运用，惠栋即主张，证据既不能杜撰，也不能伪造，所有的证据必须明示词语的原始出处或者词义来源的选择根据，如他在证明铜钱蓍法源于《火珠林》时，就明示了项安世、朱熹、孔颖达、贾公彦等的相关记载以证其说。此外，对于那些没有充分的文本证据，无法对其本来含义作出可信判断的情况下，惠氏主张不能主观臆断，而应当说明多义并存无法决断的实情，对其本义保持阙疑，让读者"考得失而审异同"②，从而将判断权交给时间，待寻找或者发现了新的证据时，再作出合理的结论。

> "近日称善卜者陈观文，余尝叩以三钱代蓍之起，渠云起自鬼谷子，余笑曰：'《鬼谷子》三卷，皆纵横之术，未闻论易法，若此言出何书也？'陈无以对，因询予三钱所起，予曰：'案项安世、朱晦庵皆云三钱代蓍起于《火珠林》"交单重坼"之说，孔颖达《易正义》、贾公彦《仪礼疏》皆有此事，盖京房遗法也。唐人于鹄诗"暗掷金钱卜远人"，明人陈继儒遂谓起于唐，亦误也。'陈闻之怃然。"③

> "某安敢涂改圣经，但据汉魏以来数十家传《易》字异者，而折

---

① 胡适：《清代学者的治学方法》，《清代学问的门径》，中华书局 2009 年版，第 316 页。
② 惠栋：《春秋左传补注自序》，《松崖文钞》卷 1，《丛书集成续编》，上海书店出版社1994 年版，第 92 册，第 580 页下。
③ 惠栋：《蚕卜》，《九曜斋笔记》卷 2，《丛书集成续编》，上海书店出版社 1994 年版，第92 册，第 519 页上。

衷焉。思以还圣经之旧，存什一于千百耳！即如数十字之外，如《噬嗑》'明罚敕法'，释文云：敕，俗字，当作饬。系辞'掘地为白'，掘当作阙。如此类者尚多，但汉易已亡，改之无据，是用阙疑，以俟来哲。"①

顾颉刚十分赞赏朴学家对证据有效性的重视，认为朴学家强调证据要有百分之百的证明效度，以形成十分之见，否则便是增添了学者的心理疑惑，不能起到证明作用。

"戴震的学统直继顾炎武的正传，所以征实的精神发挥得最地道。他曾说：'有十分之见，有未至十分之见。'什么叫做十分之见？就是一切的证据都可以证实它，没有丝毫遗憾的。什么叫未至十分之见？就是夹杂些空言，引用了孤证来作论断，或者只从许多说法中选择比较好一点的。如果我们用了未至十分之见来治经（清代的学问中心是经学），便失了孔子所说的'不知为不知'的意思，白白的加多了疑惑，增添了识者去辨别它的是非的麻烦。他又说'传其信不传其疑，疑便阙着。'所以戴震的为学宗旨可以用两句话来包括，'无征不信，崇实黜虚'，这是清代学者征实的真精神。"②

为了增强对真理性的证明，朴学家主张，对文本不同部分出现的相关内容之间的逻辑相关性进行梳理，形成证据链，以互相证实或者证否文本的本来含义所在。如焦循特别重视互见互明之法，以此指明词义的整体融洽性。此所言之互见互明并不止于单一文本的近似文字之间，而是贯通于群经之间，不同文本的经义之间可以起到互证互训的作用，因其互证不依赖于相似表达或相似内容，而是依赖解读者的关联性解读，借助于人的直观推理能力，所谓立言者的性灵，将相近范畴的论述"汇而通之"，"以精汲精"，从而形成贯通性的证言，以达致自证效果。

---

① 惠栋：《周易古义》，《九经古义》卷2，《景印文渊阁四库全书》，商务印书馆1984年版，第191本，第377页下。
② 顾颉刚：《清代汉学家治学精神与方法》，《清代学问的门径》，中华书局2009年版，第341—342页。

"旅人谓明夷五，明夷、讼相错即师、同人，故与同人九五互明。"①

"可知经文互见，故九三不言凶耳。"②

"谓三往大畜上以从二五，凡经文皆连贯如此。"③

"经学者，以经文为主，以百家子史、天文算术、阴阳五行、六书七音等为之辅，汇而通之，析而辨之，求其训故，核其制度，明其道义，得圣贤立言之指，以正立身经世之法，以己之性灵，合诸古圣之性灵，并贯通于千百家著书立言者之性灵，以精汲精，非天下之至精，孰克以与此？"④

朴学家关注证明的方法效度、证据效度，从而不断改进证明方法，通过长时间的文本调查与文字考古寻找真实性证据与关联性证据，使文本趋向于真实性与真理性兼备的语言存在。同时，朴学家要求证据与文本存在紧密结合，主要追求的是文本的内在证明，相信文本具有自证性或自否性，即语言存在通过内在证据的相互支持成为恒常存在。

五、朴学的象辞语法

朴学仍然是以经学为研究中心的，而在经学中又以易学为其核心。清代朴学易表面上是通过考据学恢复汉易的本来面目，而实际上汉易并非一家，朴学家并不在意易例来源于哪一家，意图将汉易的所有体例熔为一炉，从而构造一个理想的取象体系，以解决象辞相应的难题。

象辞相应之理是传统易学的中心议题之一，一些学者认为，象辞之间的内在矛盾是易学进步的动力之一，促成了后世解读者不断作出新的解读尝

---

① 陈居渊：《易章句导读》，齐鲁书社 2002 年版，第 120 页。
② 陈居渊：《易章句导读》，齐鲁书社 2002 年版，第 95 页。
③ 陈居渊：《易章句导读》，齐鲁书社 2002 年版，第 107 页。
④ 焦循：《与孙渊如观察论考据著作书》，《雕菰集》卷 13，商务印书馆 1937 年版，第 212 页。

试，是"卦爻辞得以不断敞开自己而'常解常新'的根源"①。易学史上看待象辞关系，大多认为辞是对象意的反映，只是随着对精神、物质世界认识的深入，对易象的解读有所不同罢了，从重爻位关系、经卦取象转向卦德爻德。②诸家虽对象意的认知不同，对辞的解读重心也有相应之不同，但都遵循象模拟天地——辞说明象意的递进式说明方式，只是因为这种解说很难做到象与辞的一一对应，因而不断地调整取象方式，希望找到确定的象辞对应方式。③

---

① "从发生学的立场说，《周易》中的卦爻象和卦爻辞，本来都是特定问占活动中的特定产物：卦爻象是特定问占活动中，史、巫演算蓍草所得；卦爻辞则是特定问占活动中，筮者所问事项及问占结果的记录。而一旦把它们系统化并编辑成书，作为筮占活动的解释范本，那么，卦爻象作为一种符号，其'特定问占活动'的境域就会丧失，其内在的——'特定的'——规定性也会因之减弱，其普遍适应性的功能也即随之加强。而卦爻辞，虽'特定的'角色容或有所转变，然因其所具有的具体表述性特点，其'特定的'内容不会发生什么变化。这样《周易》的编纂者首先就会遇到一个问题：如何将一组特定问占活动的记录——内涵颇为确定的筮辞，与内在规定性逐渐被弱化、普遍性功能不断增强的卦爻象配合在一起，以作为判断吉凶的根据？这，就是卦爻象与卦爻辞之间的逻辑关系问题。"参见杨庆中：《易经中的象辞关系》，《周易经传研究》，商务印书馆 2005 年版，第 58、60 页。

② 比方说，易传看待象辞关系，特重爻位关系，"九三重刚而不中，上不在天，下不在田，故乾乾因其时而惕，虽危无咎矣。九四重刚而不中，上不在天，下不在田，中不在人，故或之，或之者，疑之也。故无咎。"象数派看待象辞关系，重视经卦卦象分析，"阴消姤二也。艮为山，巽为入，乾为远，远山入藏，故遁。以阴消阳，子弑其父，小人道长，避之乃通，故遁而通，则当位而应，与时行也。"义理派看待象辞关系，则重视卦德爻德分析，"九四，革之盛也。阳刚，革之才也。离下体而进上体，革之时也。居水火之际，革之势也。得近君之位，革之任也。下无系应，革之志也。以九居四，刚柔相济，革之用也。四既具此，可谓当革之时也。事之可悔而后革之，革之而当，其悔乃亡也。革之既当，唯在处之以至诚，故有孚则改命吉。改命，改为也，谓革之也。既事当而弊革，行之以诚，上信而下顺，其吉可知。四非中正，而至善，何也？曰：唯其处柔也，故刚而不过，近而不逼，顺承中正之君，乃中正之人也。《易》之取义无常也，随时而已。"参见张文智：《周易集解导读》，齐鲁书社 2005 年版，第 230 页；程颐：《周易程氏传》，《二程集》，中华书局 1981 年版，第 954 页。

③ 近代学者看到象辞对应的困难，甚而主张放弃对象辞对应关系的追求，如尚秉和主张以象意为重，认为辞与辞之间缺乏内在关系，"易辞与他经不同，他经上下文多相属，易则不然，因易辞皆由象生，观某爻而得甲象，又观某爻而得乙象，故易辞各有所指，上下句义不必相联。"而李镜池主张以辞意为重，认为卦画只是一种顺序编号，没有太多的深

朴学家因为转向对语言存在的关注，而寻找到了解决象辞相应问题的新的解决思路，尝试从象辞转换规则入手解决问题。卦画具有一定的普遍性，因而卦象往往是指类相，非个体之相，象意具有多重意蕴，而卦爻辞因语言的确指性，其涵义相对固定，这就造成辞的保守性与象的开放性之间的矛盾。从朴学对真实性与真理性的双真追求来看，象辞相应问题在一定意义上是真实性与真理性统一难题的体现。在朴学家看来，解决此问题的关键在于象辞概念的符号化与象辞转换规则的确定化。

象辞概念的符号化既包括卦爻辞的符号化，也包括卦爻象的符号化。卦爻辞的符号化，意指对具象的超越，即认为易辞所言之事是具有普遍性涵义的典型性事件，应当从一般性的事理上进行解读。卦爻象的符号化，意指将形式化的卦象具象化为某种道理的符号表达，如惠栋将既济卦象视作理想平衡状态的符号表征，无论是在自然还是社会、人伦领域。

"物相杂为文，蒙杂而著，即贲之文柔、文刚，讼上乾为王，讼而比例于蒙，是文、是王、是蒙、是讼也。传之言文王，犹经之称帝乙。易之曲而中，肆而隐者如此。执于周王而实以羑里之事，失之矣。"①

"三上易位成既济。乾升为云行，坤降为雨施。品物流形，群生畅遂，此神农既济之时也，故曰元亨利贞。卦有既济之道而名无妄者，以三上二爻耳。"②

象辞转换规则的确定化，是指任何一对象辞之间的转换，均遵循同一规则进行转化；或者说，无论是谁，无论何时何地，进行象辞转换，只要遵循象辞之间的转换规则，均能得到同样的转换结果。焦循在象辞转换规则的确

意，"卦画既与卦爻辞没有干连，为什么它会联在一块呢？这个是编纂散漫的筮辞为整套的《周易》的人所用的一个方法。编纂者大概发生一个'因往知来'的思想，所以想把以前所有的筮辞归聚起来；但是归聚起来而没有一个系统还是不成，所以他就用了这套图案来分配上去，仿佛后人编纂字典用子丑寅卯等干支字母一样。"参见尚秉和：《说例》，《周易尚氏学》，中华书局1980年版，第5页；李镜池：《周易筮辞考》，《周易探源》，中华书局1978年版，第64页。

① 陈居渊：《易章句导读》，齐鲁书社2002年版，第142页。

② 惠栋著，郑万耕点校：《周易述》，中华书局2007年版，第75页。

定化上，下的功夫最深，规则的统一性最为显著。① 他将象的内在关系理解成旁通，旁通两卦阴阳相错，"初通于四，二通于五，三通于上"②，遵循"大中而上下应之"，即"先二五，后初四三上"③的变通过程，最终达到成既济的理想状态。卦因旁通时行而形成或当位或失道的卦象运动，因相错比例，而使易辞之间发生内在关联，从而使不同地方出现的卦爻辞能够保持同一含义，象辞之间因之而保有整体的一一对应关系。④ 而对于通过象之变通关系也无法解释的卦爻辞，焦氏则将辞的内在关系理解成假借，从而达成象辞转换的规则化。

"同人九五大师克相遇，若非师与同人旁通，则师之相克、师之相遇，与同人何涉?"⑤

"蒙革为困、贲之相错，故蒙称困蒙。暌、蹇为旅、节之相错，故蹇称中节。家人、解即丰涣之相错，故丰称蔀其家。"⑥

"惟本有之字，彼此互借。如麓录二字本皆有者也何必借録为麓。壶瓠二字本皆有者也，何必借瓠为壶。疑之最久，叩诸通人说之，皆不能了。近者学易十许年，悟得比例引申之妙，乃知彼此相借，全为易辞而设。假此以就彼处之辞，亦假彼以就此处之辞。如豹、礿为同声，与虎连类而言，则借礿为豹；与祭连类而言，则借豹为礿。沛、绂为同声，以其刚揜于困下，则借沛为绂；以其成兑于丰上，则借绂为沛。各随其文以相贯，而声近则以借而通。盖本无此字而假借者，作六书之法

---

① 应当说，惠栋在转换规则的统一性上，也作出了艰巨努力，他将汉学的取象规则整合起来，将六十四卦视作趋向既济卦的运动过程，并以之分析理情成善的社会治理过程，以期形成象与辞之间的内在对应，尽管惠氏规则的统一性还不那么明确。参见郑朝晖：《述者微言：惠栋易学的逻辑化世界》，人民出版社 2008 年版，第 202—236 页。
② 陈居渊：《易章句导读》，齐鲁书社 2002 年版，第 252 页。
③ 陈居渊：《易章句导读》，齐鲁书社 2002 年版，第 267 页。
④ 时行是指旁通的变通过程，"能变通，即为时行，时行者，元亨利贞也。"即"大中而上下应"的变通过程。相错亦即比例，指旁通卦或大中而上下应之卦之间互换下卦而成之卦与原卦之间的关系。参见陈居渊：《易章句导读》，齐鲁书社 2002 年版，第 278、279 页。
⑤ 陈居渊：《易章句导读》，齐鲁书社 2002 年版，第 253 页。
⑥ 陈居渊：《易章句导读》，齐鲁书社 2002 年版，第 286 页。

也。本有此字而假借者，用六书之法也。"①

朴学家尤其是焦循的旁通易学，一定程度上，在符号运算的视角上解决了传统易学的象辞相应问题。焦循首先将卦爻运算规则化，从而可以采用统一的解释模式解释所有卦爻画的运行特点，形成确定性的解释模式，使相同的卦爻运行具有同一含义。同时，通过假借的文字训诂方法，使发生冲突的不同语辞之间通过假借指向同一卦爻运行现象，最终形成通过卦爻画运算即可解释卦爻辞的客观后果。从另一个角度来讲，这些卦爻画只具有形式符号的意义，他们的义理含义主要体现在运行规则而非语义上，即相应的，辞也只具有了形式符号的含义，其迁善改过的道德含义也不是由语义提供而是由运行与组成规则提供。②

六、朴学的文本中心主义

从语言存在的角度反观仁学系统传述的三种模式，则可以看到，相较于经学时代的作者中心主义（将思想看作是作者的产物），理学时代的读者中心主义（将思想看作可以独立于作者而为读者体认的对象），朴学时代则转向文本中心主义（将思想看作文本的客观内涵）。

所谓作者中心主义，意指文本被视作作者思想的创作物或者记载物，解经者以作者原意为传述目标。以周易为例，周易经传被视作是孔子整理与创作的经典，是圣人之言。汉代经学家特重师法家法，认为只有师师口

---

① 焦循：《周易用假借论》，《易话》，《雕菰楼易学五种》，凤凰出版社 2012 年版，第 1059 页。

② 针对易经象辞转换之间的运算特性，李廉曾经提出建立"形象思维智能机"与"辩证思维智能机"的设想。董光璧亦有类似看法，他认为，在隐喻的意义上而不是严格的图灵的意义上使用计算概念，各种卦变法都可视为一种广义的计算。参见李廉：《周易的符号与形象思维对应的机制及其启示》，《江苏社会科学》1995 年第 1 期；《周易的符号结构与物质的元素结构——兼谈对辩证思维智能机的启示》，《周易研究》1993 年第 3 期；董光璧：《易文化：计算主义的先声？》，《国际易学研究》12 辑，中国书籍出版社 2012 年版，第 356 页。

传，才能经旨不杂，保证作者的创意不被误解，从而原汁原味地传承作者的创作意向。因此，经学各家皆重视师承脉络的清晰，以示其传承有自。

"前汉重师法，后汉重家法。先有师法，而后能成一家之言。师法者，溯其源；家法者，衍其流也。"①

"汉人最重师法。师之所传，弟之所受，一字勿敢出入；背师说即不用，师法之严如此。"②

"经作于大圣，传自古贤。先儒口授其文，后学心知其意，制度有一定而不可私造，义理衷一是而非能臆说。世世递嬗，师师相承，谨守训辞，毋得改易。"③

"孔子传易于瞿，瞿传楚人馯臂子弘，弘传江东人矫子庸疵，疵传燕人周子家竖，竖传淳于人光子乘羽，羽传齐人田子庄何，何传东武人王子中同，同传菑川人杨何。何元朔中以治易为汉中大夫。"④

所谓读者中心主义，意指文本意义乃是读者冥会契合天地之理，自得于心，经书著作只有验证读者体认的价值，解经者以天地之理为传述目标。宋明理学虽说极重视道统，但认为圣人口传之秘已经失传，孔门心法须赖读书之法重新彰明。⑤宋明儒发明了许多灵活解读的具体方法，如朱熹特别强调读书要结合静坐之法，他认为只有静坐才能定下心来，超越文字的束缚，从而不被喻象迷惑，明了喻象背后的道理。又如王阳明年谱记载，王阳明在读书悟道的过程中，心中常存生死疑念，日日思而不得其解，只是在贵州流放期间，通过人生千死百难的亲历，方于某夜突明五经格物致知之旨，从而将

① 皮锡瑞：《经学历史》，中华书局 1959 年版，第 136 页。
② 皮锡瑞：《经学历史》，中华书局 1959 年版，第 77 页。
③ 皮锡瑞：《经学历史》，中华书局 1959 年版，第 139 页。
④ 《史记》卷 67《仲尼弟子列传》，中华书局 2005 年版，第 1752 页。《史记·儒林列传》、《汉书·儒林列传》另有所记，虽详略有别，大体事实则近。
⑤ 事实上，从作者中心主义转向读者中心主义，魏晋玄学与唐代注疏之学对解经方法的探索，起了促进作用，如王弼的得意忘象方法，孔颖达的随时曲变方法，都对宋明儒的解经倾向有影响。参见王弼著，楼宇烈校释：《王弼集校释》，中华书局 1980 年版，第 591—592、609 页；刘玉建：《周易正义导读》，齐鲁书社 2005 年版，第 97、111 页。

此解认作五经本有之义，并以五经文本证之，而自认莫不相合。

"用半日静坐，半日读书，如此一二年，何患不进。"①

"读书闲暇且静坐，教他心平气定，见得道理渐次分明，这个却是一身总会处。"②

"读书，须要切己体验，不可只作文字看，又不可助长。"③

"时瑾憾未已，自计得失荣辱皆能超脱，惟生死一念尚觉未化，乃为石墩自誓曰：'吾惟俟命而已！'日夜端居澄默，以求静一；久之，胸中洒洒。而从者皆病，自析薪取水作糜饲之；又恐其怀抑郁，则与歌诗；又不悦，复调越曲，杂以诙笑，始能忘其为疾病夷狄患难也。因念：'圣人处此，更有何道？'忽中夜大悟格物致知之旨，寤寐中若有人语之者，不觉呼跃，从者皆惊。始知圣人之道，吾性自足，向之求理于事物者误也。乃以默记《五经》之言证之，莫不吻合，因著《五经臆说》。"④

所谓文本中心主义，意指文本的意义由文本的自身存在形式决定，即语义既非作者的意向也非读者的理解，而是文本自身内在结构的显现，解经者以语言存在为传述目标。朴学家批评宋明儒以"六经注我"，指其妄改经文，所说常出自臆测，有违经意，主张恢复经书原貌，圣学原意。如惠栋主张，古文之真与后儒之精不能混为一谈，应当分别开来，后儒的自得之言虽然义理精明，但不能视作经文本有之义。又如焦循将易经文本看作如自然之天一样的客观实存，主张以测天之法实测周易文本，因此焦氏十分注重易经文本的语法规则，他曾说过易之假借是用六书之法，主张以假借之法贯通经义与象辞相应之理，对于一些不易解通的相应象辞，他以倒言进行解读，其意在于不离文本解读经意。

"夫二十五篇之古文非不依一于义理，顾后儒之作虽精醇，不可以

---

① 黎靖德编：《朱子语类》卷11，中华书局1986年版，第2806页。
② 黎靖德编：《朱子语类》卷11，中华书局1986年版，第178页。
③ 黎靖德编：《朱子语类》卷11，中华书局1986年版，第181页。
④ 王守仁：《王阳明全集》卷33，上海古籍出版社1992年版，第1228页。

混淆圣籍，扬子、文子之拟经皆谓之僭，况以伪乱真者。"①

"说，兑也。用兑，即用革四也。说，读如脱去之脱，革去故而通蒙为脱。桎梏，校也。桎，犹至也。梏即初筮之告也。先二之五，而后革四之蒙初，是桎梏而后用说也。易辞例以假借为引申，其方法多用到，故借梏为告，而到云脱桎梏也。"②

相较于惠栋对文本证明的强调，焦循对语法规则的重视，戴震认为文本的意义不需外求，而取决于组成文本的字词意义及其相互之间的相关性，即由文本的内在结构决定其义，他的说法很好地代表了清代朴学家的文本主义倾向，即将文本看作一个客观本体的存在。

"仆自少时家贫，不获亲师，闻圣人之中有孔子者，定六经示后之人，求其一经，启而读之，茫茫然无觉。寻思之久，计于心曰：'经之至者道也，所以明道者其词也，所以成词者字也。由字以通其词，由词以通其道，必有渐。'求所谓字，考诸篆书，得许氏《说文解字》，三年知其节目，渐睹古圣人制作本始。又疑许氏于故训未能尽，从友人假《十三经注疏》读之，则知一字之义，当贯群经、本六书，然后为定。"③

---

① 沈彤：《古文尚书考序》，《续修四库》，上海古籍出版社1997年版，第44册，第55页下—56页上。

② 陈居渊：《易章句导读》，齐鲁书社2002年版，第63—64页。

③ 戴震：《与是仲明论学书》，《戴震全书》，黄山书社2010年版，第6册，第368—369页。

前　论

第一章　柳宗元的成神问题

　　儒者虽然主张"未知生，焉知死"，但并非不关注死后的问题，"成名"是儒者超越生死限制的象征。由朝廷议定谥名，对一生行事给出一个名分，或者进入名宦、乡贤祠，世代享祀，最高的追求就是能入孔庙陪祀孔子，这些都是儒者成名的表现。孔子虽在乡人议论其"无所成名"时，以达观的态度相对，但他想表达的是"君子去仁，恶乎成名"的君子之名的实质，也流露出了"君子疾没世而名不称"的隐忧，以及"四十、五十而无闻"的恐惧，因而主张"朝闻道，夕死可矣"的成名观。儒者成名而享祀后世，只是后人对儒者德行功业的尊崇，享祀之儒者并无福佑后人的功能，其功能只是"慎终追远，民德归厚"。从这个意义上来讲，儒者并不追求成为神灵，但也有的儒者，因为机缘巧合，而成为神灵意义上的享祀者，较为多见的是成为地方城隍，成为专职地方神的现象较为少见。① 比如说流行于浙江的胡则大帝，流行于福建一带的萧望之（萧王爷崇拜是一种神灵体系，其属下还有范仲淹、叶适等儒者，均与任职泉州有关），但这些儒者是在立祠后逐步被地方尊为保护神角色，可以说是在朝廷承认的基础上又被地方拉来作为地方保

---

① 城隍是民间人格神，但自明初升格为国家祭祀神后，从人格神转为功能神，只是民间仍然秉持人格神的传统，因此在柳州民间也有将柳宗元视作柳州城隍神的传统，不过在官方志书中，则明确将城隍与柳宗元的罗池庙传统区分开来，"城隍庙在县治西大街，……柳侯祠在城东，旧名罗池庙，祀唐刺史柳宗元，有昌黎韩愈碑记，明永乐间，将军韩观修葺，嘉靖间知府杨埙重修，至国朝百有余载，庙貌倾颓，乾隆二十八年（1763年）右江道王锦创捐重建，有碑记。"影印《柳州县志》，1961年版，第63页。

护神的，其儒者身份在民间被相对弱化。比较而言，被尊为柳州保护神的柳宗元，其情形就要复杂得多。他首先是被民间立为地方保护神，而后逐渐被朝廷接受，其儒者身份不但没有被削弱，反而不断被强化，并与夷夏融合的复杂情形纠缠在一起，是中国文明具有融合性功能的一个有趣事例，值得深入讨论。

一、自许巫神

柳宗元（773—819），字子厚，山西永济人。唐元和十年（815 年）三月贬柳州刺史，元和十四年（819 年）十一月逝于柳州。在柳州生活四年余，后世称其为柳柳州，并修建罗池庙将其奉为柳州的地方神。按其部将魏忠、谢宁、欧阳翼等人的说法，死后成为柳州地方神是柳氏本人的遗愿。

> "尝与其部将魏忠、谢宁、欧阳翼饮酒驿亭，谓曰：'吾弃于时，而寄于此，与若等好也。明年吾将死，死而为神。后三年，为庙祀我。'及期而死。三年孟秋辛卯，侯降于州之后堂，欧阳翼等见而拜之。其夕梦翼而告曰：'馆我于罗池。'"[1]

柳氏准确预告了自己的死亡期限，并称"死而为神"，嘱咐其部将在三年之后建庙祭祀，为了显示自己的神迹，三年之后还亲自降神，并希望在罗池这个地方建立神庙。这个说法或表明，柳宗元通过自我预设与显示灵迹，显示了自己成为柳州地方保护神的强烈愿望，是所谓"以精多魄强为罗池之

---

① 吴文治编：《柳州罗池庙碑》，《柳宗元资料汇编》，中华书局 1964 年版，第 3 页。文人将兵是唐代的通例，"有唐以武戡乱，以文化人。自宰辅公卿至方伯连帅，皆用儒者为之。"《建溪处士赠大理评事柳府君墓碣铭序》，《柳宗元传》，《柳宗元资料汇编》，中华书局 1964 年版，第 23 页。这些部将可能皆为柳人，"既没，柳人怀之，讬言降于州之堂，人有慢者辄死。"《柳宗元传》，《柳宗元资料汇编》，第 32 页。"旧唐史讥退之为罗池庙碑，以实柳人之妄。……审如是，则碑中所载，子厚告其部将等云云，未必皆柳人之妄。"《柳宗元传》，《柳宗元资料汇编》，第 154 页。

神"①，是"弃于时而寄于此"的。关于柳宗元的此番心思，未见于柳宗元的自述，出于其部将之手，旧唐史认为这是柳人出于对柳氏的尊崇而编造的虚假事实，是所谓"柳人之妄"。然据《龙城录》说，

> "罗池北，龙城胜地也。役者得白石，上微辨刻云：龙城柳，神所守，驱厉鬼，山左首，福土氓，制九丑。余得之，不详其理，将欲隐予于斯与。"②

此条材料似说明了柳宗元是命中注定要成为柳州地方的保护神，是龙城之神，能够福佑当地百姓，尽管柳宗元并非完全明白石刻中的所有寓意，但还是领会到了自己与柳州之间的命运关联而"欲隐于斯"。当然，因《龙城录》的可信度不高，此条资料还不能直接证明柳宗元确有为神于柳之直接意愿。柳宗元虽曾说过"不穷异以为神"③的话，但这并不表明他反对神道设教的做法。他到柳州重修孔庙，在重修碑记里面说：

> "仲尼之道，与王化远迩。惟柳州古为南夷，椎髻卉裳，攻劫斗暴，虽唐虞之仁不能柔，秦汉之勇不能威。至于有国，始循法度，置吏奉贡，咸若采卫，冠带宪令，进用文事。学者道尧舜孔子，如取诸左右，执经书，引仁义，旋辟唯诺。中州之士，时或病焉。然后知唐之德大以远，孔氏之道尊而明。……刺史柳宗元始至，大惧不任，以坠教基……昔者夫子尝欲居九夷，其时门人犹有惑圣言，今去夫子代千有余载，其教始行，至于是邦。人去其陋，而本于儒。孝父忠君，言及礼义。又况巍然炳然，临而炙之乎。惟夫子以神道设教，我今罔敢知。钦若兹教，以宁其神。追思告诲，如在于前。苟神之在，曷敢不虔，居而无陋，罔

---

① 吴文治编：《题罗池庙碑阴文》，《柳宗元资料汇编》，中华书局1964年版，第21页。"年无饥馑，气无乖厉，此民之所望于神者。"《重修罗池庙记》（丘崇），第89页。
② 柳宗元：《龙城录·罗池石刻》，《河东柳先生文集》，哈佛燕京大学图书馆藏万历本。
③ 柳宗元：《非国语上·料民》，《柳河东集》下册，上海古籍出版社2008年版，第749页。柳宗元更看重神的教化功能，他说："凡鬼神事渺茫荒惑无可准，明者所不道。""明罚行于鬼神，恺悌达于蛮夷。""始黄神为人时居其地。……神既居是，民咸安焉，以为有道，死乃俎豆之，为立祠。"《与韩愈论史官书》《道州毁鼻亭记》《游黄溪记》，《柳河东集》下册，上海古籍出版社2008年版，第500，461，470页。

贰昔言。"①

在柳宗元看来，柳州本为南夷之地，自三代至秦汉皆不行中原礼仪衣冠，只有到了唐朝，孔子之道才渐染此地，唐朝法度亦开始远行此方，甚而比之于中原亦不为下，然而在柳宗元来时，柳州的文教事业似已衰退，因此柳宗元重修文庙，其意在于效仿孔子居九夷的精神，以"神道设教"的精神施及蛮荒，则少数民族以其神得以宁而恭行孔子教化之道。当然，柳宗元也认识到，柳州边氓所信仰的神与神道设教的神还不是一回事，而近于巫鬼信仰。

> "信祥而易杀，傲化而偱仁。病且忧，则聚巫师，用鸡卜。始则杀小牲；不可，则杀中牲；又不可，则杀大牲；而又不可，则诀亲戚饬死事，曰'神不置我矣'，因不食，蔽面死。以故户易耗，田易荒，而畜字不孳。"②

而要调和儒家神道设教的精神与当地巫鬼信仰之间的矛盾，柳氏认为只有佛教信仰可以起到中介作用，其一是因为佛教思想有与儒家契合的地方，"浮图诚有不可斥者，往往与易论语合。诚乐之，其于性情奭然。不与孔子异道。"③ 其二是因为当地民众已开始接受佛教的神鬼学说，"唯浮图事神而语大，可因而入焉，有以佐教化。"④ 因此，柳宗元始至柳州即复建大云寺，逐去民间淫祠。

> "元和十年(815年)，刺史柳宗元始至，逐神于隐远而取其地。……立东西序，崇佛庙，为学者居。会其徒而委之食。使击磬鼓钟，以严其道而传其言。而人始复去鬼息杀，而务趣于仁爱。病且忧，其有告焉而顺之，庶乎教夷之宜也。"⑤

柳氏以佛庙为学者居，以佛教的神鬼说逐步取代当地的巫鬼信仰，"去

---

① 《柳州文宣王新修庙碑》，《柳河东集》上册，上海古籍出版社 2008 年版，第 77—78 页。

② 《柳州复大云寺记》，《柳河东集》下册，上海古籍出版社 2008 年版，第 465 页。

③ 《送僧浩初序》，《柳河东集》下册，上海古籍出版社 2008 年版，第 425 页。

④ 《柳州复大云寺记》，《柳河东集》下册，上海古籍出版社 2008 年版，第 465 页。

⑤ 《柳州复大云寺记》，《柳河东集》下册，上海古籍出版社 2008 年版，第 465—466 页。

鬼息杀"，逐步导之于仁爱之途。从因夷之便，成为柳州教化神的角度而言，柳氏有着成神的自我期许，则是可信的。

二、灵力威福

成为地方神，自我期许很重要，但真正的关键点却是其作为地方的保护神是否具有灵验的力量。柳氏部将奉柳宗元为罗池之神，其时的主要原因还是柳氏"神威甚肃"，是一种威灵，"（罗池）庙成，大祭，过客李仪醉酒，慢侮堂上，得疾，扶出庙门即死。"①李仪或为宾州军将，因其不尊敬柳氏神灵，被其处罚，得疾而死，柳人因之而"愈畏谨。谢……宁曰：'神威甚肃。'……'或过庙不下，致祭不谨，则蛇出庙庭，或有异物现出，民见即死。'"②凡是对柳氏神灵没有足够尊敬的，柳氏神灵皆会化异象以惩罚之。将柳氏的灵力塑造成一种威灵，或与柳宗元生前在柳州大力推行法治有关，他曾大力推行经其改良的赎婢之法。

"柳州土俗，以男女质钱，过期则没入钱主。宗元革其乡法，其已没者，仍出私钱赎之，归其父母。"③

"其俗以男女质钱，约不时赎，子本相侔，则没为奴婢。子厚与设方计，悉令赎归。其尤贫力不能者，令书其佣足相当，则使归其质。"④

柳宗元的此项改革十分有成效，"观察使下其法与他州，比一岁免而归

---

① 吴文治编：《柳州罗池庙碑》，《柳宗元资料汇编》，中华书局1964年版，第3页。李仪为宾州军将，"还京，入庙升堂骂詈。仪大叫仆于堂下，脑鼻流血，出庙即死。"《柳子厚补遗》，《柳宗元资料汇编》，中华书局1964年版，第56页。王世贞云，"似此气质，罗池之死，终堕神趣，有以也。"《柳子厚补遗》，《柳宗元资料汇编》，中华书局1964年版，第256页。又，"柳子厚少年急功名不自检，犹无害。晚途远宦，邑郁佗傺，至死而为神，以恐吓求祀，望阿修罗趣且不可得，岂可以其作绮语赞僧媚佛而谆谆录之也。"《书佛祖统载后》，《柳子厚补遗》，《柳宗元资料汇编》，中华书局1964年版，第357页。

② 吴文治编：《柳子厚补遗》，《柳宗元资料汇编》，中华书局1964年版，第56页。

③ 吴文治编：《柳宗元传》（旧唐书），《柳宗元资料汇编》，中华书局1964年版，第19页。

④ 吴文治编：《柳子厚墓志铭》，《柳宗元资料汇编》，中华书局1964年版，第4页。

者且千人。"①也正因为当地有质人为奴的习惯，因而也形成了贩卖童子为奴的恶习。

"越人少恩，生男女，必货视之。自毁齿以上，父兄鬻卖以觊其利。不足，则取他室，束缚钳梏之，至有须鬣者，力不胜，皆屈为僮。当道相贼杀以为俗。幸得壮大，则缚取幺弱者，汉官因以为己利，苟得僮，恣所为不问。以是越中户口滋耗，少得自脱。"②

为了改移当地的恶习，柳宗元作有《童区寄传》歌颂区寄杀盗的反抗精神，"乡之行劫者，侧目莫敢过其门。皆曰：'是儿少秦武阳二岁，而讨杀二豪，岂可近耶。'"③柳氏的这些作为，显示了其威临一方的权威。正因为有这些现实基础，柳人对于柳氏的威灵之力，至宋高宗绍兴年间（1145）仍是信服的。

"柳州柳侯祠，据罗池者不十许丈尔。庙设甚严，其神灵，退之前固载诸文辞矣。自吾放岭外，举访诸柳人，云，父老递传，柳侯祠中，夕辄闻鸣锣伐鼓之声，亦时举丝竹之音，庙门夜闭，殆晓则或已开，每以为常。近百许年，稍稍无此异矣。又，绍兴乙丑岁，有杨经干者，过柳州，因谒于祠，则据其庑间以栖宾客，且笑语自若。及还馆舍，才入屏后，仆而卒。"④

此处所记载的灵异现象与前面不同，不是显现的灵异化身，而是显现的柳宗元生前文治武功的威仪，但对不敬者施以处罚则是一致的。与"裔夷感慕"⑤而信其威灵不同，中原士人则多不认可其威灵形象，而倾向于塑造其福灵形象。当柳氏部将请求韩愈撰写罗池庙碑记时，韩愈欣然以从之。

"明年春，魏忠、欧阳翼使谢宁来京师，请书其事于石。余谓柳侯生能泽其民，死能惊动福祸之，以食其土，可谓灵也已。作迎享送神

---

① 吴文治编：《柳子厚墓志铭》，《柳宗元资料汇编》，中华书局1964年版，第4页。
② 《童区寄传》，《柳河东集》上册，上海古籍出版社2008年版，第308页。
③ 《童区寄传》，《柳河东集》上册，上海古籍出版社2008年版，第308页。
④ 吴文治编：《蔡絛记》，《柳宗元资料汇编》，中华书局1964年版，第67页。
⑤ 吴文治编：《题罗池庙碑阴文》，《柳宗元资料汇编》，中华书局1964年版，第22页。

诗，遣柳民，俾歌以祀焉，而并刻之。"①

韩氏认为柳宗元生前能够福泽柳人，死后还能赐以祸福，享受当地人的祭祀，具有灵力，"可谓灵也已"，因而他不但撰写碑记，还专门写了送神诗以称颂柳宗元。正因为此，陆游批评韩愈促成了柳人的神怪之说："柳宗元死为罗池之神，其传甚怪，而韩文公实之。"②但陆氏显然没有注意到韩愈对柳人塑造柳氏威灵形象的批评之意，因此当谢宁说到柳氏"神威甚肃"时，韩氏即言"子厚生爱彼民，死必福之。……尔将吾文祭而焚之，无使人见。宁如公言祭之，蛇不复出。"③韩愈认为依柳宗元的生前意愿，死后当成为福灵而非威灵，因此他写了祭文去劝告柳宗元，实质即是劝告柳人当以福灵来看待柳宗元，祭文云：

> "公生爱此民，死当福此民。何辄为怪蛇异物，惊惧之至死者？公平生不足，愤懑不能发泄，今欲施于彼民，民何辜焉？谢宁说甚可惊，始终何戾也？无为怪异之迹，败子平生之美名。余与子厚甚厚，其听吾言。"④

据说祭文很快起了作用，柳氏果然就不显示异象以恐吓民众了，似已听从"福我兮寿我，驱厉鬼兮山之左"⑤的劝告。《龙城录》记有一条资料，言及柳氏对神怪威灵的反对，似可间接印证柳氏欲为福灵的愿望。

> "柳州旧有鬼，名五通。余始到不之信。一日，因发箧易衣，尽为灰烬。余乃为文醮诉于帝，帝恳我心，遂尔龙城绝妖邪之怪，而庶士亦得以宁也。"⑥

此外，柳氏至柳州时，适其大旱，而作有祷雨文，其中说："某自朝受命，临兹裔壤，莅政方初，庶无淫枉。廉洁是持，忠信是仗，苟有获

---

① 吴文治编：《柳州罗池庙碑》，《柳宗元资料汇编》，中华书局1964年版，第3—4页。

② 吴文治编：《严州乌龙广济庙碑》，《柳宗元资料汇编》，中华书局1964年版，第113页。

③ 吴文治编：《柳子厚补遗》，《柳宗元资料汇编》，中华书局1964年版，第56页。

④ 吴文治编：《韩文公祭文》，《柳宗元资料汇编》，中华书局1964年版，第56页。

⑤ 吴文治编：《柳州罗池庙碑》，《柳宗元资料汇编》，中华书局1964年版，第4页。

⑥ 柳宗元：《龙城录·龙城无妖邪之怪》，《河东柳先生文集》，哈佛燕京大学图书馆藏万历本。

戾，神其可罔。擢擢嘉生，惟天之养，岂使粢盛，夷于草莽。"①虽然这只是一篇程氏作文，但也明显表现了柳氏福祐柳民的强烈意愿。宋哲宗元祐七年（1092）封柳氏为侯，理由即是柳氏能福祐柳民，以免水旱疾疫之灾。

> "伏睹唐柳州刺史，元和年，立庙于罗池，至今三百来年，庙享不绝。州境凡有水旱疾疫之灾，及公私祈祷，无不感应，乞加封爵或庙额。"②

三、儒者醇疵

柳宗元的福灵形象至宋时还未完全确立，其原因或在于中原士人对柳氏的儒者身份的质疑，认为他多少有些不够纯粹。韩愈虽然在一定程度上肯定了柳氏的灵力，但对于柳氏神道设教的具体方式，却颇有微词。

> "且不知子厚之读尧舜孔孟之书也，将读而尽信之耶？抑徒取其一二而弃其十百也。不然，则孔佛之不相为容，亦已较然，何独子厚能容之也。愈尝观士之不蹈道者，一失于君，则转而之山林，群麋鹿，终死而不悔，乃至有负石而自沉者。以君子观之，是皆薄于中而急于外者矣。惜夫，何至是哉！今子厚虽不幸摈斥于朝，乃亦不能自宽存以至于陷夷狄而不悔也。"③

韩氏对于柳氏宽容佛教思想，甚至主动借用佛教力量传播儒学思想的做法，颇为不满，认为是柳氏内心没有尽信儒学的表现，韩氏认为这种"一失于君"，就转向退隐思想，是"薄于中而急于外"的表现，柳氏因此自陷于夷狄而不自知且不知悔改。这当然是很严重的批评，他指责柳宗元已经背离了儒者立场，而成为夷狄之人了。韩氏的批评主要还是就辟佛的华夷之辨而

① 柳宗元：《雷塘祷雨文》，《柳河东集》下册，上海古籍出版社 2008 年版，第 662 页。
② 吴文治编：《敕赐灵文庙额牒》，《柳宗元资料汇编》，中华书局 1964 年版，第 52 页。
③ 吴文治编：《代韩退之答柳子厚示浩初序书》，《柳宗元资料汇编》，中华书局 1964 年版，第 15 页。

言的，并没有否定柳宗元"神道设教"的立场。但后世学者如欧阳修多倾向于极端化韩柳之间的差异，认为他们"为道不同，犹夷夏也"①，甚至批评柳宗元"真韩门之罪人也"。② 因为柳氏对佛教的借用有其合理性，因此史书中对柳氏的批评，主要以其昵近党人的政治失节行为为主。

> "贞元太和之间，以文学耸动缙绅之伍者，宗元禹锡而已。……而蹈道不谨，昵比小人，自致流离，遂堕素业。"③

《旧唐书》指责柳氏"昵比小人"，"遂堕素业"，实际上已接近指责柳氏为小人了，然传中记柳宗元之节操政声，又不失儒者规矩，故《旧唐书》并未直指宗元为"小人"。《新唐书·柳宗元传》亦承此之断言。

> "叔文沾沾小人，窃天下柄，与阳虎取大弓《春秋》书为盗以异。宗元等桡节从之，侥幸一时，贪帝病昏，抑太子之明，规权遂私，故贤者疾，不肖者媚。一偾而不复，宜哉！"④

这也是指责柳宗元昵比小人，自取其辱。苏轼虽文宗柳文，但他却对柳氏的人格有微言，认为其"有丑于斯文也"⑤。

> "读柳宗元《五就桀赞》，终篇皆言伊尹往来两国之间，岂有意教诲桀而全其国耶！……宗元意欲以此自解说其从二王之罪也。"⑥

并且进一步批评柳氏之学非君子之学，

---

① 吴文治编：《唐柳宗元般舟和尚碑》，《柳宗元资料汇编》，中华书局 1964 年，第 35 页。朱熹说，"至柳子厚却反助释氏之说。"第 119 页。

② 吴文治编：《唐南岳弥陀和尚碑》，《柳宗元资料汇编》，中华书局 1964 年版，第 35 页。

③ 吴文治编：《柳宗元传》（旧唐书），《柳宗元资料汇编》，中华书局 1964 年版，第 19—20 页。黄震云，"夫以廉耻为小节，而又强明自贵，如之何不党叔文之党，执迷终身乎？吾今而后，知子厚之所以为子厚矣。"《四维论天爵论》，第 161 页。又，"子厚杰然文人也，乃终身陷叔文而不知悟，其身之愚，可得辞耶？"《愚溪对》，第 164 页。又，"愚谓退之言仁义，而子厚异端；退之行忠直，而子厚邪党，尚不知愧，而反操戈焉。子厚自以为智不遂，当矫名曰愚。吾见其真愚耳。"《送僧浩初序》，《柳宗元资料汇编》，中华书局 1964 年版，第 165 页。

④ 吴文治编：《柳宗元传》（新唐书），《柳宗元资料汇编》，中华书局 1964 年版，第 32 页。

⑤ 吴文治编：《柳宗元资料汇编》，中华书局 1964 年版，第 49 页。

⑥ 吴文治编：《辩伊尹说》，《柳宗元资料汇编》，中华书局 1964 年版，第 41—42 页。

"柳子之学，大率以礼乐为虚器，以天人为不相知云云，虽多，皆此类尔。此所谓小人无忌惮者。"①

而对于柳宗元的同情性理解，《新唐书》已见端倪，"彼若不傅匪人，自励材猷，不失为名卿才大夫。惜哉！"②基于此惋惜之情，而认为柳氏有后悔早期昵比小人的心态，"宗元不得召，内闵悼，悔念往咎，作赋（惩咎赋）自儆。"③在此之前，范仲淹即认为柳氏非小人，王叔文为小人而非恶人。

"刘与柳宗元、吕温数人，坐王叔文党，贬废不用。临览数君子之述作，而礼意精密，涉道非浅。如叔文狂甚，义必不交。叔文以艺进东宫，人望素轻。然传称知书，好论理道，为太子所信。顺宗即位，遂见用，引禹锡等决事禁中。及议罢中人兵权，悟俱文珍辈。又绝韦皋私请，欲斩刘闢，其意非忠乎？皋衔之，会顺宗病笃，皋揣太子意，请监国而诛叔文。宪宗纳皋之谋而行内禅。故当朝左右谓之党人者，岂复见雪。唐书芜駮，因其成败而书之，无所裁正。孟子曰：'尽信书，不如无书。'吾闻夫子褒贬不以一疵而废人之业也。因刻三君子之诗而伤焉。至于柳吕文章，皆非常之士，亦不幸之甚也。"④

范氏视柳氏为君子，即便王叔文，也可称得上是忠义之士，"而其所最

---

① 吴文治编：《与江惇礼秀才》，《柳宗元资料汇编》，中华书局 1964 年版，第 43 页。

② 吴文治编：《柳宗元传》（新唐书），《柳宗元资料汇编》，中华书局 1964 年版，第 32 页。

③ 吴文治编：《柳宗元传》（新唐书），《柳宗元资料汇编》，中华书局 1964 年版，第 31—32 页。葛立方言，"柳子厚有《放鹧鸪词》，人徒行其不肯以生命供口腹，其仁如是也。余谓此词乃作于诏追之早，有自悔前失之意。故前言'狗媒得食不复顾'，后言'同类相呼莫相顾'。媒与类皆谓伾、文也。"《柳宗元传》，第 86 页。魏庆之说，"柳宗元窜斥，崎岖蛮瘴间，埋阨感郁，一寓于文，为离骚数十篇。惩咎者，悔志也。其言曰：'余齿之有惩兮，蹈前烈而不颇。'后之君子欲成人之美者，读而悲之。"《晦庵论楚辞》，《柳宗元资料汇编》中华书局 1964 年版，第 156 页。刘定之认为柳氏并未真心悔之，"其称子厚，谓斥不久其文必不能传于后如今无疑，盖惟称其文而已。其阿附伾文，胡致堂谓忌宪宗在储位，有更易祕谋，未及为而败，后又托河间淫妇无卒者以诋宪宗，得免于大戮为幸。由是言之，文虽美，而若斯过恶，固非可湔滌者也。朱文公楚辞载子厚谪居时惩咎赋，取其有自悔之言。噫！既悔已，又诋主，则亦非真悔也，奚足录哉！"《李杜韩柳》，《柳宗元资料汇编》，中华书局 1964 年版，第 219 页。

④ 吴文治编：《述梦诗序》，《柳宗元资料汇编》，中华书局 1964 年版，第 30—31 页。

要而最正者，用范希朝为神策行营节度使，而韩泰为司马，夺宦官之兵，而授之文武大吏"①，柳氏之见绌，只是因为事情没有成功而已，《旧唐书》的断言未得春秋一字褒贬之法，只是一种因成败而言的功利之辨。陈善曾专门写有《柳子厚功过》一文，进一步发展了范氏的辩诬之说。

"予读柳子厚《伊尹五就桀赞》，未尝不怜其志也。伾、叔文虽小人，而子厚欲因以行道，故以就桀自比。然学者至今罪之。按《顺宗实录》，帝自初即位，则疾患不能言，天下事皆断于叔文。而李忠言、王伾为之内主，韦执谊行之于外。又云：伾主往来传授，刘禹锡、陈谏、韩晔、韩泰、柳宗元、房启、凌准等主谋议唱和，采听外事，此其朋党之迹也。其专权窃柄，诚为可罪。然予观顺宗即位未几，而首贬李实，次罢宫市，次禁毋令寺观选买乳母，次禁五方小儿张捕鸟雀，横暴间里，次停盐铁使进献，次出后宫三百人，次用姜公辅、苏弁为判史，进陆篔、郑余庆、韩皋、阳城赴京师，次出后宫并教坊女妓六百人，继罢关中万安监。不数月间，行此数事，人情大悦。虽王政何以加此。岂非子厚等为之与？而世不知察，徒罪其朋党，则亦见其不恕矣。《春秋》之法，不以功掩过，亦不以罪废德。责备而言，则子厚之罪，在于附小人以求进。若察其用心，则尚在可恕之域，况一时之善有不可掩者乎？苏子由著《唐代论》，以牛僧孺与李德裕俱为当世伟人，而冯道得为盛德。其论甚恕。独念子厚之贤，未有为之涤者，予故表而出之。"②

陈善之说，将柳宗元等新政的具体内容与政治贡献讲得很清楚，并提出可恕之域的历史评价问题，并说明柳氏的过错只是责备之言，即君子之过天下共见的意思，因此从仁政的实质出发，柳氏之行实可称之为贤。所以刘谥

① 吴文治编：《书王叔文传后》(王世贞)，《柳宗元资料汇编》，中华书局1964年版，第256页。
② 吴文治编：《柳子厚功过》，《柳宗元资料汇编》，中华书局1964年版，第82页。朱熹说，"柳子厚虽无状，却又占便宜，如致君泽民事，也说要做。"第119页。赵彦卫说，"唐八司马皆天下奇才，岂皆见识卑下而附于叔文？盖叔文虽小人，欲诛宦官，强王室，特计出下下，反为所胜被祸耳。善良皆不免，当时有所拘忌，不得不深诛而力诋之。后人修书，尚循其说，似终不与为善者，非春秋之意也。惟范文正公尝略及之，八司马庶乎气稍伸矣。"第132—133页。

以柳下惠来比拟柳宗元的政治操守，"然儒家不满于子厚者，以其失节于王叔文耳。斯固子厚之失。而深求子厚之心，亦下惠不羞污君之意，初非附权势而饕富贵也。"① 宋徽宗时（1104 年）加封柳宗元为文惠侯，称赞其经史之学与在柳仁政，实际已承认其儒者身份。其中许柳氏永庇南土之责，基本表明了对柳氏神道设教路线的认可。

> "柳州灵文庙，唐刺史柳公，仕于唐室，卓有才名。厉志精颛，记览浩博。贯穿经史，溢为词华。览其遗编，灼见志学。龙城虽远，不鄙其民。爰出教条，动以礼法。家富有业，经学有师。风行俗成，田里悦喜。自言将死，馆我罗池。今数百年，英灵犹在。祈禳祷祀，如响应声。水旱疾忧，咸有归赖。启封侯爵，因民之情。尚其知歆，永庇南土。可特封文惠侯。"②

事实上，柳宗元的仁政行为不单体现在立朝时期，在柳州期间其善政亦是有目共睹的。此后之地方官员如丘崇、黄翰均称赞柳氏在柳地之善政，因此南宋学者李祓说柳子厚"实唐巨儒"③。

> "唐元和十年，州刺史柳侯至，以圣人所常行之道善其民。"④

> "一麾出守，惠此南方。龙城虽远，毋敢怠荒。动以礼法，率由典常。公无负租，私有积仓。居处有屋，济川有航。黄柑绿柳，至今满乡。修夫子庙，次治城隍。农歌于野，士歌于庠。孝弟怡怡，弦诵洋洋。"⑤

四、夷夏互融

柳宗元神道设教的核心在于激发柳人的虔敬之心，从而使儒家的仁道精

---

① 吴文治编：《柳宗元资料汇编》，中华书局 1964 年版，第 203 页。

② 吴文治编：《初封文惠侯告词》，《柳宗元资料汇编》，中华书局 1964 年版，第 60 页。

③ 吴文治编：《柳州旧本柳文后序》，《柳宗元资料汇编》，中华书局 1964 年版，95 页。

④ 吴文治编：《重修罗池庙记》（丘崇），《柳宗元资料汇编》，中华书局 1964 年版，第 89 页。

⑤ 吴文治编：《祭柳侯文》（黄翰），《柳宗元资料汇编》，中华书局 1964 年版，第 140—141 页。

神逐步渗透进柳人的血脉之中。要想达到神道设教的最终目的，就要在一定程度上顺应当地的习俗，所谓"教夷之宜"①，方能赢得柳人的信任。柳宗元对当地习俗进行了深入了解。

> "郡城南下接通津，异服殊音不可亲。青箬裹盐归峒客，绿荷包饭趁虚人。鹅毛御腊缝山罽，鸡骨占年拜水神。愁向公庭问重译，欲投章甫作文身。"②

柳氏甚至觉得通过翻译与当地人沟通，还不能了解得十分深入，因而非常希望自己能够深入当地生活，亲身体验当地文化的特点。为了照顾当地人民信仰巫鬼的民间习俗，"董之礼则顽，束之刑则逃"③，而借助于佛教的神鬼信仰进行转化。但柳氏在借助佛教力量进行巫鬼信仰转换的时候，一方面坚定地"逐（巫）神于隐远而取其地"，另一方面取佛教中的理性力量即"学者"居庙，从而达到"去鬼息杀"、"趣于仁义"的教化目的，以至于"裔夷感慕"。

> "柳侯为州，不鄙夷其民，动以礼法，三年，民各自矜奋，曰：'兹土虽远京师，吾等亦天氓，今天幸惠仁侯，若不化服，我则非人。'于是老少相教语，莫背侯令。凡有所为，于其乡间，及于其家，皆曰：'吾侯闻之，得无不可于意否？'莫不忖度而后从事。凡令之期，民勤趋之，无有后先，必以其时。于是民业有经，公无负租，流逋四归，乐生兴事；宅有新屋，步有新船，池园洁修，猪牛鸭鸡，肥大蕃息；子严父诏，妇顺夫指，嫁娶葬送，各有条法；出相弟长，入相慈孝。"④

柳宗元对柳州甚或整个中国南方影响更深的是其学问文风，柳氏号

---

① 《柳州复大云寺记》，《柳河东集》下册，上海古籍出版社 2008 年版，第 465—466 页。

② 柳宗元：《柳州峒氓》，《柳河东集》下册，上海古籍出版社 2008 年版，第 702 页。柳氏与柳州的缘分，似已天定，"柳员外宗元，自永州司马徵至京，意望录用。一日，诣卜者问命。且告以梦曰：'余柳姓也，昨梦柳树仆地，其不吉乎？'卜者曰：'无苦，但忧为远官耳。'徵其意，曰：'夫生则柳树，仆则柳木，木者，牧也。君其牧柳州乎？'卒如其言。（或传是陈子谅）"吴文治编：《柳宗元资料汇编》，中华书局 1964 年版，第 15 页。

③ 《柳州复大云寺记》，《柳河东集》下册，上海古籍出版社 2008 年版，第 465—466 页。

④ 吴文治编：《柳州罗池庙碑》，《柳宗元资料汇编》，中华书局 1964 年版，第 3 页。

为"南人师"，韩愈云，"衡湘以南，为进士者，皆以子厚为师。其经承子厚口讲指画，为文词者，悉有法度可循。"① 韩愈所讲的是对南方文士的影响，主要肯定的是柳宗元的文词造诣。唐武宗时学者赵璘则提到柳宗元的书法对南方文士的影响，"元和中，柳柳州书，后生多师傲，就中尤长于章草，为时所宝。湖湘以南，童稚悉学其书，颇有能者。"② 虽然晚唐学者莫休符即称宗元为"大儒"③，但主流还是就技艺上肯定柳氏的文法和书法，直到《旧唐书》方才肯定柳宗元对于南人的"师法"效用，"江岭间为进士者，不远数千里，皆随宗元师法；凡经其门，必为名士。"④ 苏轼虽对柳氏的人格颇有微词，但他对柳氏所主张的封建论，则推崇备至，认为不违圣人之论，"宗元之论出，而诸子之论废矣。虽圣人复起，不能易也。"⑤ 苏轼还提到柳氏对中国南方文化的深远影响，"东坡在海外，方盛称柳柳州诗。后尝有人得罪过海，见黎子云秀才，说海外绝无书，适渠家有柳文，东坡日夕玩味。"⑥ 朱熹虽对柳文有所批评，认为不够醇正，但也赞同柳氏的封建之说，"柳文亦自高古，但不甚醇正。……子厚说'封建非圣人意也，势也'，亦是，但说到后面有偏处。"⑦ 不过朱熹认为柳氏文章虽实有所见，惜其为人颇吝惜，有所得经常藏着掖着，不愿意对人说破。

　　"文之最难晓者，无如柳子厚。然细观之，亦莫不自有指意可见，何尝如此不说破。其所以不说破者，只是吝惜，欲我独会而他人不能，其病在此。大概是不肯蹈袭前人议论，而务为新奇。惟其好为新奇，而又恐人皆知之也，所以吝惜。"⑧

----

① 吴文治编：《柳子厚墓志铭》，《柳宗元资料汇编》，中华书局1964年版，第30—31页。"宗元既居柳州，江岭间为进士者皆师之，故时号为柳柳州云。"《柳宗元》，《柳宗元资料汇编》，中华书局1964年版，第260页。

② 吴文治编：《柳宗元资料汇编》，中华书局1964年版，第15页。

③ 吴文治编：《訾家洲》，《柳宗元资料汇编》，中华书局1964年版，第18页。

④ 吴文治编：《柳宗元传》，《柳宗元资料汇编》，中华书局1964年版，第19页。

⑤ 吴文治编：《论封建》，《柳宗元资料汇编》，中华书局1964年版，第44页。

⑥ 吴文治编：《柳宗元资料汇编》，中华书局1964年版，第75—76页。

⑦ 吴文治编：《柳宗元资料汇编》，中华书局1964年版，第121页。

⑧ 吴文治编：《柳宗元资料汇编》，中华书局1964年版，第123页。

　　苏轼与朱子对柳文道法的肯定还是扭捏，不肯直说，而南宋学者赵善愭则说得明白得多，"子厚居永最久，作文最多，遣言措意最古。衡湘以南，士之经师承讲画为文词者，悉有法度可观。"① 这就讲明柳氏影响的对象是"士之经师"，也就说明了柳氏的道法影响。金代学者王若虚则肯定了柳氏学说中的多方面可取之处，"柳子厚断刑、时令、四维、贞符等论，皆覈实中理，足以破千古之惑。"② 因此刘克庄称赞柳氏能为一家之言，"子厚独能为一家之言，岂非豪杰之士乎?"③ 元明间学者贝琼进一步地肯定柳宗元学说是符合圣人之论的是非公论，"至宗元守原议、桐叶封弟辩，凿凿乎是非之公，使圣人复作，无以易之。"④ 即使在严苛的理学视域下，柳子之文也被认为合乎圣人之论，或与宋徽宗"经学有师"，南宋高宗绍兴（1158 年）加封柳宗元的告词里提到其"生传道学，文章百世之师"⑤ 的论断有关。

　　柳氏逝后，柳人立罗池庙祀之，北宋哲宗赐"灵文庙"之额，其主要功绩还是为地方祈雨祛灾。而到北宋徽宗时加封文惠侯，已称赞柳氏之学问与仁政，或其后灵文庙就改称柳侯祠，但民间还记有柳氏威灵事迹，很可能民间还是以灵文庙视之。南宋高宗时，再次加封文惠昭灵侯，已经视柳氏为道学之传了，不过到明代徐霞客仍然称柳侯祠为神栖之地，虽然其时已不复为神所有，当地人也不复知，"度其地当即柳祠之后祠，即昔之罗池庙，柳侯

---

① 吴文治编:《柳宗元资料汇编》，中华书局 1964 年版，第 140 页。

② 吴文治编:《柳宗元资料汇编》，中华书局 1964 年版，第 183 页。王若虚云，"子厚才识不减退之，然而令人不爱者，恶语多而和气少耳。"第 185 页。

③ 吴文治编:《柳宗元资料汇编》，中华书局 1964 年版，第 151 页。

④ 吴文治编:《唐宋六家文衡序》，《柳宗元资料汇编》，中华书局 1964 年版，第 207 页。

⑤ 《加封文惠昭灵侯告词》，《柳河东集》下册，上海古籍出版社 2008 年版，第 826 页。当然，对于柳氏的道法传承，有直接否定的，南宋黄震云，"碑碣等件，亦老笔与俳语相半，间及经旨义理，则是非多谬于圣人，凡皆不根于道故也。"至明代犹有不予肯定者，何孟春即说柳氏为"文章之士，不为君子所重。"何氏并认为时人不帮助柳宗元重回中央，不是因为嫉妒其才学，而是因为厌恶其为人，"噫，宗元材矣，而卒以窜斥死，盖不善自用有以致之，非不幸也。"参吴文治编:《柳宗元资料汇编》，中华书局 1964 年版，第 168、227、228 页。元朝泰定帝在致和元年四月曾封柳宗元"文惠昭灵公"，但这个封号可能并未流行起来，宋濂等撰:《元史》卷三十，中华书局 1999 年版，第 464 页。

之所神栖焉者。今池已不能为神有，况欲其以景存耶？"①明人傅高记明洪武时柳侯祠犹有灵显之事，"谚云：柳侯为神，显而有征。洪武壬子（1372 年），城柳军士断碑以砌辄崩，还碑乃已。"②清人王命岳言，"神灵事，儿女子喜述而乐道者，儒者不谈也"③，戴玑说，"侯之得世传者，以文故，以政故，以神灵故。……复问其俗，水旱必祷，饮食必祝者，皆侯之神灵也。"④清人之言皆为重修罗池庙所说。显然，柳侯祠与罗池庙已合二为一，官方与民间对其已双重承认。清康熙年间，柳侯祠被改建成柳江书院。

> "柳江书院在城东，即柳侯祠也。国朝乾隆十年（1745 年），右江陆道杨廷璋命郡守成贵在祠内草建书舍，……二十七年（1762 年），右江道王锦，公余之暇虔谒柳祠，见院宇荒凉，弘诵久寂，慨然以振兴文教为己任，于是首捐廉奉若干。"⑤

可见，柳氏所设想的神道设教思想至清时已经得以实现。但是，不可将此认为是儒家以夏化夷的单方面行为，实际上这是一个夷夏互融的双向过程。王命岳提到柳宗元恰是到了柳州，方才悟到勉自树立之理，"惟其蹉跎坎坷，放废荒远，而能勉自树立，以轨于正，孔子曰朝闻道夕死可也，柳侯以穷而进于道，以道而不没于天地间。"⑥此说或源于王安石以自强于世的观念解读柳宗元的不废名于后。

> "余观八司马，皆天下之奇才也；一为叔文所诱，遂陷于不义。至今士大夫欲为君子者，皆羞道而喜攻之。然此八人者既困矣，无所用于世，往往能自强以求列于后世，而其名卒不废焉。而所谓欲为君子者，吾多见其初而已；要其终能毋与世俯仰以自别于小人者少耳！复何议彼哉？"⑦

---

① 徐霞客：《徐霞客游记》，上海古籍出版社 2016 年版，第 188 页。
② 影印《柳州县志》，成文出版社 1961 年版，第 233 页。
③ 影印《柳州县志》，成文出版社 1961 年版，第 256 页。
④ 影印《柳州县志》，成文出版社 1961 年版，第 257 页。
⑤ 影印《柳州县志》，成文出版社 1961 年版，第 103 页。
⑥ 影印《柳州县志》，成文出版社 1961 年版，第 257 页。
⑦ 吴文治编：《柳宗元资料汇编》，中华书局 1964 年版，第 36—37 页。

王安石指出柳宗元晚节可观，而后之批评者往往晚节不保，实际上已经失去了批评柳宗元的道义资格。柳氏死后被称为柳柳州，成为柳州的代表，其名或与其在"种柳戏题"诗中言"柳州柳刺史，种柳柳江边"①有关，也或与其"只应长作龙城守，剩种庭前木槲花"②的安然有关。然明人吴中传说："集中诸篇称雄浑汇司马子长也者，半零陵作也，而独以柳州名，曷故哉？盖永州摽其奇而柳州集其成耳。"③吴氏认为柳宗元的诗文成就，至柳州而"集其成"，故以柳州为名。此或为柳氏自强精神的表现。

柳宗元提到孔子的化夷思想，"千有余载，其教始行，至于是邦"，经过上千年才使柳州化为中原，而柳宗元作为在柳化民的儒者代表，其神道设教理想的实现，由唐至清，也可说有千年之久。可见，夷夏互融当以百年千年计，方有成效。柳氏亦提到要尊重当地的传统信仰，但又要坚定地进行社会变革、宗教变革，采取灵活的教化方式，以将地方信仰吸纳到国家信仰中，从而得到民间与国家信仰的双重承认。柳氏还认为夷夏互融的最终保证在于形成先进文化的公约数，如对孔子仁道的福灵形象的互认，对从道不从君的互认，如此就可形成真正的"复数"的文化观。这里面也涉及所谓夷夏的身份转换问题，在这个转换的过程中，柳宗元因为其开放性的多元文化理念，而使其获得了夷化的身份，但其夷化却是将中原文明中的普适性因子贯入夷文化之中，贯入所激发的长期历史或者学术争论，使中原文明中的一些遮蔽性因素被突破，如君子小人、儒佛、文道等严其门墙的二分思维被突破，就能转换中原文化中心主义的视角。采用夷文化视野的话，柳氏的夷化身份也会发生相应的转化，而被认为是代表中原文化的南人师，即所有南方人的经师，这样的话，柳氏就成为中原文化与越文化或岭南文化的最好中介。元人刘跃说："天岂忍夷终为夷哉！天不忍夷终为夷，忍侯终夷。伸以天，天得其所以为夷变"④，"忍侯终夷"很好地说明了柳宗元的文教神地位。

---

① 《种柳戏题》，《柳河东集》下册，上海古籍出版社2008年版，第703页。
② 《种木槲花》，《柳河东集》下册，上海古籍出版社2008年版，第709页。
③ 吴文治编：《刻柳文题辞》，《柳宗元资料汇编》，中华书局1964年版，第265页。
④ 刘跃：《柳州路重建灵文庙记》，《柳侯祠文献汇编》，黄山书社2004年，第52页。

第二章　张栻的桂林师道

张栻（1133—1180），字钦夫、敬夫，号乐斋、南轩，谥宣，生于四川绵竹，长于湖南长沙、湘潭等地，葬于湖南宁乡。南宋理学家、教育家、政治家，师从胡宏，"胡氏之说，惟敬夫独得之"①，"五峰之门，得南轩而有耀"②，是湖湘学派的重要学术领袖，与朱熹、吕祖谦并称"东南三贤"，"乾道间，东莱吕伯恭、新安朱元晦及荆州鼎立，为一世学者宗师"③，朱熹称赞他是"道学之懿，为世醇儒"④。张栻于 1175 年 1 月 28 日，诏知静江府、经略安抚广南西路，2 月 24 日到达桂林府，1178 年 5 月 19 日，诏除荆湖北路转运副使，改知江陵府，安抚本路，8 月始离开桂林。1175 年 2 月至 1178 年 8 月，张栻在桂林一共任职 41 个月，政绩卓著，学问日长，是其一生政治生涯中最为重要的时刻。其曾任职侍讲，出知严陵、袁州，最后殁于江陵任上，前面三个任职时间均不足一年，江陵任职时间约 15 个月，然在职期间为人所忌，事不顺，"上知栻治行，甚向栻，众皆忌嫉。泪栻复出荆南，雄事事沮之。时司天奏相星在楚地，上曰：'张栻当之。'人愈忌之。"⑤ 因而心情郁闷，遂至早亡，"其未病时，奏请多不遂，且多为人所卖，中语亦不

---

① 黎靖德：《朱子语类》第 7 册卷 103，中华书局 1986 年版，第 2606 页。
② 黄宗羲、全祖望：《宋元学案·南轩学案》卷 50，中华书局 1986 年版，第 1635 页。
③ 陈亮：《与张定叟侍郎》，《陈亮集》下册，中华书局 1974 年版，第 322 页。
④ 朱熹：《跋张敬夫所书城南书院诗》，《朱子全书》第 24 册卷 81，上海古籍出版社、安徽教育出版社 2002 年版，第 3821 页。
⑤ 脱脱等：《宋史》卷 396 列传 155 赵雄传，中华书局 2000 年版，第 9505 页。

与之；团教义勇亦不与支例物钱，放散之日，人得五百金而去。驯致疾病，端亦由此，益令人痛愤。"① 相对而言，其在静江任上，行事十分方便，因而政声为孝宗所赞，"上闻公治行，且未尝叙年劳，乃诏特转承事郎、进直宝文阁，再任。"② 张栻于桂林有两次请调，其原因皆是家庭的重大变故，1177年9月，其夫人宇文安人逝，1178年6月，其子张焯病亡，张栻"丧偶后颇不况，求去见却"③，"张钦夫近丧子，得书，极无况，力请出广，遂有鄂漕之命，亦且得归也。"④桂林之任是其师道学说得以展现的最重要时期，因此值得深入讨论。

一、桂林道缘

两宋时桂林为静江府治所在，其治下包括今广西、雷州半岛、海南岛等地，疆域辽阔。张栻在出知静江府之前，就已与广西结下浓厚的"道缘"。张氏曾祖张纮，曾拟知白州博白县事，后改授贺州临贺县令，均未赴任，1053年至1060年出守雷州，颇有政声。

> "雷阳之俗，常以长子之子为兄，长子之子虽幼，而次子之子有白首者，顾自称为弟。公才下车，即严设条教，不得渎乱长幼之节，民翕然从之。州西旧有湖塘，每岁仲夏决其水，南放诸海，取鱼货之，以充公帑之费。公一日召湖东之民七十余家，谕以水利，逾月，而塘堤成，水东下溉四千余顷，岁获丰足。雷濒巨海，控带交广，城堞隘庳，公视之，惕然曰：'斯岂捍防之谓哉？'遂籍民五千为百甲，甲各立长，以董

---

① 朱熹：《答吕伯恭》，《朱子全书》第21册卷34，上海古籍出版社、安徽教育出版社2002年版，第1501—1502页。

② 朱熹：《右文殿修撰张公神道碑》，《张栻集》第5册，中华书局2015年版，第1644页。

③ 吕祖谦：《与朱侍讲元晦》，《吕祖谦全集》第1册别集卷8，浙江古籍出版社2008年版，第425页。

④ 吕祖谦：《与陈同父》，《吕祖谦全集》第1册外集卷5，浙江古籍出版社2008年版，第705页。

其役。具版干，设度程，即其旧基，大为规模。一时讫工，屹然山立，雄视它郡。"①

考张纮之所为，其在雷州的行政施为，一本儒家的仁政思想，敦民伦、教民利、重防备，与后来张栻在桂林的施政有同样的用心，此或为张栻的家学所在。正因为有了这一层关系，1170 年 8 月 23 日雷州府学成，雷州守戴某即请张栻撰写《雷州学记》，张栻欣然从之，戴姓郡守虽未明言张栻曾祖之事，只是说"始至之日，谒先圣祠，则颓然在榛莽中"②，但显然双方是心知肚明的，张栻所作从孝悌入手而言，很可能是从其曾祖敦民伦的治绩出发的。

"予尝观孟子论王政，其于学曰：谨庠序之教，申之以孝悌之义。而后知先王所以建庠序之意，以教之孝悌为先也。申云者，朝夕讲明之云耳。盖孝悌者，天下之顺德。人而兴于孝悌，则万善类长，人道之由立也。譬如水有源，木有根，则其生无穷矣。故善观人者，必于人伦之际察之，而孝弟其本也。然则士之进学，亦何远求哉？莫不有父母兄弟也，爱敬之心岂独无之？是必有由之而不知者，盍亦反而思之乎？反而思之，则所以用力者盖有道矣。古之人自冬温夏清，昏定晨省以为孝，自徐行后长者以为弟，行著习察，存养扩充，以至于尽性至命，其端初不远，贵乎勿舍而已。今使雷之士，讲明孝弟之义，于是学而兴行。孝弟之行行于其乡，则雷之俗其有不靡然而变者乎？岂特可以善其乡，充此志也，放诸四海而准，可也。然则戴君之所以教者，宜莫越于是矣。"③

当张栻出知静江府，再次撰写《雷州学记》时，雷州守李茆就挑明了这段渊源，"且希白先生尝为是州，宜公之所加念也"④，张栻也回应道，"惟希

---

① 宇文之绍：《宋故朝请郎守殿中丞骑都尉赐绯鱼袋张公墓志铭》，《全宋文》第 38 册卷 1647，上海辞书出版社、安徽教育出版社 2006 年版，第 276 页。
② 张栻：《雷州学记》，《张栻集》第 3 册，中华书局 2015 年版，第 891 页。
③ 张栻：《雷州学记》，《张栻集》第 3 册，中华书局 2015 年版，第 891—892 页。
④ 张栻：《雷州学记》，《张栻集》第 3 册，中华书局 2015 年版，第 893 页。

白先生实某之曾大父，至和元年（1054）以殿中丞来守雷州，今厅壁题名具存，故李侯援以为请。"① 当然，雷州守戴某敦请张栻撰写《雷州学记》或有另一层原因，即在此前，1170 年 2 月静江府学成，静江知府张维请张栻撰写《静江府学记》，"有以告于桂之士"②，张栻在记中告于桂人的道理，即是针对当时学人不知学以明理的现状，主张行事须合乎理，而明乎事之理，在乎吾之心不放失，"收其放而存其良"则可理事合一。

> "惟古人所以从事于学者，其果何所为而然哉？天之生斯人也，则有常性。人之立于天地之间也，则有常事。在身有一身之事，在家有一家之事，在国有一国之事。其事也，非人之所能为也，性之所有也。弗胜其事则为弗有其性，弗有其性则为弗克若天矣。克保其性而不悖其事，所以顺乎天也。然则舍讲学，其能之哉？凡天下之事，皆人之所当为。君臣、父子、兄弟、夫妇、朋友之际，人事之大者也。以至于视听言动，周旋食息，至纤至悉，何莫非事者。一事之不贯，则天性以之陷溺也。然则讲学，其可不汲汲乎？学所以明万事而奉天职也，虽然事有其理而具于吾心。心也者，万事之宗也。惟人放其良心，故事失其统纪。学也者，所以收其放而存其良也。夏葛而冬裘，饥食而渴饮，理之所固存而事之所当然者。凡吾于万事，皆见其若是也而后为当，其可学者，求乎此而已。"③

除此之外，在张栻知静江府之前，其弟张构亦曾于 1168—1172 年任广西经略司机宜，桂林月牙山龙隐洞至今留有张构的题名，"金华朱绂公仪、永嘉周去非直夫、豫章简世杰伯俊、西洛王子烨晦叔、广汉张构定叟、定叟之甥甘奕可大来游。壬辰（1172 年）三月晦。"④ 在张构离开家乡携其外甥甘奕赴任桂林时、任职桂林期间以及自桂返家后，张栻均有诗相赠，诗中表现

---

① 张栻：《雷州学记》，《张栻集》第 3 册，中华书局 2015 年版，第 893 页。
② 张栻：《静江府学记》，《张栻集》第 3 册，中华书局 2015 年版，第 880 页。
③ 张栻：《静江府学记》，《张栻集》第 3 册，中华书局 2015 年版，第 880—881 页。
④ 汪森撰、黄振中等校：《粤西丛载校注》上卷 2 龙隐岩题名，广西民族出版社 2007 年版，第 69 页。

的不仅是亲戚手足之情，更重要的是以道相规的师友之情。

"呜呼忠献公，典则垂后裔。遗言故在耳，夕阳当自厉。何以嗣先烈，匪论达与穷。永惟正大体，不远日用中。履度如履冰，犹恐有不及。毫厘傥不念，放去如决拾。事业无欲速，燕逸不可求。速成适多害，求逸翻成忧。"①

"我昔在严城，惟子桂林思。旧游复更践，相望仍今兹。行止不可期，会合何参差。况乃近重九，清杯忆同持。想子抚初度，难忘蓼莪诗。而我独东向，殷勤颂期颐。祝子以爱身，永佩过庭规。勉子事远业，昔贤以为师。安车按节度，中道行逶迤。他年老兄弟，鹤发仍庞眉。岁晚话平生，期以无愧辞。及此良未易，兢兢原同之。"②

二、首重师道

静江府治理的疆域辽阔，而且与东南藩属多国相邻，情形复杂，本地经济凋敝，少数民族居多，民性反复无常，与中原文化尚有一定隔阂，开化程度不足，治理难度非常大，因此当地官员多采取"恩威交施"的手段进行治理。

"合一路所领，郡二十有五，其外则羁縻之州七十有二，又其外则诸小蕃罗殿、自杞、特磨、白衣之属环之，又其外则交阯、大理等国属焉。其地南入于海，去帅所治，水陆几四千余里。其所控御，亦可谓雄且剧矣。然其土素瘠，多荒茅篁竹，风气异于北，民之生理甚艰，是以赋入寡少，郡县亦例以迫束。而又并边非止一面，蛮夷之性不常，赤子龙蛇，交致其恩威，乃克无事，故其任责常重。夫以选之不轻，地之雄

① 张栻：《平时兄弟间十三章章四句送定叟之官桂林》，《张栻集》第3册，中华书局2015年版，第734页。
② 张栻：《定叟弟生朝遣诗为寿》，《张栻集》第3册，中华书局2015年版，第745页。

剧，而任责之常重，居其官者不亦既难矣哉！"①

虽然运用恩威交施的方法，也可以达到无事的目的，但张栻认为"邕宜诸边，虽幸悉安静，然野心岂可保？"②要消弭野心，取得长治久安的效果，根本在于施行教化之道，"某幸得备帅事于此，所当以风教为先务"。③而教化能够施行的根基在于意识到师道的重要性，张栻曾引周敦颐之语以证，"先觉觉后觉，暗者求于明，而师道立矣。师道立，则善人多；善人多，则朝廷正，而天下治矣。"④张栻甫至静江府，即立祠纪念周敦颐与二程，将师道确认为治理之急务。

> "故某之区区，首以立师道为急。继自今瞻三先生之在此祠也，其各起敬起慕，求其书而读之，味其言，考其行，讲论绅绎，心存而身履，循之以进于孔孟之门墙，将见人才之作兴与漓江为无穷矣！"⑤

当然，张栻所言之师道虽直指孔孟，却是由理学宗师周程而入，说明宋人所讲的师道与汉人所讲的师法甚而唐人所说的师道，已有极大的不同。当有同道友人赴任昭州，向张栻请教何事为先时，张氏即告之以当立祠纪念昭州名宦邹浩，"淳熙二年（1175年）秋，清江王光祖为昭州，道桂问政所宜先，某告以道乡先生当有祠，盍图之，则应曰诺。明年春，使来告成。"邹浩犯颜敢谏，宗师小程子，立祠祭祀亦是为了确立自理学而入之师道。

> "某独尝谓：人臣不以犯颜敢谏为难，而忠诚笃至之为贵；士君子不以一时名节为至，而进德终身之可慕。若公始所论谏，盖亦他人之所难言，而考味其平生辞气，曾微一毫著见。再位于朝，忧国深切；重斥炎荒，凛不少沮；至于病且死，语不及它，独以时事为念。方其少时，道学行义已有称于世，晚岁益为中外所尊仰。而公不居其成，讲究切磋，惟是之从。盖尝从伊川程先生论学，而上蔡谢公良佐、龟山杨公时，皆

---

① 张栻：《靖江府厅壁题名记》，《张栻集》第3册，中华书局2015年版，第926页。
② 张栻：《寄刘共甫枢密》，《张栻集》第4册，中华书局2015年版，第1043页。
③ 张栻：《雷州学记》，《张栻集》第3册，中华书局2015年版，第893页。
④ 周敦颐：《周敦颐集》，中华书局2009年版，第20页。
⑤ 张栻：《三先生祠记》，《张栻集》第3册，中华书局2015年版，第918页。

其所友也。其任重道远，自强不息如此，所谓忠诚笃至而进德终身者，若公非耶？故某乐为天下后世诵之。"①

张栻所重之师道，当然是指儒家的师道。静江民俗婚丧奢靡、迷信巫医、贩人妻室，其背后皆有迷信巫道的原因。张氏认为"师巫之说，皆无是理"②，以儒家伦理批判此种风气，颁布《谕俗文》，欲"使知事神之义在此而不在彼"③。对于当地的信佛之风，张栻运用法律手段进行严厉打击，"刑狱使者陆济之子弃家为浮屠，闻父死，不奔丧。为移诸路，俾执拘以付其家。"④ 张氏虽服膺神道设教思想，但倾向于禁毁淫祠，"环视堂庑，有庳之神在焉，唐武后亦勤入庳下，即日尽投畀庙前江中"⑤，以期保证尧舜祭祀教化的纯洁性。

> "有虞氏之德，其盛蔑以加矣。盖君臣父子兄弟夫妇之彝性，孰不具是哉！帝之所以为盛德，亦尽吾心之所同然者尔。是则帝之泽流洽于人心，固将与天命并行而不可泯，夫何有古今之间哉！后人徘徊于斯地，遐想箫韶之音，咏歌南风之诗，歌舞而忘归也，其亦庶几有以兴起乎！"⑥

张栻所谓儒家的师道，并不单单指北宋五子所创立的理学道统，也不仅仅指由北宋五子所塑造的孔孟而上的儒家道统，而是包括他们自身尤其是东南三贤所继承发展的新道统思想。张氏曾在桂林学宫刻石《中庸集解》，其内容实即包括张栻等在内所倡导的新道统思想。

> "子重之编此书，尝从吾友朱熹元晦讲订，分章去取，皆有条次，元晦且尝为之序矣。……窃惟中庸一篇，圣贤之渊源也，体用隐显，成己成物备矣。虽然，学者欲从事乎此，必知所从入而后可以驯致焉。其

---

① 张栻：《昭州新立吏部侍郎邹公祠堂记》，《张栻集》第 3 册，中华书局 2015 年版，第 921 页。

② 张栻：《谕俗文》，《张栻集》第 3 册，中华书局 2015 年版，第 998 页。

③ 张栻：《尧山漓江二坛记》，《张栻集》第 3 册，中华书局 2015 年版，第 904 页。

④ 朱熹：《右文殿修撰张公神道碑》，《张栻集》第 5 册，中华书局 2015 年版，第 1647 页。

⑤ 张栻：《与曾节夫抚干》，《张栻集》第 4 册，中华书局 2015 年版，第 1193 页。

⑥ 张栻：《韶音洞记》，《张栻集》第 5 册，中华书局 2015 年版，第 1470 页。

所从入奈何？子思以不睹不闻训著于篇首，又于篇终发明尚纲之义，且曰君子之所不可及者，其惟人之所不见乎，而推极夫笃恭之效。其示来世，可谓深切著明矣。学者于此亦知所用其力哉！"①

《中庸》所言之义理，是成圣成贤的"入手"处，此"入手"处"人之所不见"，特别需要学者以笃恭的工夫体会"不睹不闻"的义理，将微妙的义理推极于做事之中。事实上，张氏所讲的入手之处，即是他多次强调的临事之时辨析义利的磨砺工夫，需要"师以导之，友以成之"。

"舜跖之分，善与利之间而已矣。譬之途焉，善则天下之正途，而利则山径之邪曲也。人顾舍其正而弗由，以自陷于崎岖荆棘之间，独何欤？物欲蔽之，而不知善之所以为善故耳。盖二者之分，其端甚微，而其差则甚远。学校之教，将以讲而明之也。故自其幼，则使之从事于洒扫应对，进退之间，以固其肌肤而束其筋骸。又使之诵诗读书，讲礼习乐，以涵泳其情性，而兴发于义理。师以导之，友以成之。故其所趋，日入于善而自远于利。及其久也，其志益立，其知益新，而明夫善之所以为善，则其于毫厘疑似之间，皆有以详辨而谨察之。"②

三、致知力行

荀子引书传之言，提出"从道不从君"③的主张。宋儒大概继承了此主张，因而他们所说的师道，不仅是谋求教化君道以伸张其志，而是有一套完整而独具的内圣外王建构，暗含"得民行道"的逻辑可能。在一定意义上，师道实独立于君道之外，既包括修身养性之学，也包括《大学》所言及的外王之学，具有一定的自实现的意味在其中。

"考先王所以建学造士之本意，盖将使士者讲夫仁义礼智之彝，以

① 张栻：《跋中庸集解》，《张栻集》第4册，中华书局2015年版，第1271—1272页。
② 张栻：《雷州学记》，《张栻集》第3册，中华书局2015年版，第893页。
③ 王先谦撰：《荀子集解·臣道篇第十三》，中华书局1988年版，第250页。

明夫君臣父子兄弟夫妇朋友之伦，以之修身齐家治国平天下，其事盖甚大矣。而为之则有其序，教之则有其方。故必先使之从事于小学，习乎六艺之节，讲乎为弟为子之职，而躬乎洒扫应对进退之事，周旋乎俎豆羽籥之间，优游乎弦歌诵读之际，有以固其肌肤之会，筋骸之束，齐其耳目，一其心志。所谓大学之道，格物致知者，由是可以进焉。至于物格知至而仁义礼知之彝得于其性，君臣父子兄弟夫妇朋友之伦皆以不乱，而修身齐家治国平天下无不宜者，此先王之所以教而三代之所以治，后世不可以跂及者也。"①

张栻认为周敦颐开创的理学，"学可以至于圣，治不可以不本于学，而道德性命初不外乎日用之资，其于致知力行，具有条理"②，是知行相须的学问。因此他主张学校所教之核心内容，当为包括仁义礼智之彝、君臣父子兄弟夫妇朋友之伦、修身治国平天下之事的一贯之道。此道之化成，不能一蹴而就，需要有一个循序渐进的过程，"为之则有其序"，通过小学"一其心志"而至大学"格物致知"，从而使事得其理。序的过程，不可半途而废，张栻因而主张要继承《论语》中反复提及的无倦思想。

"昔者洙泗之门，子张问政夫子，首告之以无倦。及季路之请益，则又终之以无倦。是知为政始终之道，无越乎此也。夫难存而易怠者，心也。吏者分天子之民而治焉，受天子之土而守焉，一日之间，所为酬酢事物者，亦不一端矣。几微之所形，纪纲之所寓，常隐于所忽而坏于所因循。纤毫之不谨，而万绪之失其机。方寸之不存，而千里之受其害。又况欲动而物乘，意佚而形随，其所差缪复何可胜计。可不畏哉？于是知圣人无倦之意，深矣！师也穷乎高明，而惧其所践之未笃也，故使以居之无倦为本，而继以行之以忠。由也勇于进为，而惧其有所忽也，故既告以先之劳之，及其请益则继以无倦。以二子，而圣人所以勉之者如此，则在他人，其所当从事抑可知矣。"③

---

① 张栻：《邵州复旧学记》，《张栻集》第 3 册，中华书局 2015 年版，第 884—885 页。
② 张栻：《道州重建濂溪周先生祠堂记》，《张栻集》第 3 册，中华书局 2015 年版，第 907 页。
③ 张栻：《无倦斋记》，《张栻集》第 3 册，中华书局 2015 年版，第 936—937 页。

从政之所以需以无倦精神为基础，是因为人心容易懈怠，"常隐于所忽而坏于所因循"。因而要认识到成事之艰难，即便如农事这种看似完全靠天吃饭的事，实际上其成就也更多地是依赖于人事的无倦精神的，"斯事之艰，既系于农民之瘅力，又系于官吏之能政，又系于风俗之趋善，天人参会，上下相应，然后可以常获嘉报。"①在张栻心中，恢复中原是头等大事，但成就此事不能跃等而为，必须先要得到人民的支持，而要获得民心支持就必须宽限民力，积累国家实力，成就隐然之胜势，"欲复中原之地，当先有以得其百姓之心；欲得中原之心，当先有以得吾百姓之心。而求所以得吾民之心者，岂有他哉？不尽其力，不伤其财而已矣。"②就整个南宋的形势而言，无必胜之形，"广右比之它路最为广莫，而雕瘁则最甚"③，"诸郡岁计阙匮异常，甚至官吏乏俸，军兵乏粮"④。因此，张栻在静江施政时调研了当地的财赋情况，提出了通过盐政改革以实广西财赋的策略。

> "本路盐法，正缘诸州荒寂，都无甚所入，全仰漕司拨盐息以为岁计。往年行客钞，卖数极不多，却有折米钱甚重，民深病之，因此致盗贼。后来故改为官般，而罢折米。中间广东以为不便而争之，再行客钞。然所卖数多，盖要足漕司岁计与诸郡之用，只一二年，钞大积压，诸州例窘急，而漕计亦不足，于是复行官般。只以静江言之，若无此便无以支梧。今静江措置颇有伦绪，不抑卖不增价，公私皆便之，盐价反贱于客钞之时。若诸州俱能如此，则当不至为害。"⑤

广西财赋岁入，诸州皆仰赖于盐息收入，而盐息收入"漕收其八，诸州仅得其二"⑥，不敷使用。张栻因此上奏朝廷"增拨诸州一分盐息及增边州米钱"⑦，

---

① 张栻：《劝农文》，《张栻集》第 5 册，中华书局 2015 年版，第 1493 页。
② 张栻：《论恢复中原宜先得人心疏》，《张栻集》第 5 册，中华书局 2015 年版，第 1458 页。
③ 张栻：《答朱元晦》，《张栻集》第 4 册，中华书局 2015 年版，第 1101 页。
④ 张栻：《答朱元晦》，《张栻集》第 4 册，中华书局 2015 年版，第 1102 页。
⑤ 张栻：《答朱元晦》，《张栻集》第 4 册，中华书局 2015 年版，第 1105—1106 页。
⑥ 张栻：《言广西盐法奏》，《张栻集》第 5 册，中华书局 2015 年版，第 1462 页。
⑦ 张栻：《答朱元晦》，《张栻集》第 4 册，中华书局 2015 年版，第 1120 页。

为了"永久根本之计"①，"措置欲将上项钱四十万贯于白石、郁林等八仓场存留二十万贯，为漕司盐货循环本脚之用，于静江府诸州存留二十万贯，为诸州接借般运盐货之用。"② 并且制定地方法规，以规范地方官员的行为，"比复有请，漕司辄增拨盐数，诸州辄增盐价，并以违制论；诸州将盐息拨入公库，充燕饮馈送等费，并坐赃论。"③ 当然，宽民力的目的还是为了积累实力，成隐然必胜之势，以最终完成复仇大业，"明复仇之义，显绝金人，不与通使，然后修德立政，用贤养民，选将帅，练甲兵，通内修外攘、进战退守以为一事，且必治其实而不为虚文，则必胜之形隐然可见"④。张氏治理静江重视"内修外攘"，推行保伍"颇得其效，近复以推于一路"⑤，征流人"强壮以为刻用"⑥，"刺填军兵，其余刺充作院壮城指挥"⑦。静江有守土卫边之责，戍兵"首领世袭，人自为战，如古诸侯民兵之制"⑧，张栻一方面重视练兵，"士练有素，各以技逞"⑨；另一方面也注重防范边兵作乱，"充吾备御之实，使有隐然之势以折其萌。"⑩ 这些措施的核心，依张栻之意，皆在于"以身率之，立信明义"⑪，以忠信待之，则原来久困于地方官的边蛮仇杀、广马买卖之事，皆可以迎刃而解。

> "诸司向来相与不以诚而以术，府中遇诸县亦然。今先务立信，上下似亦颇相应也。边蛮有互相仇杀者，具令逐州以国家好生大德谕之，俾无以小忿自戕生灵，忠信可行蛮貊。拙者所守，惟此而已。惟是凡事不敢不奉法度，上下旷弛陵夷之久，未免少觉拘束，久亦当安

---

① 张栻：《措置官盐椿贮钱物条画状》，《张栻集》第 5 册，中华书局 2015 年版，第 1466 页。

② 张栻：《措置官盐椿贮钱物条画状》，《张栻集》第 5 册，中华书局 2015 年版，第 1464 页。

③ 张栻：《答朱元晦》，《张栻集》第 4 册，中华书局 2015 年版，第 1108 页。

④ 朱熹：《论必胜之形在于早正素定疏》，《张栻集》第 5 册，中华书局 2015 年版，第 1460 页。

⑤ 张栻：《乞推行保伍之法奏》，《张栻集》第 5 册，中华书局 2015 年版，第 1466 页。

⑥ 张栻：《答朱元晦》，《张栻集》第 4 册，中华书局 2015 年版，第 1102 页。

⑦ 张栻：《言逃亡配隶事奏》，《张栻集》第 5 册，中华书局 2015 年版，第 1463 页。

⑧ 张栻：《知靖江府奏议》，《张栻集》第 5 册，中华书局 2015 年版，第 1466 页。

⑨ 张栻：《虞山韶音洞题名》，《张栻集》第 5 册，中华书局 2015 年版，第 1471 页。

⑩ 张栻：《寄刘共甫枢密》，《张栻集》第 4 册，中华书局 2015 年版，第 1043 页。

⑪ 张栻：《答朱元晦》，《张栻集》第 4 册，中华书局 2015 年版，第 1101 页。

习也。"①

诸蛮一以信义待之，如买马一事，旧弊革去凡数十事。最害是盐银辄亏其轻重，彼顾岂不晓？吾所得几何，而所丧者丘山。帅司先利夫出剩银之得，受此利啗，而其下官吏悉从而刻减乾没。今先罢出剩银，正名以率之，而严法以核之，必使轻重悉以实，毋得少罔之。招马官先以此意出塞喻蛮落。旧来马至，二月末方有来者，而罗殿又四年不来市，正以吏侵牟之之故。今方中冬，数日前邕州已申罗殿将马千七百匹近塞矣，益知忠信之可行，而在我者诚当自检也。②

四、造道薪传

周敦颐认为，师道立则善人多，善人多则天下治，而"天下非一人之天下，乃天下之天下也"③，且治理好天下是每个人自身的职责，所谓"保天下者，匹夫之贱与有责焉"④。匹夫有责于天下，实际上就要求其成为"以天下为己任"的士，因此张栻认为学校的责任在于培育"以天下为己任"的"多士"。

"夫所为建学者，固欲其士之众多也。……十室之邑必有忠信之质者焉，其成就与否，则系乎学与不学而已。学也者，所以成才而善俗也。……为之严学官于此，详其训迪，以夫人伦之教，圣贤之言行，薰濡之以渐，由耳目以入其心志，其质之美者能不有所感发乎？有所感发则将去利就义，以求夫为学之方，而又以训其子弟，率其朋友，则多士之风岂不庶几矣乎！"⑤

士的特点即在于将人伦之教、圣贤言行"入其心志"，久之则自能"去

① 张栻：《与曾节夫抚干》，《张栻集》第4册，中华书局2015年版，第1192页。
② 张栻：《寄刘共甫枢密》，《张栻集》第4册，中华书局2015年版，第1044页。
③ 《黄朴民解读三略六韬》，岳麓书社2011年版，第111页。
④ 黄汝成：《日知录集释》卷13正始，岳麓书社1994年版，第471页。
⑤ 张栻：《钦州学记》，《张栻集》第3册，中华书局2015年版，第890页。

利就义"，"敛缩"有规矩。当然，在张栻看来，培育士人，不一定完全依赖于学校之教育，利用制度法律进行规训，也能够起到相应的教育作用，从而在短期内使人进步而见成效。

> "士子中亦有好资质，时呼一二来郡斋与之讲论，庶知向方。三先生祠，某撰有小记，纳去，凡此不敢不尽区区耳。官寮其初颇有拘束之叹，盖习于放纵已久，今却极相安，有乐趋事之意。其间亦有数人愨实可委，其余随力使得自展，有不率者，先之以训督，不悛而后加以法，迩来觉得敛缩者多也。"①

"师者，所以传道授业解惑也。"② 韩愈认为师与弟子的区别只在于师之闻道先于弟子，故弟子师之只是以道为师，而师之职责亦只在于传道而已。韩愈的理解尚残留有汉儒师法的意思，而宋儒则更重视造道，尤其是师友之间经琢磨讨论而形成的道义学问，即周子所谓"道义由师友有之"③。张栻在静江所传之道，实为其与朱熹、吕祖谦相与议论而来，"伯恭今次讲论如何？得渠书，云兄犹有伤急不容耐处，某又恐伯恭却有太容耐处。然吾曹气习之偏，乘间发见，诚难消化，想兄存养有道，如某病痛，多兢兢之不遑，正有望时加砭剂也。"④ 张栻与朱熹、吕祖谦相互商量而铸就四书系统与两宋理学道统，"《章句序》文理畅达，诵绎再四，恨未见新书体制耳。《近思录》诚为有益于学者之近思，前此伯恭尚未寄来也。某比改定，得《语解》数篇，未及写去。"⑤ 他们之间"志同而心契"⑥，"声同气合，莫逆无间"⑦，这种一致性是经充分理性讨论后的相互印证，"缤纷往反者几十余年，末乃同归而一致。"⑧ 朱栻将张朱吕三人视作师友造道的典范，"惟朱子与宣公，出则欲同

① 张栻：《答朱元晦》，《张栻集》第 4 册，中华书局 2015 年版，第 1102 页。

② 韩愈：《师说》，《韩愈全集校注》，四川大学出版社 1996 年版，第 1508 页。

③ 周敦颐：《周敦颐集》，中华书局 2009 年版，第 34 页。

④ 张栻：《答朱元晦》，《张栻集》第 4 册，中华书局 2015 年版，第 1103—1104 页。

⑤ 张栻：《答朱元晦》，《张栻集》第 4 册，中华书局 2015 年版，第 1119 页。

⑥ 朱熹：《又祭张敬夫殿撰文》，《张栻集》第 5 册，中华书局 2015 年版，第 1663 页。

⑦ 吕祖谦：《祭张荆州文》，《张栻集》第 5 册，中华书局 2015 年版，第 1665 页。

⑧ 朱熹：《又祭张敬夫殿撰文》，《张栻集》第 5 册，中华书局 2015 年版，第 1663 页。

行所学，举明主于三代之隆；处则阐道传心，思树亿万世人伦之极，后之交友者可以奋矣。"① 朱熹曾盛赞张氏为理学道统传人，不愧为桂人之师。

"侯字敬夫，丞相魏忠献公之嗣子，其学近推程氏，以达于孔孟，治已教人，一以居敬为主，明理为先。尝以左司副郎侍讲禁中，既而出临此邦，以幸远民。其论说政教，皆有明法，然则士之学于是者，亦可谓得师矣！其亦无疑于侯之所以教者，而相与尽其心哉。"②

张栻以其师友所造之道传授于静江，在广西培养发现了一大批服膺其思想的弟子门人。他曾向朱熹介绍广西士人林君勛，称其学说有可贵之处，"贺州有林君勛《本政书》，想亦须见，谩附一本，其间固多未尽，然其人一生用工于此，其说亦着本可贵。此外又于其家求得数书，有论屯田项目，亦甚有工。才抄录，续当奉寄。此公所至有惠政，乃是广中人才之卓然者，殊惜其不得施用也。"③ 也曾推介吴俦，称其忠义可用，"本路州县间人才寻常不敢忽，有思虑、有才力者亦得数人。有邕州倅吴俦者，虽是粗疏，然忠义果敢，疾恶如仇，缓急可用，亦谩及之。"④ 对于成为岭南士人的老师，张氏实有其自觉意识，"二广亦有二三士人肯思虑能自立者，但向来无师承，方告以所当循之序耳。"⑤ 因此，粤西之人视张栻为师承所在，自然毫不奇怪。

"夷獠错居，古为藩服；文物普遍，今类中州。盖由张栻、吕祖谦之道化被于桂，范祖禹、邹浩之正气行乎昭（今平乐），柳宗元之文声著乎柳，冯京、黄庭坚之德誉动乎宜（今庆远），二陈（陈钦陈元）三士（士赐士燮士壹）之经学启乎梧，谷永之恩信、陆绩之儒业播乎浔（古鬱林），马援之约束布于邕（今南宁），蹈义泳仁，月异而岁不同，甚至交趾之界，猺獠之居，弃卉服而袭冠裳，挟诗书而延儒绅，太平诸府，

---

① 朱栻：《史传三传张栻传》，《张栻年谱》，科学出版社 2018 年版，第 191 页。
② 朱熹：《静江府学记》，《朱子全书》第 24 册，上海古籍出版社、安徽教育出版社 2002 年版，第 3743 页。
③ 张栻：《答朱元晦》，《张栻集》第 4 册，中华书局 2015 年版，第 1104 页。
④ 张栻：《答朱元晦》，《张栻集》第 4 册，中华书局 2015 年版，第 1111 页。
⑤ 张栻：《答朱元晦》，《张栻集》第 4 册，中华书局 2015 年版，第 1117 页。

材贤渐出，由是观之，革俗由政在人，不可诬也。"①

詹仪之曾请益问学于张栻，他与张栻的关系或在师友之间，"本路新漕詹君仪之体仁岂弟爱民，凡事可以商量，又趋向正，孜孜以讲学为事，时过细论，殊慰孤寂。旧在严陵相见，颇惑佛学，今却不然，亦得伯恭之力，其人恐有可望也"②。因张栻在《无倦斋记》中反复提及子张问政之事，詹仪之在继张栻而任静江知府后，为了表示其对张氏政学思想的继承意愿，将子张问五美之事刻于石。

"弹子岩之右有一岩，其壁镌有真书《论语尊五美》全章，旁有跋云：广汉张公栻尝大书于桂林郡之治事厅，桐庐詹公仪之欲其传之广也，命镌诸石，俾凡临民者，皆得目击心存，力行无倦，庶不负圣人之训。"③

张栻离开桂林时，弟子门人相送至冷水岩，留有刻石。刻石中称送行之人为"宾客"，考其中有显为张栻弟子者，说明张氏与其弟子之间是以道相称，其关系或在师友之间。冷水岩所刻人名一共有十二人，多为其门人弟子，广西籍的有四人，即其中张仲宇字德仪、蒋砺字良弼、唐弼字公佐、李化字南夫者。

"宾客相追寻于山间者，阳武万俟立中不倚、建安黄德琬延瑞、八桂张仲宇德仪、蒋砺良弼、唐弼公佐、李化南夫、延平张士佺子真、邯郸刘秉晋伯、长沙李揆起宗、吴猎德夫、宜春李逢源造道、东莱吕修年永叔。"④

十二人中，吴猎为静江府学教授，善财赋之学，是张栻知静江期间的重要助手，早年"从宣公卒业，宣公见公弘裕疏畅，喜曰：吾道其不孤矣！"⑤

① 汪森撰、黄振中等校：《粤西丛载校注》中卷17粤俗，广西民族出版社2007年版，第703页。

② 张栻：《答朱元晦》，《张栻集》第4册，中华书局2015年版，第1117页。

③ 汪森撰、黄振中等校：《粤西丛载校注》上卷1石刻补，广西民族出版社2007年版，第31页。

④ 张栻：《冷水岩题名》，《张栻集》第5册，中华书局2015年版，第1472页。

⑤ 魏了翁：《敷文阁直学士赠通议大夫吴公行状》，《鹤山集》卷89，文渊阁四库全书第1173册，"台湾商务印书馆"1986年版，第51页。

张栻的弟子又多从朱熹问学，故其弟子之学实兼朱张之蕴，"猎初从张栻学，朱熹会栻于潭，又亲炙之，湖湘之学一出于正，猎实表率之。"①吴猎后任广西路转运判官，其治学为政皆继承发扬了张栻的政学风格，重学悯民，有火尽薪传之意味。

> "嘉泰三年（1203）春，除广西路转运判官。广右十六郡漕司，岁借盐本钱有差，郡率不能尽偿，故比岁靳不与。公曰：是趣使敛民也。即给借缗钱十余万，寻宣公旧规，修校官，辟漕司酒库以为桂林精舍，与同志共学焉。"②

承张氏政学思想者，韩璧亦为典型，"以经略司主管机宜文字，用张栻荐，知宜州事。"③韩璧知宜州后，重修宜山县学，请张栻撰写《宜州学记》。张栻称赞韩璧的重学行为，认为边州兴学亦是急务，因"俎豆既修，则军旅之事斯循序而不忒。教化兴行，则祸难之气坐销于冥冥之中。诗曰：既作泮宫，淮夷攸服。是有实理，非虚言也。……近而吾民既已和辑，则夫境外聚落，闻吾风者，亦岂不感动"。④韩璧后知琼州，重修府学后请朱熹撰写《琼州学记》。朱熹所言政学之意，实与张栻无别，"使琼之士，知夫所以为学者，不外于身心之所固有，而用其一日之力焉。则其德成行修，而无所疑于天下之理，将无难者。而凡所谓功名事业云者，其本已在是矣。"⑤韩璧措置两广盐政时，亦承继张栻政学之意，知广西盐政的重要性有别于他路，故建议朝廷特别照顾粤西财赋。

> "臣叨恩备数东路提盐，同措置西路盐事，所以东路事体，尚须到官悉心推究。至如西路，臣三任九年之间，粗知其略。广西民力至贫，

---

① 脱脱等：《宋史》卷397列传156吴猎传，中华书局2000年版，第9514页。
② 魏了翁：《敷文阁直学士赠通议大夫吴公行状》，《鹤山集》卷89，文渊阁四库全书第1173册，"台湾商务印书馆"1986年版，第51页。
③ 汪森撰、黄盛奎等校点：《韩璧》，《粤西文载校点》第4册卷63，广西人民出版社1990年版，第396页。
④ 张栻：《宜州学记》，《张栻集》第3册，中华书局2015年版，第897页。
⑤ 朱熹：《琼州学记》，《朱子全书》第24册，上海古籍出版社、安徽教育出版社2002年版，第3762页。

岁入至薄。官兵备边之费，尽取办于般卖，犹惧弗给，今一旦住卖，束手无策，全仰给于漕司。往年改行钞法时，自有漕司应副，逐州取拨，窠名数目，可举而行。又朝廷颁降祠部及会子钱计四十万下西路漕司，通融为十年支遣，及诸州各有漕司寄桩钱，以此随其多寡，应副诸州缺乏之数，使足以供公上，赡官吏，养兵备边，则可以坚客钞之行，上副陛下改法裕民之意。"①

张栻"所为郡必葺其学，于静江又特盛"②，逝去时，"静江人哭之尤哀"③，故南宋末年广西经略朱禩孙增筑"桂林西城，内包学舍，添置书院，乞照白鹿洞例锡名，仍置山长一名。诏以宣成书院为额"。④ 其意即在于继承张朱吕等创立的新道统，"帅臣复创宣成书院于其西，合南轩东莱而祀焉。……孔孟远矣，朱张未远也。处斯学，味斯言，思朱张在是即周程在是，周程在是即孔孟在是。学以聚之，当深契孔孟之心达而行之，必无负孔孟之训。"⑤ 从而使后人能够发扬张朱吕的政学思想，"登先生之堂，拜先生之像，求先生之学以修其身，推先生之政以及其民"⑥，以致"衣被尤切于一方，兴起尚新于百世"⑦。宣城书院建成后，对广西政治文化影响巨大，"其书家传人诵，如日中天"⑧，"萃诸生俊秀者，相与绎羲文周孔之道"⑨，好学之风流被至清代，"流风百余年，山高水犹长"⑩，康有为的叔父康国器任广西巡抚

① 汪圣铎点校：《宋史全文》第 7 册卷 27 上淳熙十年十月，中华书局 2016 年版，第 2284—2285 页。
② 朱熹：《右文殿修撰张公神道碑》，《张栻集》第 5 册，中华书局 2015 年版，第 1646 页。
③ 朱熹：《右文殿修撰张公神道碑》，《张栻集》第 5 册，中华书局 2015 年版，第 1646 页。
④ 汪圣铎点校：《宋史全文》第 9 册卷 36 景定三年七月，中华书局 2016 年版，第 2912 页。
⑤ 胡梦魁：《桂学建大成殿记》，《粤西文载校点》第 2 册卷 26，广西人民出版社 1990 年版，第 260—261 页。
⑥ 元光祖：《重修宣城书院记》，《粤西文载校点》第 2 册卷 29，广西人民出版社 1990 年版，第 353 页。
⑦ 姚镆：《重修宣城书院上梁文》，《粤西文载校点》第 4 册卷 61，广西人民出版社 1990 年版，第 325 页。
⑧ 陈伯献：《重修宣成书院立田记》，《张栻年谱》，科学出版社 2018 年版，第 274 页。
⑨ 顾璘：《送杨郡博宣成书院讲易序》，《张栻年谱》，科学出版社 2018 年版，第 276 页。
⑩ 李绂：《宣城书院课士》，《张栻年谱》，科学出版社 2018 年版，第 278 页。

时，重修宣成书院，道光皇帝赐额"道德陶钧"，其流风余韵实已借康氏之手而延伸至民国时期。

　　"康国器奏'重修省会书院，请颁匾额'一折。广西省城向设秀峰、宣成、榕湖三书院，因年久倾圮，筹款兴修，然已一律工竣，著南书房翰林各书匾额一方，交该护抚祗领，悬挂各书院，以示嘉惠士林至意。钦此。护理广西巡抚布政使司布政使臣康国器敬刊。凡一百十有八字。盖穆宗毅皇帝所赐先臣请颁秀峰、宣成、榕湖三书院匾额之诏书，而先臣刊示士民者也。赐秀峰额曰'书岩津逮'，宣成额曰'道德陶钧'，榕湖额曰'经明行修'。"①

　　孟子曾引书传之言，云"作之师"②，曾子三省云"传不习乎"③，荀子亦曾主张"有师法则隆积矣"④，可见重视师道是儒家的传统，但孟子所引书传还同时说到"作之君"⑤，曾子三省亦同时说到"为人谋而不忠"⑥ 的问题，显见先秦所言的师道与君道紧密相联，以及师道继承积累知识存量的特性。汉唐人对先秦的师道观多所承继，然综上所述，或可看到，以张栻甚至两宋理学家的观点看，师道本身是贯穿内圣外王的一贯之道，从其内在逻辑可以推理出其具有自我实现的功能，因而是可以与君道分离，从而诱导出"得民行道"的良知视角。另外，张栻等两宋儒者看待师道，更多地不是从传习师道的角度，而是从朋友论道的角度来主张造道为师，并进一步将师生之间的关系视作是友道关系，这也使我们可以深入理解为何以《传习录》为代表的明儒著作会将师生关系转以"同党""同志"相称。

---

① 康有为：《桂学答问序》，《长兴学记桂学答问万木草堂口说》，中华书局 1988 年版，第 27 页。
② 杨伯峻译注：《孟子译注·梁惠王章句下》，中华书局 1960 年版，第 31 页。
③ 杨伯峻译注：《论语译注·学而篇第一》，中华书局 1960 年版，第 3 页。
④ 王先谦撰：《荀子集解·儒效篇第八》，中华书局 1988 年版，第 143 页。
⑤ 杨伯峻译注：《孟子译注·梁惠王章句下》，中华书局 1960 年版，第 31 页。
⑥ 杨伯峻译注：《论语译注·学而篇第一》，中华书局 1960 年版，第 3 页。

第三章 王阳明的"广西事件"

一般而言，学界多将"致良知"视作阳明王阳明（1472—1529，名守仁，浙江余姚人）的晚年学说。虽说阳明在明确提出此主张后，约有六年时间居越讲学，皆不离"致良知"之宗旨，似应对"致良知"的余蕴已臻究竟。但言者以为致良知的本旨，阳明尚"未及与学者深究"之，其弟子后学也因之对致良知之说多所争论，莫衷一是，黄宗羲对此情形明言道：

> "自姚江指点出良知，人人现在，一返观而自得，便人人有个作圣之路。故无姚江，则古来之学脉绝矣。然致良知一语发自晚年，未及与学者深究其旨，后来门下各以意见挽和，说玄说妙，几同射覆，非复立言之本意。"①

---

① 黄宗羲：《姚江学案》，《明儒学案》卷10，《黄宗羲全集》第七册，浙江古籍出版社2012年版，第197页。钱穆评述这段话说，"本来一家学说，他的成熟多在晚年，晚年的思想，自然是更足为后人所研讨；而况王学，在其晚年，还未能深切发挥，不幸没世，其后学各执一说，互生歧异，讲王学的人，自然要对其晚年思想益加注意了。"关于阳明后学的分歧，钱德洪、王畿皆有所论，钱氏云，"师既没，吾党学未得止，各执所闻以立教。仪范隔而真意薄，微言隐而口说腾。且喜为新奇诡秘之说，凌猎超顿之见，而不知日远于伦物。甚者认知见为本体，乐疏简为超脱，隐几智于权宜，蔑礼教任于性。未及一传而淆言乱众，甚为吾党忧。"王氏云，"慨自哲人既远，大义渐乖，而微言日湮，吾人得于所见所闻，未免各以性之所近为学，又无先师许大炉冶陶铸销熔以归于一，虽于良知宗旨不敢有违，而拟议卜度、挽和补凑，不免纷成异说。"陈来则赞同王畿将阳明居越时所达之思想境界即四句教视作其最后之学术阶段，并认为江西末期与居越期间虽皆可归于致良知教阶段，但确为两个不同的发展阶段。陈氏的说法有一定的启发作用。关于阳明学说的一致性，杨国荣更进一步地认为，阳明思想前后一致，是做第一等事的一生。钱穆：《阳明学述要》，九州出版社2010年版，第77页；钱德洪：《阳明先生年谱序》，

　　所谓未及深究的"立言之本意"，在笔者看来，不在于阳明在文字言说上，似未曾清晰明白地说出致良知的隐微之旨，而在于后之学者，对于阳明将致良知视作"致吾心之良知于事事物物也"①的事件义，体认不够深切。阳明之本旨，是将做事视作良知的呈现，因此君子是为了"一件大事"来到世间。而所谓大事是天地一体之仁的实现，"克去己私"与"康济天下"的统一，他说：

　　　　"诸君每相见时，幸默以此意相规切之，须是克去己私，真能以天地万物为一体，实康济得天下，挽回三代之治，方是不负如此圣明之君，方能报得如此知遇，不枉了因此一大事来出世一遭也。"②

　　因此，阳明致良知学说的精义，正是要将政治事件，或者说具有功利色彩的功利行为，转变为具有超越意义的良知行为，从而使这些事件本身具有良知呈现的作用，而成为良知学说的探索方式之一，以达到知行统一的致思目的，并使后之学者可以从其事件中体认阳明的致知义，尤其是可加深对阳明自身未及反思、未及明言的广西事件的意义认知。③

　　《徐爱钱德洪董沄集》，凤凰出版社 2007 年版，第 191 页；王畿：《王畿集·滁阳会语》，凤凰出版社 2007 年版，第 34—35 页；陈来：《有无之境》，北京大学出版社 2013 年版，第 304 页；杨国荣：《心学之思》，生活·读书·新知三联书店 2015 年版，第 11 页。

① 王守仁：《与顾东桥书》，《王阳明全集》一册卷 2，上海古籍出版社 2014 年版，第 51 页。
② 王守仁：《与黄宗贤》，《王阳明全集》一册卷 6，上海古籍出版社 2014 年版，第 244 页。束景南认为此一大事是修纂《明伦大典》之事，显然过于凿实，阳明此信为张璁荐其赴桂后所写，约当 1527 年 7、8 月间，"阳明此书，钱德洪《阳明先生年谱》定在嘉靖六年正月，云：'正月，先生与宗贤书……'乃误。今观阳明此书所述，黄绾分明已在京师，阳明勉劝其与在京'诸君相见时，幸默以此意相规切之，须是克去己私'，此诸君即指霍韬、方献夫、黄宗明、黄绾诸大礼议辈，而所谓'须是克去己私，真能以天地万物为一体'，'诸君都做个古之大臣'，'此一大事'等，实隐指大礼议及修纂《明伦大典》事也。黄绾六月底方入京师，故可见阳明此书当作在七月中。正月黄绾尚家居黄岩，未入京师。又阳明此书云'近与诚甫言'，按黄宗明其时任福建盐运使，亦应召入都修纂《明伦大典》，其自鄞县北上入京，自必过绍兴见阳明，垂询修纂《明伦大典》事，所谓'近与诚甫言'，即指是次见面所言，时亦在七月中也。"参见束景南：《王阳明年谱长编》四册，上海古籍出版社 2017 年版，第 1842—1843 页。
③ 本文采用的事件视角，与一般所指的事件含义不同，一般所指的事件是指某种存在的事实，因而本文所指之事件不是指有着明确时间起止、有着明确地理场域意义上的历史实

一、良知事件

学界偏于从"阳明学"的角度，即观念研究的角度，发掘阳明学说的思想史意义。对于阳明之事功研究，则从政治学或政治哲学的角度视之，其或只是从政治事功的角度阐述，这显然与阳明倡导知行合一的理论自觉不甚相应。黄绾是阳明的重要弟子，应当说对阳明的学行深有认知，但他在阳明去世后为阳明的事功学说辩诬时，就明显地将两者分开述说，他将阳明之事功总结为平宸濠、定赣南、抚思田、除八寨四个方面：

> "盖其功之大者有四：其一，宸濠不轨，……若非守仁……倡义以勤王，运筹以伐谋，则天下安危未可知。……其二，大帽、茶寮、浰头、桶冈诸贼寨势连四省，……守仁临镇，次第底定。其三，田州、思恩构衅有年，……守仁以往，……乃使卢、王之徒崩角来降……其四，自来八寨为两广腹心之疾，……守仁……并而袭之，遂去两广无穷之巨害，实得兵法便宜之算。夫兵凶战危，守仁所立战功，皆除大患，卒之以死勤事。"①

对于阳明的学术贡献，黄绾从阳明的学术宗旨要点出发，归纳为"致良知"、"亲民"、"知行合一"三个方面。同时，针对那些诬称阳明学说是背圣之言的伪学，黄绾着重强调了阳明的学说是建立在发明先圣先贤本意的基础之上，其学说实是孔门的正传血脉，并非旁门左道之言：

> "其学之大要有三：一曰'致良知'，实本先民之言，盖致知出于孔氏，而良知出于孟轲性善之论。二曰'亲民'，亦本先民之言，盖《大学》旧本所谓亲民者，即百姓不亲之亲，凡亲贤乐利，与民同其好恶，

际，也不是指纯粹抽象的某种空泛的奇迹，而是指超越时间与空间，指向人的本质存在方式的典型呈现。

① 钱德洪：《年谱三》，《王阳明全集》四册卷35，上海古籍出版社2014年版，第1464—1465页。另参见黄绾：《明是非定赏罚疏》，《黄绾集》，上海古籍出版社2014年版，第625—626页。

而为洁矩之道者是已；此所据以从旧本之意，非创为之说也。三曰'知行合一'，亦本先民之言，盖知至至之，知终终之，只一事也；守仁发此，欲人言行相顾，勿事空言以为学也。是守仁之学，弗诡于圣，弗畔于道，乃孔门之正传也。"①

黄氏之说，实将阳明一生之学看做一个整体，知行合一是其中一个部分，强调"言行相顾"，不以空言为学。这一点当然触及了阳明学说中事功学说相统一的倾向，但黄氏未将此点与致良知、亲民的学说相联系，洞悉三者之间的一贯性。与黄氏将阳明学说中的不同要点看作同时性结构不同，阳明的重要弟子钱德洪、王畿等则多从学术的纵向结构，即历时性的宗旨变化角度，将阳明的学术要点描述为为学为教的阶段性变化过程，这种划分，以钱德洪的为学三变、为教三变为代表，尤以"知行合一"、"静坐"、"致良知"的为教三变说最为人所知。② 钱氏有言：

---

① 钱德洪：《年谱三》，《王阳明全集》四册卷35，上海古籍出版社2014年版，第1465页。另参见黄绾：《明是非定赏罚疏》，《黄绾集》，上海古籍出版社2014年版，第626—627页。

② 关于为学之变，阳明曾自言之，有所谓辞章、正学、老释、悟道的变化。其友湛若水谓其早年溺于任侠、骑射、辞章、神仙、佛氏之习，后始归于圣贤正学，初主格物，后主良知，五溺其实亦三变之说，只是将悟道提前到了湛王定交之年。在钱德洪之外，王畿以龙场之悟两分，谓悟前有三变，即由辞章孙吴、朱子格物穷理之学而老佛之学，悟后亦有三变，即由默坐澄心、致良知而四句教，黄宗羲略同王说。徐复观认同钱氏为学三变之说，但以为教三变说为不可从，徐氏认为静坐只是单纯的方法，而致良知与知行合一在本质上则一致。陈来主张，阳明龙场前的思想发展是经词章、循序格物、老释、身心之学而悟格致之旨，龙场后的思想发展是经知行合一、克治省察、致良知而四句教，大致是悟前四变，悟后三变。杨国荣认为学界未能充分注意到阳明思想中前后一致的一面，应将思想深化过程看作是对做第一等事的不断探索历程，可分为哲学问题萌发、多向度探索、龙场悟道、致良知教、哲学遗嘱五个阶段。耿宁则将阳明一生分为三个哲学阶段，自得之说（1472—1506），格物之说（1507—1518），良知之说（1519—1529）。王晓昕梳理了学界的看法，认为从语义上讲，阳明龙场前有五变，即由辞章入圣学、由格竹就辞章、由辞章入佛老、由佛老归正学、龙场悟道，龙场之后的变化则应区分为本体之变与功夫之变，本体之变为心即理、知行合一、致良知，在工夫之变上，王氏大约同意陈来的疏理，认为存在一个由默坐澄心到克治省察的动静转换。参见王守仁：《王阳明全集》一、四册，上海古籍出版社2014年版，第144、1538—1539、1745—1746页；王畿：《王畿集·滁阳会语》，凤凰出版社2007年版，第33—34页；黄宗羲：《明儒学案·姚江学案》，中华书局1985年版，第181页；徐复观：《一个政治家的王阳明》，《儒家思想

　　"先生之学凡三变，其为教也亦三变。少之时，驰骋于辞章；已而出入二氏；继乃居夷处困，豁然有得于圣贤之旨，是三变而至道也。居贵阳时，首与学者为'知行合一'之说；自滁阳后，多教学者静坐；江右以来，始单提'致良知'三字，直指本体，令学者言下有悟，是教亦三变也。"①

　　显然，为学三变是指学术领域的变化，而为教三变则是为学宗旨的变化。黄氏归纳的阳明学术宗旨三要，包括阳明"亲民"的政治哲学，自某种意义而言关注到了阳明学说的两个面向，即内圣面向与外王面向。而钱氏的归纳，为教三变均是从内圣面向言说的，未曾触及外王面向。不过，钱德洪说到"居夷处困"的生命情境，有助于阳明对于"圣贤之旨""豁然有得"，显然认识到了阳明之事功与其学问精进的关系。钱氏曾经明确指出，阳明学问精思的方向与深度，都受到其生命中的重大事件的触动，尤其是格竹得疾、谪居龙场、平藩遭嫉等生命危机事件，更是其学问精进的标志事件，②他说：

　　"吾师阳明先生出，少有志于圣人之学。求之宋儒不得，穷思物理，

与现代社会》，九州出版社 2014 年版，第 222 页；陈来：《有无之境》，北京大学出版社 2006 年版，第 300、305 页；杨国荣：《心学之思》，生活·读书·新知三联书店 2015 年版，第 11 页；耿宁：《人生第一等事》上册，商务印书馆 2014 年版，第 88 页；王晓昕：《阳明学撷论》，西南交通大学出版社 2009 年版，第 1—24 页。

① 钱德洪：《刻文录叙说》，《王阳明全集》四册卷 41，上海古籍出版社 2014 年版，第 1745—1746 页。

② 对于此点，后之研究者多有认知，如杨国荣言："王阳明的哲学历程与其曲折的人生旅程处处融合在一起，为学、为道与为人则相应地展开为一个统一的过程。""正如遭谪时期的居夷处困引发了龙场悟道一样，平藩前后的百死千难，也促发了他对第一等事更深入的体悟，而这种悟的结果，便是致良知之教的提出。""作为哲学家，王阳明以思的方式建构了其心学体系，而这种思又始终与事联系在一起。从内容上看，王阳明所涉及的事，主要包括两个方面，即广义的政治实践（包括军事实践），二者构成了王阳明心学形成的不同前提。"耿宁则将王阳明遭遇的生死事件称作临界境况，"与 1508 年龙场的临界境况一样，1519/1520 年在江西期间的遭受诽谤与生命危险也是一个使王阳明的哲学得以深化的生命段。"参见杨国荣：《心学之思》，生活·读书·新知三联书店 2015 年版，第 1、37、49 页；耿宁：《人生第一等事》上册，商务印书馆 2014 年版，第 149 页。

卒遇危疾，乃筑室阳明洞天，为养生之术；静摄既久，恍若有悟，蝉脱尘坌，有飘飘遐举之意焉，然即之于心若未安也，复出而用世。谪居龙场，衡困拂郁，万死一生，乃大悟'良知'之旨，始知昔之所求，未极性真，宜其疲神而无得也；盖吾心之灵，彻显微，忘内外，通极四海而无间，即三圣所谓'中'也；本至简也而求之繁，至易也而求之难，不其谬乎？征藩以来，再遭张、许之难，呼吸生死，百炼千磨，而精光焕发，益信此知之良，神变妙应而不流于荡，渊澄静寂而不堕于空，征之千圣莫或纰缪，虽百氏异流，咸于是乎取证焉。噫！亦已微矣。"①

钱德洪认为，"卒遇危疾"、"万死一生"、"呼吸生死"的特殊境遇，促使阳明深入反思其原来所秉持学说的困境，从而由"恍若有悟"进至"大悟良知之旨"，并终至于"益信此知之良"。钱氏认为，良知学说具有帮助阳明克服危难境遇提升学术深度的能力，证明了其学说的真理性。同时，危难境遇在阳明良知学说中的重要地位，并不容易为人真正认知，其间的道理颇为微妙。对于事与学之间的关联性，王畿则更进一步地指出，王阳明的"经世事业"，与其良知学说，"并非两事"，王氏有言：

"先师平生经世事业震耀天地，世以为不可及。要之，学成而才自广，几忘而用自神，亦非两事也。先师自谓：'良知二字，自吾从万死一生中体悟出来。'多少积累在！但恐学者见太容易，不肯实致其良知，反把黄金作顽铁用耳。先师在留都时，曾有人传谤书，见之不觉心动，移时始化，因谓：'终是名根消煞未尽。譬之浊水澄清，终有浊在。'余尝请问平藩事，先师云：'在当时，只合如此做。觉来尚有微动于气所在，使今日处之，更自不同。'"②

王畿特别指出，阳明的良知学说，是在"万死一生"的人生经历中，逐渐"积累"而至，并举阳明在留都南京与江西南昌平藩遇人诽谤之事的事后反思，来说明阳明学问精进与其人生历程的紧密联系，王畿显然已经

---

① 钱德洪：《阳明先生年谱序》，《徐爱钱德洪董沄集》，凤凰出版社2007年版，第190—191页。

② 王畿：《王畿集·滁阳会语》，凤凰出版社2007年版，第34页。

认知到了阳明之学"事上磨"①的特点，即将世人所谓的"建功立业"看做是学问探索的方式，这样，"致其良知"就是一个世界翻转的工夫，将功利心翻转成良知心，将功利事件翻转成良知事件。可以说，王畿的这个"潜见"，并非只是出于自身的学术倾向，而对阳明学说的"误读"，其理解是合乎阳明致良知学说的内在精神的，或者说，是阳明致良知说的合理推论。将事上琢磨看作做学问的方式，王阳明亦有过明确表述，他说：

> "修己治人，本无二道。政事虽剧，亦皆学问之地，……日用间何莫非天理流行，但此心常存而不放，则义理自熟。"②

> "居常无所见，惟当利害，经变故，遭屈辱，平时愤怒者到此能不愤怒，忧惶失措者到此能不忧惶失措，始是能有得力处，亦便是用力处。天下事虽万变，吾所以应之不出乎喜怒哀乐四者。此为学之要，而为政亦在其中矣。"③

阳明视为学与为政如一，其根源在于，阳明认为事物与意念之间具有统一性。他认为事即是物，"物即事也。"④而所谓物，不能脱离意而存在，是意念所意向的物，"意之所在便是物"⑤，"有是意即有是物，无是意即无是物。"⑥这个指向物的意念是良知感物而动的结果。如此而言的话，则事件皆与良知有关，事上磨炼即是将功利事件如其所是地呈现为良知事件，因此阳明特别强调意向的良知本体，并从而主张知行合一的说法：

---

① 王守仁：《语录一》，《王阳明全集》一册卷1，上海古籍出版社2014年版，第14页。事上磨之义，也可视为儒学的内在传统，如子夏言："贤贤易色；事父母，能竭其力；事君，能致其身；与朋友交，言而有信。虽曰未学，吾必谓之学矣。"陆九渊云："吾家合族而食，每轮差子弟掌库二年，某适当其职，所学大进，这方是执事敬。"参见杨伯峻译注：《论语译注》，中华书局1980年版，第5页；李子愿：《年谱》，《陆九渊集》，中华书局1980年版，第485页。

② 王守仁：《答徐成之》，《王阳明全集》一册卷4，上海古籍出版社2014年版，第163页。

③ 王守仁：《与王纯甫》，《王阳明全集》一册卷4，上海古籍出版社2014年版，第173—174页。

④ 王守仁：《语录二》，《王阳明全集》一册卷2，上海古籍出版社2014年版，第53页。

⑤ 王守仁：《语录一》，《王阳明全集》一册卷1，上海古籍出版社2014年版，第6页。

⑥ 王守仁：《语录一》，《王阳明全集》一册卷2，上海古籍出版社2014年版，第53页。

"心者身之主也，而心之虚灵明觉，即所谓本然良知也。其虚灵明觉之良知应感而动者，谓之意；有知而后有意，无知则无意矣。"①

"知之真切笃实处，即是行；行之明觉精察处，即是知；知行工夫，本不可离。只为后世学者分作两截用功，失却知行本体，故有合一并进之说。"②

阳明将"行之明觉精察处"，也看成是知，实际是说，行事是良知的显现。按照阳明的上述说法，事即是良知之事，亦可以推断，行事就是"致良知"的显现过程，也是学问精进的过程。因此阳明特别反对将"人情物理与良知看作两事"，不在良知实践上用功，只是空讲个道理，他说：

"今时同志中，虽皆知得良知无所不在，一涉酬应，便又将人情物理与良知看作两事，此诚不可以不察也。"③

"今却不去必有事上用工，而乃悬空守着一个勿忘勿助，此正如烧锅煮饭，锅内不曾清水下米，而乃专去添柴放火，不知毕竟煮出个甚么物来。吾恐火候未及调停，而锅已先破裂矣。"④

正如前所论，阳明后学对于"致良知"的事件义，有所忽略，因而形成后学之纷争。但亦有学者，对阳明学说的此种特点，深有印可，徐复观即说：

"阳明在政治活动中所建立之事功，皆由其修己之仁，亦即是皆由其致良知之所发挥表现。"⑤

"阳明致良知之教，是与'行'与'事'，融为一体而不可分。在有政治机缘时，必直接落实于政治的实际问题上，必直接成就政治上的事功；事功即涵摄于良知之教中，只是触机而见，其间并无转折。……由

---

① 王守仁：《语录一》，《王阳明全集》一册卷2，上海古籍出版社2014年版，第53页。
② 王守仁：《语录二》，《王阳明全集》一册卷2，上海古籍出版社2014年版，第47—48页。
③ 王守仁：《答魏师说》，《王阳明全集》一册卷6，上海古籍出版社2014年版，第242页。
④ 王守仁：《语录二》，《王阳明全集》卷2，上海古籍出版社2014年版，第94页。
⑤ 徐复观：《一个政治家的王阳明》，《儒家思想与现代社会》，九州出版社2014年版，第221页。

此可知，在事上用功，是王学的真血脉，亦即是良知之教的归结处。"①

阳明学说之精进，与其在行事中致其良知有关。亦可说，无行事之"明觉精察"，也就没有阳明致良知教内涵的不断丰富与发展。对于其行事的良知精义，应当说，阳明自身是有所反思明言的，尤其是对其有重大影响的一些"临界境况"，阳明更是反复有所说明。不过，在阳明的一生事功中，广西事件有着重要地位，但因为他在事件过程中去世，其中的微言大义，显然就没来得及予以明示。但其在广西之行事，显然又是其一生学问的最终显示，可以说积其一生良知学之精微，值得其后学仔细品味。"纷成异说"、"淆言乱众"的结果，有可能是没有足够重视其"临死事件"的结果，徐复观即强调我们要从兹而入以把握王学的"真实意义"：

"其学说之精要，多撝发于受命赣南及广西时期，此观于年谱即可得其梗概。应当由此而把握、证明其致良知之教的真实意义。"②

因此，将广西事变看做是良知的呈现，从中一窥阳明晚年学说的精义，或是一个新的致思路径。

二、广西事件

对于阳明而言，广西不能理解为一个地域，而应当看做是一连贯性的事件名，广西之所以可以作为标志命名，只是因为这是阳明晚年最后遭际的源

---

① 徐复观：《一个政治家的王阳明》，《儒家思想与现代社会》，九州出版社 2014 年版，第 223 页。

② 徐复观：《一个政治家的王阳明》，《儒家思想与现代社会》，九州出版社 2014 年版，第 232 页。秦家懿实对此亦有所觉，惜未点明出来，他说，"致是指行，致良知证实了知行合一的道理，并且指出更深一层的意思。"这更深一层的意思，大概是指事上磨，"阳明的格物说，却倡言'在事上正心'，即是要求人心自善，似是圆线型的活动。他的'事'字，实指生活上的磨炼。"磨炼之必要，实是因为"'致良知'的细节，实须人自己，凭事上的磨炼而求得来。"秦家懿：《王阳明》，生活·读书·新知三联书店 2017 年版，第 114、83、130 页。

起与主要场域。自阳明被朝廷任命赴广起，至阳明在江西大余归天，乃至其后的一段余波，均可被视为广西事件的构成内容。① 当然，为了讨论方便，将大余归天后的事件余波另行处理，可能更为妥当。

1.**正念**。依阳明的看法，意之所在方为事。广西事件之成为事件，首先在于阳明内在的良知能够将广西事变视作自己内心之事。这一点，阳明是经过了一个思想转念的过程的。在一般人看来，广西事变是建功立业的机会，但在阳明看来，尽管其有入世之心，但建功立业非其所好，他"固非果于忘世者，平生亦不喜为尚节求名之事"。② 因此，当朝廷征召阳明出师时，阳明的第一反应是拒绝，即是为了避免他人对其"尚节求名"的诽谤。关于这一点，阳明是有着深刻的历史教训的，江西平宸濠之乱后，嫉妒与诽谤给跟从他的人带来伤害，这一点阳明余悸犹存，他说：

"谗构未息，而往年江西从义将士，至今查勘未已，往往废业倾家，身死牢狱，言之实为痛心，又何面目见之！"③

当然，出于良知，阳明也对广西事件的性质与自身的身体条件，有着客观的认知。他认为，广西事件是"疥疥之疾"④，只要给予当地官员足够的时

---

① 大多数学者涉及阳明与广西的关系时，多从地域意义，少从事件意义上来讨论。如黄懿、杨晨的《王阳明在广西》一文，即主要从地域的角度进行探讨，"以王阳明的行踪历程为线索，以其治理八寨、断藤峡上疏经略六项事宜（1.移南丹卫城于八寨；2.改筑思恩府治于荒田；3.改凤化县治于三里；4.增设隆安县治；5.置流官于思龙，以属田宁；6.增筑守镇城堡于五屯）为研究重点，兼及王阳明重要史迹的介绍与分析。"参见《国际阳明学研究》第三卷，上海古籍出版社 2013 年版，第 108 页。
② 王守仁：《与黄宗贤之四》，《王阳明全集》三册卷 21，上海古籍出版社 2014 年版，第 916 页。阳明在江西期间曾赋诗言明此种心境，"东林日暮更登山，峰顶高僧有兰若。云萝磴道石参差，水声深涧树高下。远公学佛却援儒，渊明嗜酒不入社。我亦爱山仍恋官，同是乾坤避人者。我歌白云听者寡，山自点头泉自泻。月明壑底忽惊雷，夜半天风吹屋瓦。"王守仁：《庐山东林寺次韵》，《王阳明全集》三册卷 20，上海古籍出版社 2014 年版，第 842 页。
③ 王守仁：《与黄宗贤之一》，《王阳明全集》三册卷 21，上海古籍出版社 2014 年版，第 913 页。
④ 王守仁：《与黄宗贤之二》，《王阳明全集》三册卷 21，上海古籍出版社 2014 年版，第 914 页。

间与耐心，此事并不难处理。同时，自己身体多病，难以承受南方炎蒸的天气与军事繁役，必然会加重其病情，既难以完成朝廷重托，也会失去完善、传播其良知学说的时间。因此阳明一方面推许姚镆的处事能力，另一方面也描述了自己的病况与志向，他说：

> "两广之役，……若处置得宜，事亦可集。姚镆平日素称老成慎重，一时利钝前却斯亦兵家之常，要在责成，难拘速效。"[1]

> "近年以来，忧病积集，尩羸日盛，惟养疴丘园，为乡里子弟考订句读，使知向方，庶于保身及物亦稍得效其心力，不致为天地间一蠹。"[2]

只不过，在与朝廷的沟通过程中，阳明也逐渐认识到，本来没有什么紧要的思田之事，因为当地官员处置过当，而终至于"不可轻易收拾"[3]。思田事件涉及边疆稳定，即中国东南边境的安定问题，已经不是一个地方事件，而是具有全局影响的事件。阳明就必然要正眼相待，放下个人生死之念，而从国家利益出发，带病出征，阳明自剖心迹说：

> "伏念世受国恩，粉骨赍骸，亦无能报。又况遭逢明圣，温旨勤拳若是，何能复顾其他。已于九月初八日扶病起程，沿途就医，服药调

---

① 王守仁：《辞免重任乞恩养病疏》，《王阳明全集》二册卷14，上海古籍出版社2014年版，第512页。

② 王守仁：《寄杨邃庵阁老之四》，《王阳明全集》三册卷21，上海古籍出版社2014年版，第905页。

③ 王守仁：《与黄宗贤之三》，《王阳明全集》三册卷21，上海古籍出版社2014年版，第915页。思田之变本来起于当地土司之间的世代仇杀，但在当地官员的重压下，当地土司岑猛宣称避祸安南，"(岑璋)使人诣猛曰：'事急矣，愿主君走归顺三四夕，再抵交南，再图兴复未晚也。'"其土目又宣称借兵安南为其复仇，"猛党卢苏、王受等诈言镆不死，借交趾兵二十万且至，夷民信之。"逐渐演变成具有分裂叛乱可能的国际事件，遂至于事件的严重性大大提升了。同时，时任主政广西者姚镆对于处置措施的选择，受其私心影响，"镆知猛无反心，猛方奏辩，镆亦欲缓师。而巡按谢汝仪与镆隙，乃诬镆之子涞纳猛万金，廉得涞书献之。镆惶恐，乃再疏请征。"参见田汝成，《炎徼纪闻·岑猛》，民国嘉业堂本；张廷玉等撰：《列传第88·姚镆传》，《明史》卷200，中华书局2000年版，第3517页；《列传第260·广西土司二》，《明史》卷318，中华书局2000年版，第5521页。

理，昼夜前进。"①

虽然在接受朝廷任命之时，阳明还没有完全摆脱江西谤怨的影响，但他出于仁者的良知，明确表明自己不论遭到何种非议，都要依自己的良知去做，甚而丧失生命也在所不惜，他说：

"苟利于国而庇于民，死且为之矣，而何人言物议之足计乎！"②

"人臣之事君也，杀其身而苟利于国，灭其族而有裨于上，皆甘心焉；岂以侥幸之私，毁誉之末，而足以扰乱其志者！"③

一旦阳明将广西事变视作良知所在之事，他对于事变内容之认定，就与当时处理广西事变的君主与权臣鲜有不同，他认为广西事变产生的原因，只是"土官仇杀"，与那些祸乱地方的盗贼完全不同。④ 同时，经过沿路的明察暗访，阳明将原来朝廷没有直接授权的断藤峡、八寨瑶民之事纳入事变之中进行处理，是因为他认为"瑶贼不除，居民决无安生之理"。

"八寨瑶贼，积年千百成徒，流劫州县乡村，杀害良民，掳掠子女生口财物，岁无虚月，月无虚旬。民遭荼毒冤苦，屡经奏告，乞要分兵剿灭者，已不知几百十番。……官府隐忍抚谕，冀其悔罪改过。而彼乃悍然不顾，愈加凶横，出劫益频。……近因思、田扰攘，各贼乘机出攻州县乡村，远近相煽，几为地方大变。仰赖朝廷威令传播，苟

---

① 王守仁：《赴任谢恩遂陈肤见疏》，《王阳明全集》二册卷14，上海古籍出版社2014年版，第513页。

② 王守仁：《赴任谢恩遂陈肤见疏》，《王阳明全集》二册卷14，上海古籍出版社2014年版，第517页。

③ 王守仁：《奏报田州思恩平复疏》，《王阳明全集》二册卷14，上海古籍出版社2014年版，第526页。

④ 王守仁：《辞免重任乞恩养病疏》，《王阳明全集》二册卷14，上海古籍出版社2014年版，第512页。别人的目的要么为了泄愤，要么为了建立不世之功业，如思田之役，即是当地官员"不胜二酋之愤，遂不顾万余之命，竭两省之财，动三省之兵，使民男不得耕，女不得织，数千里内骚然涂炭者两年于兹。"而桂萼荐阳明赴桂，亦包藏建不世之功的私念，"初，守仁之在广西也，安南适内乱，桂萼欲建议图之，移书守仁，使侦其要领以复。守仁恐其责之我也，寝不与侦，萼衔之。"王守仁：《赴任谢恩遂陈肤见疏》，《王阳明全集》二册卷14，上海古籍出版社2014年版，第515页；束景南：《王阳明年谱长编》四册，上海古籍出版社2017年版，第1937页。

幸未动。缘此瑶贼之与居民，势不两立，若瑶贼不除，则居民决无安生之理。"①

2. **仁意**。阳明超越对旁人诽谤与个人生死的担忧，将思田事变与八寨断藤峡乱民视作意向之事，接下来要做的就是，以良知照向事件，呈现事件的良知属性。阳明认为，良知即是仁爱之心，只有具有仁爱之心，才能成就良知之事，对于广西事变，阳明内心充满恻隐仁爱之心。

> "吾平生讲学，只是致良知三字。仁，人心也；良知之诚爱恻坦处，便是仁。无诚爱恻坦之心，亦无良知可致矣。"②

正是有了此仁爱之心，阳明对于思田事变造成的悲惨结果，感同身受，大为同情。他公然改变了朝廷对思田事变的既定方针，哪怕他知道这样做，难免"大拂喜事者之心"，他也不愿意为了个人之功利而牺牲无辜之生命。因此，他主张善待当地百姓，能减少一分伤害就减少一分伤害，他曾言道：

> "官府民居，悉已烧毁破荡，虽蔀屋寻丈之庐，亦遭翻挖发掘，曾无完土，荒村僻坞，不遗片瓦尺椽，伤心惨目，诚不忍见。"③

> "思、田事，贵乡往来人当能道其详。俗谚所谓生事事生，此类是矣。今其事体既已坏，尽欲以无事处之，要已不能，只求减省一分，则地方亦可减省一分劳攘耳。鄙见略具奏内，深知大拂喜事者之心，然欲杀数千无罪之人以求成一己之功，仁者之所不忍也！"④

阳明之所以主张多行抚柔之法，是因为他认为，天下之志是相通的。正因为其志可以相通，因而做事从人情出发，就能不知不觉地感化对方，与民志相通，从而不须通过强制的行为，而达到教化的目的，成就长治久安的事

---

① 王守仁：《征剿稔恶瑶贼疏》，《王阳明全集》二册卷15，上海古籍出版社2014年版，第547—548页。

② 王守仁：《寄正宪男手墨二卷》，《王阳明全集》三册卷26，上海古籍出版社2014年版，第1091页。

③ 王守仁：《举能抚治疏》，《王阳明全集》二册卷15，上海古籍出版社2014年版，第550页。

④ 王守仁：《答方叔贤之二》，《王阳明全集》三册卷21，上海古籍出版社2014年版，第913页。

业。阳明认为广西事件“莫善于罢兵而行抚”①，正是因为他对思田事变背后的心理动机进行了详细分析，知道事变并非出于政治目的，而是因当事双方的激愤之心而引起。

“谓之柔与抚者，岂专恃兵甲之盛，威力之强而已乎？古之人能以天地万物为一体，故能通天下之志。凡举大事，必须其情而使之，因其势而导之，乘其机而动之，及其时而兴之；是以为之但见其易，而成之不见其难，此天下之民所以阴受其庇，而莫知其功之所自也。”②

“两广……军政日坏，……一有惊急，必须倚调土官狼兵，……此辈夷犷之性，岁岁调发，奔走道途，不得顾其家室，其能以无倦且怨乎？及事之平，则又功归于上，而彼无所与。兼有不才有司，因而需索引诱，与之为奸，其能以无怒且慢乎？既倦且怨，又怒以慢；始而征发愆期，既而调遣不至。”③

因此阳明主张，即便是征剿十恶不赦、为害平民的惯匪，也要区分主

① 王守仁：《奏报田州思恩平复疏》，《王阳明全集》二册卷14，上海古籍出版社2014年版，第525页。阳明认为，“抚之有十善：活数万无辜之死命，以明昭皇上好生之仁，同符虞舜有苗之征，使远夷荒服无不感恩怀德，培国家元气以贻燕翼之谋，其善一也。息财省费，得节缩赢余以备他虞，百姓无椎脂刻髓之苦，其善二也。久戍之兵得遂其思归之愿，而免于疾病死亡脱锋镝之惨，无土崩瓦解之患，其善三也。又得及时耕种，不废农作，虽在困穷之际，然皆获顾其家室，亦各渐有回生之望，不致转徙自弃而为盗，其善四也。罢散土官之兵，各归守其境土，使知朝廷自有神武不杀之威，而无所恃赖于彼，阴消其桀骜之气，而沮慑其僭妄之心，反侧之奸自息，其善五也。远近之兵，各归旧守，穷边沿海，咸得修复其备御，盗贼有所惮而不敢肆，城郭乡村免于惊扰劫掠，无虚内事外，顾此失彼之患，其善六也。息馈运之劳，省夫马之役，贫民解于倒悬，得以稍稍苏复，起呻吟于沟壑之中，其善七也。土民释兔死狐悲之憾，土官无唇亡齿寒之危，湖兵遂全师早归之愿，莫不安心定志，涵育深仁而感慕德化，其善八也。思、田遗民得还旧土，招集散亡，复其家室，因其土俗，仍置酋长，彼将各保其境土而人自为守，内制瑶、僮，外防边夷，中土得以安枕无事，其善九也，土民既皆诚心悦服，不须复以兵守，省调发之费，岁以数千官军，免踣顿道途之苦，居民无往来骚屑之患，商旅能通行，农安其业，近悦远来，德威覃被，其善十也。”

② 王守仁：《绥柔流贼》，《王阳明全集》二册卷18，上海古籍出版社2014年版，第721页。

③ 王守仁：《赴任谢恩遂陈肤见疏》，《王阳明全集》二册卷14，上海古籍出版社2014年版，第514页。

从，对于胁从之人，多行宽宥。甚而对于那些有可能只是假意归顺的人，也要接受其投诚，以期能够渐次感化，他说：

> "诛其罪大恶极者一处两处，其余且可悉行宽抚，容令改恶从善，务在去暴除残，惩一戒百，不必广捕多杀，致令玉石无分，惊疑远迩，后难行事。"①

----

① 王守仁：《议处江古诸处瑶贼》，《王阳明全集》二册卷18，上海古籍出版社2014年版，第695页。阳明屡次强调不要侵扰百姓一草一木，并以军纪相约，"除临阵斩获外，其余胁从老弱，一切皆可宥免。今兹之举，惟以定乱安民为事，不以多获首级为功。各官务要仰体朝廷忧悯困穷之心，俯念地方久罹荼毒之苦，仍要禁约军兵人等，所过良民村分，毋得侵扰一草一木，有犯令者，当依军法斩首示众。""今日用兵，却须号令严明，有功必赏，有罪必戮者，乃是本院欲安两府之民，使之立功赎罪，以定其良家，而因以除去地方之恶，是乃帅师行军之道，不如此不足以取胜而成功也。"王守仁：《八寨断藤峡捷音疏》，《王阳明全集》二册卷15，上海古籍出版社2014年版，第560页；《牌行委官林应骢督谕土目》，《王阳明全集》二册卷18，上海古籍出版社2014年版，第717页。不过，战争毕竟是残酷的，有些事情超出了阳明的设想之外，"其稍有强力者尚一千余徒，将奔往柳、庆诸处贼巢。我兵四路夹追，及之于横水江。各贼皆已入舟离岸，兵不能及。然贼众船小，皆层叠而载，舟不可运；复因争渡，自相格斗，适遇飓风大作，各船尽覆，浮迫登岸得不死者，仅十二余徒而已。""既晴，我兵仍分路入山搜剿，各贼茫无踪迹。又复深入，见崖谷之间，颠堕而死者不可胜计，臭恶熏蒸，不可复前。远近崖峒之中，林木之下，堆叠死者男妇老少大约且四千有余。盖各贼皆仓卒奔逃，不曾赍有禾米，大雨之中，饥饿经旬，而既晴之后，烈日焚炙，瘴毒蒸炽，又且半月有余，故皆糜烂而死。"参见王守仁：《八寨断藤峡捷音疏》，《王阳明全集》二册卷15，上海古籍出版社2014年版，第559、559—560页。对于王阳明在广西的军事行动，历代评价不一，杨荣国认为他是"镇压农民起义的刽子手"，这个看法影响了广西学界对王阳明广西之行的定位，即普遍将其看做是镇压广西农民起义、民族起义的刽子手，如莫家仁说，阳明是"屠杀壮瑶人民的刽子手"，"如果要在壮族自治区首府树王守仁的塑像，壮瑶等少数民族自然难以接受，不利于民族之间的团结。"余怀彦则认为对于所谓的农民起义要具体事情具体分析，而对于阳明的行为，则"严格来说，王阳明镇压的实际上并不是'农民起义'，而是土匪、流贼以及一部分少数民族首领的叛乱暴动。它们和农民起义是有一定差别的"。参见杨荣国：《简明中国古代哲学史》，人民出版社1973年版，第32页；莫家仁：《王守仁与广西少数民族》，《广西民族研究》1992年第2期；余怀彦：《良知之道：王阳明的五百年》，中国友谊出版公司2016年版，第80页。事实上，阳明对于必须使用暴力手段以除恶，内心是痛苦的，"是夕，令龙光潜入甲士，诘旦，尽歼之。先生自惜终不能化，日已过未刻，不食。大眩晕，呕吐。"或可用方以智之言来解读此中道理，"假仁义以为杀夺，亦所以为救也。"钱德洪：《年谱一》，《王阳明全集》四册卷33，上海古籍出版社2014年版，第1379页；方以智撰，庞朴注释：《东西均注释》，中华书局2016年版，第137页。

"各瑶投抚，诚伪虽未可料，但既许其改恶，若复进兵袭剿，未免亏失信义，无以心服蛮夷。亦合暂且宽宥，容其舍旧图新。"①

3.**攻心**。既然所有的事件是由心而起，邪恶之事起于邪心，要平息事变，就必须在心上作工夫，如此才可真正解决事件产生的根源。阳明因此明确主张，广西事变的处理原则应以"攻心为上"，只有这样，才能收复民心，从而真正起到安定一方的作用。

"盖用兵之法，伐谋为先；处夷之道，攻心为上；今各瑶征剿之后，有司即宜诚心抚恤，以安其心；若不服其心，而徒欲久留湖兵，多调狼卒，凭藉兵力以威劫把持，谓为可久之计，则亦末矣。"②

阳明将老百姓区分成三种，即顽民、新民与良民。顽民，也就是阳明所说的十恶不赦、罪大恶极的人，这样的人往往难以改过自新，"狠戾相承，凶恶成性，不可改化"③，是所谓首恶之人，他们往往还裹胁一些无知民众，阻止他们从善。对于这样的人，阳明主张要果断坚决地予以诛杀，这也是仁心的另一面。

"稔恶各贼，自弘治、正德以来，至于今日，二三十年之间，节该桂平等县被害人户李子太等前后控奏，乞行剿除民害，不下数十余次，皆有部咨行令勘议计剿；……况臣驻札南宁，小民纷纷诉苦，请兵急救荼毒，皆为朝不谋夕。各贼之恶，委已数穷贯满，神怒人怨，难复遍诛。"④

胁从之人，善恶不定，既易为恶人所裹胁，也易为善人所劝奖。对于愿意主动从善的胁从之人，阳明申明他们被胁从主要是出于自我保全的本能，其情可悯，因而主张宽宥他们的胁从之恶，放他们一条生路，"开其自新之

① 王守仁：《行左江道剿抚仙台白竹诸瑶牌》，《王阳明全集》三册卷30，上海古籍出版社2014年版，第1217页。
② 王守仁：《绥柔流贼》，《王阳明全集》二册卷18，上海古籍出版社2014年版，第720页。
③ 王守仁：《八寨断藤峡捷音疏》，《王阳明全集》二册卷15，上海古籍出版社2014年版，第563页。
④ 王守仁：《征剿稔恶瑶贼疏》，《王阳明全集》二册卷15，上海古籍出版社2014年版，第549页。

路"①，使他们心悦诚服地"改恶从善"，他说：

> "但念尔等所以阻兵负险者亦无他意，不过畏罪逃死，苟为自全之
> 计，其情亦有可悯。方今圣上推至孝之仁，以子爱黎元，惟恐一物不得
> 其所，虽一夫之狱，尚恐或有亏枉，亲临断决，何况尔等数万之命，岂
> 肯轻意剿杀。故今特遣大臣前来查勘，开尔更生之路，非独救此数万无
> 辜之民，亦使尔等得以改恶从善，舍死投生。"②

这些主动改恶从善的人，王阳明称之为新民，即自新之民。新民善恶不定，
归顺朝廷也可能是出于外在情势所迫，若事情结束后再受顽民裹胁诱惑，也难
保不会再生事端。因此阳明从长治久安计，强调要通过社会机制的安排优化，
以巩固这些新民的向善之心，杜绝其再次为恶之心。从而可以用这些新民的榜
样作用，吸引更多的人改过自新，以达到"良民日多而恶党日消"③，"党恶自孤
而其势自定"④的大好局面。阳明说：

> "若各贼果能改恶迁善，实心向化，今日来投，今日即待以良善，
> 即开其自新之路，决不追既往之恶；尔等即可以此意传告开喻之，我官
> 府亦未尝有必欲杀彼之心。若彼贼果有相引来投者，亦就实心抚安招来
> 之，量给盐米，为之经纪生业，亦就为之选立酋长，使有统率，毋令涣
> 散。一面清查侵占田土，开立里甲，以息日后之争；禁约良民，毋使乘
> 机报复，以激其变。"⑤

---

① 王守仁：《赴任谢恩遂陈肤见疏》，《王阳明全集》二册卷14，上海古籍出版社2014年版，
第516页。

② 王守仁：《奏报田州思恩平复疏》，《王阳明全集》二册卷14，上海古籍出版社2014年版，
第527页。

③ 王守仁：《行浔州府抚恤新民牌》，《王阳明全集》三册卷30，上海古籍出版社2014年版，
第1219页。

④ 王守仁：《绥柔流贼》，《王阳明全集》二册卷18，上海古籍出版社2014年版，第720—
721页。

⑤ 王守仁：《绥柔流贼》，《王阳明全集》二册卷18，上海古籍出版社2014年版，第721—
722页。当然，阳明亦重视通过减轻赋税的方法以养民力，"凡流官之所须者，一不以及
于土夷。如此，则虽草创之地，而三四年后，亦可以渐为富庶之乡。若其经营之始，则
且须仰给于南宁府库。逮其城郭府治完备，事体大定，然后总会其土夷之所输，公田之

这里所说的"开立里甲"、"禁约良民",大约指阳明推行的十家牌法与乡约法。十家牌法与乡约法是阳明在长期的政治实践中,吸收其属官与民众建议逐步总结出来的行之有效的社会教化机制。[①]十家牌法主要是为了防盗,所谓孤立恶党,因为十家门前皆立一门牌,每日登记人口变化,十家互相监督,顽民自无藏身之地。乡约法主要是劝善,所谓良民日多,立约之民每月一会,对于约民行善予以表彰,作恶责其忏悔,以起到民间自我教化的作用。阳明行此二法,主要是为了助善,使良善民众的力量大于为盗的力量,从而使民间力量足以抵制动乱的发生。阳明在广西兼行十家牌法与乡约法,他说:

> "乡约事……使为有司者,皆能以是实心修举,下民焉有不被其泽,风俗焉有不归于厚者乎!……十家牌谕……编写人丁,惟在查考善恶,乃闻加以义勇之名,未免生事扰众,已失本院息盗安民之意。……先将牌谕所开事理,再四绸绎,必须明白透彻,真如出自己心,庶几运用皆有脉络,而施为得其调理。"[②]

上所言表明,阳明推行两法,不是为了管制民众,而是希望官员对两法推行的因由"明白透彻",如出己心,如此才不会变成"生事扰众"之法,从而达到以心攻心的效果。阳明认为,通过良善之民的感染作用,新民就能

所入,商税之所积,每岁若干,而官吏之所需者每岁若干,斟酌通融,立为经久之计。"参见王守仁:《处置平复地方以图久安疏》,《王阳明全集》二册卷14,上海古籍出版社2014年版,第536页。

① 这两种方法,是阳明在其长期的政治实践中不断总结完善的,如他在江西庐陵当县令时,即"与父老豪杰谋,居城郭者,十家为甲;在乡村者,村自为保。平时相与讲信修睦,寇至务相救援。庶几出入相友,守望相助之义。"而后推行于南赣,大行于广西。乡约之法可说起于十家牌法中的劝善功能,在南赣时发展为独立的乡约之法,"故今特为乡约,以协和尔民,自今凡尔同约之民,皆宜孝尔父母,敬尔兄长,教训尔子孙,和顺尔乡里,死丧相助,患难相恤,善相劝勉,恶相告诫,息讼罢争,讲信修睦,务为良善之民,共成仁厚之俗。"王守仁:《告谕庐陵父老子弟》,《王阳明全集》三册卷28,上海古籍出版社2014年版,第1133页;《南赣乡约》,《王阳明全集》二册卷17,上海古籍出版社2014年版,第665页。

② 王守仁:《揭阳县主簿季本乡约呈》,《王阳明全集》二册卷18,上海古籍出版社2014年版,第700页。

逐渐走上真正的自新之路，从而达到更其心机的目的。事实上，阳明也意识到，对于中原礼制之法，土司官员内心天然会有抵触。因此要根据广西的地方实情，实行土流结合的官制，渐次改化广西的地方治理，不宜急行汉法。通过赋予流官以政治教化的职责，逐步同化土官，就可以使中原礼制在广西真正扎下根来，从而达到长治久安的目的。他说：

"御之（土官）之道，则虽不治以中土之经界，而纳其岁办租税之人，使之知有所归效；虽不莅以中土之等威，而操其袭授调发之权，使之知有所统摄；虽不绳以中土之礼教，而制其朝会贡献之期，使之知有所尊奉；虽不严以中土之法禁，而申其冤抑不平之鸣，使之知有所赴诉；因其岁时伏腊之请，庆贺参谒之来，而宣其间隔之情，通其上下之义；矜其不能，教其不逮，寓警戒于温恤之中，消倔强于涵濡之内，使之日驯月习，忽不自知其为善良之归。盖含洪坦易以顺其俗，而委曲调停以制其乱，此今日知府之设，所以异于昔日之流官，而为久安长治之策也。"①

广西事件背后可说有安南的影子，无论是岑猛欲遁安南，还是卢苏、王苏借兵安南，均说明了一点：若地方土司归心中原，则广西为中国之藩篱；若地方土司依恃安南，则广西为动乱之渊薮。阳明因此主张，改善广西地方行政规划，沿着左江建构一条"礼制通道"，通过经济交流促进文化融通，逐步使中原礼制在广西推广开来，从而使土民形成心向中原的良知，由文化认同而臻至国家认同，就能断绝安南的政治影响。

"田州外捍交趾，内屏各郡，深山绝谷，瑶僚盘据。使尽诛其人，异日虽欲改土为流，谁为编户？非惟自撤其藩篱，而拓土开疆以资邻敌。"②

"左江一带，自苍梧以达南宁，皆在流官腹里之地；自南宁以达于

① 王守仁：《处置平复地方以图久安疏》，《王阳明全集》二册卷14，上海古籍出版社2014年版，第535页。
② 张廷玉等撰：《列传第260·广西土司二》，《明史》卷318，中华书局2000年版，第5523页。

田宁，自田宁以通于云、贵、交趾，则皆夷村土寨。稍有疑传，易成阀隔。今田宁、思恩二府既皆改设流官，与南宁鼎峙而立，而又得此新创一县以疏附交连于其间，平居无事，商货流通，厚生利用，一旦或有境外之役，道路所经，皆流官衙门，从门庭中度兵，更无阻隔之患。此亦安民经国之事，势所当为者也。"①

惩治顽民，安置新民，虽为当务之急，但培养良民才是根本。阳明认为，攻心之策的根本在于通过教育培养良民，"用夏变夷，宜有学校。"②建立学校，引导土民参与科举，是政治教化的有效手段。相比于传统的学校教育，阳明更注重带有心学色彩的书院教育，因为在阳明看来，通过教育建设良知社会，书院教育更为有效。他说：

"惟我皇明，……其于学校之制，可谓详且备矣。而名区胜地，往往复有书院之设，何哉？所以匡翼夫学校之不逮也。……科举之业盛，士皆驰骛于记诵辞章，而功利得丧分惑其心，于是师之所教，弟子之所学者，遂不复知有明伦之意矣。……书院之设，……期我以古圣贤之学也。古圣贤之学，明伦而已。"③

阳明大概吸取了在越地办理书院教学的成功经验，在南宁及相邻之地

---

① 王守仁：《处置八寨断藤峡以图久安疏》，《王阳明全集》二册卷15，上海古籍出版社2014年版，第574页。此中所说的移置思恩府城，新建隆安县，后皆得以实行，"武缘都里，旧尝割属思恩者，其始多因路险地隔，不供粮差；今荒田就系武缘止戈乡一图二图之地，四望平野，坦然大道，朝往夕反，无复阻隔；则该府之官自可因城头巡检之制，循土俗以顺各夷之情，又可开图立里，用汉法以治武缘之众。夷夏交和，公私两便，则改筑思恩府成于荒田者，是亦保治安民，势不容已之事。"本院看得南宁自宣化县至于田宁，逆流十日之程，其间错以土夷村寨，奸弊百出，本爵近因躬抚南宁思龙诸图，乡民拥道控告，愿立县治，因为经理。相度得村名那久者，宽平深厚，江水萦迴，居民千余家，竹树森翳，且向武各州道路皆经由其傍，亦为四通之地，堪以设立县治，属之田宁；亦足以镇据要害，消沮盗贼。"王守仁：《处置八寨断藤峡以图久安疏》，《王阳明全集》二册卷15，上海古籍出版社2014年版，第571页；《札付同知林宽经理田宁》，《王阳明全集》二册卷18，上海古籍出版社2014年版，第708页。

② 王守仁：《案行广西提学道兴举思田学校》，《王阳明全集》二册卷18，上海古籍出版社2014年版，第699页。

③ 王守仁：《万松书院记》，《王阳明全集》一册卷7，上海古籍出版社2014年版，第282页。

大办书院，建立了南宁、宾州、梧州等四五处书院，"时当梗化之余，尤当敷文来远。"① 阳明积极延聘名师，推动了广西南部地区的文教发展。阳明认为，广西事变的根本原因在于礼教缺失，"理学不明，人心陷溺，是以士习日偷，风教不振。"② 建立书院的目的即在于传播良知之学，"阐明正学，讲析义理"③，教化当地民众，移风易俗，以"兴起圣贤之学，一洗习染之陋"④。因此，阳明在书院教学中，特别重视礼乐教化。他说：

> "安上治民，莫善于礼，冠婚丧祭诸仪，固宜家谕而户晓者，……况兹边方远郡，土夷错杂，顽梗成风，……若教之以礼，庶几所谓小人学道则易使矣。……诸生得于观感兴起，砥砺切磋，修之于其家，而被于里巷，达于乡村，则边徼之地，自此遂化为邹鲁之乡，亦不难矣。"⑤

此外，阳明特别重视书院建设的原因还在于，书院师生之间提倡的是师友之道，"惟义所在"⑥。书院师友之间不给对方留面子，只认真理，能够直面相互之间的质疑，因而起够起到互相提点的作用，"其间纵有一二懈驰，

---

① 王守仁：《批广西布按二司请建讲堂呈》，《王阳明全集》册二卷18，上海古籍出版社2014年版，第694页。"据金事李杰呈：'据梧州府并苍梧县学生员黎戳、严肃等连名呈，欲于县之侧，照依南宁书院规制，鼎建书院一所。'……合准于旧书院之傍，开拓地基，增建学舍。该道仍为相度经理，合用银两，亦准于该府库内照数动支。"王守仁：《批苍梧道创建敷文书院呈》，《王阳明全集》三册卷30，上海古籍出版社2014年版，第1238—1239页。"不教而杀，帝所不忍。孰近弗绳，而远能准？爱进诸生，爰辟讲室。"王守仁：《南宁新建敷文书院记碑》，《王阳明全集》补编，上海古籍出版社2016年版，第251页。

② 王守仁：《牌行灵山县延师设教》，《王阳明全集》二册卷18，上海古籍出版社2014年版，第701页。

③ 王守仁：《牌行委官季本设教南宁》，《王阳明全集》二册卷18，上海古籍出版社2014年版，第703页。

④ 王守仁：《牌行委官季本设教南宁》，《王阳明全集》二册卷18，上海古籍出版社2014年版，第703页。阳明在广西期间除了亲自到书院讲学外，还延聘季本、陈逅、陈大章等执教。参见王守仁：《牌行灵山县延师设教》，《王阳明全集》二册卷18，上海古籍出版社2014年版，第701页；《牌行委官陈逅设教灵山》，第702页；《牌行委官季本设教南宁》，第703页；《牌行南宁府延师讲礼》，第707页。

⑤ 王守仁：《牌行南宁府延师讲礼》，《王阳明全集》二册卷18，上海古籍出版社2014年版，第707—708页。

⑥ 王守仁：《答储柴墟》，《王阳明全集》三册卷21，上海古籍出版社2014年版，第893页。

亦可因此夹持，不致遂有倾倒。"① 这样的话，师友间"时时相讲习切劘，自然意思日新"。② 阳明因此特别提醒学生定时会讲的重要，期望他们相互"提醒良知"，他说：

> "人在仕途，比之退处山林时，其工夫之难十倍，非得良友时时警发砥砺，则其平日之所志向，鲜有不潜移默夺，驰然日就于颓靡者。近与诚甫言，在京师相与者少，二君必须预先相约定，彼此但见微有动气处，即须提起致良知话头，互相规切。凡人言语正到快意时，便截然能忍默得；意气正到发扬时，便翕然能收敛得；愤怒嗜欲正到胜沸时，便廓然能消化得；此非天下之大勇者不能也。然见得良知亲切时，其工夫又自不难。缘此数病，良知之所本无，只因良知昏昧蔽塞而后有，若良知一提醒时，即如白日一出，而魑魅自消矣。"③

阳明在接到广西任命时，其犹疑不赴的一个重要原因，即在于时常"痛此学之不讲"，因此他在赴广西军中亦讲学不辍，"思得天下之豪杰相与扶持砥砺。"④ 其书院讲学的内容，自然就是他费尽一生心血得来的致良知之学。阳明在赴广西途中，曾用四句教来归纳自己的学说，并嘱其弟子"再不可更此四句宗旨"，称其是"实用为善去恶功夫"，将其视为治疗"悬空"之病的良药。阳明说：

> "二君之见正好相取，不可相病。汝中须用德洪功夫，德洪须透汝中本体。二君相取为益，吾学更无遗念矣。……二君已后与学者言，务要依我四句宗旨：无善无恶是心之体，有善有恶是意之动，知善知恶

---

① 王守仁：《与钱德洪王汝中之二》，《王阳明全集》一册卷6，上海古籍出版社2014年版，第249页。

② 王守仁：《与陈惟濬》，《王阳明全集》一册卷6，上海古籍出版社2014年版，第247页。

③ 王守仁：《与黄宗贤》，《王阳明全集》一册卷6，上海古籍出版社2014年版，第244页。

④ 王守仁：《与郑启范侍御》，《王阳明全集》三册卷21，上海古籍出版社2014年版，第911页。阳明与林富在广西相见，即与其切磋学问，"公事之余，相与订旧闻而考新得。予自近年偶有见于良知之学，遂具以告于省吾；而省吾闻之，沛然若决江河，可谓平生之一快。"王守仁：《送别省吾林都宪序》，《王阳明全集》三册卷22，上海古籍出版社2014年版，第975页。

是良知，为善去恶是格物。以此自修，直跻圣位；以此接人，更无差失。……君以后再不可更此四句宗旨。此四句中人上下无不接着。我年来立教，亦更几番，今始立此四句。人心自有知识以来，已为习俗所染，今不教他在良知上实用为善去恶功夫，只去悬空想个本体，一切事为，俱不著实。此病痛不是小小，不可不早说破。"①

三、生死事件

中庸有言，"为政在人"。倘若将"人"理解成具象的文王武王，则难免会认为，好的政治依赖于圣人的治理，若圣人斯往，则好的政治亦不复存在。应当说，阳明也是有这种致思理路的，因而他对于广西之行的第一反应，就包括这样的质疑，"身在而后道可弘，皮之不存，毛将焉附？"②但是如前所述，这样的质疑只是一闪念，最终阳明以家国之许克服了这种想法。

在阳明的理解中，"为政在人"之"人"，还有另一种理解思路，即人者仁道也，好的政治是人道政治，不必依赖于圣贤个体的存在与否。阳明曾说，他的良知学说是"从百死千难中得来，非是容易见得到此"。③

---

① 钱德洪：《年谱三》，《王阳明全集》四册卷35，上海古籍出版社2014年版，第1442—1443页。学界将此视为阳明致良知学说的最后表达，从言语归纳上或许如此，但若考虑到阳明在广西事件中对良知公共性的重视，则或未然。学界多认为四句教是内在统一的工夫体系，秦家懿认为阳明四句教"分辨了超善恶的本体界与别善恶的实践界。他并不鼓励人们，遗弃实践，单讲本体。相反地，他坚持修身的重要性，指出悟与修的不可分离性。"陈来则指出，"阳明的主张既不是四无，也不是四有，却又在某一种方式下同时容纳了四无和四有。四句教本身是个有无合一的体系。"秦家懿：《王阳明》，生活·读书·新知三联书店2017年版，第163页；陈来：《有无之境》，北京大学出版社2013年版，第188页。
② 王守仁：《答黄宗贤之五》，《王阳明全集》三册卷21，上海古籍出版社2014年版，第917页。
③ 钱德洪：《刻文录叙说》，《王阳明全集》四册卷41，上海古籍出版社2014年版，第1747页。对于觉知生死问题的重要性，阳明曾说："学问功夫，于一切声利嗜好，俱能脱落殆尽，尚有一种生死念头毫发挂带，便于全体有未融释处，人于生死念头，本从生身命根上

要达到对人的人道涵义的理解，需要超越人的自我意识。超越人的自我意识的关节点在于，如何领会生死。人只有突破生死局限，才能超越自我，对此阳明是有深刻体认的，如他被贬龙场驿时，领悟"生死一念"是最后的关口，化解此执念的良药，即是"吾性自足"的良知；又如他在宸濠之变中，因独得大功，受到皇帝猜忌，权臣诬蔑，再次遭遇精神危机，但他依靠其坚定的良知信念，最终度过个人与国家的双重难关，对于良知之说的体认则更加真切，而坚信良知确有"出生死"的作用。年谱记载说：

> "自计得失荣辱皆能超脱，惟生死一念尚觉未化，乃为石墩自誓曰：'吾惟俟命而已！'日夜端居澄默，以求静一；久之，胸中洒洒。……始知圣人之道，吾性自足，向之求理于事物者误也。"①

> "自经宸濠、忠、泰之变，益信良知真足以忘患难，出生死，所谓考三王，建天地，质鬼神，俟后圣，无弗同者。"②

龙场悟道还只是个人的生死危机，而在宸濠之变之中，则事关千万人的生死，阳明因此特别提到依良知行事的公共性问题，所谓公共领域的"无弗同者"。在阳明看来，能够"出生死"的良知，不光是能够解决自身的各种问题，更是能够"疗得天下之病"，使天下"起死回生"，他说：

> "今天下事势，如沈疴积痿，所望以起死回生者，实有在于诸君子。

带来，故不易去。若于此处见得破，透得过，此心全体方是流行无碍，方是尽性知命之学。"方以智曾言："人生视死，诚大事哉！知生死，生死小矣。然营营者不大生死之事，何由知之？苟决华腴，营营相逐，如是乎忌讳生死，不闻生死之言，而日拖尸以趋死。死于宛变金穴之缠羞鬼谴，比死于蓬室之酸邻烧纸，更难令人见，则安乐乃葬古今之石椁也。有言生死一大事者，岂非醒世第一铎乎？"王守仁：《语录三》，《王阳明全集》一册卷3，上海古籍出版社2014年版，第123页；方以智撰，庞朴注释：《东西均注释》，中华书局2016年版，第178页。

① 钱德洪：《年谱一》，《王阳明全集》四册卷33，上海古籍出版社2014年版，第1354页。阳明曾自述此段经历，"谪官龙场，居夷处困，动心忍性之余，恍若有悟，体验探求，再更寒暑，证诸五经四子，沛然若决江河而放诸海也。"王守仁：《朱子晚年定论序》，《语录三》，《王阳明全集》一册卷3，上海古籍出版社2014年版，第144页。

② 钱德洪：《年谱二》，《王阳明全集》四册卷34，上海古籍出版社2014年版，第1411页。

若自己病痛未能除得，何以能疗得天下之病！"①

显然，阳明将治疗天下病的希望放在"诸君子"之上。所谓诸君子，是指与阳明在师友关系之间的同志弟子。可以看出，良知不仅可以化解个人的"生死一念"，从而成就其精神生命，亦可以救治天下人的"生死一念"，而成为公共事件。也就是说，良知事件不但是能够超越肉体生死的精神事件，亦是能超越个人生死的公共事件。

广西事件当然首先是一个良知事件，但他同时也是一个生死事件。在广西期间，阳明因身体长期生病，过于操劳，而在返回浙江的途中病逝。其病逝时留下的哲学遗言，大概代表了其个人对广西事件的双重理解。年谱中记载了阳明对门人周积言说的遗言，"此心光明，亦复何言？"② 这个遗言表明了阳明对其超越肉体生命的束缚，将广西事件转变为良知事件，获得精神生命成就的整体肯定。此外，亦有后学倾向于相信阳明另一段遗言的真实性，即黄绾在行状中记载的阳明另一段遗言，"他无所念，平生学问方才见得数分，未能与吾党共成之，为可恨耳！"③

---

① 王守仁：《与黄宗贤》，《王阳明全集》一册卷6，上海古籍出版社2014年版，第245页。
② 钱德洪：《年谱三》，《王阳明全集》四册卷35，上海古籍出版社2014年版，第1463页。
③ 黄绾：《阳明先生行状》，《王阳明全集》四册卷38，上海古籍出版社2014年版，第1579页。陈来指出，阳明似有三段遗言并存，"此心光明"出于《年谱》，"为可恨耳"出于《行状》，"渠能是念邪"出于《哀感》，其中《年谱》与《哀感》皆出于钱德洪，且《哀感》中又记周积未及与阳明诀别，故陈来疑"此心光明"与"渠能是念"两段论述不能并存，他说："钱德洪为《哀感》作者，又主持《年谱》之纂，不论周积问遗言一段何人草成，《哀感》与之相异而两存之，岂察之未细之故耶，抑《哀感》作时未见周积而以后乃有闻于积之语耶？今俱录此，以俟后之辨者云。"参见《有无之境》，北京大学出版社2006年版，第325—326页。或有以翁素之言论其未定，"副使翁万达曰，新建伯之将薨也，予适侍侧，言田州事非我本心，后世谁谅我者？"参见田汝成、《炎徼纪闻·岑猛》，民国嘉业堂本。阳明全集中，与黄宗贤书（五癸酉）有"吾党间隙"、"吾党数人"语，答甘泉（己卯）有"吾党之学"语，与杨仕鸣（二癸未）有"吾党既知学问头脑"语，寄邹谦之（五丙戌）有"吾党自相求胜之罪"语，与郭善甫有"吾党之学廓然同途"语，与道通周冲书五通（三）有"吾党作文之弊"语，春行诗有"好将吾道从吾党"语，赠别黄宗贤诗有"嗟嗟吾党贤"语，有诗名"有僧坐岩中已三年诗以励吾党"，刻文录叙说有"吾党学问"、"吾党志在明道"语，别方叔贤序（辛未）有"乐为吾党道之"语，别黄宗贤归天台序（壬申）有"吾党之良"语，祭杨士鸣文（丙戌）有"吾党之失助而未及见斯道之大行"语，未见共成之语。全集中

不过，若我们能够从"出生死"的另外一个维度，即救治天下之病的角度来理解这一段遗言，就能体认到这段遗言的中心，不在于可恨与遗憾，而在于"吾党共成"的托付性，也就是说，阳明意识到了良知事件的公共性，即良知事件是超越个人生死的公共事件。阳明在这里补充了一个哲学嘱托，针对他的弟子与同志，他希望他们继续他在广西事件中践行的致良知教，帮助自己完成"一生未了心事"①，尽管其中蕴含不能"与诸友一面而别"②的遗恨。这种理解并非空穴来风，从阳明处理广西事件的一些安排中，是可以体会他的这份心思的。如他在建议要采取预防将来之患，以达到长治久安目的，而提出的对策时，就明言自己无法亲自董其成事，但仍不得不如此做，并期望后继者有以成之。

"将来之患，不可以不预防，而事机之会，亦不可以轻失。臣因督兵，亲历诸巢，见其形势要害，各有宜改立卫所，开设县治，以断其脉络而扼其咽喉者。若失今不为，则数年之间，贼以渐复，归聚生息，不过十年，又有地方之患矣。臣以多病之故，自度精神力量断已不能了此；但已心知其事势不得不然。"③

"切照广东右布政使王大用、湖广按察使周期雍，皆才识过人，可

用得更多的是同志，与陈国英（庚辰）言"同志之友日相规切""激励警发"，答方叔贤（二葵未）言"并心同志，务求其实，以身明道学。虽所入之途稍异，要其所志则同，斯可矣"，寄邹谦之（四丙戌）言"苟有兴起向慕是学者，皆可以为同志"，答聂文蔚言"二三同志""切劘之益"、"豪杰同志之士扶持匡翼，共明良知之学于天下"，显然，吾党共成之意，亦可表明为同志共成之意，然同志共成之意同样为晚出之意，阳明晚学中，在同时使用同志一词时，吾党的用法有所增多。

① 王守仁：《答黄宗贤之五》，《王阳明全集》三册卷21，上海古籍出版社2014年版，第917页。恨亦或有未及亲见之意，阳明曾言，"道无生死，无去来，士鸣则既闻道矣，其生也奚以喜？其死亦奚以悲。独吾党之失助而未及见斯道之大行也，则吾亦安能以无一恸乎！"王守仁：《祭杨士鸣文》，《王阳明全集》三册卷25，上海古籍出版社2014年版，第1060页。

② 王守仁：《答何廷仁》，《王阳明全集》一册卷6，上海古籍出版社2014年版，第250—251页。

③ 王守仁：《处置八寨断藤峡以图永安疏》，《王阳明全集》二册卷15，上海古籍出版社2014年版，第567页。

以任重致远。……乞敕吏部酌臣所议，于二臣之内选用其一，非惟地方付托得人，永有所赖，而臣等亦可免于身后之戮，地方幸甚。"①

当然，阳明所说的疗治天下之病，并不单指广西事件的处理，而是更为广大的对违背良知之病的救治。阳明将良知之学的兴起寄望于"吾党"后学，对他们坚持良知会讲，寄望有加，认为只有通过弟子同志们的不断"切磋砥砺"，才能使良知之学"后或兴起亦未可知"。

"莆中故多贤，国英及志道二三同志之外，相与切磋砥砺者，亦复几人？良知之外，更无知；致知之外，更无学。外良知以求知者，邪妄之知矣；外致知以为学者，异端之学矣。道丧千载，良知之学久为赘疣，今之友朋知以此事日相讲求者，殆空谷之足音欤！"②

"近来不审同志叙会如何？得无法堂前今已草深一丈否？想卧龙之会，虽不能大有所益，亦不宜遂致荒落。且存饩羊，后或兴起亦未可知。余姚得应元诸友相与倡率，为益不小。近有人自家乡来，闻龙山之讲至今不废，亦殊可喜。"③

阳明认为皇帝与权臣，其思其行皆违良知，皆是病人，而他就是医心之人。再加上阳明具有"行不掩言"④的狂者胸次，即便是阳明的师友之人，阳明亦认为他们难免为人所利用，而被人"幸吾党间隙"⑤，造成师友间的言语争端。何况是追逐功利的帝王权臣，否定阳明的广西事功及良知学说自可想见。当权大臣桂萼因阳明没有帮助其实现谋取交趾的功业，而诋毁阳明；时任阁辅杨一清则疑阳明有入阁之志而心生疑惑，因而阴助桂萼之诋；嘉靖素不喜阳明之学说，遂而全面否定阳明的广西事功，并斥其学为伪学。

"守仁既卒，桂萼奏其擅离职守。帝大怒，下廷臣议。萼等言：'守

---

① 王守仁：《举能抚治疏》，《王阳明全集》二册卷15，上海古籍出版社2014年版，第551—552页。

② 王守仁：《与马子莘》，《王阳明全集》一册卷6，上海古籍出版社2014年版，第243页。

③ 王守仁：《与钱德洪王汝中之二》，《王阳明全集》一册卷6，上海古籍出版社2014年版，第249页。

④ 王守仁：《语录三》，《王阳明全集》一册卷3，上海古籍出版社2014年版，第132页。

⑤ 王守仁：《与黄宗贤之五》，《王阳明全集》一册卷4，上海古籍出版社2014年版，第171页。

仁事不师古，言不称师。欲立异以为高，则非朱熹格物致知之论；知众论之不予，则为《朱熹晚年定论》之书。号召门徒，互相倡和。才美者乐其任意，庸鄙者借其虚声。传习转讹，背谬弥甚。但讨捕畬贼，擒获叛藩，功有足录，宜免追夺伯爵以章大信，禁邪说以正人心。'帝乃下诏停世袭，恤典俱不行。"①

针对这些指责，去世后的阳明自然无法反驳。实际上，依阳明的见解，他也不屑于去分辨"是非"，而坚信清者自清。② 不过，阳明的同志弟子仍然为其做了有力的辩护。因为针对阳明的诬蔑是从两个方面进行的，即否定广西事件的良知性及其学说的正统性，辩护也是从这两个方面进行的。第二个方面的辩护，其弟子黄绾可为代表，其辩护词在开头已引用，主要是说明

---

① 张廷玉等撰：《列传第 83·王守仁传》，《明史》卷 195，中华书局 2000 年版，第 3443 页。"始，帝以苏、受之抚，遣行人奉玺书奖谕。及奏断藤峡捷，则以手诏问阁臣杨一清等，谓守仁自夸大，且及其生平学术。一清等不知所对。""尊暴贵喜功名，风守仁取交趾，守仁辞不应。一清雅知守仁，而黄绾尝上疏欲令守仁入辅，毁一清，一清亦不能无遗憾。尊遂显诋守仁征抚交失，赏格不行。"张廷玉等撰：《列传第 83·王守仁传》，《明史》卷 195，中华书局 2000 年版，第 3442 页。

② 关于世间是非，阳明曾有诗云："古人戒从恶，今人戒从善；从恶乃同污，从善翻滋怨；纷纷嫉媚兴，指谪相非讪。自非笃信士，依违多背面。宁知竟漂流，沦胥亦污贱。卓哉汪陂子，奋身勇厥践。拂衣还旧山，雾隐期豹变。嗟嗟吾党贤，白黑匪难辩！"阳明认为，世人不理解乃至诋毁良知之学，是因为旧闻旧习牵滞于心，若能平心而论，就会理解良知之说，"此学不明于世，久矣。而旧闻旧习障蔽缠绕，一旦骤闻吾说，未有不非诋疑议者。然此心之良知，昭然不昧，万古一日。但肯平心易气，而以吾说反之于心，亦未有不洞然明白者。"这个摆脱的过程，实质上是非常困难的过程，"（周以善）闻阳明子之说而异之，意其或有见也，就而问之。闻其说，戚然若有所省。归，求其故而不合，则迟疑旬日。又往闻其说，则又戚然若有所省。归，求其故而不合，则又迟疑者旬日。如是往复数月，求之既无所获，去之又弗能也，乃往告之以其故。……阳明子与之坐。盖默然良久，乃告之以立诚之说，耸然若仆而兴也。明日，又言之加密焉，证之以大学；明日，又言之加密焉，证之以论孟；明日，又言之加密焉，证之以中庸。乃跃然喜，避席而言曰：积今而后无疑于夫子之言，而后知圣贤之教若是其深切简易也，而后知所以格物致知以诚吾之身。吾喜焉，吾悔焉，十年之攻，徒以毙精神而乱吾之心术也，悲夫！"王守仁：《赠别黄宗贤》，《王阳明全集》三册卷 20，上海古籍出版社 2014 年版，第 800 页；《答以乘宪副》，《王阳明全集》一册卷 6，上海古籍出版社 2014 年版，第 245—246 页；《赠周以善归省序》，《王阳明全集》一册卷 7，上海古籍出版社 2014 年版，第 264 页。

阳明的知行合一、亲民、致良知诸说，皆是继承古"先民之说"，为儒家的正统之说，并非伪学。第一个方面的辩护，其弟子霍韬可为代表，他认为阳明在广西施政举措得宜，广西边陲得以安定，更为重要的是，他强调阳明处理广西事变，是为宣扬朝廷仁德，具有政治上的正确性，给朝廷赢得了政治声誉。霍氏言：

> "臣等是以叹服王守仁能体陛下之仁，以怀绥田州、思恩向化之民；又能体陛下之义，以讨服八寨、断藤峡梗化之贼也。仁义之用，两得之也。……今王守仁知田州、思恩可以德怀也，遂约其降而安定之；知八寨诸贼百六十年未易服也，遂因时仗义而讨平之。仁义之用，达天德者也；虽无诏命，先发后闻可也；况有便宜从事之旨乎？"①

当然，在嘉靖朝，这些辩护并没有起到作用。但是，服膺阳明学说的弟子众多，尽管阳明之学被朝廷定为伪学，但其弟子仍不遗余力地传播其心学思想。他们继承阳明的遗愿，在全国各地成立以传播阳明学为中心的书院，定期举行会讲，研习阳明心学，从而使阳明思想在晚明成为主流思想，逐步改变了思想力量的对比，逐渐取得了思想主导权。阳明书院中，其弟子最早成立的是杭州的天真书院，天真书院可说打下了阳明书院的基本规制，成为后世阳明书院的模板，年谱中记载其规制道：

> "天真距杭州城南十里，山多奇岩古洞，下瞰八卦田，左抱西湖，前临胥海。……师……起征思、田，洪、畿随师渡江，偶登兹山，若有会意者。……侃奔师丧，既终葬，患同门聚散无期，忆师遗志，遂筑祠于山麓。……每年祭期，以春秋二仲月仲丁日，四方同志如期陈礼仪，悬钟磬，歌诗，侑食。祭毕，讲会终月。"②

---

① 霍韬：《地方疏》，《王阳明全集》四册卷39，上海古籍出版社2014年版，第1623—1624页。
② 钱德洪：《年谱三》，《王阳明全集》四册卷36，上海古籍出版社2014年版，第1467页。阳明在南宁建立的敷文书院，至民国时犹存，"敷文书院，在北门街口，即县学旧址。明嘉靖七年，新建伯王守仁征思田驻邕时，建有正厅，东西廊房，后厅。日集诸生，讲学其中。后人因立公像于后厅，春秋祠之，名为文成公祠。后有田塘园地，前有讲学台。民国初犹存。"莫炳奎纂：《书院》，《邕宁县志》，成文出版社1975年版，第26页。

除了其弟子对其功业的辩护及对其学说的传播外，阳明在有明晚期最终被官方所承认，还有一个重要原因，即事实证明，阳明出于良知所做的事情，也是颇有实效的。阳明去世后，继任者林富基本上执行了阳明所定之策略，但可能受到朝政的影响，阳明的一些策略没有完全得到实行，"所议迁郡割止戈里俱如公指，惟以三里当设卫而并凤化县裁之"①。不过，历史证明，王阳明的规制是有前见的，"八寨獞贼……占成十寨，气焰日张，虽一方剥肤之虞，共称孔棘。"② 为了解决这个问题，后来的广西地方长官又不得不恢复阳明的策略。

> "嘉靖七年，新建伯王守仁以抚定叛目卢苏王受之兵，稍略定八寨，又奏移入周安寨，弹压各官军已领有迁家银两，因守仁请告，随该接管都御史林富覆议，以南丹卫改于三里，曾筑有城而又以遗孽尚存，遂缘中止。今次大征，较前兵威倍振，合无查照原题议将该卫见存官军三百余名移于三里，与参将同城，仍建造卫所衙门。"③

围绕阳明广西事件的争辩，实际上代表了"从道"与"从君"两条线路的对决，也即义与利的对决。④ 阳明对"从道"的理解有其特色，他将良知设定为最高的判定标准，无论是君臣还是民众，都应共同遵守这个标准，从而能够建构一个公共空间，以使君臣民之间形成一个妥协共治的空间。这是一个共赢方案，也可以看做是明代皇权过于扩张下的一个合理纠偏。阳明处理广西事件的有效性正是建立在民的合法权利得到保障的基础上的，而阳明学说与阳明书院的广泛流行正是文官行政权力遭到皇权过度剥夺的一个反动。明代晚期对阳明广西方案的认可，说明了建构政治权力、行政权力、社会权力三者之间的平衡，是社会正常运转的必然要求。明王朝的追认辞中，肯定了阳明处理广西事件的合法性，以及阳明亲民学说的正统性，说明了

---

① 苏濬：《广西郡县志》，《粤西文载》卷11。
② 张任：《十寨捷音叙功疏》，《粤西文载》卷9。
③ 张任：《十寨善后疏》，《粤西文载》卷9。
④ 一些论者主张，阳明的"从道"主张与其之前的宋明理学家相较而言，由"得君行道"的路径转向了"觉民行道"的路径。

"从道"是社会稳定的基础。其辞曰:

> "故原任新建伯南京兵部尚书兼都察院左都御史王守仁,……身濒危而志愈壮,道处困而造弥深。绍尧、孔之心传,微言式阐;倡周、程之道术,来学攸宗。……既复抚夷两广,旋至格苗七旬。谤起功高,赏移罚重;……兹赠为新建侯,谥文成,锡之诰命。"①

四、破贼心法

王阳明天泉问答中提及的四句教,"无善无恶心之体,有善有恶意之动,知善知恶是良知,为善去恶是格物",是知行合一的完整过程。在阳明看来,人的本性是至善的,即无善无恶,是没有对体的概念;意向之动由所谓思虑产生,思虑产生就会计算利益,因此而产生了善恶选择的必要;人本有的是非之心,能够直觉地判断何善何恶,从而能够保证从善恶抉择中选择善;格物即是基于良知的判断,从善去恶,实现善的抉择。正如阳明所说,四句教的核心是第四句"为善去恶是格物",也即致良知的进一步思索。为善去恶具有起死回生的功能,能够将功利事件转换成良知事件。致良知则生,求功利则死。在此意义而言,致良知是一种治病的学问,"涤磨心病便是致知"②。四句教可以看成是阳明对在江西所提心中贼问题的回答,破心中贼之说出于1517年阳明在江西与杨仕德书,阳明说:

> "即日已抵龙南,明日入巢,四路兵皆已如期并进,贼有必破之势。某向在横水,尝寄书仕德云:'破山中贼易,破心中贼难。'区区剪除鼠

---

① 钱德洪:《年谱附录一》,《王阳明全集》四册卷36,上海古籍出版社2014年版,第1496页。除了明廷赐爵,阳明还被从祀孔庙,"万历十二年,御史詹事讲申前请。大学士申时行等言:'守仁言致知出《大学》,良知出《孟子》。陈献章主静,沿宋儒周敦颐、程颢。且孝友出处如献章,气节文章功业如守仁,不可谓禅,诚宜崇祀。'且言胡居仁纯心笃行,众论所归,亦宜并祀。帝皆从之。终明之世,从祀者止守仁等四人。"张廷玉等撰:《列传第83·王守仁传》,《明史》卷195,中华书局2000年版,第3443页。

② 王守仁:《与周道通答问书》,《王阳明全集》补编,上海古籍出版社2016年版,第239页。

窃，何足为异？若诸贤扫荡心腹之寇，以收廓清平定之功，此诚大丈夫不世之伟绩。数日来谅已得必胜之策，捷奏有期矣。"①

所谓心中贼，即是指良知走失的心病。在阳明看来，平息广西事件本身倒是小事，因为破山中贼易。但要达到长治久安的目的则非常之难，因为广西事变因激愤而起，而所谓激愤是事件双方均不守良知而起。因此，阳明在广西事件中所采用的策略，均是从破心中贼的角度出发进行设定的。自某种程度而言，阳明认为尚不及统治者的心病严重，在他看来，皇帝、权臣甚至阳明的同志，皆存在有违良知的心病，他说：

"圣主聪明不世出，诸公既蒙知遇若此，安可不一出图报！今日所急，惟在培养君德，端其志向。"②

"群僚百司各怀谗嫉党比之心，此则腹心之祸，大为可忧者。……当事之老，亦未见有同寅协恭之诚，间闻有口从面谀者，退省其私，多若雠仇。"③

"依违观望于其间，则旧闻旧习又从而牵滞蔽塞之矣。此近时同志中往往皆有是病，不识以乘别后，意思却如何耳。"④

---

① 王守仁：《与杨仕德薛尚谦》，《王阳明全集》一册卷4，上海古籍出版社2014年版，第188页。对所谓心中贼的理解，有一定的争议，大致有虚指与实指的不同，虚指一般认为是一种有违封建道德的念头，只是有的认为指"劳动人民的造反念头"，有的认为指"明代封建统治者勾心斗角、徇私败公、争权夺利、道德沦丧的现象"，有的认为包括前面两者指"不利于封建统治的思想念头"；实指则是指某种反叛势力，只是有的认为指"正在图谋叛乱的江西宁王"，有的认为指"刘瑾权阉集团"。按照实指则与山中贼之意近似，难易的对比就失去意义了。按虚指的话，全称判断的说法更为可信。参见任继愈：《中国哲学史》第三册；周术槐：《浅析王阳明破心中贼的主旨》，《贵州文史丛刊》1999年第4期；李明德：《王阳明的破山中贼与破心中贼》，《孔子研究》1995年第3期；陈卫平：《王守仁的破心中贼难应作何解》，《江西社会科学》1983年第4期；柯兆利：《阳明破心中贼新解》，《厦门大学学报》1990年第4期。

② 王守仁：《答方叔贤》，《王阳明全集》三册卷21，上海古籍出版社2014年版，第912页。

③ 王阳明：《与黄宗贤之二》，《王阳明全集》三册卷21，上海古籍出版社2014年版，第914页。

④ 王守仁：《答以乘宪副》，《王阳明全集》一册卷6，上海古籍出版社2014年版，第246页。

破心中贼的问题，阳明在广西期间又重提此说①。其意可能在于，四句教虽是阳明总结其在江西破百姓心中贼与在越中通过书院教育破士人心中贼的实践经验的总结，但他并未在两者结合的基础上进行综合性的破心中贼的实践，而广西之行提供了这个机会。从这个意义上说，广西事件中蕴含着阳明对破心中贼的进一步探索，展现了其破心中贼的关键心法。②就笔者的看法而言，可从三个方面对其心法进行探究，即向善之能、渐次更化与实地用功。

1. **向善之能**，指阳明注重培育善的力量。阳明主张为善首在立志，但阳明所说的立志并不单单是指立定成圣成贤的目标，而是将立志看做一个不断增长向善的意志力的过程，所以他说"无师友之助者，志之弗立弗求者也"。③阳明曾以石灰炼制之法为喻，以说明强大意志力的重要作用，"子未睹乎热石以求灰者乎？火力具足矣，乃得水而遂化。"④正因为有此认知，阳明特别重视提升社会的善能量，以营造向善的氛围，助力社会个体坚定其向善之意志心。

> "本院屡经牌仰该道该府等官，将各向化良善村寨，加意抚恤怀柔，以收其散亡之势，而坚其向善之心，庶使远近知劝，而恶党自孤。"⑤

此外，阳明主张树立善的榜样，以改善社会风气，他特别表彰当地的儒

---

① 此书与 1517 书内容相同，只最后四字有异，或为在广西时重新抄录。"即日已抵龙南，明日入巢，四路皆如期并进，贼有必破之势矣。向在横水，尝寄书仕德云：'破山中贼易，破心中贼难。'区区剪除鼠窃，何足为异？诸贤勉之。"王守仁：《与杨仕德薛尚谦》，《粤西文载》卷 54。

② 余怀彦认为，阳明所说的"破山中贼易，破心中贼难"，其实应当说，"破山中贼不易，破心中贼更难"，而破心中贼即是将工作做到少数民族的心坎上，懂得中国下层人民的心，成为他们的亲人与恩师，余氏归纳了阳明五个方面的具体做法，第一是减轻人民的负担，第二是开放市场、促进商品流通，第三是剿抚结合、区别对待，第四是建立学校、发展教育，第五是建立保甲制度、订立乡规民约，这些行为有助于社会安定。余怀彦：《良知之道：王阳明的五百年》，中国友谊出版公司 2016 年版，第 81—87 页。

③ 王守仁：《别三子序》，《王阳明全集》一册卷 7，上海古籍出版社 2014 年版，第 252 页。

④ 王守仁：《赠周莹归省序》，《王阳明全集》一册卷 7，上海古籍出版社 2014 年版，第 261 页。

⑤ 王守仁：《抚恤来降》，《王阳明全集》二册卷 18，上海古籍出版社 2014 年版，第 725 页。

生岑伯高的德行，认为他的榜样作用，对鼓励当地形成尊视崇儒的风气，大有裨益。阳明也重视向湖广土兵阐明其事业的正义性，以鼓励土兵内在的报国之心，使其明了其行为的正当性，这些做法起到了很好的社会教化作用，他说：

> "儒士岑伯高素行端介，立心忠直，积学待时，安贫养母。一毫无所苟取，而人皆服其廉；一言不肯轻发，而人皆服其信；游学横州、南宁之间，远近士夫，及各处土官土夷，莫不闻风向慕，仰其高节。"[1]

> "今尔等之死，乃因驱驰国事，捍患御侮而死，盖得其死所矣。……尔等徒侣或有征调之役，则尔等尚鼓尔生前义勇之气，以阴助尔徒侣立功报国，为民除患。岂不生为壮烈之夫，而没为忠义之士也乎！"[2]

[1] 王守仁：《犒奖儒士岑伯高》，《王阳明全集》二册卷18，上海古籍出版社2014年版，第712页。阳明对于表彰贤善，不遗余力，有一得之善，即尽力表扬，如他对知州周墨屡次申请分俸的申请，即举其廉洁与孝道而表彰之，"据左州申：'知州周墨分俸回太仓州养亲。'看得本官发身科甲，久困下僚，虽艰苦备尝，而贫淡如故。虽折挫屡及，而儒朴犹存。凡所施为，多不合于时尚。而原其处心，终不失为善人。即其分俸一事，亦岂今之仕宦于外者所汲汲，而本官申乞不已。虽屡遭厌抑之言，而愈申恳切之请，固流俗共指以为迂，而君子反有取焉者也。"王守仁：《批左州分俸养亲申》，《王阳明全集》三册卷30，上海古籍出版社2014年版，第1215页。又如，阳明修复南宁五贤祠，以表彰巩固边疆的先贤，有意思的是，阳明没后，亦被奉入此祠，直至民国，"据南宁府申称：'北门外高岭原有庙宇，以祠宋枢密使狄武襄公青，经略使余公靖，枢密直学士孙公沔，邕州太守忠壮苏公缄，推官忠愍谭公必缘，年久倾颓，止存基址；今思、田既平，所宜修复，以系属人心，以耸示诸夷。'看得表扬先哲，以激励有位，此正风教之首；况旧基犹存，相应修复，准支在库无碍官银，重建祠宇；其牌位祭物等项，照旧修举；完日具由回报。"王守仁：《批南宁府表扬先哲申》，《王阳明全集》二册卷18，上海古籍出版社2014年版，第705页。不过，对于阳明表彰之岑伯高，史书中亦有相反之记载，"而守仁所爱指挥王佐门客岑伯高，雅知守仁无杀苏、受意，使人言苏、受须纳万金丐命。苏受大悔，恚言督府诳我，且仓猝安得万金，必欲万金有反而已。"田汝成，《炎徼纪闻·岑猛》，民国嘉业堂本。
[2] 王守仁：《祭永顺保靖土兵文》，《王阳明全集》三册卷25，上海古籍出版社2014年版，第1063页。阳明重视对军士的良知教化，董传策曾记述道，"一日，讲良知万物一体，有问：'木石无知，体同安在？'时湖广两宣慰侍列所部兵颇骄恣，公因答问者曰：'譬如无故坏一木，碎一石，此心恻然顾惜，便见良知同体；及乎私欲锢蔽，虽拆人房舍，掘人塚墓，犹恬然不知痛痒，此是失其心。'两宣慰司闻之耸然。"束景南：《王阳明年谱长编》四册，上海古籍出版社2017年版，第1988页。

2.**渐次更化**，指阳明主张变化气质要采用积累而渐进的方法，常存耐心。阳明一生中，喜好玩易，"瞑坐玩羲易，洗心见微奥。"① 因而他对易学的积渐之学颇有心得，知晓"阴渐长，阳渐消"② 的道理。阳明认为，在大病大变之时，不宜骤下猛药，否则，不但起不到治病的作用，反而会因为对方难以适应，而伤害元气，带来不必要的对抗。

"君子道长，则小人道消；疾病既除，则元气亦当自复。但欲除疾病而攻治太厉，则亦足以耗其元气。药石之施，亦不可不以渐也。"③

"大抵学绝道丧之余，人皆骇于创闻，必须包蒙俯就，涵育熏陶，庶可望其改化；诚本官平日素能孜孜汲引，则此行必能循循善诱。"④

阳明认为，治病之所以是一个渐进的过程，是因为先要恢复心中善的生机。恢复生机是一个漫长的过程，不能采用强制的手段，也不能有速成的心思。因此要信任主事官员，"久其职任"，使其与民众之间建立信任，逐渐感化民众，从而使善的力量不断增强，最终改变社会之风气，才能真正改变人心。

"两广地方……郡县之凋敝日甚，小民之困苦益深。巡抚之任，非得才力精强者，重其事权，渐其官阶，而久其职任，殆未可求效于岁月之间也。"⑤

"意以所论良是，而典礼已成，当事者未必能改，言之徒益纷争，不若姑相与讲明于下，俟信从者众，然后图之。"⑥

---

① 王守仁：《读易》，《王阳明全集》二册卷19，上海古籍出版社2014年版，第747页。
② 王守仁：《五经臆说十三条》，《王阳明全集》三册卷26，上海古籍出版社2014年版，第1078页。
③ 王阳明：《与黄宗贤之三》，《王阳明全集》三册卷21，上海古籍出版社2014年版，第916页。
④ 王守仁：《牌行委官陈逅设教灵山》，《王阳明全集》二册卷18，上海古籍出版社2014年版，第702页。
⑤ 王守仁：《辞巡抚兼任举能自代疏》，《王阳明全集》二册卷14，上海古籍出版社2014年版，第518页。
⑥ 王守仁：《与霍兀崖宫端》，《王阳明全集》三册卷21，上海古籍出版社2014年版，第918页。

阳明主张，渐进的主张尤其适用于广西的实际情况，他还以转籴为耕之喻为例以说明，不要因为旁人的闲言碎语，以及结果的遥远，就怀疑渐化的道理，从而成为"复弃田而籴"的贫馁者。

> "昔有十家之村，皆荒其百亩，而日惟转籴于市，取其赢余以赡朝夕者。邻村之农劝之曰：'尔朝夕转籴，劳费无期，曷若三年耕则余一年之食，数年耕可积而富矣。'其二人听之，舍籴而田。八家之人竞相非沮遏，室人老幼亦交遍归谪曰：'我朝不籴，则无以为饔；暮不籴，则无以为餐。朝夕不保，安能待秋而食乎？'其一人力田不顾，卒成富家；其一人不得已，复弃田而籴，竟贫馁终身焉。今天下之人，方皆转籴于市，忽有舍籴而田者，宁能免于非谪乎！要在深信弗疑，力田而不顾，乃克有成耳。"[1]

3. 实地用功，指阳明主张实事求是，即通过实地调查，寻找事情发生的原因，根据事情的真实情况，采用恰当的应对措施。阳明在赴广西的途中，即沿路调研，"访诸士夫之论，询诸行旅之口"[2]，因而对广西事变的因由了若指掌。阳明为了广西的长治久安，所奏改立、新立县治关寨，皆是其亲历探访所得，所谓"躬抚""相度"[3]而知其地理，因而规划得宜，惠民长远。调研之法的本质在于能够体认到各地"风土之异气"与土人之"异禀"，从而做到"各得其所"。

> "今天下郡县之设，乃有大小繁简之别，中土边方之殊，流官土袭之不同者，岂故为是多端哉？盖亦因其广谷大川风土之异气，人生其间，刚柔缓急之异禀，服食器用，好恶习尚之异类，是以顺其情不违其俗，循其故不异其宜，要在使人各得其所，固亦惟以乱民而已矣。"[4]

---

[1] 王守仁：《答以乘宪副》，《王阳明全集》一册卷6，上海古籍出版社2014年版，第246页。

[2] 王守仁：《赴任谢恩遂陈肤见疏》，《王阳明全集》二册卷14，上海古籍出版社2014年版，第514页。

[3] 王守仁：《札付同知林宽经理田宁》，《王阳明全集》二册卷18，上海古籍出版社2014年版，第708页。

[4] 王守仁：《处置平复地方以图久安疏》，《王阳明全集》二册卷14，上海古籍出版社2014年版，第533页。

根据异气异禀而顺情循故，阳明因而特别重视考察当地民众的气质禀性。他认为当地民众不习惯中原礼制，如果在缺乏长期教化的基础上，强制当地民众遵守中原礼制，就必然会带来冲突。因此阳明主张，要通过限制措施，逐步使当地民众受到中原礼制的影响，而最终习惯中原礼制，也即所谓“仍土官以顺其情，分土目以散其党，设流官以制其势”，如此则可做到“四方之土官莫不畏威怀德，心悦诚服，信义昭布，而蛮夷自此大定矣”。① 其具体论述如下：

> “宜仍土官以顺其情，分土目以散其党，设流官以制其势。盖蛮夷之性，譬犹禽兽麋鹿，必欲制以中土之郡县，而绳之以流官之法，是群麋鹿于堂室之中，而欲其驯扰帖服，终必触樽俎，翻几席，狂跳而骇掷矣。故必放之闲旷之区，以顺适其犷野之性；今所以仍土官之旧者，是顺适其犷野之性也。然一惟土官之为，而不思有以散其党与制其猖獗，是纵麋鹿于田野之中，而无有乎墙墉之限，貑牙童梏之道，终必长奔直窜而无以维絷之矣。今所以分立土目者，是墙墉之限，貑牙童梏之道也。然分立土目而终无连属纲维于其间，是畜麋鹿于苑囿，而无守视之人以时守其墙墉，禁其群触，终将逾垣远逝而不知，践禾稼，决藩篱，而莫之省者。今所以特设流官者，是守视苑囿之人也。”②

---

① 王守仁：《处置平复地方以图久安疏》，《王阳明全集》二册卷14，上海古籍出版社2014年版，第537—538页。

② 王守仁：《处置平复地方以图久安疏》，《王阳明全集》二册卷14，上海古籍出版社2014年版，第534页。阳明立岑猛之后岑邦相为田州同知，而将其次子岑邦佐仍立武靖，是出于分土司之势的目的，“今日田州之立，无有宜于邦佐者。但武靖当瑶贼之冲，而邦佐素得其民心，其才足能制御；迩者武靖之民以盗贼昌炽，州民无主之故，往往来告，愿得复还邦佐为知州，以保障地方。”王守仁：《处置平复地方以图久安疏》，《王阳明全集》二册卷14，上海古籍出版社2014年版，第538页。阳明在此处说，“蛮夷之性，犹禽兽麋鹿”，易被人指为民族歧视性的语言，然而在阳明的文章中，多以麋鹿比为天真之意，是阳明所追求的质朴生活的象征，因而麋鹿指质朴之性，无歧视之意，“山泉足游憩，鹿麋能友予”，“夷居虽异俗，野朴意所眷”，“泊久渔樵来作市，心闲麋鹿渐同群”。阳明曾经明确表示说到广西任官，就要热爱广西，如此才能不负良知，“今仕于世，而能以行道为心，求古人之意，以达观夫天下，则岭广虽远，固其乡闾；岭广之民，皆其子弟；郡邑城郭，皆其父兄宗族之所居；山川道里，皆其亲戚坟墓之所在。而岭广之民，亦将视我

阳明还认为，负有政治教化职责的流官，必须慎其人，要特别考虑选任官员对广西"异气异禀"的适应性，即一方面要了解当地的风土人情，尊重当地的习俗，另一方面也要适应当地的湿热气候，耐得瘴气，这样才能够久居其地，从而收获"积累之效"，也才能做到"流官之体统益尊，土俗之归向益谨，郡县之政化日新，夷民之感发日易。"①

"反覆边夷之地，非得忠实勇果通达坦易之才，固未易以定其乱。有其才矣，使不谙其土俗而悉其情性，或过刚使气，率意径行，则亦未易以得其心。得其心矣，使不耐其水土，而多生疾病，亦不能以久居于其地，以收积累之效，而成可底之绩。故用人于边方，必兼是三者而后可。"②

为父兄，以我为亲戚，雍雍爱戴，相眷恋而不忍去，况以为惧而避之耶？"因此余怀彦认为阳明是少有的尊重少数民族的传统文人，"王阳明调整了明朝对少数民族首领不信任的一些做法，恢复实行汉族和少数民族官员共治的政策。"王守仁：《赠黄太守澍》，《王阳明全集》二册卷 19，上海古籍出版社 2014 年版，第 776 页；《诸生来》，《王阳明全集》二册卷 19，上海古籍出版社 2014 年版，第 771 页；《繁昌道中阻风二首》，《王阳明全集》三册卷 20，上海古籍出版社 2014 年版，第 844 页；《送黄敬夫先生金宪广西序》，《王阳明全集》三册卷 29，上海古籍出版社 2014 年版，第 1151 页；余怀彦：《良知之道：王阳明的五百年》，中国友谊出版公司 2016 年版，第 83 页。

① 王守仁：《处置八寨断藤峡以图久安疏》，《王阳明全集》二册卷 15，上海古籍出版社 2014 年版，第 573 页。

② 王守仁：《边方缺官荐才赞理疏》，《王阳明全集》二册卷 15，上海古籍出版社 2014 年版，第 554 页。

第四章　方以智的箕子苦心

　　方以智（1611—1671），字密之，安徽桐城人。清代考据学的开创者之一，"崛起崇祯中，考据精核，迥出其上，风气既开，国初顾炎武、阎若璩、朱彝尊等，沿波而起，始一扫悬揣之空谈"[①]。学贯三教，著有《东西均》《药地炮庄》等书。晚年入禅，为浮山华严"第一十六代祖师"[②]。其学欲熔天下学问为一，他析天下之学为质测、通几、宰理三部，尤重通几之学，"万历年间，远西学入。详于质测而拙于言通几。然智士推之，彼之质测，犹未备也。儒者守宰理而已"[③]。他认为应将中西之学结合起来，"适以远西为郯子，足以证明大禹周公之法，而更精求其故，积变以考之。土生今日，收千世之慧而折中会决，又乌可不自幸乎"[④]。集千古之智而超越的思想形成较早，但深入到"通几"之学的高度，并最终形成《东西均》的哲学理论，则离不开方氏在岭南期间的生死反思，此反思的重要性近于王阳明的龙场觉悟，其对现代中国思想发生史的重要性或近于黄宗羲的《明夷待访录》。

一、以舟为家

　　公元 1644 年 5 月 17 日，方以智逃离北京，6 月 13 日到达南京。因被

[①] 方以智：《通雅提要》，《通雅》，中国书店 1990 年影印版，第 1 页。

[②] 方叔文：《方以智先生年谱》，安徽师范大学出版社 2018 年版，第 226 页。

[③] 方以智：《物理小识自序》，《物理小识》，商务印书馆 1937 年版，第 1 页。

[④] 方以智：《物理小识编录缘起》，《物理小识》，商务印书馆 1937 年版，第 1 页。

诬投降李自成，遂奉父命离开南京。先是在浙江天台雁荡一带游历，期间渐灭名士之心，后入福建寻隐居之地，久候其父不至，遂过太姥山，由福宁南下广东。方以智南下广东的路线不甚明了，其《寄李舒章书》言："秋历台荡，转入太姥，陟峤观海，遂漂百粤"①。依此之言，其离开太姥山区后，翻山越岭到了海边的福宁地区（今福建霞浦），随后漂流而至广东，很有可能方以智是走海路到了广东。王夫之则说"南都陷，以智徒步走江粤"②，此说显与以智自述不甚相符，王夫之所说的"走"也可能只是泛泛而言，仅笼统言及方氏离开南都而逃往浙江广东一带。方以智在《鹿公小司马墓志铭》中还说："历台荡、太姥，过程乡老龙，入五羊，投姚有仆。"③程乡为今广东梅州，依此之说，则似方以智由福建霞浦经海路而漂至潮州，然后由潮州经韩江梅江至梅州，最后由梅州沿梅江琴江南下至广州。虽然由霞浦至南海的具体路径还不是十分清晰，但可以明确知道的是，方以智约于1644年10月离开霞浦，12月到达南海，其间历时一个多月。其在岭南的经历，约可分成四个阶段，经此生死历验，方以智的通几之学才具备了成就的可能。

1. **粤海余志**。此处粤海主要指粤东，方以智在粤东先是在珠江流域（以南海为中心），后是在西江流域（以肇庆为中心）。而余志是指方以智在此阶段尚对南明小朝廷还抱有希望，因而希望在政治上有所作为。关于方氏1645年在南海的行踪，方叔文云其"就友于粤，至桂林病复发。病愈旋游南海，变姓名为吴石公"④。依此之言，似乎方以智在居南海之前到过广西桂林，此与大多记述不符。方以智初到南海，"卖药市中"⑤，遇其友人南海县

---

① 方以智著，张永义校注：《寄李舒章书》，《浮山文集》，华夏出版社2017年版，第228页。
② 王夫之撰，余行迈、吴奈夫、何荣昌校点：《李文方列传》，《永历实录》，上海古籍出版社1987年版，第42页。
③ 方以智著，张永义校注：《鹿公小司马墓志铭》，《浮山文集》，华夏出版社2017年版，第309页。
④ 方叔文：《方以智先生年谱》，安徽师范大学出版社2018年版，第107页。
⑤ 钱澄之撰，彭君华校点：《方太史夫人潘太君七十初度序》，《田间文集》，黄山书社2014年版，第379页。

令姚奇胤出署办事，"奇胤劝令强起襄时难，以智不答"①，其后留在姚奇胤官署中，因姚氏、林铨、张芷园三人"服其苦节"②，故三人朝夕相处。方以智此时似已不欲参与政事，经常与姚以式"讲论经史之业"③；时或采药五岭，"此地罗浮山，古人尝采药"④；究心于编撰史书，"所辑《史绌》，犹出草草"⑤；亦与流寓文人相与唱和，"一时同流寓者，有初白、树本、亲臣、子霞、紫佩诸子"⑥，并将唱和文章汇集成编"曰《岭外文》"⑦。但细究其行为，他还未绝意政治。如他在南海采药时，曾到过梅州大浦县的三河坝，遇"三河之盗"⑧，考虑到其时唐王在福州建立隆武朝廷，为方以智平反，"蒙思文皇帝昭雪复职"⑨，屡召方氏入朝，"福州创建，香山再三挟余行，余避之"⑩，虽然方以智没有接受任命，但梅州接近福建，可能表明了其观望态度。又加之南明小朝廷的内部争斗，福建政权的迅速失败，清廷在其占领区强制推行剃发易服令，终使其至梅州而未至福建。

之所以说方以智拒绝福建政权的任命是观望，是因为在1646年，方以智接受了瞿式耜的征召，12月24日拥立永历皇帝于肇庆，并"允少詹之

① 王夫之撰，余行迈、吴奈夫、何荣昌校点：《李文方列传》，《永历实录》，上海古籍出版社1987年版，第43页。
② 方以智著，张永义校注：《林子诗序》，《浮山文集》，华夏出版社2017年版，第288页。
③ 方以智著，黄德宽等编：《瞻旻见姚有仆》，《方以智全书》第九册，黄山书社2019年版，第245页。
④ 方以智著，黄德宽等编：《变拟古诗五首》，《方以智全书》第十册，黄山书社2019年版，第192页。
⑤ 方以智著，张永义校注：《与留守相公借书》，《浮山文集》，华夏出版社2017年版，第301页。
⑥ 方以智著，张永义校注：《岭外文序》，《浮山文集》，华夏出版社2017年版，第235页。
⑦ 方以智著，张永义校注：《岭外文序》，《浮山文集》，华夏出版社2017年版，第236页。
⑧ 方以智著，张永义校注：《辛卯梧州自祭文》，《浮山文集》，华夏出版社2017年版，第333页。
⑨ 方以智著，张永义校注：《寄朱震青相公书》，《浮山文集》，华夏出版社2017年版，第274页。
⑩ 方以智著，张永义校注：《鹿公小司马墓志铭》，《浮山文集》，华夏出版社2017年版，第309页。

攉"①。此前，方以智常乘坐"三萍"② 小舟游历于西江流域，"独喜牵船岩下住，随风漂泊号三萍"③。其行迹或在肇庆苍梧之间，方叔文言方以智妻子与其"遇于肇庆"④，然任道斌引方中通《陪诗》说，"吾母携弟由浙闽至西粤，始遇老父"⑤，如果真是西粤，其时似在苍梧为当，然考方中通原文则为"吾母携弟由浙闽至两粤，始遇老父"⑥，"西"与"两"一字之差，谬以千里。方以智曾迁居康州（今广东德庆），后瞿式耜由苍梧过德庆，携以智赴肇庆拥立永历，"智时卜寓康州，先生从苍梧东赴行在，维舟城下，犹子进一饭，辱长者之手，语如再生。因随舟至崧台，日侍辟呕"⑦。很可惜的是，永历朝廷很快又陷入权宦党争之中，方以智觉其"议开创之政，一切与人不合，得罪首辅，从此暌违"⑧，遂于1647年1月8日辞官，"坚卧苍梧溯甘村之口"⑨，在此间遇到旧友刘客生、吴鉴在，从而感叹"阁笔灰心久"，并发出"采稆重著书"的愿望。⑩ 其间为《通雅》缀集，作《冰井记》⑪，编著《岭外稿上》⑫。当然，方以智在粤海期间并未真的辍笔废书，只是尚对南明政治抱有一丝希

---

① 方以智著，张永义校注：《九辞疏》，《浮山文集》，华夏出版社2017年版，第325页。

② 方以智著，张永义校注：《为朱子暇太守画》，《浮山文集》，华夏出版社2017年版，第245页。

③ 方以智著，黄德宽等编：《同瞿稼轩年伯林六长徐巢友饮朱子暇七星岩分韵》，《方以智全书》第十册，黄山书社2019年版，第196页。

④ 方叔文：《方以智先生年谱》，安徽师范大学出版社2018年版，第119页。

⑤ 任道斌：《方以智年谱》，安徽教育出版社1983年版，第138页。

⑥ 方中通：《母大人携三弟亦至相遇于青山舟中》，《陪集·陪诗·卷一》，哈佛大学燕京图书馆藏康熙版，第3页。

⑦ 方以智著，张永义校注：《瞿稼轩年伯诗序》，《浮山文集》，华夏出版社2017年版，第247页。

⑧ 方以智著，张永义校注：《九辞疏》，《浮山文集》，华夏出版社2017年版，第325页。

⑨ 方以智著，张永义校注：《鹿公小司马墓志铭》，《浮山文集》，华夏出版社2017年版，第309页。

⑩ 方以智著，黄德宽等编：《刘客生吴鑑在自汀州奔粤遇于苍梧》，《方以智全书》第十册，黄山书社2019年版，第196页。

⑪ 参方以智，张永义校注：《书通雅缀集后》《冰井记》，《浮山文集》，华夏出版社2017年版，第243、249页；任道斌：《方以智年谱》，安徽教育出版社1983年版，第140页。

⑫ 方叔文：《方以智先生年谱》，安徽师范大学出版社2018年版，第121页。

望，直到拥立永历进入权力中枢后，方才对现实政治彻底失望，而转向形上反思的路向。

2. **溪峒讲学**。方以智在离开永历朝廷后，有近两年的时间辗转于广西湖南的瑶族、苗族、侗族等聚居区域，期间坚持讲学论道，提倡儒道相通之学。1647 年 2 月 20 日，方以智随永历帝沿桂江途经阳朔至桂林，旧病复发，"仅存人形耳"[①]，遂脱离永历帝的船队。1647 年 3 月 20 日，方以智病体稍愈，即沿漓江经灵川追至西延（今广西资源），"仓卒载病，径趋西延"[②]，但永历帝已至全州，方氏"冒病投小艇，展转西延，……遁迹幽峒"[③]，自此以后，他就辗转于民族地区，逐步明确著书立说的至高之愿，"弟监寐原寻死地，但平生读数行书，欲少毕其著作，然后暴骨原野，此其至愿也"[④]。方以智初入湖南新宁夫夷山莲潭刹养病，后入沅州（湖南芷江）天雷山（新晃）养病，期间与杨昕虞讲诗，"兰地（芷江）之族惟杨氏，杨氏有昕虞者，好古能诗歌，自余匿迹则师我，而论诗天雷遽庵，未尝不抚掌至夜半也"[⑤]。其间著有"《离草》《蓬庵集》《兰溪晓月吟》"[⑥]，作《俟命论》，亦于沅州西溪（贵州玉屏）作中秋诗，并提倡儒道相通之学，"可以见，可以隐，圣人之论也。无何有之乡，广漠之野，以樗栎全其天年，此老庄之指也"[⑦]。1647 年 12 月 13 日，清军入沅州索以智，遂辗转于贵州天柱、黎平赤溪（清水江流域），湖南靖州清水、城步辰阳、会同郎江（渠水流域），洪江、溆浦大埠（今大浦）（沅江流域），变姓易服，"一年三变姓，十字九椎心"[⑧]，为所谓"被

---

① 方以智著，张永义校注：《夫夷山寄诸朝贵书》，《浮山文集》，华夏出版社 2017 年版，第 250 页。

② 方以智著，张永义校注：《刍尧妄言》，《浮山文集》，华夏出版社 2017 年版，第 330 页。

③ 方以智著，张永义校注：《四辞请罪疏》，《浮山文集》，华夏出版社 2017 年版，第 316 页。

④ 方以智著，张永义校注：《夫夷山寄诸朝贵书》，《浮山文集》，华夏出版社 2017 年版，第 250 页。

⑤ 方以智著，张永义校注：《缦轩诗序》，《浮山文集》，华夏出版社 2017 年版，第 509 页。

⑥ 任道斌：《方以智年谱》，安徽教育出版社 1983 年版，第 145 页。

⑦ 方以智著，张永义校注：《俟命论下》，《浮山文集》，华夏出版社 2017 年版，第 257 页。

⑧ 方以智著，黄德宽等编：《独往》，《方以智全书》第十册，黄山书社 2019 年版，第 202 页。

（发）左（衽）之遁"①。方氏宁易苗瑶等民族服装并散发，而不愿著清人之
服式，显然在他心中，著苗瑶服式而不剃发是不违华夏礼制的表现。因遭
"大埠之劫"②，1648 年春他南折而入武冈洞口养病，读书于此，"馆萧有斐
家，与姚以式泛舟作诗"③。秋后或"披缁"④礼佛，作《屈子论》，讲老庄之
学，"与衡阳王夫之善"⑤，"随野老问草木方言"⑥，《史疑》成书，"廿一史得
失成败之林，设身其间，究其世变，体乎人情，折中圣人，断而论之，名
曰《史疑》"⑦。

　　3.**平乐史思**。因方以智屡辞大学士之职，瞿式耜推荐其入史局修史，
这个职位与方氏欲进行形上反思的至愿相符，因而他于 1648 年秋离开洞
口，10 月 24 日游历新宁莲矶佛阁，随后至广西灵川县灵田镇迪塘村，1649
年 1 月移居广西平乐平西山，上"请修史疏"⑧，随后"滞桂一春"⑨，与瞿式
耜、焦琏、朱子暇、姚以式等人多次游览桂林虞山⑩、靖江王府⑪、还珠、水
月诸洞⑫，其间为了往来方便而自造新舟，"积雨初晴，密之以新舟相邀春

---

① 方以智著，张永义校注：《辛卯梧州自祭文》，《浮山文集》，华夏出版社 2017 年版，第
　333 页。
② 方以智著，张永义校注：《辛卯梧州自祭文》，《浮山文集》，华夏出版社 2017 年版，第
　333 页。
③ 方以智著，张永义校注：《武冈洞口》，《浮山文集》，华夏出版社 2017 年版，第 439 页。
④ 方以智著，黄德宽等编：《方以智的生平思想及其著作整理》，《方以智全书》第一册，黄
　山书社 2019 年版，第 18 页。
⑤ 黄宅中等修：《宝庆府志·迁客·方以知》，成文出版社有限公司 1975 年版，第 1800 页。
⑥ 方以智著，张永义校注：《又寄尔公书》，《浮山文集》，华夏出版社 2017 年版，第 269 页。
⑦ 方以智著，张永义校注：《又寄尔公书》，《浮山文集》，华夏出版社 2017 年版，第 269 页。
⑧ 方以智著，张永义校注：《请修史疏》，《浮山文集》，华夏出版社 2017 年版，第 319 页。
⑨ 方以智著，张永义校注：《十辞疏》，《浮山文集》，华夏出版社 2017 年版，第 326 页。
⑩ 方以智著，黄德宽等编：《新年十日瞿年伯招同朱子暇诸君复游虞山》，《方以智全书》第
　十册，黄山书社 2019 年版，第 218 页。
⑪ 瞿式耜：《腊月廿五日雨雪初霁偕方密之朱子暇姚以式同游靖邸梅亭酒罢复叼王燕即席纪
　事得三十韵》，《瞿式耜集》，上海古籍出版社 1981 年版，第 219 页。
⑫ 瞿式耜：《三月十一日同密之鉴在诸君游还珠水月诸洞次前韵二首》，《瞿式耜集》，上海古
　籍出版社 1981 年版，第 225 页。

泛"①。其后因"退兵抢攘，累息平乐"②，上《刍荛妄言》，正式表明欲"以史局自随"③，借书瞿式耜，"伏处平西山又一年矣……惟望架上之书，分其十之二三予之"④，作《不改居默记》，发"记父师之训，半生之一得"⑤愿。1650年，方氏时乘舟往来于平乐、昭平、桂林之间，春游昭平仙回洞，咏梅花诗，"仙回西溪，梅花十里，伯玉引愚于此，不觉呻吟"⑥。6月13日应瞿式耜之邀住桂林小东皋焦庐，"林薮翁然，构室树篱，曰小东皋。……五月既望，遂溯舟至，卧蕉庐中"⑦，时与瞿式耜泛舟月夜。⑧晤钱澄之，因居于民族地区，为了方便与当地人民交往，方氏纳"绸缪会土语"的同乡女子为妾，⑨或受民歌影响，作有《蛮谣》⑩。其时他常示人以通脱之表象，"恣意浪游，节吴歈，斗叶子，谑笑不立崖岸，人皆以通脱短之"⑪，以舟为家，"夜洗砚山聊作活（自注：公卖画自给），昼乘钓艇且为家（自注：公妻子俱困集舟中）"⑫。11月19日，四十岁生日，友人于平乐昭江舟中争其画作，

① 瞿式耜：《积雨初晴密之以新舟相邀春泛即事二首》，《瞿式耜集》，上海古籍出版社1981年版，第225页。

② 方以智著，张永义校注：《六辞入直疏》，《浮山文集》，华夏出版社2017年版，第320页。

③ 方以智著，张永义校注：《六辞入直疏六》，《浮山文集》，华夏出版社2017年版，第321页。

④ 方以智著，张永义校注：《与留守相公借书》，《浮山文集》，华夏出版社2017年版，第300页。

⑤ 方以智著，张永义校注：《不改居默记引》，《浮山文集》，华夏出版社2017年版，第300页。

⑥ 方以智著，黄德宽等编：《梅花十首》，《方以智全书》第十册，黄山书社2019年版，第237页。

⑦ 方以智著，黄德宽等编：《小东皋即事》，《方以智全书》第十册，黄山书社2019年版，第221页。

⑧ 瞿式耜：《和密之七夕韵二首》，《瞿式耜集》，上海古籍出版社1981年版，第231页。

⑨ 钱澄之撰，汤华泉校点：《中秋夜至桂林喜晤曼公鉴在》《曼公娶妾得同乡女戏赠》，《藏山阁集》，黄山书社2004年版，第301、309页。

⑩ 方以智著，张永义校注：《与留守相公借书》，《浮山文集》，华夏出版社2017年版，第239页。

⑪ 王夫之：《搔首问》，《船山全书》第12册，岳麓书社2011年版，第635页。

⑫ 钱澄之撰，汤华泉校点：《昭江寿曼公四十》，《藏山阁集》，黄山书社2004年版，第309页。

"（愚道人）既流离天南，审身菁峒，终日行吟于巉岩怪壑蛮烟瘴雨之间，意有所会，一寓诸笔墨，故其画益进。吾犹记昭江舟上，出其最得意数帧相示，吾意欲得之，觉有吝色，已为常熟瞿寿明攫去。林树本与之争，几至落水，道人怅然而已"①。方以智终于此时打定出山修史的主意，钱澄之云与其"同访光禄卿严玮伯玉于仙回洞，盖曼公欲移家傍伯玉，而身赴史局也"②。然而人算不如天算，清兵于 11 月 26 日攻破桂林，方以智遂藏身于昭平仙回山南洞。此间诗文后结集为《虞山后集》《流离草》《岭外稿》《猺峒废稿》③。

4.**冰舍道场**。可以说，在前面三个阶段，方以智主要面临的还是参与现实政治与回归形上反思的选择问题，而在桂林城破之后，则主要面临的是个人名节优先还是文化传承优先的选择问题，也就是其思想由总结过去为主转向面对未来为主。1651 年初，方以智剃发僧服，为避免累及无辜，被俘至平乐法场，"庚寅之闰，栖一瓢于仙回山，不幸同隐有相识者，系累胥及，被絷而胶致之平乐将军（马蛟麟）。将军奉默得那教，尤恶头陀，露刃环之，视此衲之不畏死而异之，逼而詶之，终以死相守，乃供养于梧州云盖寺"④。方以智之所以选择出家为僧，其主要目的还是为了保持汉家衣冠，坚守遗民气节，改造传统文化，"戒腊依然汉，禅心只看天"⑤。1651 年春至梧州云盖寺正式出家，建梧州冰舍，"且依冰井作柴关"⑥，自谓"在梧州冰舍作粥饭主二年"⑦。时与钱澄之、施闰章、彭广等来往，"与君对坐成今古，尝尽

---

① 钱澄之撰，彭君华校点：《题愚道人溪山册子》，《田间文集》，黄山书社 2014 年版，第 381 页。

② 钱澄之撰，诸伟奇校点：《永历纪年下》，《所知录》，黄山书社 2014 年版，第 126 页。

③ 方以智著，黄德宽等：《方以智的生平思想及其著作整理》，《方以智全书》第一册，黄山书社 2019 年版，第 19 页。

④ 方以智著，张永义校注：《辛卯梧州自祭文》，《浮山文集》，华夏出版社 2017 年版，第 333 页。

⑤ 方以智著，黄德宽等编：《除夕》，《方以智全书》第十册，黄山书社 2019 年版，第 242 页。

⑥ 方以智著，黄德宽等编：《冰舍初成》，《方以智全书》第十册，黄山书社 2019 年版，第 248 页。

⑦ 方以智著，黄德宽等编：《在梧州冰舍作粥饭主二年彭孔晢具文放回时何叔鉴在孔幕效力拈此示之》，《方以智全书》第十册，黄山书社 2019 年版，第 256 页。

冰泉旧井茶"①，常习梵唱，"五更起坐自温经，还似书声静夜听。梵唱自矜能仿佛，老僧本色是优伶"②，作《和陶饮酒》《血道场》《辛卯梧州自祭文》，编《无生寱》《物理小识》③《等切声原》《等切声原序》④。1652 年秋，方以智在施闰章等人的帮助下，经广东罗定西宁、肇庆、韶关曲江、江西大庾岭、吉安泰和、青原山、清水樟树镇（今樟树市），最后于 10 月到达庐山，住借庐，于此间完成《东西均》⑤ 等发挥其通几之学的代表性著作，将其在岭南期间经历生死得来的思想系统表露出来。

二、扁舟自由

流离岭南期间，方以智以舟为家，表面上是其身陷困境，无以家为，但更多的实是其悲苦心态的显现。方以智的悲苦心态由亡国之痛、个人遭受冤屈的愤懑之情、朋友殉国的痛惜之情等诸多悲绪集合而成，可以说难以排遣，易于致人丧失生活意志。但方以智又因其强烈的孝心与为中国传统文化

---

① 施闰章撰，何庆善杨应芹点校：《施愚山集》第 4 册，黄山书社 1993 年版，第 178 页。刘君灿谓方以智"逃禅梧州，先在冰井寺，五月至大雄寺，后至云盖寺"，或据瞿昌文之说，"（二月）时方中堂以智为僧于梧州冰井寺，……（三月）初十日至梧，先叩冰井寺晤行远，行远即方中堂染衣法名也。……五月初二日……放舟大雄寺，别行远而行。"然施闰章却谓冰井在云盖寺，"苍梧云盖寺访无可上人，即旧太史方密之。寺有冰井，泉甘冽，元次山作漫泉铭"，或时当战乱，当时人未及细究，今且依方以智自谓供养于云盖寺之说。参刘君灿：《方以智》，东大图书股份有限公司 1988 年版，第 132 页；瞿昌文：《粤行纪事》，中华书局 1985 年版，第 21—22 页。

② 钱澄之撰，汤华泉校点：《行路难》，《藏山阁集》，黄山书社 2004 年版，第 327 页。

③ 方叔文：《方以智先生年谱》，安徽师范大学出版社 2018 年版，第 164 页。

④ 方以智著，黄德宽等编：《方以智的生平思想及其著作整理》，《方以智全书》第一册，黄山书社 2019 年版，第 20 页。

⑤ 方以智著，黄德宽等编：《方以智的生平思想及其著作整理》，《方以智全书》第一册，黄山书社 2019 年版，第 76、77 页。全书认为《性故》、《易余》亦作于此时，然张昭炜认为，《性故》《易余》均应作于方以智居南京方冠关（1654 年）后，参见方以智著，张昭炜整理：《前言》，《易余（外一种）》，上海古籍出版社 2018 年版，第 9 页；《序言》，《性故注释》，中华书局 2018 年版，第 10 页。

寻找未来的远虑，而逐步地化悲愤为力量，从而将悲苦心态转化升华成融汇诸学为一体的通几之学以期未来复兴的箕子苦心，而臻心灵自由。

1.悲苦心绪。可以说，方以智在明亡后的愁苦心态，源于明廷灭亡的无可挽救，他曾在梧州冰舍作有满江红一首，表达深切的亡国之痛，"被一声、霹雳碎人间，春心死。泪珠儿，从今止；眼珠儿，从今洗"①。明朝之亡固已令方以智锥心难忍，而他被南京弘光朝定为从逆之罪，其苦楚更难言表，"乡井仇隙，满谰横诬，鬼蜮障天，以白为黑"②，"贫无厚赇，积怨难释，贞女蔑为淫妇，平地沉于海底，岂不哀哉"③。方以智在北京为李自成部所执，受尽酷刑，自认未失臣节，冒万死而至南京，为阮大铖所诬，其悲愤不单是出于个人怨怒，更是对朝政糜烂、复国无望的深沉绝望，他亦因之抱病一年，无复人形，"冤愤入骨，沉病一年，有感即发。近日呕血之后，益觉虚仆，目昏气逆，头大如箕，顾影残生，无复人理，命也苦矣"④，"忠臣灰心，洒天弥海，即得怔仲惊悸呕血头晕之症，病且一年"⑤。更加令方以智悲痛难忍的是他的知交故旧，皆殉国而去，使他痛彻心扉。当他听闻陈卧子死难殉国，虽称赞"卧子死难，得死所矣"⑥，但难忍悲心，赋诗曰"悲歌奠酒沅江水，与泪东流到九峰"⑦，泪水洒入沅江流到九峰，可见其悲痛之深切。其妹夫孙临死难时，他亦称赞其"战死"的行为是不负初心，但仍免不了"却忆云间别，悲歌有哭声"⑧。桂林城破后，方以智听闻瞿式耜等七人殉城而

---

① 方以智著，黄德宽等编：《满江红》，《方以智全书》第十册，黄山书社2019年版，第305页。

② 方以智著，张永义校注：《寄李舒章书》，《浮山文集》，华夏出版社2017年版，第227页。

③ 方以智著，张永义校注：《寄李舒章书》，《浮山文集》，华夏出版社2017年版，第231页。

④ 方以智著，张永义校注：《答吴年伯书》，《浮山文集》，华夏出版社2017年版，第249页。

⑤ 方以智著，张永义校注：《夫夷山寄诸朝贵书》，《浮山文集》，华夏出版社2017年版，第250页。

⑥ 方以智著，黄德宽等编：《哭陈卧子》，《方以智全书》第十册，黄山书社2019年版，第242页。

⑦ 方以智著，黄德宽等编：《哭陈卧子》，《方以智全书》第十册，黄山书社2019年版，第242页。

⑧ 方以智著，黄德宽等编：《孙克咸死难闽中至今始悉余妹艰难万状抱子以归桐哭而书此》，

死，更著《血道场》一诗以祭之，称赞他们以身饲虎的牺牲精神，感天动地，"小民皆下泣，古庙自生风。且发桲檀火，鸣钟咒一通"①。不过此时的悲愤之心，似已有所升华了。

2.**死得其所**。悲苦之心指向"必死之心"，因此方以智尝言，"北都以来，守此死且万死，死复何惜。"② 之所以没有即刻从死，是因为他认为人须死得其所，肉体死亡甚易，守住气节甚难，"气一往易耳，必以万死守节，冀为孟威履善所为，此其难哉"③。正因为方氏的悲苦之心中有此生意，他反能选择当难不死的更加困难的生路。方以智言其不死之由有三：一是因为"不孝罪通天"④，而他高堂尚在，"避世不可，佯狂不能"⑤，又流离在粤，"不能扶服以见老亲"⑥，其"独卷卷者，白发望之久矣，尚未得一伏膝下，姑以逃勾吴为解，是则白马曇照之所呼苦苦者耳"⑦，此是所谓孝心。二是因为他认为"不留此身以待昭雪，则远辱祖德，近伤亲心，且使天下后世以为怀忠万苦，不获直报，英杰丧气，义士灰心，则罪更大矣"⑧，此是所谓忠心。三是因为身为读书人的内在职责所系，他虽认为"干戈之世，文人无不苦者"⑨，但作为读书人"当乱世而舍读书，则尤苦矣"⑩，因为读书人还有

《方以智全书》第十册，黄山书社 2019 年版，第 203 页。

①　方以智著，黄德宽等编：《血道场》，《方以智全书》第十册，黄山书社 2019 年版，第 203 页。

②　方以智著，张永义校注：《答金道隐》，《浮山文集》，华夏出版社 2017 年版，第 264 页。

③　方以智著，张永义校注：《刘远生生还疏序》，《浮山文集》，华夏出版社 2017 年版，第 252 页。

④　方以智著，黄德宽等编：《得老亲信感泣书此》，《方以智全书》第十册，黄山书社 2019 年版，第 203 页。

⑤　方以智著，张永义校注：《寄李舒章书》，《浮山文集》，华夏出版社 2017 年版，第 232 页。

⑥　方以智著，张永义校注：《寄首辅瞿年伯》，《浮山文集》，华夏出版社 2017 年版，第 260 页。

⑦　方以智著，张永义校注：《辛卯梧州自祭文》，《浮山文集》，华夏出版社 2017 年版，第 334 页。

⑧　方以智著，张永义校注：《寄李舒章书》，《浮山文集》，华夏出版社 2017 年版，第 230 页。

⑨　方以智著，张永义校注：《鑑在变诗序》，《浮山文集》，华夏出版社 2017 年版，第 278 页。

⑩　方以智著，张永义校注：《又寄尔公书》，《浮山文集》，华夏出版社 2017 年版，第 268 页。

"著书立说"①的志愿要去达成，此是所谓士心。追求死得其所而融合孝心、忠心、士心的生生之心，将因亡国而生的悲苦之心转化升华为箕子传道的良苦之心。方以智逐步体认到不死之死的境界，渐明复兴文化比单纯复国的意义更为深远可持的道理，而欲传布其在百死千难中悟得的此真实义理，所以他认为屈原的伟大正在于此不死之死，"深知古人之心与天地之心，固不必其死不死也。屈子以不死之文，死其所不必死，以成其不死之死"②。读书人真正应当担忧的不是肉体之生死，而是斯道之生死，"果有不以生死介意之文人，则何妨伤尽天地之心，听举世嫉之、天地妒之而已矣。特患世不读书，斯道将丧，则有才而不知怜，怜才之心又死，虽屈子日月争光之文，草木同朽，天地亦无如之何，是可悲也"③。因此，方以智在乱世之中，尤急于读书以成箕子之志，"愚道人当此时，皇皇求一人同读书，而乐其所乐"④，"北遭寇变，则表箕子之明夷，身可杀，脰可断，志不可屈。"⑤

3. **箕子苦心**。方以智的苦心之学是面对未来之学，并不仅仅囿于传统的性理之学，而是包括了儒家的宰理之学、西方的质测之学以及东西合一的通几之学。对于儒家的宰理之学，方以智特别重视"拨乱之真经术"⑥，因之他特别表彰崇祯帝的死国之志，"惟以万岁死社稷一霹雳，结《六谕》之款，千古帝王所未有也"⑦，并认为这是"践形脱生死之真种草"⑧。方以智在逃亡中，对于救亡之学进行了认真深入的政治总结，他认为君臣之间应打破君为臣纲的传统主张，以友道相处，"天子如总督，群臣如偏裨。不设百官，不

① 方以智著，黄德宽等编：《哭陈卧子》，《方以智全书》第十册，黄山书社2019年版，第248—249页。
② 方以智著，张永义校注：《屈子论》，《浮山文集》，华夏出版社2017年版，第271页。
③ 方以智著，张永义校注：《屈子论》，《浮山文集》，华夏出版社2017年版，第271页。
④ 方以智著，张永义校注：《与留守相公借书》，《浮山文集》，华夏出版社2017年版，第301页。
⑤ 方以智著，张永义校注：《八辞疏》，《浮山文集》，华夏出版社2017年版，第323页。
⑥ 方以智著，张永义校注：《寄朱震青相公书》，《浮山文集》，华夏出版社2017年版，第273页。
⑦ 方以智著，张永义校注：《书刘鞏传后》，《浮山文集》，华夏出版社2017年版，第259页。
⑧ 方以智著，张永义校注：《书刘鞏传后》，《浮山文集》，华夏出版社2017年版，第259页。

用部覆。君臣同心，文武戮力，鱼水之深，义犹朋友"①，"君德责经筵，当以开言路、慎左右、辨邪正、驭雄杰，为诚正之实务。闲时进讲，或《帝鉴图》，或《衍义》，取其切比，引古触今，知开创君臣，有朋友之道"②。显然，方以智同黄宗羲一样，意识到了言路建设在传统政治中的关键作用，并主张在友道的基础上建设言路，但他未如黄宗羲般深入到反思君权的高度，而在某种程度上延续了完善经筵制度以正君心的自朱子而来的传统思路，"治道通明，在乎言路。而言之得入，责在讲筵。请以鉴切时事而间入之，天纵之姿，无不豁然，则无所容其蔽矣。此乃中兴致治之本，外此必属伯道"③。

方以智对质测之学的重视，则在当时理学思想反思中是突出的一个新动向。他在流离期间犹保持了随见随记一些博物知识的习惯，以期补充完成其《物理小识》等著作的编撰，"从刀箭之隙，伏穷谷之中，偷朝不保夕之荫，以誓一旦之鼎镬，随笔杂记，作挂一漏万之小说家言，岂不悲哉"④。《物理小识》中十字草条、黄连条、治瘴毒条为他在流离岭南期间所记，均注重对实际药物特征的观察与资料出处的说明，表明了他对于质测之学的严谨态度，"智在粤有十字草，冬青夏槁，叶尖长四布如十字，春于叶中抽四枝，结果三棱，断茎有白汁，似泽漆猫见睛，绿花，而本草言五枝抽，谓四分而兼中抽为五乎？最治蛊毒，记以俟考"⑤，"时重川连，而南楚辰播皆是。愚在城步辰阳，见人取之，是鸡爪类"⑥，"疫者，天气也；瘴者，地气也。五岭以表皆然，惟桂林稍和。下阳朔、平乐，则酷矣。以智流离此方且五六年，山峭水恶。……解毒散，用多年溺坑砒洗净，火煅醋淬七次，细末之，每用三钱，凉水澄云淬，加蜜调服之，若六一散。……桂林库有方书版，稼

---

① 方以智著，张永义校注：《刍荛安言》，《浮山文集》，华夏出版社 2017 年版，第 326 页。
② 方以智著，张永义校注：《平西答刘客生书》，《浮山文集》，华夏出版社 2017 年版，第 282 页。
③ 方以智著，张永义校注：《与丁金河》，《浮山文集》，华夏出版社 2017 年版，第 283 页。
④ 方以智著，张永义校注：《书通雅缀集后》，《浮山文集》，华夏出版社 2017 年版，第 245 页。
⑤ 方以智：《物理小识》，《物理小识卷五反时生》，商务印书馆 1937 年版，第 109—110 页。
⑥ 方以智：《物理小识》，《物理小识卷五黄连》，商务印书馆 1937 年版，第 110 页。

轩年伯印之见寄，具载此方之功"①。方以智还偶尔使用博物知识来消除一些怪异的自然现象，显示了他学以致用的科学精神，"梧州云盖寺有铜钟，上铸汉太宝元年，愚按是南汉刘铼时年号也。辛卯夏，忽有声。久之，翁翁然隐有动伏，愚以地黎蒜韭汁水泼之，以溺筒湿其地，遂止"②。当然，因为流离期间条件有限，作品难以完善，只能记以待考，所以方以智特别期望"天许我还故乡，抱少伯之漆书，毕朱虚之木榻"③，以最终将这些学问系统化。

通几之学是方以智反思的核心所在，此尤体现在他对"难后所讲老庄之学"④的关注上。他认为老庄之学其实与儒学是相通的，"君子居易以俟命，易也俟也，至人所以不伤其天也。时至则死耳，初非以死博名耳"⑤，"既不辱其性命，又无碍于老庄"⑥。君子应达到旷达与谨介统一的境界，儒学与庄学相互补充成就，不应互相排斥，"圣人之教，以谨介致其淡然。至人之道，以旷达致其淡然，其致一也。世之儒者与达士，何相非之甚乎"⑦，"贤者立节，惟在皎然不欺其志，而不必为所极难。达者自行至性，乐在俯仰无愧，而不必伤其天以为名"⑧。方氏在庄学中寻找到了不死而自惜其才以传道的理论依据，从而将庄学视为圣学传承的别路善刀，"庄子以绝世之才，自知其忍俊不禁，而别路以为善刀，不犯锋芒，使人莫争，不堕暗痴，留其高风，故为贵耳"⑨。时人认为方以智在岭南时真正达到了儒庄相通的精神境界，对其表达了精神上的认同与追随之意，"累世纨裤子，能衣弊履穿，犯霜露，啖粗粝，重跰千里，此非人所及。又遭不世之难，磨不世之险，反被不世之

---

① 方以智：《物理小识》，《物理小识卷四瘴气》，商务印书馆 1937 年版，第 96—98 页。

② 方以智：《物理小识》，《物理小识卷十二钟鸣欲飞》，商务印书馆 1937 年版，第 292 页。

③ 方以智著，张永义校注：《书通雅缀集后》，《浮山文集》，华夏出版社 2017 年版，第 245 页。

④ 方以智著，张永义校注：《夫夷山寄诸朝贵书》，《浮山文集》，华夏出版社 2017 年版，第 251 页。

⑤ 方以智著，张永义校注：《俟命论上》，《浮山文集》，华夏出版社 2017 年版，第 254 页。

⑥ 方以智著，张永义校注：《答金道隐》，《浮山文集》，华夏出版社 2017 年版，第 264 页。

⑦ 方以智著，张永义校注：《旷达论》，《浮山文集》，华夏出版社 2017 年版，第 253 页。

⑧ 方以智著，张永义校注：《又答卫公》，《浮山文集》，华夏出版社 2017 年版，第 264 页。

⑨ 方以智著，张永义校注：《书庄子后》，《浮山文集》，华夏出版社 2017 年版，第 302 页。

冤，而逆旅饥寒之间，毫无愁容，尝云以旷达行其谨介，今脱略生死，超
然自失，真有老庄之风，念与求隐，老以歌诗，其愿同也"①。正因其有此境
界，故能安然面临诸多真实的生死考验，"甲申死矣，自此而阮石巢之锋，
乙酉三河之盗，丁亥大埠之劫，天雷之苗被左之遁，昨冬之平乐教场，何往
而非死？若自无始以来之道人视之，邵子所谓虚过万死矣"②。在这些生死历
验中，他逐渐领悟到可以将佛法中脱生死的思想与庄子齐生死的思想相互融
合，从而体认到不死之死的真谛，"能以死知其所以不死，知不死之无不可
以死，则此死也，诚天地之大恩矣"③，"安我俘人命，原看死是归。……一
声狮子吼，刀锯总忘机"④。此融贯儒学、庄学、佛学资源而得的生死之学，
在方以智看来，实可以易学作为最后的根基，"以此斋戒，洗心退藏，易传
之所叮咛也"⑤。更为可贵的是，方以智注意到当时传入中国的西学在建构新
的通几之学中的特殊价值。他受西学之启发，认识到语言世界的重要性，以
为"自然感应，发于性情，莫先于声"⑥，而中国传统的训诂学重字轻声，因
而应当学习西方的音声之学，"今数千年，而泰西复以西音入，其例可以互
证"⑦，如此才可了解事物之几而通万物之情，"惟声至神，与物相表，故足
以推万物之数，通万物之情"⑧。

综上所述，方以智所谓的苦心，实是为了寻找中华文化的根源，以求其
薪尽火传于来世的远见之心，他曾以冰井复通泉水为喻说，"井湮七百余年

---

① 方以智著，张永义校注：《祭鹿公叔祖文》，《浮山文集》，华夏出版社 2017 年版，第
　308 页。
② 方以智著，张永义校注：《辛卯梧州自祭文》，《浮山文集》，华夏出版社 2017 年版，第
　333 页。
③ 方以智著，张永义校注：《辛卯梧州自祭文》，《浮山文集》，华夏出版社 2017 年版，第
　334 页。
④ 方以智著，黄德宽等编：《重挚至平乐法场逼以袍帽只吼涅槃而已》，《方以智全书》第十
　册，黄山书社 2019 年版，第 242 页。
⑤ 方以智著，黄德宽等编：《斋戒》，《方以智全书》第十册，黄山书社 2019 年版，第 235 页。
⑥ 方以智著，张永义校注：《等切声原序》，《浮山文集》，华夏出版社 2017 年版，第 336 页。
⑦ 方以智著，张永义校注：《等切声原序》，《浮山文集》，华夏出版社 2017 年版，第 336 页。
⑧ 方以智著，张永义校注：《等切声原序》，《浮山文集》，华夏出版社 2017 年版，第 338 页。

而始见其源，岂非隐见有所待耶"①。方以智多次表达自己经北都陷难之后，肉体生命已死，或者旧有的义理之心已死，"欲舍此生久矣"②，"惟俟江北信来，贱骨少强，即觅死所耳"③。之所以留此残身，是因为人之死应当死得其所，"烈士抚心，亦望人知其难耳"④。在长期的流离生活中，他逐渐感受到保身以保文明的积极意义，同时也注意到民族文化对于承继发展传统文化的重要作用，"罹苦既深，拏鬐遂保。苗夷靖绝，汉腊长存"⑤，渐觉"若得同学读书以过乱世，不为苦矣"⑥，甚至"读书而享林泉，人生之至乐也"⑦。并领悟到了脱生死的真谛，是面对未来创造新的文化以期其复兴，"以死者著之额上以为号，使呼之于人间，是直以其额为铎，而世未有真相可之者"⑧，"践形脱生死，以此振铎，鬼神护之"⑨。方以智将此面对未来的了脱生死之智视作人间春雷，"先生之号，惊此终古；霹雳半天，问之无语"⑩，他要用这一声春雷唤醒他自己与天下之人，从而可以达至"扁舟自由"⑪的文明世界。还可额外明了的一点是，方以智通几之学的系统表达，虽是在其离开岭南后，方才体现在江西庐山期间完成的《东西均》等著作中，但其思想的基形显然已成形在岭南流离期间，其间的生死经历对于其思想成熟发挥着关键

① 方以智著，张永义校注：《冰井记》，《浮山文集》，华夏出版社2017年版，第249页。
② 方以智著，张永义校注：《九龙盆饭僧题辞》，《浮山文集》，华夏出版社2017年版，第252页。
③ 方以智著，张永义校注：《寄朱震青相公书》，《浮山文集》，华夏出版社2017年版，第273页。
④ 方以智著，张永义校注：《刘远生生还疏序》，《浮山文集》，华夏出版社2017年版，第253页。
⑤ 方以智著，张永义校注：《与程金一》，《浮山文集》，华夏出版社2017年版，第263页。
⑥ 方以智著，张永义校注：《又寄尔公书》，《浮山文集》，华夏出版社2017年版，第270页。
⑦ 方以智著，张永义校注：《临黄鹤林泉读书图书其后》，《浮山文集》，华夏出版社2017年版，第280页。
⑧ 方以智著，张永义校注：《夕可先生赞》，《浮山文集》，华夏出版社2017年版，第302页。
⑨ 方以智著，张永义校注：《书刘鞏传后》，《浮山文集》，华夏出版社2017年版，第259页。
⑩ 方以智著，张永义校注：《夕可先生赞》，《浮山文集》，华夏出版社2017年版，第302页。
⑪ 方以智著，张永义校注：《临黄鹤林泉读书图书其后》，《浮山文集》，华夏出版社2017年版，第280页。

作用。而其通几之学，实为中国思想吸收西学以期超越的先导。其学问主张在现代中国思想发生史上的重要作用，愈来愈为中国哲学界所觉知。正因如此，明晰其在岭南的思想变革过程与实质，也就能进一步明晰现代中国思想的发端所自。此外，方以智既是朴学先导，也是桐城派先导，此或为广西学界能够在清初涌现岭西古文学派的重要渊源。

正　论

第一章　陈宏谋的经世理学

清代广西的书院教育较为发达，但因地处边陲，受中原朴学文化的影响较晚，早期还是坚守程朱官学。但是，一些长期游历外省的官员，则不自觉地受到了中原朴学的潜在影响，而使其理学在学术取向上偏向经世致用的方向，这一点在陈宏谋身上表现得特别明显。

陈宏谋（1696—1771），字汝咨，号榕门，广西临桂人，年幼便好学不倦，志向非凡，《清史稿》云：

> "宏谋早岁刻苦自励，治宋五子之学，宗薛瑄、高攀龙，内行修饬。"①

可见，其学术受到理学的影响十分深，不过，陈宏谋的理学，实学色彩十分浓厚，并非是典型意义上的程朱理学②。

从陈宏谋的著述及其对后世的影响看，我们可以窥见其治学倾向和思想主体。首先，他尊孔孟，推崇宋明理学，尤其宗奉程朱，故其理学思想表现出浓厚的宋明痕迹。其次，虽然陈宏谋理学思想没有多少创新处，却有着不可磨灭的历史意义，其经世理学思想继承宋明学统，纠正世人把理学当做

---

① 刘亮红在《陈宏谋研究综述》中指出，"实用是贯穿陈宏谋思想的一条主线，但对陈宏谋理学思想的研究至今成果不多，除了国人对其理学思想挖掘、重视不够之外，也可能与清代中叶理学已不复往日的光辉，具有建树的大理学家已不多见的特点分不开，从而使研究者大多重事功而忽略学理上的考究。"参见刘亮红《陈宏谋研究综述》，《文史博览（理论）》2008 年 10 月刊。赵尔巽：《陈宏谋传》，《清史稿·列传》卷三百七，第10563 页。

② 谢蓉：《〈五种遗规〉开封府刻本印行过程述略》，《编辑之友》2011 年第 3 期，第 104 页。

"禅学"的误解，试图恢复理学光辉。最后，由于受到明末清初陆世仪、顾炎武、李二曲等人影响，陈宏谋对理学经世致用思想的阐发尤为独到，并以此构成其思想体系的核心，也使其成为清代实学思潮的奠基人之一。

一、理学教育之影响

陈宏谋经世理学思想的形成并非一蹴而就，其理学启蒙和理学基础的奠立在不同的求学阶段完成。除家庭教育对陈宏谋的影响之外，幼年启蒙老师陈宏諴和青年时期的三位老师杨静庵、朱惕庵以及徐省庵，对陈宏谋经世倾向的养成有着密切关系。

（一）经世理学启蒙——陈宏諴的影响

陈宏谋幼年受教伊始便受到理学的熏陶，一方面与其家庭环境密不可分，另一方面与其启蒙老师陈宏諴渊源深厚。

陈氏家庭的教育观使得陈宏谋可以安心求学。根据资料记载，陈家贫寒，"薄田数十亩，雇佃耕作，所入不足以给。"[①]不过，陈宏谋的父亲陈奇玉非常重视子女的教育。虽说陈家贫困，陈奇玉"一生勤力，躬自经营"[②]，使得陈宏谋不至于涉及"田功"而荒废学业。但陈家境遇依然穷迫，从陈宏谋进京会试的坎坷经历便知。雍正元年（1723 年）陈宏谋二十八岁，与同窗好友周元臣北上进京会试，幸得同乡刘新翰资助才得顺利进行。而且北上会试路途遥远，同乡资助也是杯水车薪，"资斧缺如"，两人只能共睡一床[③]。在京城期

---

① 陈宏谋：《亡侄钟璠哀词》，《培远堂文集》卷九，《陈榕门先生遗书》，民国三十二年（1943）广西省乡贤遗著编印委员会编印。注：本书所参考《陈榕门先生遗书》为民国影印本，因资料所限，无页码，故此处及余下所引该书，均无法标注详细页码。

② 陈宏谋：《亡侄钟璠哀词》，《培远堂文集》卷九，《陈榕门先生遗书》。

③ 陈宏谋：《周元臣七十寿序》，《培远堂文集》卷四，《陈榕门先生遗书》。

间，陈宏谋拮据万状，"赖德榓村先生之助，寄寓其家，始克安心赴试。"①

陈宏谋注重和提倡"学以济世"这一思想倾向的形成，与陈宏诚的影响密切相关。陈宏谋的父亲常于稍有余力时聘请经师教授陈宏谋，因此陈宏谋五岁受学于陈宏诚②。陈宏诚为其伯兄，字汝和，号容庵，长宏谋22岁。陈宏谋四个儿子均不幸夭折，后来即以这位伯兄的第五子钟柯为嗣子③。伯兄对他来说既是良师又是益友，他对这位伯兄也十分尊重。"当榕门出生那一年，这位伯兄补上弟子员，已经是二十二岁了；不料从此功名不达，屡试屡挫。他是个性情诚厚，学敦实用的人，尝以'读有用书，考古通今'为教条，来训导子侄之辈；并在堂中题着'有工夫读书，就是造化；以学术济世，方见文章'和'行无愧事，读有用书'等等的警句联语。"④晚年陈宏谋对这位伯兄老师的评价为：

> "伯兄平昔性近诚笃，学敦实用，本躬行心得之余，以训弟侄及子若孙。且时立训，惟以读有用书，考古通今为要。"⑤

因此，我们可以发现，不管是陈宏诚堂中自题联语还是晚年陈宏谋对他的评价，都侧面反映出其伯兄的理想与抱负，是成为一位践行理学思想的典型儒者。经陈宏诚的言传身教，在幼年陈宏谋的心灵中刻上理学的深刻烙印，可以说陈宏谋的理学启蒙全赖这位伯兄的教导。

此外，陈宏谋入仕为官，陈宏诚仍经常教育他为人与为官之道。陈宏谋回忆与伯兄的往事时说，"伯兄尝谓予曰，吾家以孤寒崛起，受国厚恩，历任封圻，阖门受福，一切惟宜崇大体，爱民生，宁劳一身以裨万民，毋苦万民以奉一身；宁虚己平心，遇待僚属，以励公忠；毋任性息怒，以违公论。"伯兄对陈宏谋的悉心教导，陈宏谋亦"谨记不敢忘，今言犹在耳"。⑥陈宏

---

① 广西省乡贤遗著编印委员会：《陈榕门先生年谱·先生二十八岁》，《陈榕门先生遗书》。

② 广西省乡贤遗著编印委员会：《陈榕门先生年谱·先生五岁》，《陈榕门先生遗书》。

③ 高吉人：《陈榕门之生平》，文化供应社，民国三十六年（1947）三月，第2页。

④ 高吉人：《陈榕门之生平》，文化供应社，民国三十六年（1947）三月，第3页。

⑤ 陈宏谋：《伯兄容庵传略》，《培远堂文集》卷六，《陈榕门先生遗书》。

⑥ 陈宏谋：《伯兄容庵传略》，《培远堂文集》卷六，《陈榕门先生遗书》。

谋幼年所学，"皆伯兄督课之"，由此观之，"先生一生成就，多由容庵公早年陶育而来，其功殊不可没。"①

（二）经世理学基础的奠立——"三庵"的影响

陈宏谋求学生涯主要分为三个阶段，五岁之后十九岁之前以伯兄和私塾教育为主；十九岁之后，师从杨静庵先生；二十四岁至二十九岁进入仕途之前，以师从朱惕庵、徐省庵为主。陈宏谋经世理学重"实践"的特点渊源于"三庵"的言传身教。

首先，陈宏谋幼年就受到理学思想的熏陶，然而真正接触理学思想则当从他结束私塾教育师从杨静庵开始。杨静庵，名家修，是陈宏谋的岳父越千公之弟。杨静庵先生"学履诚笃，诲人不倦。先生执贽从游，业日精进"。②

其次，陈宏谋在掌华书院求学期间，深受朱惕庵和徐省庵经世理学思想的影响。康熙五十八年（1719 年），当时恰值同乡朱惕庵"解组回里"，任掌华书院山长，此人在京城任职期间曾以"立朝不苟，誉著一时"。陈宏谋的父亲知道此事后便让他进入掌华书院跟从朱惕庵先生学习③。掌华书院旧名为宣成书院，为纪念宋代大儒张栻与吕祖谦而设。张栻曾经在桂林驻节多年，吕祖谦则出生于桂林。二人都是著名的理学家，与朱熹齐名，三人被尊为"东南三贤"。后人以张栻的谥号"宣"和吕祖谦的谥号"成"合在一起，称书院名为宣成。康熙二十一年（1682 年）改称华掌书院，至雍正二年（1724 年）复名。书院继承优良的理学传统，陈宏谋在此求学期间，"仰止高风，弥笃蹈履"。④ 此时的陈宏谋不仅"一心只读圣贤书"，还随时"留

---

① 广西省乡贤遗著编印委员会：《陈榕门先生年谱·先生一岁》，《陈榕门先生遗书》。

② 广西省乡贤遗著编印委员会：《陈榕门先生年谱·先生十九岁》，《陈榕门先生遗书》。

③ 广西省乡贤遗著编印委员会：《陈榕门先生年谱·先生二十四岁》，《陈榕门先生遗书》。

④ 广西省乡贤遗著编印委员会：《陈榕门先生年谱·先生二十五岁》，《陈榕门先生遗书》。

心时事，闻有邸报至，必借观之"。① 而朱惕庵又"以经世之学，启牖后进。先生从游后，益致力于实学，好与人谈论天下事"。② 有人嘲笑他作为读书人不专心于科举，殊不知此时的陈宏谋心中已埋下不凡之志，他的座右铭为："必为世上不可少之人，必为世人不能作之事"。③

康熙六十年（1721年）陈宏谋二十六岁，恰逢徐省庵先生督学广西。徐氏对理学有深刻体悟，"校艺之暇，进诸生于书院，教之立身惇行，毋役纷华。"④ 徐省庵时常在掌华书院为诸生讲学，极器重陈宏谋，每次陈宏谋考试名列前茅，从不吝啬表彰，所以当时陈宏谋已闻名于乡党之间。⑤

最后，在掌华书院和西山寺的求学经历对陈宏谋影响深远。后世学者评价道："其后治事论政，惟重实践，不尚空谈，又好劝人读史，刊刻乙部诸书，不遗余力，其学于东莱为近，与空言心性者殊科，殆基于此也。"⑥ 可见，陈宏谋在事业上能够"外任三十余年，历行省十有二，历任二十有一"，⑦官至东阁大学士兼工部尚书，及其在经世理学上所臻造诣无不归功于此。

次年，陈宏谋转移到临桂的西山寺读书，此时的陈宏谋比以往更刻苦，不仅博览理学群书，而且已经对理学家的做人工夫有所体悟，开始从身心处践行理学家的道德修养工夫，作《自箴十则》时刻警醒自己，曰：

"谨言语以寡过，节饮食以尊生，省嗜好以养心，耐烦劳以尽职，慎喜怒以平气，戒矜张以集事，绝戏谑以敦礼，崇退让以和众，慎然诺以全信，减耗费以惜福。"⑧

纵观陈宏谋一生，五岁入学堂，至七十五岁退出庙堂⑨，一生勤勤恳恳，

① 赵尔巽：《陈宏谋传》，《清史稿·列传》卷三百七，中华书局1977年版，第10558页。
② 广西省乡贤遗著编印委员会：《陈榕门先生年谱·先生二十五岁》，《陈榕门先生遗书》。
③ 赵尔巽：《陈宏谋传》，《清史稿·列传》卷三百七，中华书局1977年版，第10558页。
④ 陈宏谋：《徐省庵先生七十寿序》，《培远堂文集》卷三，《陈榕门先遗书》。
⑤ 广西省乡贤遗著编印委员会：《陈榕门先生年谱·先生二十六岁》，《陈榕门先生遗书》。
⑥ 广西省乡贤遗著编印委员会：《陈榕门先生年谱·先生二十五岁》，《陈榕门先生遗书》。
⑦ 赵尔巽：《陈宏谋传》，《清史稿·列传》卷三百七，中华书局1977年版，第10560页。
⑧ 陈宏谋：《自箴十则》，《培远堂文集》卷八；《陈榕门先生年谱·先生二十七岁》，《陈榕门先生遗书》。
⑨ 广西省乡贤遗著编印委员会：《陈榕门先生年谱·先生七十五岁》，《陈榕门先生遗书》。

奉理学教条为言行之宗，并撰写、刊刻著作阐发理学思想。陈宏谋在理学上的成就，缘于求学期间打下的坚实基础，而在掌华书院和西山寺的求学阶段可谓陈宏谋理学奠基时期，其经世倾向的养成当从此开始。他的三位老师，杨静庵、朱惕庵以及徐省庵自然功不可没，所以陈宏谋常说，"生平知遇之感，笃于三庵。"①

综而言之，陈宏谋在建构个人思想体系的过程中，以各家思想作为融铸的对象，但也有其内在的取舍标准，这一标准体现在他对理学的根本、经世思想的根基、贯通经世理学的标准和经世理学的贯通途径的认知和把握这几个方面。

二、内圣外王之理

需要首先指出的是，宋明理学，不管是陆王还是程朱，均偏重《大学》八条目之关于心性的格、致、诚、正，而轻忽了外王之工夫，同时又夹杂着佛、老之虚无与清净，因此而受到明末清初诸儒的批判。陈宏谋思想是在继承旧传统的根基上，尤其是宋明理学中的程朱思想，融入明末清初学者所提倡的经世致用思想，进行改铸和归并，开创出自己所特有的经世理学新体系，其重要的历史文化价值便在于此。

对于贯通经世理学的根本之"理"，陈宏谋认为：

"天下古今之事物，不外乎理。明此理而内以克治其身心，外以推暨乎民物，不能不由于学。理变而无穷，则学亦精进而不已。隐居以求其志，所求者理也。行义以达其道，道即理也。士大夫不出户庭，而通当世之务，其术足以匡时，其言足以救世，舍理学其谁与归。"②

分析陈宏谋这段话，囊括三个方面，其内涵可以作为陈宏谋经世理学思想体

---

① 广西省乡贤遗著编印委员会：《陈榕门先生年谱·先生二十六岁》，《陈榕门先生遗书》。
② 陈宏谋：《王丰川先生续集序》，《培远堂文集》卷一，《陈榕门先生遗书》。

系的总结。首先他认为"天下古今之事物，不外乎理"，这点继承程朱学统；其次，克己修身之"理"，由"学"而至，这点则体现他对格致之学、穷理尽性的认识；最后，明此"理"的最终目的在于"外以推暨乎民物"，这是陈宏谋经世致用思想的内核。这三个方面是陈宏谋思想最根本的出发点，也是贯通他经世理学思想体系的核心和纲领。

三、体用原归一致

为了纠正宋明理学发展的世弊，从而维护程朱理学的道统地位，陈宏谋把"理"作为他的思想根基，发挥理学的实用性。他不仅注重"内圣"工夫，而且将古圣先贤的"外王"经世致用思想视为不刊之论，并吸收元明及清初学者对理学的研究和批判成果，以此作为他学术纲领的重心，建构新的理学形态，并且在日常生活中提倡和践履这套新理论。

第一，关于理学经世致用思想，陈宏谋认为：

"自世之言学者不一其途，或寻章摘句，雕琢词华，无益身心。或穷高务博，驰骋古今，罔切伦物，即有侈谈性命，以讲理为学者，又多拾沛空虚，濡足迂腐，连篇累牍，求一言之有用于世而不可得。每见著述家多以理学自负，而无裨于实用。理学竟为天地间无用之人，学术不明，为世诟病，可为浩叹。"①

又言：

"古人穷经足以致用，凡不能致用者，不可谓之穷经。然穷经而不能求其切于身心伦物者，亦必不能致用。近见人毕生读书而不能有用，皆坐看得书中所言，不甚亲切之故，而经义尤甚也。"②

陈宏谋的理学思想倾向于"经世致用"，他指出当世学者的弊端，如"著述

① 陈宏谋：《王丰川先生续集序》，《培远堂文集》卷一，《陈榕门先生遗书》。
② 陈宏谋：《寄孙文定公书》，《培远堂手札节要》卷中，《陈榕门先生遗书》。

家以理学自负，而无裨于实用”，"连篇累牍，求一言之有用于世而不可得"之类。因此他认为，"真读书人，原不必定有著述。偶一著述，必有根柢，必有发明。与后世务虚名而夸著作者不同也"①，即读书的主要目的在于经世济民，著书亦只是对经世济民思想的反思与总结。

陈宏谋发挥理学的实用价值，而此实用价值必是"有用于世"。陈宏谋的理学实用性是建立在利国利民这一标准之上，他的言行与处世风范则又体现他即学即仕的理学特点。陈宏谋出身寒门，官至吏部尚书仍然清正廉洁，乾隆帝于乾隆二十八年赏赐其官邸一座，在北京东城沟栏胡同，因无正厅，便把二门改为正厅，另在旁边修葺厨房，原本估计三百两银子即可，结果费五百两银子才完成，②陈宏谋"深悔太费矣"③。一个政府高官，竟为了五百两银子后悔，着实少见，学与仕"体用一致"的风范由此可略见一斑。

第二，对于学与仕，陈宏谋认为：

> "学者所以学为人，即以讲求乎仕之理也。仕者所以治民事君，即以实践乎学之事也。事理本属相资，体用原归一致。世之学者，每歧而二之，于古人嘉言善行，不能切己体验。书自书我自我，遂至学自学而仕自仕。"④

陈宏谋认为学与仕两者的关系是"事理本属相资，体用原归一致"，体和用两个方面相辅相成，缺一不可。当世学者的痛处，在于只知道诵读古书、写文章以空谈心性，而不知切身躬行，将"学"与"仕"两者相区别，是没有切己体验的缘故，从而导致"书自书，我自我"，违背了古圣贤体用同源之道。因此他说，"惟以明道为主，则文章所以明道，理学所以求有得于道，由此而仕，即所以行道也。"⑤陈宏谋认为，文章、言行切身躬行，合圣贤之

---

① 陈宏谋：《李二曲论学汇语·按语》，《学仕遗规》卷三，《陈榕门先生遗书》。
② 郭志高，李达林：《陈宏谋家书·家书之四》，《家书之六》，广西师范大学出版社1997年版，第214、218页。
③ 张家璠：《陈宏谋与朱子学》，《河池学院学报》（哲学社会科学版）2006年第6期，第27—30页。
④ 陈宏谋：《学仕遗规·序》，《陈榕门先生遗书》。
⑤ 陈宏谋：《冯少墟语录·按语》，《学仕遗规》卷二，《陈榕门先生遗书》。

言，方为"行道"。

第三，贯通陈宏谋经世理学的学理基础在于"体用原归一致"。陈宏谋以个人言行印证其所阐述的思想，同时还教育其他官员，"学"与"仕"的目的就是要知道站在百姓立场，体恤人民。他说：

> "州县官一举一动，与百姓息息相关，不独贪廉为小民身家所系，即勤惰明昧之间，缓急宽严之别，亦为小民休戚所系。现在随时劝勉戒饬，冀其各发天良，咸思朝廷设官为民之义，而不复存自利自私之心。庶几随其才分之短长，渐著其为民之实效。"①

因此《清学案小识》赞陈宏谋云：

> "榕门相国以儒生起家，历官内外四十余载，其品望在乡国，其丰烈伟绩在太史。"②

通过上述分析，我们发现陈宏谋悉心考究理学的实用价值，发挥理学"经世"的功用，陈宏谋治学"以明体为始，而以达用为归"，而且，"陈宏谋之所以重要，并不在于其任上骄人的政绩，而在于他作为一个官员的典型意义，以及他对'经世'之说的阐释。"③然而《四库提要》对陈宏谋的书并不重视，根据刘乃和考究，多半由于陈宏谋不注重考据所致。"清朝学风，汉宋对立，汉学重考据，常诋宋学家空疏不读书，宋学重义理，常诋汉学家破碎，不切身心性命。陈宏谋职位虽高，但在汉学家眼中，却是属于空疏不讲考证的，所以他所辑各书，《四库全书》一概不著录。"④究其缘由，一方面是时代原因，学术重心转移，世人多忽略其理学成就；另一方面是其功业成就掩盖思想造诣，其经世理学思想的重要历史价值一直没有得到应有的重视。

与此相反的是，高王凌把陈宏谋归入理学家中的"经世学者"，断言"18

---

① 陈宏谋：《寄桐城相国张文和公书》，《培远堂手札节要》卷上，《陈榕门先生遗书》。
② 广西省乡贤遗著编印委员会：《陈榕门先生遗书卷首·传四》，《陈榕门先生遗书》。
③ 刘亮红：《陈宏谋研究综述》，《文史博览》（理论）2008 年第 10 期，第 9—12 页。
④ 刘乃和：《陈宏谋与考据》，《北京师范大学学报》（社会科学版）1962 年第 2 期，第 109—110 页。

世纪确实存在着一个经世学派"，而陈宏谋正是此"经世学派"的重要代表。并且19世纪"经世学派"所参考的《皇朝经世文编》中辑录的"经世思想"大部分出自18世纪，"其中尤以陈宏谋为著，所收文字仅次于清初顾炎武；在魏源笔下，他不但是18世纪的中流砥柱，也是19世纪的开路先锋。"①

四、有益身心世事

陈宏谋尤为注重儒学的道统，以"有益与否"作为经世理学的贯通准则。陈宏谋从小就受到理学的熏陶，入仕之后"研穷宋五子之奥义，远绍薛文清高忠宪之薪传。刊刻《孝经》《小学》《近思录》《纲鉴正史约》《大学衍义补》诸书，用以省身，即用以勤学。"②他在思想上主尊程朱学派，讲格致之学，重在于一事一物之中讲求至当之理，认为"圣门之学，讲实事，不尚冥悟"，此语便是将其思想与陆王学派相区别。

第一，在评究宋明儒时他认同陆九渊和王阳明的学术思想和功业成就，认为他们是正统的孔门之学，但对陆王的弊端及陆王学派之徒极为贬斥，视为禅学。对此他认为：

> "知禅学儒学，不可混同。则知陆王是儒非禅，不可混拟。而不善学陆王者，其流弊易染于禅，亦正不可不虑也。"③

又言：

> "陆王如在圣门弟子之列，亦惟孔子所嘉与，但不能无所偏胜，人之学之，不能无弊耳。"④

又言：

> "陆子之学，有长处，亦有偏处。节其偏而取其长，皆孔孟之

---

① 高王凌：《18世纪经世派》，《史林》2007年第1期，第150—160页。
② 沈德潜：《培远堂文集序》，《陈榕门先生遗书》。
③ 陈宏谋：《王丰川存省录·按语》，《学仕遗规》卷三，《陈榕门先生遗书》。
④ 陈宏谋：《王丰川存省录·按语》，《学仕遗规》卷三，《陈榕门先生遗书》。

学也。"①

陈宏谋认同陆九渊和王阳明的学术成绩，"取其长"，皆为孔孟之学，但若有所偏，必有弊端，而且"不善学陆王者，其流弊易染于禅"。

第二，陈宏谋认为，陆九渊和王阳明学说弊端的形成，是由于其学实质上偏重"知"而忽略"行"。而陈宏谋认为"知"和"行"是一种"常相须"、双路并进的关系。所以他认为：

> "制义之无关于人才者，其病在不尚理而尚词。学问之无关于身心者，其病在求知而不求行。程子云，知一字便行一字，其异于俗学，正在于此。"②

陈宏谋指出当世学者的弊病在"求知而不求行"，圣学与俗学之异便在于此。他又以此批驳陆九渊的"尊德性"和王阳明的"致良知"之说，他说：

> "明王文成复倡良知之说，其弊与陆子静相同。夫专提良知，未免偏于知而略于行。即添'致'字，以补行字工夫。毕竟重知而轻行，将一切学问、博学、审问、择善、固执，多见多闻工夫，看作支离笃外之事。其徒相传，竟指专重尊德性，不重道学问。在阳明有学术、有事功，不愧有用之道学，本非禅学，而久之将入于禅也。"③

陈宏谋直指陆九渊和王阳明的弊端在于"重知而轻行"，经其学生辗转相传，则演变为"专重尊德性，不重道学问"，最终流入禅学虚无缥缈之境地。基于上述认识，陈宏谋认为王阳明"致良知"的说法很不恰当，对此他有一种新的评释。其言曰：

> "细玩良知，亦即孟子所云本心、赤子之心也。与其专提'良知'二字，不如直提'良心'二字。抱定孟子之扩充四端，不失赤子之心为言。与其提'致良知'，不如提'致曲'二字。抱定《中庸》之'曲能有诚'为言，似更得当。"④

---

① 陈宏谋：《李二曲论学汇语·按语》，《学仕遗规》卷三，《陈榕门先生遗书》。
② 陈宏谋，《寄紫阳书院掌教董之诚先生书》，《培远堂手札节要》卷下，《陈榕门先生遗书》。
③ 陈宏谋：《真西山文集抄·按语》，《学仕遗规》卷一，《陈榕门先生遗书》。
④ 陈宏谋：《真西山文集抄·按语》，《学仕遗规》卷一，《陈榕门先生遗书》。

陈宏谋认为王明阳"致良知"之说的"良知"，即是孟子所说的"本心"，亦即"赤子之心"。如此说来，"致良知"即为"尽心"，《中庸》"曲能有诚"即是阐明此种事理。所以他认为不如将王阳明的"致良知"改为《中庸》的"致曲"更为恰当。而且，陈宏谋不认同王阳明专以"致良知"为讲学宗旨的做法，认为其弊病在于使后世学者只知道冥悟，在昭昭灵灵中求不可得之物，最终流入禅学。所以他认为：

> "王阳明学成而有用于世，岂可目之为禅。但所论致良知而外，不复用力，未免过于直捷。以此为讲学宗旨，恐学者希冥悟而耽虚寂，将流于禅耳。"①

又言：

> "阳明先生，勋业文章，炳著天壤。读其文集，所言为学，专尚致良知，未免开后来蹈空之弊。然万事根本于心，人性无有不善。良知者，即不昧之心也。学问所以扩充此良心，但非空空守此良心，便谓不须学问耳。"②

以上便是陈宏谋对陆九渊、王阳明以及陆王学派后世之徒的看法，他认为陆九渊之"尊德性"、王阳明之"致良知"是圣门之学，而陆王后学未能把握好圣门之学的根本要义，空守"良知"，不求躬行，成为与孔门之学相对立的异端之学。

综上所述，我们认为陈宏谋以"有益与否"作为其经世理学贯通的标准。以王阳明为例，虽然陈宏谋对王阳明"致良知"之说及其讲学行为持一种批判的态度，但又极为认可王阳明的功业和学术成就，认为"王阳明学成而有用于世，岂可目之为禅"，"勋业文章，炳著天壤"，"不愧有用之道学"。

第三，在指出陆王学派的弊端之后，陈宏谋尝试提出纠正这种学风的方法，并欲在根本上调和宋明儒之间思想的歧见。他说：

> "圣门之学，由博返约，能多识，然后能一贯。讲良知，必至废学

---

① 陈宏谋：《王丰川存省录·按语》，《学仕遗规》卷三，《陈榕门先生遗书》。
② 陈宏谋：《王阳明文抄·按语》，《训俗遗规》卷二，《陈榕门先生遗书》。

识而趋冥悟，此说足以救其弊。"①

陆九渊主"尊德性"，程朱则主"道问学"，陈宏谋从先秦文献中寻找依据，欲从中调和两派的歧见。他认为《大学》《中庸》是正统之学，对"尊德性"与"道问学"的关系阐述得非常明晰，无须析为两说而互驳。他说：

"不体玩尊德性道问学的解，所以议论偏执。尊朱尊陆，辩驳不已。子思此语，似预知后世学术之歧而示之的矣。"②

又言：

"《大学》之明新，犹是浑言纲领；《中庸》之学问思辨笃行，已切指其工夫。知行并进，尊德性在此，道问学亦在此，纷纷聚讼，辩驳愈多，学术愈歧矣。"③

在试图消除陆九渊"尊德性"与朱熹"道问学"之间的纷争后，陈宏谋也深知思想对立、分门别户讲学的弊端，因此他对后世学者的倡导，以经世理学为标准。其言曰：

"今日讲学，只需辨别何为有益，何为无益，正不必分门别户，另立宗主。"④

又言：

"学求有得于道耳，其所从人得力处，质性所近，不能尽同。若以之立宗主，使天下人皆由于此，则不能无偏胜之弊。惟圣门言学，知行并进，穷理尽性，千古不易。其余不能无偏，均不可以立宗主也。予尝谓王阳明之学，足以匡时立功，而不可以立宗垂世，意盖指此。"⑤

第四，陈宏谋对释氏和老庄思想存有偏见，多归入异端之列。陆王心学，尤其在王守仁之后，其末流耽于空谈心性，导致学风空疏，多被人批评

---

① 陈宏谋：《刁蒙吉潜室札记·按语》，《学仕遗规》卷三，《陈榕门先生遗书》。

② 陈宏谋：《王丰川存省录·按语》，《学仕遗规》卷三，《陈榕门先生遗书》。

③ 陈宏谋：《高肃卿本语·按语》，《学仕遗规》卷二，《陈榕门先生遗书》。

④ 陈宏谋：《寄靖果园书》，《培远堂手札节要》卷下，《陈榕门先生遗书》。

⑤ 陈宏谋：《王丰川存省录·按语》，《学仕遗规》卷三，《陈榕门先生遗书》。

于世无益。① 陈氏站在经世理学立场，倡导学者"体用一致"。他在批评陆王之徒流入禅学和宋明儒擅立门户之弊后，又将矛头指向释氏和老庄，把两者部分思想归入异端邪说的行列。其批评佛老主要表现在两个方面：一是释氏的轮回说，二是老庄思想无益于世。

对于释氏，他批评道：

> "轮回果报之说，儒者不道。盖士君子只知善之必当为，恶之必不可为，非为求冥报而始为善，亦非为惧冥报而始不为恶也。若夫斯人之众，愚冥无知之辈，不有所劝，无以知善之当为，不有所惩，无以知恶之不可为。惟劝之以祸福报应。庶悚然有动于中。凡此观感之至情，即为化导之要术。自古及今，经史所载，其理确而有据，其事信而有征。非等轮回果报之说，在或有或无之间也。"②

陈宏谋认为圣人恐众人不知"善之必当为，恶之必不当为"，所以祸福报应之说，并非释氏的轮回果报之说，只是圣人对民众的"化导之要术"。

对老庄的批评则说：

> "隐逸虽曰高风，于世何益。循吏者，民之司命也。""庄子放荡空虚，易以惑世者不少。"③

尊儒抑佛老的学派成见古已有之④，我们发现陈宏谋作为清中叶经世学的儒者代表，亦不免此旧习。自西汉董仲舒开启"独尊儒术"之风，儒家

---

① 诚如梁启超所言，"何况王阳明这边的末流，也放纵得不成话，如何心隐、李卓吾等辈，简直变成一个'花和尚'。他们提倡的'酒色财气不碍菩提路'，把个人道德社会道德一切藩篱都冲破了。"参见梁启超：《中国近三百年学术史》，东方出版社 2003 年版，第 4 页。

② 陈宏谋：《觉世鸿文图说序》，《培远堂文集》卷一，《陈榕门先生遗书》。

③ 陈宏谋：《黄东发日抄·按语》，《学仕遗规》卷一，《陈榕门先生遗书》。

④ 陈鼓应认为，原始儒家的学谱上，明确记载有他们对"殊途"和"异路"的态度。"孟子的非杨距墨，使先秦儒家的排斥异己达到登峰造极的地步，其恶果给宋明维护道统意识的儒者树立了十分不良的榜样。"参见陈鼓应：《道家易学建构·三玄四典的血脉关系》，商务印书馆出版 2010 年版，第 169 页；另外，方东美亦有此观点，他认为，"孟子不从学术的立场，去指正杨墨的错误，而径斥其'无父无君'，比之为洪水猛兽。……尽管孟子养'浩然之气'……却也缺少宽容的心量，在中国学术史上，成为'道统'观念的始作俑者。"转引自陈鼓应：《道家易学建构》，商务印书馆 2010 年版，第 189 页。

学者的偏见一直流传下来，偏激者如唐代韩愈尊儒之心极盛，排斥佛老，有"火其书"之说。所以笔者在阅读陈宏谋相关著述时发现，他对时人关于佛老著述，亦有要烧掉的说法。究其根本，一方面缘于传统学派成见影响；另一方面则是由于陈宏谋把经世致用作为学术理念而造成，他以"有益与否"作为经世理学的准绳，注重"学术济世"，无用之学则应摒弃，以正后世学风，所谓"学须有根柢，内而身心，外而经济，皆宜随时用力，非徒在镂月雕云也"。①

五、践行即所以复性

我们认为贯通陈宏谋经世理学的途径，在于他所提出的"践行即所以复性"这一纲领。由此展开，包括几个方面的具体行径：对"格致之学"对象的规定；对圣人微言大义的体认重在"践行复性"；经世理学的外王工夫要能"泽及于民物"。

第一，陈宏谋对格致之学的对象规定为"实事"和"身心"两方面。陈宏谋认为：

"夫格致之学，在即物而穷其理。于一事一物，讲求至当之理，克治精研，即可底于至善之地。先儒所言，洞中事理，切人身心。能明一分义理之心，便除一分受病之根。"②

此处所引说明陈宏谋把格物的对象定义为"一事一物"，这一范围主要体现在两个方面，一是实事，二是身心。在这两个方面求"至当之理"才能达"至善之地"。

在"实事"方面，陈宏谋认为格物讲求"至实"，避免索求于"虚空"，从而坠入"冥悟"。所以他认为：

---

① 陈宏谋：《寄邵其德书》，《培远堂手札节要》卷上，《陈榕门先生遗书》。
② 陈宏谋：《冯识渡修省集约序》，《培远堂文集》卷一，《陈榕门先生遗书》。

"格致之功至实，求之空虚，则坠于冥悟。格致之功尚浅，求之过深，又预侵诚正工夫矣。"①

又言：

"圣门之学，讲实事，不尚冥悟。诚正必先格致，至善不外仁敬孝慈信，克复不离视听言动。自孔颜思孟以及周程朱张，渊源一度。"②

对于"格物致知"论，陈宏谋尤看重"格"字，他评真德秀之言曰：

"看得'物'字广，则'格'字乃零星积累功夫，愈觉切实。不如此，不能穷理，不如此穷理，不能致知。致知在格物，'在'字较'必'、'先'字更为直截。所以冠八条目之首也。"③

陈宏谋此处把"格"的对象规范为日常之零星工夫，如此便会发现圣人微言十分"切实"。阐述此类思想，反映出陈宏谋为扭转后世学风所做的努力，表明其欲避免后世学者穷于对昭灵不可寻之物的追逐。

以上便是陈宏谋关于格物致知论"实事"方面的论述。

关于"身心"方面的看法，主要体现在他对宋儒"存天理灭人欲"的解读之上。朱熹言明理见性，认为人的本性被私欲所蒙蔽，因此要灭人欲，方能体悟到天地之理，所以他要人们：

"去其气质之偏，物欲之蔽，以复其性，以尽其伦。"④

又言：

"学者须是革尽人欲，复尽天理，方始为学。"⑤

朱熹认为人的本性被"气质之偏"、"物欲之蔽"所遮蔽，因此要存天理灭人欲，以尽人伦。陈宏谋因而主张身心工夫最为吃紧，他说：

"士人惟身心最为切近，其用功亦惟存心克己二者最为吃紧。此处

---

① 陈宏谋：《刁蒙吉潜室札记·按语》，《学仕遗规》卷三，《陈榕门先生遗书》。
② 陈宏谋：《陆稼书三鱼堂文集抄·按语》，《学仕遗规》卷三，《陈榕门先生遗书》。
③ 陈宏谋：《真西山文集抄》，《学仕遗规》卷一，《陈榕门先生遗书》。
④ 朱熹：《经筵讲义》，《朱文公文集》卷十五，《朱子全书》第20册，上海籍出版社、安徽教育出版社2002年版，第692页。
⑤ 黎靖德编，王星贤点校：《朱子语类》卷第十三，中华书局1986年版，第225页。

用得一分工夫，便有许多得理之事。所谓所操者约而所及者广也。"①

沿着朱熹的思想路径，陈宏谋也就顺理成章地提出"读书变化气质"的解蔽方法，其言曰：

"总是读了许多书不能变化气质，其不能变化气质，则由见解不广、不大，故刻刻皆气性用事也。"②

他认为读书要有深度，有所见解，读书的基本工夫没有做足则易于意气用事，所以"身心格致之学，知在此，行亦在此"，方可达到朱熹"复人之本性"的目的。而且他认为"学能变化气质，有得于性相近习相远之义"，可见陈宏谋读书解蔽的方法是对先儒"性相近，习相远"义理的阐发。③

第二，陈宏谋对圣人微言大义的体认重在"践行复性"。他说道：

"古圣贤之微言精义，散在典籍。惟读书可以通其解，亦惟读书可以践其实。如止以词章为学，雕琢虽工，无关性情。即或矫语性命，又未免谈空说幻，坠入理障。既无益于身心，更何裨于民物。书自书而我自我，世人所以目读书为口头禅，谓作文为敲门瓦，负此书亦重负我矣。大人实践录，从孟子大体小体句独得真谛，指点亲切，曲畅旁通。格物者，格此也。致知者，致此也。修齐治平，亦即此而推也。大体立而小体无权，天理流行，人欲退听，克己即所以复礼也。大体立而小体效用，天君泰然，百体从令，践形即所以复性也。"④

陈宏谋认为，古圣贤之微言大义，只有通过读书才能领悟，也只有通过读书才可"践其实"。同时，他认为，"大人实践录"，在孟子大体小体句中已经呈现其真谛，经世理学的内圣外王工夫——修齐治平，即是由此而外推。

第三，陈宏谋认为经世理学的外王工夫在于"泽及于民物"。他认为：

"读书者自读书，而于道理不求甚解，即心能解之，而言与行背，以致不能变化其气质，又焉能泽及于民物。今日欲就读书之弊，而收取

---

① 陈宏谋：《寄托庸书》，《培远堂手札节要》卷上，《陈榕门先生遗书》。
② 郭志高、李达林：《陈宏谋家书·家书之一》，广西师范大学出版社1997年版，第205页。
③ 陈宏谋：《黄东发日抄·按语》，《学仕遗规》卷一，《陈榕门先生遗书》。
④ 陈宏谋：《寄德济斋先生书》，《培远堂手札节要》卷上，《陈榕门先生遗书》。

士之效，惟有讲求身心格致之学。知在此，行亦在此。以此学，即以此仕，庶几近之。"①

陈宏谋倡扬经世之学，从学为政，讲求实用，由学而仕之目的在于"泽及于百姓"、济世利民，其一生政绩足以为证。教育方面，他兴建大量义学、整顿书院，著书立言，推广社会教育；政治上，陈宏谋提倡重农务本思想，把开垦荒地、重视粮食生产、劝农桑、兴修水利设施、发展工商业等利民之事置于工作之重。

综上所述，我们认为陈宏谋经世理学的具体内涵包括以下四个方面：第一，贯通经世理学的根本是内圣外王之"理"，以宗奉程朱为本，以经世致用为纲。第二，贯通经世理学思想的学理根基在于"体用原归一致"。陈宏谋认为，学与仕(用)两者的关系是"事理本属相资，体用原归一致"。第三，陈宏谋以"有益与否"作为经世理学贯通与否之标准，因此他批判陆王之偏，倡导后世以有用于世作为立学标准。第四，陈宏谋经世理学贯通的途径在于他所提出的"践行即所以复性"这一纲领。

陈宏谋所处的时代，乾嘉考据之风兴起，宋明理学已极大没落。然而在这样的学术环境中，陈宏谋仍得以"理学名臣"誉世，究其缘由，或因他的理学思想之"体"虽沿袭宋明理学而来，在阐释路径上亦严格遵循着程朱理学的作风，即使有所发挥也极少有创新之处；但他理学思想的实质实已吸收明末清初的经世致用思想在内，对理学经世致用思想的阐发尤有独到之处，并对之进行改铸和归并，构成其思想体系的核心，从而发展出一套独有的经世理学思想，最终成为清代实学思潮的开创者之一。

---

① 陈宏谋：《寄徐本仙书》，《培远堂手札节要》卷上，《陈榕门先生遗书》。

第二章　赵翼的经世史学

清代广西学术，受到一些游宦广西的学者的影响。赵翼是清代著名史学家，其史学受朴学影响，重视史实考证。赵翼在广西为官期间，充分展现出其史学的经世面向，或对广西学术的经世致用倾向有潜在影响。

赵翼（1724—1814），字耘松，号瓯北，晚年自号三半老人。江苏常州人。曾任镇安知府、广州知府、贵西兵备道。有干才，工诗，擅史，并有军事才能。诗作"性灵为其要"，考史以史识见长，为政"勉修循吏绩"，皆为世称许。诗与袁枚、蒋士铨齐名，史与钱大昕、王鸣盛并称。赵翼任职镇安知府（今德保）前后凡三年余，但因其中途效力征缅战事约一年余，实际在镇安时间仅有一年余，却在镇安留下了良好的官声，并对德保的地方文化产生了深远的影响，这一切都与赵翼在德保表现出的经世史学思想有密切关系。经统计，赵翼在德保创作诗歌 96 首，史料笔记 24 则，对德保的民族文化、边疆地理及地方治理均有深入思考。

一、民族文化的淳野之思

赵翼对德保的认知有一个转换的过程，起初他认为广西地处边地，经济文化十分落后，将广西之任视作畏途。但当他在德保工作过一段时间后，则又以淳朴的视角来观察当地的民族文化，注意到当地民族文化既有未开化的一面，也有天真烂漫的一面。

赵翼认为镇安当地民风淳朴，常年没有多少狱讼之事，与江浙一带相比较而言，有所谓三四千年之久的文化差别；甚至与赵翼一生所游宦之地相比，都称得上是最淳朴的地方。

"镇安府在粤西之极西，与云南土富州接壤，其南则处处皆安南界也。崇山密箐，颇有瘴。然民最淳，讼狱稀简……此中民风，比江、浙诸省，直有三四千年之别。"①

"数千里外野人芹，殊愧依依众士民。黄伞岂多遗荫在，缊衣偏荷改为新。及身粟布祠齐社，他日廉颇忆赵人。倦指平生宦游迹，此邦风俗最称淳。"②

正因为镇安民风淳朴，因此在赵翼看来，此地男女恋情颇为清纯天真，对爱情的歌颂往往质朴无碍，没有太多的礼义束缚，男女之间交往比较直接，女性没有裹脚之俗，赵氏认为，从这种现象可以推论出中原礼法实为后起之物，是人类文明发展的较高级产物。

"春三二月墟场好，蛮女红妆趁墟嬲。长裙阔袖结束新，不睹弓鞋二寸小。谁家年少来唱歌，不必与侬是中表。但看郎面似桃花，郎唱侬酬歌不了。一声声带柔情流，轻如游丝向空袅。有时被风忽吹断，曳过前山又嫋嫋。可怜歌阕脸波横，与郎相约月华皎。曲调多言红豆思，风光罕赋青梅镖。世间真有无碍禅，似入华胥梦缥缈。始知礼法本后起，怀葛之民固未晓。君不见双双粉蝶作对飞，也无媒约订萝茑。"③

不过，赵翼也认为，这种天真烂漫的爱情，恰恰又因为缺乏礼制的约束，而显得有些随意，反致缺少了神圣感，"如内地人看戏赌钱之类"。

"粤西土民及滇、黔苗、猓风俗，大概皆淳朴，惟男女之事不甚有别。每春月趁墟唱歌，男女各坐一边，其歌皆男女相悦之词。其不合

---

① 赵翼：《镇安民俗》，《檐曝杂记卷三·赵翼全集册三》，凤凰出版社2009年版，第39页。

②] 赵翼：《移守广州在途次闻命即赴新任未得与镇安士民一别也今到广已五阅月镇安老民陈询等五十余人不远三千里送万民衣伞到署为感其意而作此诗》，《瓯北集上·赵翼全集册五》，凤凰出版社2009年版，第273页。

③ 赵翼：《土歌》，《瓯北集上·赵翼全集册五》，凤凰出版社2009年版，第265页。

者，亦有歌拒之，如"你爱我，我不爱你"之类。若两相悦，则歌毕辄携手就酒棚，并坐而饮，彼此各赠物以定情，订期相会，甚有酒后即潜入山洞中相昵者。其视野田草露之事，不过如内地人看戏赌钱之类，非异事也。当墟场唱歌时，诸妇女杂坐。凡游客素不相识者，皆可与之嘲弄，甚而相偎抱亦所不禁。并有夫妻同在墟场，夫见其妻为人所调笑，不嗔而反喜者，谓妻美能使人悦也，否则或归而相诟焉。"①

依赵翼观察，镇安之婚姻制度重视顺从人的嬉游之性，导致夫妻双方的责任感不强，夫妻感情亦不太专一，往往因为一时情绪不佳，即导致双方离异，家庭稳定性不高。赵氏针对这种情况，在镇安强制推行中原礼仪，意图移风易俗，教化一方。不过最终结果不甚理想，甚至遭到当地民众嗤笑，仅在县城起到一定作用，偏远的乡村则一切如故。

"凡男女私相结，谓之'拜同年'，又谓之'做后生'，多在未嫁娶以前。谓嫁娶生子，则须作苦成家，不复可为此游戏。是以其俗成婚虽早，然初婚时夫妻例不同宿。婚夕，其女即拜一邻妪为干娘，与之同寝。三日内，为翁姑挑水数担，即归母家。其后虽亦时至夫家，仍不同寝，恐生子则不能做后生也。大抵念四五岁以前，皆系做后生之时。女既出拜男同年，男亦出拜女同年。至念四五以后，则嬉游之性已退，愿成家室，于是夫妻始同处。以故恩意多不笃，偶因反目，辄至离异，皆由于年少不即成婚之故也。余在镇安欲革此俗，下令凡婚者不许异寝。镇民闻之皆笑，以为此事非太守所当与闻也。近城之民颇有遵者，远乡仍复如故云。"②

赵氏因出征缅甸，往来于云南、贵州、广西等地，对这几个地方的风土民情十分了解。出于一个诗人史家对语言的敏感，他发现这几个地区的语言，"蛮方天混沌，瑶语鸟钩辀"③，均属于同一个语系，语言相近，甚至包

---

① 赵翼：《边郡风俗》，《檐曝杂记卷三·赵翼全集册三》，凤凰出版社2009年版，第44页。
② 赵翼：《边郡风俗》，《檐曝杂记卷三·赵翼全集册三》，凤凰出版社2009年版，第44—45页。
③ 赵翼：《镇安土风》，《瓯北集上·赵翼全集册五》，凤凰出版社2009年版，第218页。

括越南、缅甸边界，基本可以相互沟通无碍。赵翼发现的这个语言现象，也可以在一定程度上解释西南边事的发生原因，即中外心理界限的模糊性。

> "粤西边地与安南相接之镇安、太平等府，如吃饭曰紧考，吃酒曰紧老，吃茶曰紧伽，不特音异，其言语本异也。然自粤西至滇之西南徼外，大略相通。余在滇南各土司地，令随行之镇安人以乡语与僰人问答，相通者竟十之六七。"①

不过，尽管赵氏十分喜爱镇安淳朴的民风，甚至在镇安当地纳蒋氏女子为妾，在相当程度上舒缓了科举功名受挫对他的心理伤害，但他对此地文化氛围不深厚，还是颇有微词，曾写诗抱怨当地读书风气不盛。或许基于其科举受挫的特殊经历，他对受当地土司阻挠不能参加科举考试的士人，深表同情。或许赵翼认识到，土司的价值导向正是当地读书风气不盛的深层原因。

> "判罢文书觅句工，结跏枯坐曲栏东。池荷十裂秋将老，堂鼓三严夜正中。警鹤避寒依树密，明蟾爱浴映波空。小胥见惯官斋烛，笑我孤灯一穗红。"②

> "粤西田州土官岑宜栋，即岑猛之后，其虐使土民非常法所有。土民虽读书不许应试，恐其出仕而脱籍也。田州与镇安之奉议州一江相望，每奉议州试日，田民闻炮声，但遥望太息而已。"③

总之在赵翼看来，镇安民风淳朴，人民安居乐业，因人文意识不强而导致地方教化不足，具有一定的封闭性，还需中原文明的进一步洗礼。

二、边疆地理的险美之辨

赵翼在赴任广西的途中，深刻认识到，镇安与外界的交通状况，十分艰

---

① 赵翼：《西南土音相通》，《檐曝杂记卷三·赵翼全集册三》，凤凰出版社 2009 年版，第 45 页。
② 赵翼：《夜坐》，《瓯北集上·赵翼全集册五》，凤凰出版社 2009 年版，第 263 页。
③ 赵翼：《黔中保俗》，《檐曝杂记卷三·赵翼全集册三》，凤凰出版社 2009 年版，第 59 页。

难，时有生命危险，一般人视广西为畏途，与此艰险有莫大之关系。

"粤西滩与峡皆极险。府江之昭平峡，横州之大滩，右江之努滩、鸡翼滩，左江之归德峡、果化峡，余皆身经其地，而昭平峡最险。余初至桂林，由水路赴镇安任。先是大雨十七昼夜，是日适晴。巳刻自桂林发舟，日午已至平乐。舟子忽椓杙焉。余以久雨得晴，方日中何遽泊，趣放舟，而不知其下有峡之险也。舟子不得已，乃发舟。山上塘兵亟呼不可开，而舟已入峡不能止，遂听其顺流下。但见满江如沸，有数百千旋涡。询知下有一石，则上有一涡，余始怵然惧，然已无如何。幸而出峡，舟子来贺，谓：'半生操舟，未尝冒险至此也。'余自是不敢用壮矣。后余调广州，自桂林起程，百僚饯送，有县令缑山鹏亦在座。余至广十余日，忽闻缑令溺死峡中矣。横州大滩长三十里，舟行石缝中，稍不戒辄赍粉，亦奇险也。自黔江下至常德府，有清浪滩，略与横州滩相等。两处俱有马伏波庙。而黔中之头滩、二滩、三滩，共三滩，路虽短而险更甚。"①

"缆在高山上，船在深峡底。相去百丈余，奋呼不到耳。挽船逆流上，雷霄争尺咫。满船十数命，一线悬生死。中途倘一断，粉碎劖石齿。呜呼我何为，轻生乃过此。"②

广西水路虽险，无论如何也算是有路可通，对于古人而言，有水即有通途。真正造成古代地理阻隔的，往往是高山峻岭。赵氏观察到，山内山外经常信息不通，相互隔阂，互不了解，好似两个世界。一旦有一方进入到对方的世界，就会使进入者的心态受到巨大的冲击。

"九层石栈入青云，名字遥从岳藕分。赤立太穷山露骨，倒悬不死树盘筋。天迟开凿留淳气，路入阴森锁瘴氛。只拟此中非世界，谁知鸡犬亦相闻。"③

因为交通的阻隔，也使镇安的植被得到保护，形成树海奇观，古树参

---

① 赵翼：《粤西滩峡》，《檐曝杂记卷三·赵翼全集册三》，凤凰出版社2009年版，第38页。
② 赵翼：《上果化峡》，《瓯北集上·赵翼全集册五》，凤凰出版社2009年版，第262页。
③ 赵翼：《莲花九嶝》，《瓯北集上·赵翼全集册五》，凤凰出版社2009年版，第222页。

天，连绵不绝，以至不能看到一棵棵的树，只能作整体观之。一些被中原人视作珍贵木材的如紫楠木，在镇安道途中，因无水路之便，而只能被路人用作柴薪，因之而引发赵氏的叹息之情，但这未尝不可以看作是天赐之美意。

"镇安沿边，与安南接壤处，皆崇山密箐，斧斤所不到，老藤古树，有洪荒所生，至今尚葱郁者。其地冬不落叶，每风来万叶皆飐，如山之鳞甲，全身皆动，真奇观也，余尝名之曰'树海'，作歌记之。其下荫翳，殆终古不见天日，故虺蛇之类最毒。余行归顺州，途中有紫楠木七十余株，皆大五六抱，莫有过而顾之者，但供路人炊饭而已。孤行者无炊具，以刀斫竹一节，实水米其中，倚树根而炊，炊熟则树根之皮亦燃，久之，火盘旋自外而入，月余则树倒矣。倒后，火仍不灭，旅炊者益便焉。使此木在江南，不知若何贵重，而遭此厄，可惜也。余尝欲构一屋材，拟遣匠克尺寸断之，雇夫运出，终以距水次甚远，一木须费数十千，遂不果。"①

虽然镇安的交通不便使经济开发活动难以进行，与中原文明的交流也不是十分紧密，但反使其保持住了天然地貌。对于从过度开发的中原过来的士子而言，其富有自然美的绮丽风光，反而时时打动诗人的心灵。

"银河落，天绅垂。昔疑古人多夸词，今乃见之天南陲。峨峨鉴隐塘，山半一穴泉暗滋。不知其源自何所，闻从滇橄诸土司。乃知群山总空腹，中通流水无断时，如人血贯骨肉皮。兹焉伏流出，喷作千顷池。前有长石横拦之，拦不住，水倒飞，建瓴直下五丈旗。抽刀欲斩不可断，空山白战蛟龙螭。惜哉远落蛮橄内，未与天台庐阜名争驰。我为作歌张其奇，只恐青山界破又令人笑徐凝诗。"②

赵氏看到，与中原地理相隔的镇安府，不但保留有优美的自然景色，而且因为植被丰茂，物种丰富，甚至保存了大量珍稀物种，可以补充一些博物书籍的缺漏之处，具有极大的博物学价值。同时，因为物产丰富，也使当地

---

① 赵翼：《树海》，《檐曝杂记卷三·赵翼全集册三》，凤凰出版社2009年版，第41页。
② 赵翼：《鉴隐塘瀑布》，《瓯北集上·赵翼全集册五》，凤凰出版社2009年版，第219页。

人的肉体生存变得相对容易许多，不需要付出太多的辛勤劳作，就可满足基本的生活需求。

"犬肉多于豕，檀薪贱似楢。鹧鸪羹味荐，蛤蚧药材收。獾胆从蹄剔，猪豪激矢抽。山羊因血捕，水獭为皮搜。石斛花论价，桄榔面可溲。竹根人面活，藤杖女腰柔。物产真惊见，民情易给求。"①

"木以根聚气，以皮通津沫。试与断其皮，本实即摧拨。枝折皮未断，垂死又能活。所以述律后，设譬借高樾。云何落皮树，孤露一株突。似竹无筠浮，如松竟鳞脱。疑经狙公剥，或被魈客剟。支离状堪笑，裸而不披褐。战士搏赤身，僵尸立白骨。可怜穷黔娄，并无袯蒙頯。泼寒胡作戏，臂袒朔风飔。安有柿树连，但见节目阔。倘书孙膑字，过者定气夺。婆娑枯树影，使我叹夭阏。岂知察其颠，生意方泼泼。凌霄抽条枚，浥露透槎枒。密叶绿于染，繁阴浓可芟。咄哉皮不存，滋液凭何拔。下比臀无肤，上异头寡发。得非惊精香，潜结苍根蔽。或乃声风木，汗自斡中发。要知气内充，固不在肤末。化工诚太奇，物理未易括。聊补草木记，异闻资采掇。"②

与世隔绝的地理环境，在赵翼看来，偏安一隅，物产丰富，生活在这里的人们，没有太大的物质生活压力，加之民风淳朴，与世无争，人与人之间的纠纷较少，各自的功业心有限，精神生活的压力也不至于过大，因而造成镇安民多长寿之人的地域特色。

"万山深处喜民知，不用刑威但抚摩。地远中原游客少，天连南极老人多。鸡豚晚社争扶醉，士女春墟解唱歌。辜负此邦舆诵好，攀辕千里送千河。"③

镇安地处偏荒之地，与越南接境，因中国与越南的历史关系非常复杂，

---

① 赵翼：《镇安土风》，《瓯北集上·赵翼全集册五》，凤凰出版社 2009 年版，第218—219 页。
② 赵翼：《落皮树》，《瓯北集上·赵翼全集册五》，凤凰出版社 2009 年版，第217—218 页。
③ 赵翼：《七十自述之十三》，《瓯北集下·赵翼全集册六》，凤凰出版社 2009 年版，第722 页。

从而使两国的边境线相互穿越、犬牙交错，形成复杂的地理状况。赵翼主张双方须进行细致的地理勘探，谨慎处理边境的一山一水，一草一木。

　　"安南处处共山场，判界曾无一堵墙。敢恃狂夫惊折柳，也愁邻女要争桑。缀旒国已先分土，画斧河仍不设防。柔远销萌非细事，头发从此白岩疆。"①

　　总的来看，赵翼认为，镇安的交通与外界水路不通，山路与外界相对隔绝，缺乏经济开发与文化交流的便利条件，但也因此而得以保持良好的自然生态，物种丰富，景色优美，易于生存，当地人的自然寿命相对较为长久。同时，因与中原沟通不便，使其与越南边境的地理交织现象较为严重，带来一定的国防隐忧。

三、地方治理的德术之判

　　赵翼在赴任镇安之前，有着丰富的中央政府的行政经验，被乾隆皇帝视作文人中的优秀干才。赵氏具有严格的政治操守，对自己的政治德行要求很高，平时生活十分俭朴，为政确能做到清正廉洁。他认为做到这些不过是为官的基本要求，并不值得夸耀，但他也相信守德能够感动上天而行运。

　　"自知无绩可留传，只有硁硁不爱钱。始识愚民原易感，不为贪吏即称贤。"②

　　"清节绝苞苴，平心理案牍。不与蓁为召，安得崇潜伏。"③

　　"明年返镇，李公乃示意监司，欲先生稍折节而移之守广州自助。

①　赵翼：《行边之三》，《瓯北集上·赵翼全集册五》，凤凰出版社 2009 年版，第 219—220 页。

②　赵翼：《刘松岚观察大观旧尝宰镇安之天保县在余守镇安后二十余年矣兹过常州偕稚存来晤具言镇安民已为余立生祠虔奉弗替感赋》，《瓯北集下·赵翼全集册六》，凤凰出版社 2009 年版，第 947 页。

③　赵翼：《署后独秀山一穴甚深相传中有黑猿出则不利于太守颇有验今春猿忽出穴良久乃入诗以志异》，《瓯北集上·赵翼全集册五》，凤凰出版社 2009 年版，第 222 页。

先生不肯，遂以他属。而适奉特旨调先生广州，监司乃服先生之有守也。"①

为官之德虽是根本，也需要具有实际的行政才能，方能干事。赵翼因之特重对官吏实际政务能力的学习与提高，他经常向一些政务经验丰富的同僚学习法律、公文、治理方法等行政事务知识。因为他的虚心好学，其同僚往往不吝倾囊相授，使其政务能力得到极大地提升。

"生平耻乞郡，忽作镇安守。读书未读律，始觉腐儒陋。判牍昧科条，枉恃笔如帚。僚属得何休，飘然白髭叟。经术储既深，志节植不苟。披豁无城府，肝膈吐出口。念余治术疏，纳约还自牖。事每十反侦，语必三思后。余既得益毗，悉意相可否。赁足负驱蛩，偻目导水母。宛如初嫁娘，婉婉听保姆。相从半年来，课程幸免咎。公余及风雅，官斋夜剪韭。渊源溯汉魏，矩镬追韩柳。论文我稍长，作吏君最久。文事吏事间，两人互师友。绝徼日南天，此乐实稀有。"②

"得归已自胜悬车，官罢犹羁两载余。谁肯回波苏涸鲋，几因失火及池鱼。离亭饮散孤帆杳，贫宦装轻落叶如。最是临分前令尹，肯将利弊为余书。"③

古代社会官吏分职，大多数实际政务由吏来操办，因而小吏依仗自己熟悉实际工作的优势，往往对上欺瞒，对下欺诈，上下其手，为害民众。而官员多由科举上来，虽具人文关怀，但缺乏实际事务的历练，多要依赖这些小吏帮忙处理政务。如果官员缺乏实际的办事能力，甚或私心为重，就会进一步加剧对民众的侵害。而赵翼热心学习政务，因而能够想到许多出人意料的治吏良法，如他通过固定秤杆准星，杜绝了小吏在收粮斤两上做手脚。但他认为这些方法只是临时之策，最好的方法还是任用有德之士操持吏业。

---

① 姚鼐：《瓯北先生家传》，《瓯北集下》，上海古籍出版社1997年版，第1417页。
② 赵翼：《何坦夫州牧内迁刑曹余亦有滇行诗以志别》，《瓯北集上·赵翼全集册五》，凤凰出版社2009年版，第226页。
③ 赵翼：《前守韦驭保缘事罢官留镇郡者两年兹得请还都诗以送别》，《瓯北集上·赵翼全集册五》，凤凰出版社2009年版，第223—224页。

"余府仓亦有社谷当收，即令于称之六十斤处凿一处孔，贯锤绳于其中，不可动移，听民自权。于是民之以两筐来者，剩一筐去，城内外酒肆几不能容。余适以事赴南宁，而归顺州牧欲以购马岁所收为额，州民陈恂等赴宁来控。余立遣役缚其监仓奴及书吏，荷校于仓外，而各属之收谷，皆不敢逾检矣。"①

"边民怕官如见獭，十月涤场齐纳秸。斛不可量须秤称，猾吏乃得施其猾。持衡高下总在手，手握锤绳紧不撒。求益岂但卖菜争，贪多直欲助苗揠。头会箕敛尚有数，此则无虑十加八。可怜穷黎不敢言，张目熟视讵真瞎。緊余实忝守此土，忍睹民膏尽被刮。下令禁之未必止，按法诛之不胜杀。特从秤背穿一穴，贯以长緪挂锤砠。如索锁骨未易开，如孔入须碎难拔。免使移星错昴参，省教瞥眼眩凫舄。平准听民自权度，奸胥在旁眼空黯。从此铢黍分低昂，一秤贤于百番札。诸葛秤心敢讶同，姚崇秤诚聊可察。虽减墨吏困积高，且纾耕农釜声戛。"②

"闺媛或有私，时犹恐人知。娼女即改行，见客仍笑嬉。由来出身异，意趣自各歧。与聘却扇妓，宁买破瓜姬。所以刘士安，转运兼度支。管库必用士，不使吏为之。"③

广西镇安是少数民族聚居之地，土民因为缺少教育，害怕直接与流官打交道，而倾向于通过土官与流官打交道。即便土官利用身份与中介的便利，欺压土民，土民也往往采用逆来顺受的态度。甚至流官基于国家法律规定，或者事情理分，而支持土民的诉求，土民也往往不敢伸张自己的权利，而要等待土官摄于流官的国家权力，自愿执行流官之判决，才敢于找流官打官司，遵守法制判决的结果。赵翼对此情况颇有感触，冀望更之。

---

① 赵翼：《镇安仓谷、田照二事》，《檐曝杂记卷三·赵翼全集册三》，凤凰出版社 2009 年版，第 51 页。

② 赵翼：《秤谷叹》，《瓯北集上·赵翼全集册五》，凤凰出版社 2009 年版，第 217—218 页。

③ 赵翼：《署斋偶得之一》，《瓯北集上·赵翼全集册五》，凤凰出版社 2009 年版，第 256—257 页。

"县各有头目，其次有甲目，如内地保长之类，小民视之已如官府。有事先诉甲目，皆跪而质讯。甲目不能决，始控头目。头目再不能决，始控于官，则已为健讼者矣。余初作守，方欲以听断自见，及至则无所事。前后在任几两年，仅两坐讼堂，郡人已叹为无留狱，则简僻可知也。"①

"有事控于本官，本官或判不公，负冤者惟私向老土官墓上痛哭，虽有流官辖土司，不敢上诉也……余在贵西，尝讯安氏头目争田事。左证皆其所属保人，群奉头目所约，虽加以三木无改语。至刑讯头目已吐实，诸保犹目相视不敢言，转令头目谕之，乃定谳。"②

镇安地处边陲，赵翼主张作为边疆主官，负有守土之责，应当勤于巡视边界，以熟悉当地地理状况，早作防备，主动与外国（越南）确定边界并签订边关文书，防止外人侵犯国土。

"我行远到交趾边，放眼忽惊看树海。山深谷邃无田畴，人烟断绝林木稠。"③

"中外毗连处，居民起细争。譬先曾假许，田岂得归枋。一笔鸿沟画，千秋马角生。番官虔奉约，誓守载书盟。"④

"国计宜柔远，边臣重守疆。古来忧厝火，多起衅争桑，虎落新分界，羝藩谨立防。销萌无迹处，庶以固金汤。"⑤

除了重视吏治与守土之责，赵翼更为重视民生。他宅心仁厚，以为当官须以公心为上，不可逐于私利，要有高远的追求目标。对于人民的要求，一

① 赵翼：《镇安民俗》，《檐被爱曝杂记卷三·赵翼全集册三》，凤凰出版社2009年版，第39页。
② 赵翼：《黔中保俗》，《檐曝杂记卷三·赵翼全集册三》，凤凰出版社2009年版，第59—60页。
③ 赵翼：《树海》，《瓯北集上·赵翼全集册五》，凤凰出版社2009年版，第220页。
④ 赵翼：《峎汉卡檄安南官勘地之一》，《瓯北集上·赵翼全集册五》，凤凰出版社2009年版，第263页。
⑤ 赵翼：《峎汉卡檄安南官勘地之二》，《瓯北集上·赵翼全集册五》，凤凰出版社2009年版，第263页。

定要做到身临其境，当面听取其诉求，这样才能掌握第一手资料，作出正确的判断。

　　"夕阳在西下，红乃映海东。震雷鼓一鸣，百里闻隆隆。由来声与光，所届远莫穷。奈何蠕蜎流，目睰谋徒工。死为无名鬼，生为无是公。君子务其大，意气高于虹。"①

　　"村村父老杖争扶，出谒星轺拜满途。我到岂能春有脚，渠来自为昔无襦。欲苏剜肉谁先务，果疗燃眉敢后图。疾苦要教当面说，停驺频与话交衢。"②

　　镇安多虎，常巡游街道，为害于民，以至镇民夜晚都不敢出门，恐为虎所害。赵翼在北京时，曾见过皇家打虎队的猎虎过程，知道打虎必须请专业人士来进行。因此他拨出专门款项，聘请专职打虎猎人到镇安猎虎，冀求为镇安民众去除虎患。

　　"镇安多虎患。其近城者，常有三虎，中一虎已黑色，兼有肉翅。月明之夕，居人常于栏房上见之，盖千年神物也。余募能杀虎者，一虎许偿五十千。……余在镇安，曾以百千募湖南虎匠，至半年迄无一获，安得岢岚人来绝此恶孽也。"③

　　赵氏本人善于理财，对地方财政与经济事务比较在行。他主张发展边贸事业，认为边境贸易可以使边民尽快致富。但他反对政府对民众的经济事务过多干预，他甚至观察到官府许可证制度的实行，不但无益于当地经济的发展，反而会破坏当地经济的发展潜力，贻害无穷。

　　"滇边外则有缅属之大山厂，粤西边外则有安南之宋星厂，银矿皆极旺。而彼地人不习烹炼法，故听中国人往采，彼特设官收税而已……采银者，岁常有四万人。人岁获利三四十金，则岁常有一百余万赍回内地……宋星厂距余所守镇安郡，仅六日程。镇安土民最懦钝无用矣，然一肩挑针线鞋布诸物往，辄倍获而归。其所得银，皆制镯贯于手，以便

---

① 赵翼：《署斋偶得之三》，《瓯北集上·赵翼全集册五》，凤凰出版社 2009 年版，第 257 页。
② 赵翼：《行边之二》，《瓯北集上·赵翼全集册五》，凤凰出版社 2009 年版，第 219 页。
③ 赵翼：《镇安多虎》，《檐曝杂记卷三·赵翼全集册三》，凤凰出版社 2009 年版，第 40 页。

携带，故镇郡多镯银，而其大伙多由太平府之龙州出口。"①

"肉桂以安南出者为上，安南又以清化镇出者为上。粤西浔州之桂，皆民间所种，非山中自生者，故不及也。然清化桂今已不可得。闻其国有禁，欲入山采桂者，必先纳银五百两，然后给票听入。既入，惟恐不得偿所费，遇桂虽如指大者，亦砍伐不遗，故无复遗种矣。"②

要而言之，赵翼认为冀图治理好地方，需要官员拥有良好的道德操守，严格自律；同时也要熟悉行政事务，具有良好的职业能力，能够采用专业手段整顿吏治、处理日常事务；官员更要关心民生，深入体察民情，对公共事件要勇于投入公共财政，为民解忧；对于经济事务，则当放开管制，鼓励民间经济的充分发展。

四、对德保的遗泽

赵翼在任镇安知府期间，与镇安民众相处融洽，建立了深厚的感情。他对德保的山水产生了深深的眷念之情，对德保人民产生了深深的依恋之情，经常在他的诗歌中，屡屡致意，毫无保留，直白热烈地表达出来。

"余甚乐之，愿终身不迁，然安得有此福也？"③

"仇池小有天，远落武都氏。桃花秦人洞，深藏武陵溪。乃知好林壑，多在蛮僚黎。水经括地志价，或有不及稽。迢迢归顺州，天末接交趾。从古无人到，为僻处边鄙。岂知百里内，处处佳山水。就中推华岿，尤擅清景妍。有山必有田，有田必有泉。亩岁收二钟，不识旱潦年。茅屋四五村，枕麓临沧涟。依依榆柳树，绿荫连陌阡。染衣刘蓝草，织布种木棉。拾樵可供爨，把钓时获鲜。五鸡二母彘，赛社留客

① 赵翼：《缅甸安南出银》，《檐曝杂记卷三·赵翼全集册三》，凤凰出版社2009年版，第63—64页。
② 赵翼：《肉桂》，《檐曝杂记卷三·赵翼全集册三》，凤凰出版社2009年版，第41—42页。
③ 赵翼：《镇安民俗》，《檐曝杂记卷三·赵翼全集册三》，凤凰出版社2009年版，第39页。

便。所买只盐豉，余者不用钱。人各长子孙，朝耕暮归眠。其俗总淳朴，一概无愚贤。混沌所未凿，留此太古天。繄我倦游人，忽睹兹风味。不觉意也消，曷禁心乎醉。昔宋士大夫，每家宦游地。清颍筑室谋，阳羡买田计。故乡虽难忘，佳境良不易。他年拟抽簪，卜筑于此寄。同为一齐民，莫呼旧长吏。"①

赵翼对德保的热爱，得到了镇安民众的积极回应。镇安民在赵翼离开镇安时，制作了一柄万民伞，步行千里送到赵翼的任职地。并且为纪念赵翼在镇安的德政，在镇安建立生祠，岁岁祠之。此外，赵翼还被录入《镇安府志循吏传》，得到极高评价。

"及余调广州，时方赴桂林，途次得旨，即赴新任，不复回郡。时署中惟一妾，巾车出城，满街人户无不设香案跪送。又留一族孙鹤冲在郡，交代毕来广时，街民送亦如之。是岁九月，陈恂等七十余人又送万民衣伞至广，计程四千余里，距余出镇安已六七月矣。亦可见此邦民情之厚也。"②

"宦迹南交已久忘，因君重忆旧岩疆。揭来兜率崖千级，追话华胥梦一场。岂有裤襦留叔度，空传尸祝到庚桑。只应先后同官遇，便似停鞭话故乡。"③

赵翼在镇安的德政被德保人民代代相传，成为其地方治理的优秀传统。更为可贵的是，赵翼在德保留下的诗文歌赋，成为德保人民的重要精神财富，铸成悠久不衰的诗歌传统，一直绵延至今（可参本书附录二）。

① 赵翼：《华嵩》，《瓯北集上·赵翼全集册五》，凤凰出版社 2009 年版，第 262 页。
② 赵翼：《镇安仓谷、田照二事》，《檐曝杂记卷三·赵翼全集册三》凤凰出版社 2009 年版，第 52 页。
③ 赵翼：《偕孙渊如汪春田两观察游牛首山春田后余二十年作镇安守述余旧事甚悉故末章及之，之四》，《瓯北集下·赵翼全集册六》，凤凰出版社 2009 年版，第 857 页。另见《刘松岚观察大观旧尝宰镇安之天保县在余守镇安后二十余年矣兹过常州偕稚存来晤具言镇安民已为余立生祠虔奉弗替感赋》，《瓯北集下·赵翼全集册六》，凤凰出版社 2009 年版，第 947 页。这两篇题名更能见镇安民对赵翼德政的怀念。

第三章　谢启昆《广西通志》的地理考证

　　嘉庆《广西通志》又称谢志，谢启昆修、胡虔纂。谢启昆（1737—1802），字良璧，自号蕴山，常称苏谭，江西南康人。其父谢恩荐字朴斋，精于朴学，他又历事名师，从小打下了良好的朴学根底。① 谢氏一生著述丰富，著有《小学考》《史籍考》《树经堂文集》《树经堂诗初（续）集》等，并主修乾隆《南昌府志》、嘉庆《广西通志》等方志类著作。② 胡虔（1753—1804），本字雏君，籍贯安徽桐城。胡氏家学深厚，深受其师姚鼐学风影响，除擅长古文创作外，尤其精于地理考据，③ 自著《尚书述义》《皇朝舆地道里记》《诸史地理辨异》《临桂县志》等，并主纂《湖北通志》《广西通志》等方志类著作，是当时有名的地志学家，为时人所盛赞，称其

　　　　"学问淹通，于书无所不读。壮游吴越，当代名公卿皆折节下交，争延至幕中。南康谢中丞启昆《西魏书》《小学考》皆出其手。"④

---

① 谢启昆"早岁即师从著名学者翁方纲，常说'厕身师门四十余年'，被称为'苏门六君子'之一。当时著名学者袁枚、钱大昕、朱彝尊、孙星衍以及古文家桐城派首领姚鼐都是他的挚友。"参见谢启昆修，胡虔纂，广西师范大学历史系中国历史文献研究室点校：《广西通志（点校本）前言》，《广西通志》，广西人民出版社1988年版，第9页；并参见翁方纲：《谢朴斋传》，《光绪南安府志补正》卷八，成文出版社1975年版，第645页。

② 参见谢启昆修，胡虔纂，广西师范大学历史系中国历史文献研究室点校：《广西通志（点校本）前言》，《广西通志》，广西人民出版社1988年版，第9—10页。

③ 参赵大冠：《嘉庆〈广西通志〉修纂及版本源流浅说》，《广西地方志》2015年第6期，第42页。并参《广西通志（点校本）前言》，广西人民出版社1988年版，第10—11页。

④ 廖大闻等修，金鼎寿纂：《道光续修桐城县志》卷十六，《中国地方志集成安徽府县志辑》第12册，江苏古籍出版社1998年版，第574页。

　　朴学兴起于清代乾嘉时期，朴学家们从文字音韵训诂着手，以经学为中心，校勘谬误，辨明真伪，重视制度、地理、史学等经世之学。基于对地理学的重视，清代方志学兴盛起来。清政府出于加强统治的目的，也希望官员能从志书中了解各地的历史风情，以便于施政参考，因此鼓励地方官员大力修志。① 受此社会风气影响，谢启昆任职广西时，即以胡虔总其事②，主持修撰嘉庆《广西通志》。在《谢志》编撰前，广西已有多部《通志》，但至谢氏主政广西之时，已有七十多年没有修订《通志》，以致广西实情"无以上供史馆"，《广西通志》的"叙例"言：

　　　　"《广西通志》，国朝创自郝浴，次李绂，次金鉷，距今已七十年，文献间缺。窃以方志为国史所取材，前者屡奉部檄，徵取志书，久无以上供史馆，实为守土者之愧。用敢远稽旧闻，近考档册，勒成一书。"③
对于重新修撰《广西通志》，谢启昆内心充满热情，他撰诗自述胸臆：

　　　　"临川旧志已消磨（李穆堂先生），五管图经孰正讹。七十年来伤散佚，三千里外费搜罗。采风端赖軺轩使，纪事深求著述科。钤幕昼闲边务少，可容老子共编摩。"④

　　　　"落灯时节载书来，秀岭春归别馆开。敢诩衙官皆屈宋（谓二张任王关周诸君），须知薮泽有邹枚（谓胡雏君朱小岑）。龙编尽入探骊手，

① 对于修志的目的，赵大冠说："清顺治、康熙、雍正、乾隆和嘉庆皇帝都很重视志书的修纂，为的是从志书中了解历史，了解各地的政治、经济、军事、文化、民族、山川形势、风土习俗状况，汲取史鉴，巩固统治。各级官员特别是督抚大员到任前后，往往要阅读所莅地方的志乘，作为施政参考。"赵大冠：《嘉庆〈广西通志〉修纂及版本源流浅说》，《广西地方志》2015年第6期，第41页。
② 关于谢启昆与胡虔的合作，赵大冠说："谢启昆为《南昌府志》总纂时，即邀胡虔任分纂，这是二人合作修志之始。后来谢启昆在江南河库道、浙江布政使任上，都邀请胡虔入幕，协助撰写《西魏书》和《小学考》。"赵大冠：《嘉庆〈广西通志〉修纂及版本源流浅说》，《广西地方志》2015年第6期。
③ 谢启昆修，胡虔纂，广西师范大学历史系中国历史文献研究室点校：《广西通志叙例》，《广西通志》，广西人民出版社1988年版，第13—14页。
④ 谢启昆：《正月十六日开志局于秀峰书院志事二首柬裴山诗》，《树经堂诗续集》卷四《铜鼓亭草上》，《续修四库全书》1458册，上海古籍出版社2002年版，第227页。

象译应资博物材。文简事增师掌故，蛮陬典册上兰台。"①

谢、胡两人皆有着深厚的朴学根底，又有着长期共修地方志的经验，他们的合作使嘉庆《广西通志》成为当时通志的典范。谢志之修撰并非是对原有志书的简单继承，而是从三个方面，即志书体例、地理校验、地名考证方面进行了改善。

一、精简志书体例

志书因为牵涉面广，需要一个合理的体例来组织材料，只有体例规划恰当，才能将纷繁的史料有条理地织成一体，既能让阅读者对当地的总体情况有一个总体的鸟瞰，也能让阅读者在希望就某一细节有所了解时，很容易找到相关的原始资料，而予以较深入的探索，从而有益实事之助。

《谢志》认为传统志书体例不精，对于一些应当记载的重要事件，反而忽略不计，主要原因即在于没有重视对志书体例的自觉改善：

"《周官》：外史掌四方之志。注谓若晋《乘》、楚《檮杌》之类，此专门纪事之权舆。《隋志》旧事篇所载《秦汉已来旧事》《沔南故事》二书，皆其义也。后世舆地之记，虽名为志，然于一方古今大事，反缺略不载，盖犹囿于图经之旧，不能充例以尽义。"②

在《谢志》看来，志书体例存在整理、改善的空间。《谢志》对志书体例的改善表现在多个方面，其中最重要的是对类目的合并归类，也就是增添新目、更改旧目、合并类目。

第一，增添新目。谢志在前人的基础上，重视历史经验，采用归纳总结的方法，针对旧志的不足，根据实际开创新的类目。如增加"前事"一目，

---

① 谢启昆：《正月十六日开志局于秀峰书院志事二首柬裴山诗》，《树经堂诗续集》卷四《铜鼓亭草上》，《续修四库全书》1458 册，上海古籍出版社 2002 年版，第 227 页。

② 谢启昆修，胡虔纂，广西师范大学历史系中国历史文献研究室点校：《广西通志叙例》，《广西通志》，广西人民出版社 1988 年版，第 10 页。

专门记载自秦汉至明代在广西发生的历史事件：

> "宋施宿《会稽志》有讨贼、平乱二篇，元张用鼎《金陵新志》创
> 通纪一门，以具历代因革，古今大要。其于郡邑旧事，若网在纲，其体
> 最善，撰志乘者所当沿其例而扩之，勒为记事专篇，以上继外史之职者
> 矣。今记自秦汉以讫于明，为前事略。"①

又如，针对广西山川辽阔，石刻、碑墓丰富等情况，增加"金石"一目，
记载广西自古以来分布在各地的大量碑石刻字、洞崖题文等：

> "宋朱长文《吴都续记》、元徐硕《嘉禾志》，皆具碑碣一门，则金
> 石入地志之始也。粤西金石，铜鼓最古，而无款识可考。其见于诸家书
> 者，开元《景星寺碑》、大历《平蛮颂》、贞元《冰泉铭》其著也。今录
> 自晋已下，讫于元代，凡四百八十三种。"②

类目的增加，无疑使得《谢志》的纂修内容变得愈加全面、详细，避免
了其他体例造成的志书内容缺失不足的情况，更加客观地反映了广西当时的
历史与现况。

第二，更改旧目。《谢志》不仅根据实际增加了新目，还整理了旧的类目，
对模糊不清或者已经不适用的旧目予以改造，使类目设置更加得当、明晰而
方便。如基于边疆地理的考量，《谢志》将"关隘"从旧目"关梁"中分离
出来另立一目，

> "惟财赋入之经政，山川关隘别为专门者，职方外有山师、川师，
> 而掌九州之图者，又有险司之官，此其例也。至粤西夷苗杂处，设险守
> 边，尤官吏所宜加意矣。"③

《谢志》对人物类目的分类也颇为注意，有较深考量。《谢志》认为，一

---

① 谢启昆修，胡虔纂，广西师范大学历史系中国历史文献研究室点校：《广西通志叙例》，
《广西通志》，广西人民出版社 1988 年版，第 10 页。
② 谢启昆修，胡虔纂，广西师范大学历史系中国历史文献研究室点校：《广西通志叙例》，
《广西通志》，广西人民出版社 1988 年版，第 11 页。
③ 谢启昆修，胡虔纂，广西师范大学历史系中国历史文献研究室点校：《广西通志叙例》，
《广西通志》，广西人民出版社 1988 年版，第 8—9 页。

些涉及与朝廷功名相关的类目，与其对应之物类应该名副其实，不能随意归类，应由朝廷来进行界定，他因之将"名宦"一目更名为"宦绩"：

　　"记载岭表人物，……按《华阳国志》所载士女，人以年次，传不分名，此地志之正轨。近世志家，每仿史传，区分品类，标为循良、儒林、文苑诸目，核之名实之间，亦岂尽能相副。又旧志有乡贤一类，考乡贤与名宦，皆一方俎豆之专称，例当定自朝廷，非志乘所敢私许。故今统乡贤于列传，而易名宦为宦绩，著其实也。"①

　　第三，合并类目。合并类目是将旧志中一些混乱的分类进行恰当合并，以达至全书层次分明的目的。《谢志》一改旧志平列体②之弊病，将旧志中不相干的目类进行合并，终结类目繁杂、目类不分之局面。如《金志》中分四十五目，将舆图、山川、气候、疆域等并列为类目，《谢志》则将舆图、气候、疆域等归为"舆地"一目以总之，

　　"职方所掌，即地志之经，九州方向，（如东南曰扬州之类。）则疆域也。山泽川浸，则山川水利也。州各有利，（如其利金、锡、竹、箭之类。）则财赋也。男女生数，则户口也。鸟兽谷种，则风俗物产也。昔人每各为一书，若朱育《会稽土地记》《元康户口簿记》《隋诸郡土俗物产》《元和会计簿》之类是也。今并载舆地略中。"③

　　又如，《谢志》将学校、城池、坛庙等全部归入"建置"一目，认为如此方称妥帖恰当，

　　"城郭廨署，建自立县之初。（州、道、路、府，皆治于县，故建置自县始。）学校坛庙，则兴教事神之首务。规模制度以及创始、继修、年月、人名，皆关典要。汉世《三辅黄图》、……康海《武功志》学校

———————

① 谢启昆修，胡虔纂，广西师范大学历史系中国历史文献研究室点校：《广西通志叙例》，《广西通志》，广西人民出版社1988年版，第12页。

② "平列体，即全书分为若干类目，平行排列，互不统属。《金志》、《郝志》都属此体。"参见谢启昆修，胡虔纂，广西师范大学历史系中国历史文献研究室点校：《广西通志（点校本）前言》，《广西通志》，广西人民出版社1988年版，第19页。

③ 谢启昆修，胡虔纂，广西师范大学历史系中国历史文献研究室点校：《广西通志叙例》，《广西通志》，广西人民出版社1988年版，第8页。

入于建置，盖记匠作经营。学校特建置中大事，于义甚当。旧志谓失轻重，过矣。"①

《谢志》经过对旧志类目的一番梳理，使得后来的成书目类更加精当合理，言简意赅，改善了旧志类目混淆纷乱的情况。此外，《谢志》的类目之间是一种分层结构，全书共二百八十卷，分为五大类，总共二十二目，再往下可根据实际需要再分小目，从大类到小目，自上而下，可分众多层级，从而达到纲举目张的效果。赵大冠称赞道：

"《广西通志》这样布局安排，有统有属，经纬得当，纵横兼顾，避免了以往志书芜杂堆垛的毛病。从秦汉到清代嘉庆初年广西两千年的历史，脉络分明。这是在总结前人修志经验，对以前志书认真比较优缺点，权衡得失，取其精华、去其糟粕之后的一种探索，一种创新。"②

二、实地校验地理

实地校验，是考据学的一个重要方法。深入实地现场，亲眼见证具体存在的实际事物，身临其境，观其变化，并通过适当的方法搜集现实的材料，有利于保证材料的真实性。

《谢志》的修撰，需要大量的实地资料以作参考。谢启昆到广西之时，省内省外的古籍文献虽已经掌握了不少，但由于年代久远，许多古籍之中的记载未必完好。更重要的是，由于时移事异，朝代的更迭导致古籍的记载落后于时代的变化。或是新出现大量的新事物，或是许多原本记载的事物已经消失。对此，《谢志》称赞戴震对地志沿革的重视之言：

① 谢启昆修，胡虔纂，广西师范大学历史系中国历史文献研究室点校：《广西通志叙例》，《广西通志》，广西人民出版社1988年版，第9—10页。
② 赵大冠：《嘉庆〈广西通志〉修纂及版本源流浅说》，《广西地方志》2015年第6期，第43页；并参见谢启昆修，胡虔纂，广西师范大学历史系中国历史文献研究室点校：《广西通志（点校本）前言》，《广西通志》，广西人民出版社1988年版，第24—27页。

"地理之学，经史钤键。志乘为地理专书，其要尤在郡县沿革。盖秦汉迄今，分并增省，名实同异，最为纷纠。戴震尝谓地志沿革不明，则山川人物，无一不误，洵知言也。"①

时间更替，往往也相应引起地方疆域增减分并的历史变化，如果记载不清，没有与时更新，就会使得志书的记载失去实际意义。因而需要对广西各地的状况精心地进行实地考察。广西多山川，校勘地理，自然要核实各个地方的地理位置以及其相应距离等等的真实性。《谢志》对实地进行勘查，然后对照旧志的记载，核对是否属实。如《谢志》通过实地考证发现，桂岭当在宝积山下，《郝志》认为在城北，《李志》认为是谢岭，皆误：

"宋周去非所云桂岭在城北二里者，盖据当时之城言之。今考其地，实在城内宝积山下，则《郝志》所云在城北三里者，无乃不考其迹，而漫循旧说矣。"②

"临贺岭即桂岭，在今贺县会宁司所属，距县几二百里，山势绵亘高峻，与湖南之江华，广东之连山接壤，贺江实出于此，证之前代诸记载皆合。乃《李志》以谢岭当之，考谢岭，今为贺县至富川之道，山势坡陀，不甚险峻，不足当五岭之一也。"③

又如，对于一些漏载的地名如太平岩，《谢志》通过实地考证后，认为可以《粤西文载》为据，予以补记。

"旧志不载太平岩，土人亦不知其名。今以《粤西文载》潘恩记增入。考独秀山西麓有洞，俗呼刘海洞，其状与潘恩记合。洞西有磴，为登独秀山巅之道。"④

---

① 谢启昆修，胡虔纂，广西师范大学历史系中国历史文献研究室点校：《广西通志叙例》，《广西通志》，广西人民出版社 1988 年版，第 7 页。

② 谢启昆修，胡虔纂，广西师范大学历史系中国历史文献研究室点校：《广西通志》，广西人民出版社 1988 年版，第 2940 页。

③ 谢启昆修，胡虔纂，广西师范大学历史系中国历史文献研究室点校：《广西通志》，广西人民出版社 1988 年版，第 3110—3111 页。

④ 谢启昆修，胡虔纂，广西师范大学历史系中国历史文献研究室点校：《广西通志》，广西人民出版社 1988 年版，第 2935 页。

江河与山脉绵延多地，往往跨县连郡，甚而跨经多省，古人限于历史条件，而不知不同地段的江河实为同一条河流，不同地段的山岭实为同一条山脉，《谢志》往往根据实地考验的结果，予以说明。如《谢志》认为义宁水、桑江等皆是浔水的上流：

> "浔江上流，《县志》所谓义宁水，龙胜厅之桑江是也。由龙胜径瓢里，达县境之古宜。又《寰宇记》谓浔水出叙州。考叙州即今靖州，与龙胜接壤。"①

又如，《谢志》通过实地探访，而知越城岭、全义山实为"一山连绵"：

> "越城岭，全义山，一在县北，一在县东，旧志两载之。考《水经注》《方舆纪要》，则以一地而其名有五。盖一山连绵，随地异名耳。"②

对于一些因为古今复杂的疆界变更引起的地界变化，《谢志》则建议暂时放弃源流考证，而以实情为修志标准。如《谢志》对报恩寺的考证，保持阙疑，而对白土坡的考证，则建议依循实情。

> "报恩寺不知建自何代。考邹浩于崇宁间窜昭州，有《假寐灵川报恩寺》之诗，则北宋时已有此寺矣。"③

> "（龙平、白土坡），《寰宇记》载在龙平县。考龙平为今昭平，宜入昭平，而白土坡《李志》列入贺县，古今疆界割置不常，无从考其在处，姑因《李志》类附于此。"④

由此观之，《谢志》之地理考证，是结合旧志记载与实地校验而成。谢启昆任命各地下属官员对当时广西的实地资料进行采辑⑤，重新对广西某些

---

① 谢启昆修，胡虔纂，广西师范大学历史系中国历史文献研究室点校：《广西通志》，广西人民出版社 1988 年版，第 3303 页。

② 谢启昆修，胡虔纂，广西师范大学历史系中国历史文献研究室点校：《广西通志》，广西人民出版社 1988 年版，第 2986 页。

③ 谢启昆修，胡虔纂，广西师范大学历史系中国历史文献研究室点校：《广西通志》，广西人民出版社 1988 年版，第 6180 页。

④ 谢启昆修，胡虔纂，广西师范大学历史系中国历史文献研究室点校：《广西通志》，广西人民出版社 1988 年版，第 3112 页。

⑤ 谢启昆修，胡虔纂，广西师范大学历史系中国历史文献研究室点校：《广西通志》，广西人民出版社 1988 年版，第 3—4 页。

地方的实际情况进行实地勘查，搜集了足够多的感性材料，取得了大量的一手资料。以实地勘察的方式获取资料，易于判断旧志的文字记载是否与实际事物相吻合，避免了人云亦云的境况发生而不自知。运用实地校验法使《谢志》纠正了许多旧志记载的讹误，可以有根据地得出相对可信的结论。将实地考察与旧志记载相对照、辨真伪的方法，极大地提高了《谢志》的真实性和学术价值，符合其"经世致用"的修志原则。

三、重视地名考证

清代的考据学，讲究朴实无华，真实可信，要求言之有据，否则只会以讹传讹。古之地名在历史沿革中，经常发生变更，其原因多种多样，往往与一些文化心理因素相关联。广西的山川城池之名多有古今异名的现象，许多今名与其古名本义相去甚远，因而必须对其来源、变化等进行考证。对于地名的考证，《谢志》尤为看重，甚而成为其一大特色。《谢志》的地名考证实例较多，并大量借助于小学方法的运用。

其一，古今名考证。经过对古籍的考察，了解一个地方地名的历史变化和其地历史的状况，有助于减少对地名的误解；而以地方的古今之名进行对照考证，有利于推断其演进脉络，辨别真伪。如《谢志》对"扶县"与"夫夷"古今名的考证：

"夫夷，今湖南新宁。零陵县，今全州。少延，即西延。是水之为夫水，与郦氏注正合，特考著之。又扶县，即夫夷，古今名。"①

其二，字义考证。清代学者重视对地名文字本义的探求，认为文字本义表明了地名的原始意义。《谢志》中对此种方法运用娴熟，如其对"伏波"地名的考证，即以"洑"之字义来考证地名之义：

① 谢启昆修，胡虔纂，广西师范大学历史系中国历史文献研究室点校：《广西通志》，广西人民出版社1988年版，第3289页。

"'伏波'应作'洑波',水回流曰'洑'。此山屹立水滨,漓水至此
回旋乃去,故名。俗附会马文渊,不知文渊征交趾,未尝至桂也。"①

其三,字形考证。地名在传承中,有时因为文字传写错讹而造成地名的
误写。《谢志》指出《金志》中误将"木良"与"水梁"当成两种不同的塘名,
两名实"木"与"水"形近、"良"与"梁"同音而误写,当为一塘。

"《金志》于山川、沟洫二志,并载此塘,一曰木良,一曰水梁,皆
在仙官岭下。窃意'木'与'水'以形近而误,'良'与'梁'以音同而异,
非别为一塘也。"②

其四,音韵考证。清代学者重视音韵学研究,认为同音字之间容易形成
一声之转,而造成文字变化,在地名考证中,尤其要注意同音之转的现象。
谢志在考证"盘古"与"盘瓠"、"都铭"和"都蒙"的关系时,即注意到了
地名音转的问题:

"粤西郡县,往往有盘古岭、盘古庙之称。盖苗民为盘瓠之后,故
群祀之,音讹转为盘古耳。"③

"唐置环州,有都蒙县;《明史》:河池州有都铭镇巡检司。窃意'都
铭'即'都蒙'也。盖'铭'、'猛'、'蒙'皆音之转,而县、镇、隘之
建,皆因山以名耳。(《府志》)"④

《谢志》对地名的考证,因其灵活运用了小学校勘方法,故而可以发现
许多为前人所忽视的地名误读现象,从而揭开覆盖在地名文化上的层层迷
雾。通过小学校勘方法的深入运用,不仅可以增进了解广西地名的历史变更
状况,减少人们对当时众多地名的错误理解,更能发现地名变更过程中蕴含

---

① 谢启昆修,胡虔纂,广西师范大学历史系中国历史文献研究室点校:《广西通志》,广西
人民出版社1988年版,第2943页。
② 谢启昆修,胡虔纂,广西师范大学历史系中国历史文献研究室点校:《广西通志》,广西
人民出版社1988年版,第3464页。
③ 谢启昆修,胡虔纂,广西师范大学历史系中国历史文献研究室点校:《广西通志》,广西
人民出版社1988年版,第2983页。
④ 谢启昆修,胡虔纂,广西师范大学历史系中国历史文献研究室点校:《广西通志》,广西
人民出版社1988年版,第3063页。

的深层文化心理，提升广西地名的文化底蕴。

四、《谢志》的典范作用

《谢志》的修撰，借鉴了诸旧志之长处，并对诸旧志之缺陷进行扬弃，推陈出新。如《谢志》在"叙例"中就指出，旧志不知艺文体裁，往往以诗文杂之，而范氏《吴郡志》的体例则允当可从。

> "范成大《吴郡志》以诗文分注各条之下，（如诗文为山水，作者即散附山水中。）其例最善，今遵用之。艺文专载粤西人作述，以正著录之体。至游宦粤西者，据所见闻，专为记载，别为下编。"①

光绪年间广西巡抚马丕瑶补刊《谢志》时亦言：

> "国朝《广西通志》创自郝公浴，修于李公绂、金公鉷。至嘉庆六年，谢蕴山中丞启昆乃参酌宋周应合《景定建康志》及潜说友《临安志》集而成之。为训典一、表四、略九、录二、传六，体例最善，不冒史裁，遂为二百余年来官书创体。厥后阮文达重修《广东通志》，亦取法焉，诚善本也。"②

《谢志》继承旧志的优点，成为"二百余年来官书创体"。所谓创体，即是指《谢志》开创的仿造"纪传体"体例的新形式，此种体例类目简洁，层次分别，资料统属有贯，是我国地方志书发展史上的一个新高峰。后世史家对此迭有称颂，梁启超对《谢志》的开创性推崇备至，他说：

> "谢蕴山之《广西通志》首著叙例二十三则，遍征晋唐宋明诸旧志门类体例，舍短取长，说明所以因革之由。认修志为著述大业，自蕴山始也。故其志为省志楷模，虽以阮芸台之博通，恪遵不敢稍出入，继此

---

① 谢启昆修，胡虔纂，广西师范大学历史系中国历史文献研究室点校：《广西通志叙例》，《广西通志》，广西人民出版社 1988 年版，第 11 页。

② 谢启昆修，胡虔纂，广西师范大学历史系中国历史文献研究室点校：《马丕瑶跋语》，《广西通志》，广西人民出版社 1988 年版，第 6917 页。

更无论。"①

正因为《谢志》新体例将地方志的学术品位提升，使修志成为"著述大业"，后世学者故多遵从其例，将其作为志书榜样②，光绪《江西通志》"叙例"即称其"为世所宗"，"遂多模效"。

"方志属史家，近代修志仅存表传两体，余则门类凌杂，惟意所造。嘉庆中，南康谢启昆修《广西通志》，始讲求义法，为典以准纪，为略以准书，为录以准世家，记载美备，体例雅赡，阙后修《广东通志》，即本是书，志家遂多模效之者。前哲遗槧，为世宗尚，恭敬桑梓，宜可传信。谨依其例而斟酌损益之，更定旧志次序，以合史法。"③

---

① 梁启超：《中国近三百年学术史》，东方出版社 2004 年版，第 330 页。

② 《谢志》体例影响的地方志书非常多，如《广东通志》《畿辅通志》《江西通志》《山西通志》《湖南通志》以及江西、山西、贵州、广西等省的许多府州县志，都受其影响。参见谢启昆修，胡虔纂，广西师范大学历史系中国历史文献研究室点校：《广西通志（点校本）前言》，《广西通志》，广西人民出版社 1988 年版，第 33—34 页。

③ 曾国藩、刘坤一等修，刘绎、赵之谦等纂：《江西通志叙例》，《光绪江西通志》，《续修四库全书》第 656 册，上海古籍出版社 1997 年版，第 8 页。

第四章　岭西五大家的义理考证

岭西五大家是五位主要活跃在嘉庆道光年间的广西"桐城派"古文家的合称。他们分别是：永福吕璜（1778—1838）、临桂朱琦（1803—1861）、平南彭昱尧（1811—1851）、临桂龙启瑞（1814—1858）、马平王拯（1815—1876）。这一时期恰是乾嘉朴学发生变革的时期，也是桐城派将朴学吸收内化成自身理论的时期。正是借助朴学对其理论的刺激，在这段时间中桐城派由小众学派蜕变为当时文学派系中首屈一指的学派，其对清代中晚期的学术界产生了重要的影响，此种影响一直延续至民国时期。① 作为桐城派在广西的重要代表，岭西五大家同样也在这一时期与朴学产生了许多交集，并自觉将朴学的方法和理论运用于其文章之上。

一、对义理证明的重视

岭西五大家继承了桐城派重视考据的传统，尤其注重对义理的证明，这一点在朱琦、王拯、龙启瑞身上表现得最为显著，可谓代表。

1. 朱琦对考据证明作用的重视
朱琦认为考据证明可以起到补救义理之弊的作用。

---

① 参见江小角、方宁胜：《桐城派研究百年回顾》，《安徽史学》2004 年第 6 期，第 91—99 页。

"宋之程朱，患考订词章之害道也，而矫以义理，以圣人为的，以居敬穷理为端，其徒相与守之。于是义理明，而是二者皆衰。至明用以取士，士之趋向亦云正矣。然陋者尽屏百家之书不观，其为制科文者，类能依附于仁义、道德之懿，而不能尽适于用。至于今日，学者但以为利禄之阶，又其敝也。于是朴学者又矫之，博搜群籍，参考异同，使天下皆知通经学古之为高，而归之实事求是，意非不善也。至其敝也，繁词累牍、捃摘细碎，专以剿击先儒，谓说理为蹈虚，空文为寡用。数十年来，义理词章之习少衰，沿其说者亦浸厌之，而考订者亦微矣。而士之敝心力于科举速化之学、声病偶对字画之间，方竞进而未已也。"①

从此段论述可知，在朱琦看来无论是考据学还是义理学在其历史发展过程中，都会受自身利益驱使而发展至一极端，产生"排他性"倾向，从而导致"圣学"衰败。而此极端化弊端恰又成为其他学派生长的养料，正如义理学陷入弊端时，朴学者以考据学来使"圣学"回归其本来面貌。

因此在朱琦看来，所谓的义理、考据、词章本就是不分家的，其源头皆出自孔子之学。所以朱琦给出了以下结论：

"学之为途有三，曰义理也，考订也，词章也。三者皆圣人之道也。于古也合，于今也分。专取之则精，兼贯之则博。得其一而昧其二则隘，附于此而攻于彼则陋。有所利而为之而挟以争名则伪。"②

他还认为三者之间是体用不二、相辅相成的关系，故在其文中说道：

"其次则得其一失其一，颛于体而疏于用，其为道隘矣；辩于义而俚于词，其为道亦隘矣；治考据词章者亦然。交济则皆善，抵捂则皆病。"③

此处朱琦以体和用来形容三者的关系，认为"义理"是体，"考据""词

---

① 朱琦：《辨学上》，《怡志堂文初编》卷一，《续修四库全书》1530 册，上海古籍出版社 2002 年版，第 212 页。

② 朱琦：《辨学上》，《怡志堂文初编》卷一，《续修四库全书》1530 册，上海古籍出版社 2002 年版，第 211 页。

③ 朱琦：《辨学上》，《怡志堂文初编》卷一，《续修四库全书》1530 册，上海古籍出版社 2002 年版，第 212 页。

章"是用。若只重视"义理",而不重视"考据""词章",见识就显得狭隘。因此必须兼修三者,使"义理"通过"考据""词章"呈现出来,"考据""词章"借助"义理"而有意义,所谓"交济则皆善,抵捂则皆病。"

朱琦还认为对体与用的分别强调容易引起无谓的学术纷争。如程朱学派与陆王学派之间的纷争即是起于"尊德性"与"道问学"的分歧,但此分歧或许只是后学之间的门户之见,所以他说:

> "程朱陆王同一义理,同师孔孟,奚不相悦如是?为朱之徒者,未必俯首读陆之书也,而日与陆之徒争;为陆之徒者,未必敛己读朱之书也,而日与朱之徒争。夫不考其实,但恶其异己而与之争,使他途者得以抵蠛,非第交哄之为患也。"①

朱琦认为程朱学派与陆王学派之争并非是实质意义上的学术争端,更多的是立场之争。争论的根源是学者们未经研读证实对方观点的实质就基于学派立场妄下定论导致的。所以他认为"考其实"才是解决纷争的根本方法,实事求是地就对方的真实主张进行讨论,而非只凭臆想妄断是非。

在朱琦看来,学者没有实事求是地进行学术研究的原因是学者"病于趋利"。朱琦叹道:

> "今之学者病于趋利。利者虽治以孔孟之说而不能遽止,而又未知所以救之之方也。呜呼!此吾之言学所以不病于杂,而深恶夫言利者欤?"②

故朱琦认为,为学者当明于义利之辨,当使自己严守于义而不被利所驱,所以他说:"是故欲观圣人之道,断自程朱始;欲为程朱,又自去其利心始。"③

---

① 朱琦:《辨学中》,《怡志堂文初编》卷一,《续修四库全书》1530册,上海古籍出版社2002年版,第213页。

② 朱琦:《辨学上》,《怡志堂文初编》卷一,《续修四库全书》1530册,上海古籍出版社2002年版,第212页。

③ 朱琦:《辨学下》,《怡志堂文初编》卷一,《续修四库全书》1530册,上海古籍出版社2002年版,第214页。

2. 王拯对以经文证经的重视

王拯在义理证明上所采用的方式是以经文证经义。

首先，王拯重视分析经文的内在逻辑，在其论文《大学格物解》中有以下论述：

> "夫格物者何也？曰：'天下之物皆格之，本末、始终、先后之理得而知乃至焉。'然则安得天下之物而皆格之？曰：'格一物而其理得，而天下之物皆格。'然则格一物足乎？曰：'格一物而得，而因以尽格天下之物而无不能得者。天下容有未极之物，而吾心固无不至之知。'《大学》之为教也，曰：'在明明德，在新民，在止于至善矣。'为《大学》者必先知至善之所在，则志定、心静、身安，遽得此格致之所有事也。夫其所谓得者，何也？曰：'物本末也，事终始也。'为格致之学者，必物得其本末，事得其终始，又推焉以求其尽而知其所当先后。至是而物既格、知既至矣。持是以诚意，而正心，而修身，而齐家、治国、平天下，盖由吾身至于家、国、天下，皆可以物观也。天下之物不能尽极，求物之至大者而极之于天下。吾此之物极，则天下之物未有不能皆极者矣。而物之与天下对者唯吾身，自天子以至于庶人，壹是皆以修身为本，而家、国、天下为末矣。由身以推之家、国、天下，而终始、先后之序出焉。"①

王拯在此处对《大学》文本做了逻辑上的梳理。他认为"格物致知"的含义是"天下之物皆格之，本末始终先后之理得而知乃至焉"。但天下之物众多又如何格尽呢？他解释说，"格一物而其理得"，若天下之物皆循此法而格之则其皆可格而得理，所以天下虽有"未格之物"，但"吾心固无不至之知"，这样就给"格尽天下之物何以可能"这一论题提供了合乎逻辑的解释。

王拯认为经文解读的逻辑必须与文本自身逻辑相合。所以王拯在给出

---

① 王拯：《大学格物解》，《龙璧山房文集》卷一，《清代诗文集汇编》659 册，上海古籍出版社 2010 年版，第 484 页。

"格尽天下之物何以可能"这一论题的内在逻辑后，又对这一逻辑在文本中的体现给予了两个方面的说明。一是对于所提到的认知主体"心"，以至善为"心"之定向，则"心"有所安，以其虑万事万物无有不得者。二是从《大学》三纲领八条目的言说方式来探讨出"格一物而其理得，而天下之物皆格"之理。从文字上看三纲领八条目所强调的内容是以"格物致知"为起点，由小及大演进至治国平天下。而王拯对于"格尽天下之物何以可能"这一论题的解释正是遵循了这种以小见大的逻辑发展而来，所以王拯所给出的逻辑解释与文本内在的言说逻辑是完全契合的。

其次，王拯注重六经文本间的互证。在讨论"格物致知"中"格"的内涵时他进行了以下讨论：

> "《大学》之言格致，如此不已明乎。故曰：'格，至也者，非也。木长之谓格，故木各为格。'解之者曰：'树高长枝为格。'古之度物者尝有谓'格'者矣，格则有以区而别之，故曰：'格者，度也，量也。'故格有正之义焉，《书》曰'格于文祖'是也。有安其所之义焉，《诗》曰'神之格思'是也。又曰：'格者，槅也。'槅有天地，所以推阴阳占吉凶也。则格之义不可推乎？或曰：'格，扞也。'格去外物之谓格，亦非也。《礼》言'扞格而不胜'，言'捍于格而不能胜'，犹物之各异其区而不能以相及耳。则或谓去其心之不正，以全其本体之正之为格者，亦非也。且如或言，《大学》一言'诚意'足矣，而何以言'物格而后知至，知至而后意诚'也哉。"①

此处王拯利用《书》《诗》《礼》中"格"字的诸多含义来辅助辨析"格物致知"的"格"字真义，而在此段六经互证的文字中运用的辨析方法是所谓归谬法。他通过对《书》《诗》《礼》中的"格"字含义进行分析，将其含义分别代入《大学》文本中，结果发现若设定这些含义为《大学》"格"字本义，则会引起"《大学》一言'诚意'足矣，而何以言'物格而后知至，知至而

① 王拯：《大学格物解》，《龙璧山房文集》卷一，《清代诗文集汇编》659 册，上海古籍出版社 2010 年版，第 484—485 页。

后意诚'"的文本矛盾。故这些含义他皆不认同，只取"格"为分析思考之意。可见王拯所认为的六经文本互证是要建立在对文本逻辑的深入把握之上的，这样便可有效避免断章取义与牵强附会的问题。

3. 龙启瑞对文学考证的重视

龙启瑞对经学极其重视，他在《致冯展云侍读书》中说：

> "治经自是学人第一要义，而求其有裨实用，则史籍较经籍为多。……经术固不可不明，然行之贵得其意，如徒拘于章句训诂，则是俗儒之学。若欲按其成法推而行之于世，则如井田封建用之于古则治，用之于今则乱。苟非其人，道不虚行，故空谈经学者正如夏鼎、商彝，无适于用。要惟约其理而返之于身，因以推之于世而不泥于其迹者，庶有当焉。然则今日之学，亦先学其有用者而已。某智能寡薄，向为无本之学，又中废而不克自振，今仅用之以教人，尚支绌不足于用，则异日之施行于世者可知已。"①

龙启瑞认为"治经自是学人第一要义"，在《附取士条规》中也强调"作文根柢端在群经"②。若脱离经学而治学，则为"无本之学"。可见经学在他的知识体系中占据核心地位。龙启瑞对于经学的理解并不局限于对经文的解读上，他认为治经应当做到经史结合，将经义运用于世，而非只是"空谈经学"，"无适于用"。经义的运用也要因时制宜，应做到"惟约其理而返之于身，因以推之于世而不泥于其迹"。

龙启瑞非常重视培养学者的小学考证能力，他在《附取士条规》中设定录取治经童生的标准时，将精熟《说文》作为选取标准之一列出，并且提出《说文》可以贯通诸经"③的看法。龙启瑞还认为，词语的运用方式也具有传

---

① 龙启瑞：《致冯展云侍读书》，《经德堂文集》卷三，《续修四库全书》1541 册，上海古籍出版社 2002 年版，第 594 页。

② 龙启瑞：《附取士条规》，《经德堂文集》别集下，《续修四库全书》1541 册，上海古籍出版社 2002 年版，第 654 页。

③ 龙启瑞：《蒹葭考》，《经德堂文集》卷五，《续修四库全书》1541 册，上海古籍出版社

达"圣人之意"的作用。如在《郑伯髡顽如会未见诸侯，丙戌卒于鄵》一文中，他对用"卒"字而不用"弑"字的现象进行了如下论证：

> "此郑伯之卒，'弑'也。弑之，则何为不言弑？史从赴告，非圣人之所得私易也。公羊子曰：为中国讳也。非也，若实以弑告，圣人亦安得为之讳乎。然则圣人遂终为之隐，而莫之正耶。曰：圣人之意固已见于经矣。经曰'郑伯髡顽如会未见诸侯'，此以见郑伯之至乎会地也；既至乎会地而不见诸侯，则必其国之大臣有所挟而止之焉。其曰'丙戌卒于鄵'者，缓词也。公羊子曰'伤而反，未至于舍而卒'，斯言得之矣。左氏所谓'及鄵，子驷使贼夜弑公'者，词犹有所未尽也。若及鄵而弑之，则'未见诸侯'之词赘矣。"①

龙启瑞分析此中的春秋书法，认为使用"卒"字来描写"弑"的实情本身就具有特殊意义。他从文本所说的历史事件出发，通过分析词语文字使用上的出入还原郑伯至于会地而为大臣所挟持以至不能会见诸侯的历史情境。

又如在《宋人及楚人平》一文中，龙启瑞对此处所用的"人"字进行了考析，并结合《春秋》书法进行解读。他认为此处使用"人"字的原因是"宋与楚俱有罪焉"，仅仅使用"平"字难以道尽楚宋君臣之间的复杂情形。

> "使行人不假道与逞忿以杀行人，经不可得而贬之也。则于此之平贬之，著楚以欺弱黩武之非，而蔽宋以挑衅残民之罪，故以两国之君臣而词若有所不足道者也。若以为贬二国之卿，是舍其大而责其细也。曰：然则楚子围宋，曷不可贬乎？曰：贬楚子，虑其失宋人也。且安知著其爵者之非正其罪也。"②

可见，龙启瑞善于利用小学以拓展春秋书法的词语分析作用，能从分析

2002 年版，第 616 页。

① 龙启瑞：《郑伯髡顽如会未见诸侯，丙戌卒于鄵》，《经德堂文集》卷一，《续修四库全书》1541 册，上海古籍出版社 2002 年版，第 568—569 页。

② 龙启瑞：《宋人及楚人平》，《经德堂文集》卷一，《续修四库全书》1541 册，上海古籍出版社 2002 年版，第 568 页。

词语使用的细微差异处来展现经文的深层含义，而这对于文本解读有着至关重要的作用。正因为龙启瑞注意到小学方法能在文本分析中发挥特别深入的意义解读作用，所以他在文学作品的鉴赏中引入了考据的方法。以其《蒹葭考》一文为例，他借助《说文》《尔雅》《广雅》《诗正义》等书籍中对蒹葭的描述进行相互参证，从而得出"葭、芦、苇"三者为同一物，皆是芦；"蒹、薕、菼、薍、雚、蒮、薕"七者为同一物，皆是荻。而同一物之所以名称不同，是因为它们都对应着该物的特定状态。葭所表示的是芦初生未秀的时候，蒹则表示荻未秀的状态。接着，龙启瑞将其考证结果带回到《蒹葭》诗文之中，对诗文进行进一步解读：

> "观《诗·驺虞》称'彼茁者葭'，《豳风》曰'八月萑苇'，以文考之，正与时合。惟《秦风》'蒹葭苍苍'，以季秋之时而举其未秀之号，似为不协。然诗人正即其苍苍之色，而追思其畅茂之始者，曰'此非昔日之所谓蒹葭者耶？而今则既苍苍矣'，与下句'白露为霜'语气正同，方知风人感物兴怀之妙。"①

龙启瑞依据蒹葭所指的是未成熟的荻和芦，而诗文中所写的场景所处时间为秋季，秋季之时荻芦应当成熟，而此处却用其"未秀之号"，因此他认为之所以处苍茂之时而称未秀之号是为了表达追思之情。

二、对音韵之学的重视

岭西五大家的朴学倾向还体现在对于音韵学的重视上，其中又以龙启瑞为代表。龙启瑞本人的小学功底十分深厚，他的小学著作《古韵通说》《字学举隅》《尔雅经注集证》等均受到当时学界的广泛认可，尤其以《古韵通说》最有影响力，已被收入《续修四库全书》之中。

---

① 龙启瑞：《蒹葭考》，《经德堂文集》卷五，《续修四库全书》1541 册，上海古籍出版社2002 年版，第 616 页。

对于《古韵通说》一书，龙启瑞自己作出了如下评价：

> "故今之集古韵也，意主于严；而其为'通说'也，则较之顾氏而尚觉其宽。其分也，有所以可分之由；其合也，有所以得合之故。皆为剖而明之，不敢拘前人成说，不敢执一己私见，亦日参之古书以求其是，质之人心而得其安而已。"①

龙启瑞认为，《古韵通说》一书在韵律分部上相较于顾炎武的分部法较"宽"，但他认为自己的分部法是有着扎实的理论根基的，皆可从古书之中求得印证。《续修四库全书总目提要》中对《古韵通说》一书做了如下点评：

> "是书分古韵为二十部，……其名'通说'，以为全韵相通，非仅通其数字而已。列'通说'为十类，冬东钟江两部通说，支脂之质歌五部通说，真谆元三部通说，鱼部不与他部通说，幽侯二部通说，幽宵二部通说，阳部不与他部通说，真耕二部通说，蒸部不与他部通说，侵谈缉三部通说……所分二十部，乃参证孔广森、段玉裁、王念孙、江有诰诸家之书而得者。斤斤于《说文》得声之字，则又用姚文田、严可均、张惠言、苗夔之说者，启瑞自以为集诸家之大成，即以此也。……启瑞不用合韵、对转之名，欲以双声统之，最为简捷，然用通韵、转声诸目，似仍囿于旧谊，不能自张其说矣。"②

龙启瑞在古韵分部上分为二十部，其中二个独立入声韵部，十个含平上去的阳声韵部，八个含平上去入的阴声韵部，这种分部方式基本继承了王念孙的古韵分部法。不同点有以下三个：一是冬部独立；二是收 [–P] 的入声韵部被合成了一部；三是祭部未独立。③ 其分部的原则是"贵于密而不贵于疏"④。这种"贵密而不贵疏"的分部原则从诗歌押韵的严谨度来看是较为合

---

① 龙启瑞：《论古韵宽严得失》，《经德堂文集》卷五，《续修四库全书》1541 册，上海古籍出版社 2002 年版，第 612—613 页。

② 中国科学院图书馆整理：《续修四库全书总目提要（稿本）》第 13 册，齐鲁书社 1996 年版，第 417—418 页。

③ 参见龚于芬：《龙启瑞古音学研究》，复旦大学博士论文，2013 年，第 148 页。

④ 龙启瑞：《古韵通说》，《续修四库全书》第 248 册，上海古籍出版社 1995 年版，第 682 页。

理的分部方式。① 由此可推测龙启瑞对于古韵的研究目的还是在于使用上，企图通过对古韵的研究来提升诗歌写作能力和经文的解读能力。

龙启瑞的分部法与他所用的"通韵""转声"理论有关。在古韵理论上，龙启瑞不用合韵、对转，而是采用双声来统合两者，并辅以通韵、转声来完善其古韵系统。其在《论方音合韵转声》中说道：

> "且其合韵多以异平同入为枢纽，即声近相转之例于文字音韵之理，实能洞见本原。至于立说有未当者，则不宜以合韵加之古人。夫古人之韵，吾既不得而见之矣，又安知何者之为合耶？宜乎笃守亭林十部之学者群起而议之也。夫合韵不外乎转声，转声不外乎双声。今人所谓双声，即汉儒所谓声相近也。凡声近者皆可转，而不近者不能焉。今试取《三百篇》之龃龉者而论之，有一不出于双声者否？段氏知此理而不肯以立言，顾乐为合韵之说以自遁。夫言韵则有一定之限，故出此入彼，人皆得以越畔讥之。言声则递转而无穷，即何必以实系可转之音而乐就乎渺不可知之韵。故今之言古韵者，言方音不如言合韵，言合韵不如言转声。"②

龙启瑞之所以信用转声之说是因为相比合韵之说，他认为转声之说在理论上更具解释力。古人之韵已不得而见，何者相"合"实难判断。从他说"试取《三百篇》之龃龉者而论之，有一不出于双声者否"，且言"今人所谓双声，即汉儒所谓声相近也。凡声近者皆可转，而不近者不能焉"来看，其"转声"说应该包含"双声"现象。故他在《古韵通说》中用"通转"说替代前人的"合韵"说，是希望以更为全面的理论来统一古韵争论的分歧，从而建立更为简洁合理的古韵系统。他曾自谓其书"虽不敢谓集诸家之大成，而自来言古韵者，于斯为备"③，显示了其对于自己的古韵学说的充分自信。

---

① 参见龚于芬：《龙启瑞古音学研究》，复旦大学博士论文，2013 年，第 24 页。

② 龙启瑞：《论方言合韵转声》，《经德堂文集》卷五，《续修四库全书》1541 册，上海古籍出版社 2002 年版，第 614 页。

③ 龙启瑞：《古韵通说自序》，《经德堂文集》卷五，《续修四库全书》1541 册，上海古籍出版社 2002 年版，第 617 页。

三、对语言论证的重视

1. 事实论证的应用

事实论证是岭西五大家经常使用的论证方式。吕璜在其文章《吉凶论》中对吉凶有以下论述：

> "圣贤之所谓吉凶者，吾所行顺乎理而勿之有悔焉，若是者曰吉，反是者曰凶。不然，惟世境之亨以为吉。夫世境不能离人以立于独，亨于己或不亨于人，第知便利于己而于人之弗便弗利不遑恤，人心尚可问耶？"①

吕璜在此论述中将吉的概念分为两种，一种是圣贤的德吉观，另一种是世人的亨吉观。世人在经验意义上认为世境亨通就是吉利的，而吕氏则指出世境亨通的事实中蕴含着不易觉察到的另一重事实，即对自己有利的或对别人不利，因此这种暂时有利可能最终得到的是凶的结果，即所谓"蕴德者，自损以奉人，德积而福生；贼生者，损人以奉己，怨积而祸生"②。

又如龙启瑞在《明论》一文中所要表达的观点是，与其学习"无私照"的日月之明，不如学习明镜清水的无不纳之明。他采取的论述策略是指出日月之明和镜水之纳的客观特点：日月之"明足以照天下者，用之一身与一室，而或不足矣"③，镜水则不然，"镜之莹然也，虚其中而物毕纳；水之澄然也，立乎其前而毫发毕见"④。作者以这两个事实所表现出来的特点为基础，认为日月照广但有所蔽，明镜清水虽不能照见万物但却能将纳入其中的事物照得

---

① 吕璜：《吉凶论》，《月沧文集》卷三，黄薊辑《岭西五家诗文集》，国家图书馆藏1935年桂林铅印本。

② 吕璜：《吉凶论》，《月沧文集》卷三，黄薊辑《岭西五家诗文集》，国家图书馆藏1935年桂林铅印本。

③ 龙启瑞：《明论》，《经德堂文集》卷五，《续修四库全书》1541册，上海古籍出版社2002年版，第563页。

④ 龙启瑞：《明论》，《经德堂文集》卷五，《续修四库全书》1541册，上海古籍出版社2002年版，第563页。

明明白白，故而得出当学镜水之明的结论。

再如彭昱尧在《项羽论》一文中提出"成大事者必有包容天下之量、慈祥恻怛之意"的观点，然后对这一观点进行了以下论证：

"当宋义之救赵也，徘徊不进，羽以大义责之，料敌国之形势，审国家之安危，词严义正，抑何明也？及其杀卿子冠军，解巨鹿之围，收咸阳之宝货，威慑诸侯，天下之侯王将相裂地而封之权由己出，声势之赫奕，何其壮哉！鸿门不杀沛公，广武不烹太公，恢恢乎大度矣。夫以百战百胜之威摧枯拉朽，天下之人皆俯首屏息，莫敢撄其锋，以顽钝无耻之汉高崎岖其间，刘项之强弱不可同日语矣。"①

此段通过列举项羽在日渐强盛的过程中所行的"仁义之事"，来证明有"包容天下之量、慈祥恻怛之意"则可以得"王天下"之事业，"天下之人皆俯首屏息，莫敢撄其锋"，成天下大事只是顺理成章。紧接着，彭昱尧又以项羽在灭秦攻汉的过程中"杀秦降卒二十余万人，王子安降亦杀之。平原之破，降卒皆坑，烧夷室屋，所过残灭。彭城之役，杀汉卒十余万"②这些事实作为依据，说明项羽弃"慈祥恻怛之意"，而纵容自己的"好杀之心"，终至其大好局势一去不返而自刎于乌江边上。

岭西五大家主要运用事实论证，对较为抽象的概念和难以让人直接体会到的义理内容，进行论析。因其经常使用孤例进行论证，所以在论证的严谨性上还有所不足。综合来看，岭西五大家对于事实论证的使用有两大特点：一是所选例证主要为常见的客观现象或客观规律以及众人熟知的历史事实，此种选例方式使岭西五大家的说理文章都较为通俗易懂，但又不失深刻；二是经常引用经典之言进行辅证，引用的经典之言不仅限于儒家之言，也包括子书之言。如在《项羽论》中引孟子之言"不嗜杀人者能一之"来证明项羽失败的必然性，而在《吉凶论》中则引用尹文子之言"蕴德者自损以奉人，

---

① 彭昱尧：《项羽论》，《致翼堂文集》卷一，黄蓟辑《岭西五家诗文集》，国家图书馆藏1935年桂林铅印本。

② 彭昱尧：《项羽论》，《致翼堂文集》卷一，黄蓟辑《岭西五家诗文集》，国家图书馆藏1935年桂林铅印本。

久之德积而福生,其气顺也;贼生者损人以奉己,久之怨积而祸生,其气逆也"以证明德吉观之正确。引用经典之言不仅能在论证过程中起到权威证明的作用,更能提升所论观点的理论高度。岭西五大家虽未以明确的言论归纳出此论证方法的名称、作用与用法,但他们在实际的行文论证过程中,确已广泛使用了事实论证方法。

2.归谬论证的应用

归谬论证也是岭西五大家较为常用的论证方法。

以彭昱尧的《论周东迁》一文为例来说,他在文章开头列出苏轼与自己关于东迁是否失计的对立观点,即苏轼认为东迁即失计,彭氏认为"忘君父之仇"① 才是失计之本。随后彭氏提出两个方面的史实进行辨析:

一是犬戎弑幽王后的周国情况:

> "当是时,西周虽乱,人心犹未涣也。观秦襄公勤王'小戎''驷铁'诸诗,皆有忠义奋激之气,知天下之兵大可用矣。平王苟能发奋振兴,率诸侯勤王之师,问罪申侯,馘其首以告于庙,为天下乱臣贼子戒。然后用人行政,补偏救弊,安见王纲不复振于东哉?"②

二是国遇相似危机之时能铭记君仇而发愤图强一雪前耻的历史案例:

> "昔少康有田一成,有众一旅,以布其德,卒灭过戈而复禹之绩。阖庐携李之败,夫差使人立于庭,苟出入必谓己曰:'夫差而忘越王之杀而父乎?'则对曰:'唯不敢忘。'三年卒报越。申包胥之乞师也,立哭秦庭,水浆不入口者七日,秦哀公为之赋《无衣》,卒藉秦力以复楚国。"③

---

① 彭昱尧:《论周东迁》,《致翼堂文集》卷一,黄蓟辑《岭西五家诗文集》,国家图书馆藏1935年桂林铅印本。

② 彭昱尧:《论周东迁》,《致翼堂文集》卷一,黄蓟辑《岭西五家诗文集》,国家图书馆藏1935年桂林铅印本。

③ 彭昱尧:《论周东迁》,《致翼堂文集》卷一,黄蓟辑《岭西五家诗文集》,国家图书馆藏1935年桂林铅印本。

上述两方面的历史事实，一是讲西周当时确实已经衰乱，但人心并未丧失，天下诸侯勤王的忠义之心亦未消失，若平王能够振作复仇，必能重振周朝王纲，此是说平王虽东迁，但人心未失，臣力可用。一是讲少康失国后不忘复国之志，布施德行于天下，终于战胜寒浞恢复夏朝；吴王夫差不忘越国使其父阖闾死亡之仇，时时提醒自己，终至灭亡越国以报大仇；申包胥在吴国亡楚后至秦借兵，以诚心感动秦王终至复楚；此是说有志者事竟成，不忘君父之仇者必能复兴。

彭昱尧以自己的观点为正确，苏轼的观点为错误。所举两事例，"人心未失，臣力可用"条与彭的观点关联较弱，"不忘君父之仇者必能复兴"条仅是"忘君父之仇必衰"的反证。故可将两条事例视作苏轼观点的归谬论证，即彭氏先假设"东迁为周衰之关键"这一观点为是，然后以之观察东迁后周地情况以及类似处境的少康、夫差、申包胥的行为表现，结果发现失国并不必然引起衰败，从而否证了此一假设，也就间接肯定了自己的观点。

归谬论证在王拯的《汲黯论》中也有使用，他在论证汲黯"有谏诤之资而无术也"时说：

> "善治水者，峻为之防以遏其流，必先广为之泄以杀其势，势有所趋，自不至于泛溢冲突而不可止。黯之仕也，武帝方招怀四夷，穷兵绝域，神仙、土木之事并作。为黯计者，方将为帝陈唐虞之政，讲三代之法，兴学校，谈礼乐，省刑薄敛，凡二帝三王之所以治世而立极者以歆动之，使知陈兵耀武、神仙土木皆非所以为治之具。苟大有为之君，必将翠然思、翻然改、油油然而兴，自悔易其所为，而用吾之所学，君心可格而天下可图也。今黯不然，徒以天子置公卿辅弼之臣，不可以从谏承意。故汤宏之不可用也则毁之，四夷之不可渎也则阻之。"[1]

在这段论述中，王拯以"广为之泄"的治水之法为喻，得出进谏应避免直接顶撞的方式，而当采用诱导进谏的方式。他假设汲黯"有谏诤之资且有

---

[1]　王拯：《汲黯论》，《龙璧山房文集》卷一，《清代诗文集汇编》659 册，上海古籍出版社 2010 年版，第 480 页。

术"，其进谏方式自当"为帝陈唐虞之政，讲三代之法，兴学校，谈礼乐，省刑薄敛，凡二帝三王之所以治世而立极者以歆动之，使知陈兵耀武、神仙土木皆非所以为治之具"，而事实上的汲黯"徒以天子置公卿辅弼之臣，不可以从谀承意。故汤宏之不可用则毁之，四夷之不可渎则沮之"，此证否了对汲黯的假设观点，也就证实了汲黯"有谏诤之资而无术"的观点。岭西五大家对归谬论证的使用多是在其史论和考证性文章之中，他们主要采用两种方式运用归谬论证。

第一种是常规的归谬论证，即先提出一论点，再以该论点为前设进行推演，若推演结果与已知事实不符，则证明此论点为否，然后提出与被证否的观点相对立的观点，并证其为真。

第二种则是先提出一论点，再以该论点的反论为前设进行推演，通过归谬证其反论为否从而证明原立观点为真。相对第一种方式而言，第二种方式岭西五大家使用得较多。从文章的表现力来看，这种归谬论证方式确实更能突出文章主旨，也较容易实现首尾呼应，更为紧凑。

在岭西五大家的文字中同样未对归谬论证有所提及，但就其使用上来看，岭西五大家应该意识到这一论证方法的存在，并且对此论证方法的特点和功用有所了解。由于归谬论证本身会带有转折的语气，他们也会利用这种转折的语气来调节文章的节奏，增强说服力。故吕璜记吴德旋之言说："一气转折处，最当玩。"①

四、广西学术的自我觉醒

综前所述，岭西五大家均受到朴学的深入影响，其已出现专门性的小学研究著作，比如龙启瑞的音韵文字之书，从而使广西学术的发展逐步跟上中

---

① 吴德旋著，吕璜辑：《初月楼古文绪论》三七，《论文偶记·初月楼古文绪论·春觉斋论文》，人民文学出版社 1959 年版，第 27—28 页。

原主流学术的发展步伐。不仅如此，事实上龙氏的音韵学说还在古韵学研究领域发生了一定的全国性影响，谭献称其"声韵之学……集成：龙翰臣（龙启瑞）氏"①，说明长期受中原影响的广西学术开始在一定程度上反哺主流学术的发展。朴学深入影响的另一个表征则是岭西五大家开始涉足考证文学的领域，用音韵训诂文字之学开拓文学审美的深度和广度，考证文学以清儒惠栋的《渔洋山人精华录训纂》为代表，但其所注为清诗，而龙启瑞等人将之拓展到《诗经》，亦可谓有所发展。朴学的深入影响还表现在岭西五大家对归谬论证的大量运用，归谬论证因为是双向论证，即往往在证否谬误观点时亦对正确观点进行证真，因而对使用者的理性思维能力要求很高，也往往能够提出具有创新意义的学术观点。所以归谬论证的大量运用说明，岭西五大家已具有较高的学术创新能力。同时，岭西五大家在使用归谬论证时，往往兼用事实论证，从而使他们有着经世致用的实学倾向，"留心经世者，宜博观诸史已然之迹"②。

广西自古经史传统皆弱，至明清之时方渐有起色，朱琦说：

"吾乡经学自汉陈长孙父子始，然皆治《春秋》而不及《诗》。其后治《书》有全州文立缙，治《易》有灵川全赐、临桂张茂梧及国朝蒋光昌、麦士奇，治《礼》则陆川庞希睿、全州陈宣，而皆不及《诗》。……吾友闵君喜言《诗》，尤笃信《诗序》。琦尝笑谓闵君，吾乡治经者不乏，独治《诗》者少耳，以予所闻，近代惟唐、李二君，今至子而三矣。"③

在朱琦看来，广西也存在一个治经传统，并且可以追溯到汉代的陈钦、陈元父子。五经中除《诗经》无人问津，《春秋》《书》《易》《礼》皆有专家，至清代方有《诗经》专家出现。然细考其文，除《春秋》外，其他三经的专家，皆为明人。实可见广西经史传统之弱，然经吕璜传入古文学派后，则显

---

① 谭献：《复堂日记》卷一，河北教育出版社2000年版，第30页。
② 龙启瑞：《经籍举要后序》，《经德堂文集》别集下，《续修四库全书》1541册，上海古籍出版社2002年版，第655页。
③ 朱琦：《诗经大义后序》，《怡志堂文初编》卷三，《续修四库全书》1530册，上海古籍出版社2002年版，第225页。

有改观，故朱琦又说：

> "文字无今昔，六经为根荄。夫子抱遗篇，狂简慎所裁。讲席秀峰
> 尊，百史能兼赅。吾粤文献考，家法推东莱。二陈去已远，苍梧亦辽
> 哉。……忆昔束发初，执卷心忽摧。每恨古人远，津逮难沿洄。岂期生
> 并世，几席获追陪。勖以坚操履，闭门绝梯媒。庶几传朴学，一使志
> 业恢。"①

朱琦显已意识到，从汉代到明清，即便算上南宋吕东莱将中原文献之学
带到桂林，广西的经史传统也中断许久了，直到吕璜传入桐城义法，广西才
出现经史之学的小规模复兴。龙启瑞曾言：

> "子穆（彭昱尧）……受古文法于乡先生吕月沧璜。至京介王少鹤
> 锡振得交梅先生伯言，梅先生古文为当代宗匠。……方是时，海寓承平
> 既久，粤西僻在岭峤，独文章著作之士未克与中州才俊争骛而驱驰。逮
> 子穆与伯韩、少鹤、仲实先后集京师，凡诸公文酒之宴，吾党数子者必
> 与。语海内能文者，屈指必及之。梅先生尝曰：'天下文章，其萃于岭
> 西乎！'"②

朱琦对广西地方经史传统的初步梳理，说明广西士人的自我意识开始觉
醒，故而龙启瑞意识到广西的"文章著作之士"应当与"中州才俊"一较高
低。幸运的是，当时的广西士人在借鉴学习中原优秀经史传统的基础上，充
分发挥自身的优势，终使其时的广西学术在全国学术界占有一席之地。

---

① 朱琦：《闻吕先生论文有述》，《怡志堂诗初编》卷二，上海古籍出版社 2002 年版，《续修
四库全书》1530 册，第 150—151 页。另参陈柱编，陈湘、高湛祥校评：《粤西十四家诗
钞校评》，广西人民出版社 1997 年版，第 160 页。

② 龙启瑞：《彭子穆遗稿序》，《经德堂文集》卷二，《续修四库全书》1541 册，上海古籍出
版社 2002 年版，第 575 页。

第五章　郑献甫对"真"的认知

郑献甫（1801—1872），名存纻，献甫为其字，又字小谷，其先祖"于明末自北直隶迁粤之象"[①]为象之白石村人。曾任刑部主事，履职仅一年余，即辞官归里，后长期从事书院教学活动，时人称之为两粤宗师，其或为朴学广西地方化的典型。清代岭南大儒陈澧对郑献甫赞誉有加，他说：

> "国朝二百余年，儒林文苑之彦迭出于海内，及其既衰，而郑君特起于广西，卓然为一家，学行皆高，可谓豪杰之士矣。"[②]

陈澧视郑献甫为清代儒林衰弱之后，"特起于广西"的学术大家，认为其"学行皆高"，可谓"豪杰之士"，但其肯定郑氏的学术成就主要是就其史

[①] 蒋琦龄：《小谷郑先生墓志铭》，《郑献甫集》下册，广西人民出版社2013年版，第1745页。今时之广西地方研究多将郑献甫视作壮族历史名人，理由或是因其出生地白石村为壮族聚居村，且广西多有汉人移民融入壮族之中。然考其墓志铭，则谓其先祖自北方而来。郑献甫对壮民之习俗，实有深入之观察，其云："旧志备载瑶洞遗诗，间诵僮俗。总其名，曰瑶，曰山子，曰僮，曰蛋家，数者而已耳。涵濡两三百年，余阅历六七十年得之。耳目所悉者，瑶与山子仍居外地，不与内接。僮与蛋家，久习华风，渐更夷俗。其衣装则已改矣，其语言则已通矣。富者均读书，贫者均力田，愚者均安分，黠者均滋事。即不习官语，皆知畏官法，正不必区分以为治。"从这个现象出发，或许能够深入理解葛兆光的一个主张，他说中国传统文化是复数的，不是单数的，不能窄化为汉族文化与儒家文化，而是由多民族文化叠加而成。郑献甫：《象州志·人事》，成文出版社1968年版，第233页；葛兆光：《注意"中国文化的复数性和典型性"》，《北京日报·理论周刊·文史》2014年9月22日。

[②] 陈澧：《五品卿衔刑部主事象州郑君传》，《郑献甫集》下册，广西人民出版社2013年版，第1748页。

论上的造诣而言。其乡人蒋琦龄则除了肯定郑氏"自为一家之学"外，更从学术史的高度，称赞他不分汉宋门户，只求真学问的主张，以为其主张若"学者尊而述之，岂直一隅之幸而已哉？"①肯定郑氏对清代学术整体发展的重要意义。郑氏认为汉学重"考据之法"，宋学重"观理之法"，两者"苟能贯而通之，兼而取之，如柳子之论封建，韩子之论褅袷，苏子之论正统，则上下千古，睥睨一切矣。"②郑氏一生，性喜读书，词章、考据、著作之学皆所涉猎，亦重游历，自谓其学"得江山之助"，具有强烈的求真崇实倾向。

"予少时涉猎传记，贪多务得，徒以博取科名耳。二十时有志词章而苦无法，三十时有志考据而苦无书，四十时有志著作而又苦无学。……其处己也，不好讲学而好读书，……人或以为苦而窃自以为乐，更历寒暑不厌也。既早达得捐其俗学，又早退得从事古学。尝自言：'丈夫当读万卷书，行万里路。'当其壮盛之年，北走燕赵，南留江淮，东游齐鲁，西居汉沔，颇得江山之助。功名既不显于世，言行亦不见重于乡，惟以文墨自熹耳。"③

学界讨论清代晚期兼采汉宋的学术倾向，多举阮元以为有功，然郑献甫却批评阮元树立汉学门墙的行为，他说："不意近人如阮相国竟以此名，序所撰《儒林传》，……后来之党伐必由此矣。"④郑氏对学界党伐之见的担忧，

---

① 蒋琦龄对郑献甫的评价与陈澧略同，然亦有别，"有儒一人，崛起岭外，曰象州郑先生。先生教于粤，粤之士宗仰之；名闻天下，天下倾慕之。"蒋琦龄：《小谷郑先生墓志铭》，《郑献甫集》下册，广西人民出版社 2013 年版，第 1746、1744—1745 页。

② 郑献甫：《再答李秋航论妇人无伏拜书》，《郑献甫集》中册，广西人民出版社 2013 年版，第 765 页。

③ 郑献甫：《识字耕田夫别传》，《郑献甫集》中册，广西人民出版社 2013 年版，第 776 页。支伟成将郑献甫编入治事学家列传，肯定其朴学倾向。参见支伟成：《清代朴学大师列传》，上海人民出版社 2014 年版，第 561—563 页。

④ 郑献甫：《家记·记家学·小引》，《郑献甫集》中册，广西人民出版社 2013 年版，第 1182 页。晚清汉宋兼采学风盛行，学界多以陈澧为此学风在岭南的代表人物，其曾言："汉儒善言义理，无异于宋儒。宋儒轻蔑汉儒者，非也。近儒尊汉儒而不讲义理，亦非也。"陈澧与郑献甫交厚，他对于郑氏汉宋兼采的主张是熟知的，"（郑献甫）通汉唐注疏而碎义则不尚也，尊宋儒德行而空谈则不取也。"陈澧：《东塾读书记·自序》，上海古籍出版社 2012 年版，第 2 页；《补学轩文集序》，《郑献甫集》中册，广西人民出版社 2013 年版，第 675 页。

是有预见性的看法。只是蒋琦龄对郑氏学术倾向的推重，即便在岭南学术史上，也未得到足够的重视。但不管如何，郑氏对于超越门派之见的学问之"真"的追求，确实推进了对汉学家特别重视的"真"的多方面义涵的认知。当然，郑氏的推进作用，不是通过对"真"的概念解析达到的，而是通过他在经史诗文各项学术领域推进其求真活动时触及的。

一、资料的真

郑献甫虽主张不问汉宋学派之名目而求真学问，但他也颇为重视汉学家擅长的考据方法，自觉地学习其"读书法"与"著书法"，用作研究经史甚而诗文之学的基本方法。他所说的"读书法"，是指王应麟、顾炎武、钱大昕等人的文献考证方法，"著书法"则指郑樵等人的文字音韵等方法。

"余少时见钱辛楣先生《养新录》，欣然喜谓：'读书者当如是矣。'复见顾亭林先生《日知录》，则骇然叹曰：'读书者乃如是耶。'家无藏书，学无师承，姑置之。后得王厚斋《玉海》，观其所著《汉志》《韩诗》诸考，始知读书法。又得郑渔仲《通志》，观其所辑《六书》《七音》诸略，因知著书法。遂妄拟《愚一录》为职志，其实无《愚一录》之撰述也。第以《说文》之异字，《释文》之异音，姑试求之《四书》，颇有发明。更求之《九经》，便漫无归宿。间有得则标之上方，或有论则录之别纸。其后旁读诸史诸子，亦用此法。为日既久，成帙遂多，大都凌杂无次。"①

熟练掌握了"读书法"与"著书法"，就能于学术上"颇有发明"。无论将此方法用之于"四书""九经"还是"诸史诸子"之书，只要坚持下去，总会有所得有所论。唯一让人担心的是，所得所论"难有归宿"，杂乱"无

---

① 郑献甫：《拟作愚一录自序》，《郑献甫集》下册，广西人民出版社 2013 年版，第 1192 页。

次"，难以形成系统的认知。郑氏在旷日持久的经史考证工作中，逐步认识到其所得所论难有头绪的原因，实因经史资料散乱不全，需要耗费大量精力在资料收集的基础工作上，没有余力进行更加深入的研究。

> "（传易）可考者不下百人，而今所传者不过数家，可惜也。前明多谈宋易，本朝渐求汉易。如郑玄之注、虞翻之注、荀爽之注，尚可从李氏《集解》采辑成卷。周氏之说、褚氏之说、庄氏之说，尚可从孔氏《正义》摘取成帙。其余散见《释文》者，不过音读字句之异略见而已。此惠定宇、毛西河、孙渊如所以广为搜罗，一字一句，不胜宝贵也。"①

郑氏举易学为例，指出汉易所传甚少，除了李鼎祚《周易集解》、孔颖达《周易正义》还集中保留了一些汉易资料，尚可"采辑成卷""摘取成帙"外，他处如《经典释文》等书所存，多是"音读字句之异"，不过"一字一句"而已。原始资料是研究的基础，他因之肯定了惠栋、毛奇龄、孙星衍勤于收集资料的学术贡献。但郑献甫也意识到，收集起来的资料，有可能相互之间的见解是冲突的。不过郑氏认为不必过于担心此看似矛盾之表象，将不同的见解陈列在一起就如同众人"各自议论于前"，而读者好像淘沙者"各自搜捡于中"，反而有益于"一得之见"的灵光闪现。

> "'智者千虑，必有一失；愚者千虑，必有一得。'前人成言也。夫以智者之姿生愚者之前，岂肯留其一以相予哉。然此如淘沙者然，各自搜检于中，得金固无穷也。又如聚讼者然，各自议论于前，折狱固有定也。且庸讵知今人所后得非即古人所先得，吾固不能取说经者之书而尽观之也。抑庸讵知此人所独得非又他人所同得，吾更不必取说经者之口而尽窒之也。然则偶得其一，非剿而取者，一或自是其愚矣；积得其一，纵该而存焉，一亦无补于智矣。"②

折中诸说而得到的所谓新见，很可能只是学者个人收集资料不全、学术见识有限的结果。其自以为"新得"、"独得"之处，既有可能是"古人所先

---

① 郑献甫：《愚一录卷之一》，《郑献甫集》下册，广西人民出版社2013年版，第1193页。
② 郑献甫：《拟作愚一录自序》，《郑献甫集》下册，广西人民出版社2013年版，第1192页。

得"，也有可能是同时代"他人所同得"的观点。而作为一个诚实的研究者，只要所得"非剽而取"就可"该而存焉"，无论从哪一点上说，自有其存在的学术价值。收集完备的资料是学术进步的必需基础，郑氏因之提出一个大胆的学术建议，主张将古今所有的经文汇集成资料通编，并且对之进行基础性的资料梳理工作，将所有文字音韵的异同之处编集标明，但不必作经说义理的进一步诠释，使之成为学者群体进行深入研究的共同基础材料。

"窃谓经说之纷纭，由经文之残缺。近来考据家所得，不过秦汉人之文字，及汉唐人之注疏耳。然每知其一不知其二，……又《说苑·权谋篇》《列子》语、《三国志》帝纪《注》引孔融说，皆云'可与适道，未可与权'，韩李《笔解》因谓今本倒错；不知《淮南子·氾论训》所引亦今本文。此不当据而据者也。……《孟子》伪《疏》于'孟季子'章末云，即下卷所谓季任，是本无'孟'字，乃恍然于宋政和五年封配享十七人所以不及此人也，此《疏》之当据者，而今之考订家皆不据也。……故愚意欲将秦汉间文字引经之有异文者，汉唐人注疏解经之有异字者，先为长笺一一标出，次取《说文》所引之别字，《释文》所出之别本，亦为长笺一一列出。……俱为一一考出，而经说之是非同异则不必辨也。苟能集门下士为之，第费目力、费手力，不费心力，可以终一年而告成，使惠定宇、翟晴江、臧玉琳辈无从再着手，而戴吉士、江艮庭辈亦无庸再置喙。后有学者，茹古涵今，号为通人，不复向此琐琐中求生活，是亦考古之资而救时之策也。"①

之所以不对经说作"是非同异"的考辨，是因为郑氏认为，经说太过"纷纭"，其原因实基于"经文之残缺"。所以首要的事不是考辨，而是以"长笺"

---

① 郑献甫：《与陈兰甫书》，《郑献甫集》中册，广西人民出版社 2013 年版，第 975—976 页。关于通人，章学诚有一个定义，其含义与郑献甫略有别，"通人之名，不可以概拟也。有专门之精，有兼览之博，各有其不可易，易则不能为良；各有其不相谋，谋则不能为益。然通之为名，盖取譬于道路，四冲八达，无不可至，谓之通也。亦取其心之所识虽有高下、偏全、大小、广狭之不同，而皆可以达于大道，故曰通也。"章学诚：《文史通义》，上海古籍出版社 2008 年版，第 122 页。

的方式标出异文异字、别字别本，汇为一书。这只是费目力、手力不费心力的体力活，若能"集门下士"只需一年就可"告成"。此书之成必使惠栋、翟灏、臧玉琳、戴震、江藩等人无从以汉学相号召，而使后之学者可以借此资料汇编成为"通人"，再也不必在这徒费精力的"琐琐中求生活"。显然，郑献甫认为，在文字考据与义理考证之前，即辨别"是非同异"之前，还当有一个更为基本的资料汇集工作，它是所有研究工作的原点所在。此汇编工作不单是解决了资料汇集问题，更是解决汉宋之争的良药。因其可使人"知其二"，全面了解资料的真实现状，不会发生"不当据而据"，"当据而不据"的证据误用情况，从而使其后的"是非同异"工作，即无论是考据还是观理，都有一个坚实的依据。郑氏虽未直接谈到由资料汇编引出的检索问题，但他对书目之学无疑是非常重视的。

> "藏书万卷无总编，譬如满屋堆散钱，左手持筹右持策，十十五五中间穿。刘略班志阮氏录，流分派别如导川。丙丁甲乙分在目，经史子集标其颠；残篇断简亦拾取，目览手治心为研。屡经盗贼与水火，难寻朱墨兼丹铅。部凡几书书几卷，老来重上真珠船。崇文总目有旧例，或提其要钩其元。记书记名不记卷，渔仲之论真不然。史家小录子小说，位置不定殊拘牵。脚厨虽富腹笥俭，扪处每惭边孝先。幸有杜氏百亩田，又有王郎一领毡。灯光如豆照空案，乐此聊以穷余年。戏将书目当除目，此间应置博士员。"①

他认为收集资料若无编目，就如满屋散钱，无从利用。编目之学是一种专门之学，需要"目览手治心为研"，轻视不得。编制书目应当继承传统目录学的优点，像《七略》《艺文志》等书一样分类明晰，像《崇文总目》一样钩玄提要，同时目录要详细到卷，以便于查找类似主题的相关资料。好的编目，如同筹策在手，可使繁杂的资料运于一心。通过初步整理的资料汇编，一方面可以避免由于编撰者的主观取舍而造成的资料遗失，另一方面也

---

① 郑献甫：《手录家藏书目戏作》，《郑献甫集》中册，广西人民出版社 2013 年版，第 507—508 页。

能客观展示资料的原始状态，便于研究者自同一研究基础上出发进行思想发明，也可使每个研究者的研究结论都能回溯到相同的源头。通过建立可信、完整而不回避客观差异的资料来源，并使其便于引用、查找，就可结合观理之法，展开有效的学术讨论，最终形成学者的一得之见。

二、文意的真

郑献甫之所以注重资料建设，与朴学重视博学的学术传统有关。郑氏虽强调汉宋贯通，但也认为他的才能更适于"参讹正误，嚼字咬文，让小谷独张偏师可也"。① 基于此种治学兴趣，他主张士子应当阅读大量的经史子集著作，以打下"理解"出新的基础。

"《十三经》即不能全熟，必须全读，否则有并其篇简而不能举者矣；《十七史》即不能尽记，必须尽览，否则有并其朝代而不能辨者矣。子书则纯者如《荀子》《扬子》《文中子》，驳者如《老子》《庄子》《韩非子》及《吕览》《淮南》《风俗通》《白虎通》《说苑》《新序》，皆须涉猎，以资学识。文则贾董枚马下至八大家，诗则韩杜苏陆上至《十九首》，必须博习，以为法式。说部则王厚斋之《困学记闻》，洪容斋之《随笔》五笔，王野客之《野客丛书》。亦需游历，以广见闻。"②

郑氏开列的书目包括了经史子集的基本书目，除《十三经》《十七史》

---

① 郑献甫：《再答李秋航论妇人无伏拜书》，《郑献甫集》中册，广西人民出版社 2013 年版，第 765 页。

② 郑献甫：《家记·记家学·读书》，《郑献甫集》中册，广西人民出版社 2013 年版，第 1182—1183 页。郑氏认识到还有更多领域的书籍需要阅读，所以他曾言："天文家之星象，地理家之舆图，非通画法则不能了然。经制中之田赋，乐律中之尺度，非通数学亦不能了然。余平生短于此，故经说中每略于此，有恨于己，不禁有望于人也。卜可以决吉凶，医可以治疾病，似亦不可不通。至词曲者，诗之余也；刻石者，字之余也，通亦可，不通亦可。"《家记·记家学·旁学》，《郑献甫集》中册，广西人民出版社 2013 年版，第 1184 页。

以外还包括经典的子书诗文甚至小说家言，涵括了儒家、道家、法家等诸家学说。他认为这些书目，有的要"全读""尽览"，有的要"涉猎""博习"，以期提高自己的"学识"，领会著书作文的"法式"。更为重要的是，古人流传下来的文本，其中蕴含的思想观念，都来源于他们的亲身经历，往往真实可信，启人深思。如果自身缺乏必要的人生阅历，仅从字面理解，就很难对书本中所蕴含的事理有真切体会。所以"读书"之外，更"需游历以广见闻"。只有具备经过亲历得来的感受能力，才能产生对经典文本的同情理解。

> "夫诗不特当有才情，当有学问，并当有阅历。有才情而无学问，是李陵之张空拳也，可独战而不可众战。有学问而无才情，是王邑之拥大众也，可惧敌而不可胜敌。有才学而无阅历，是子房之坐谈兵也，可参军而不可行军。是故《卷阿》从游，《柏梁》应制，朝廷之阅历也；青海射雕，长城饮马，边塞之阅历也；浔阳商妇，新丰老翁，身世之阅历也；元和颂德，淮西纪功，承平之阅历也；彭衙哀离，秦中讽谕，离乱之阅历也；夔府咏古，海外标奇，山水之阅历也。古人有如此之阅历，故能道如此之学问，而张如此之才情，造诣既深，边幅亦富。今乃欲一孔生持三寸管，出而与古之人争，不亦谬乎？"①

写诗单有才情、学识，并不能打动人心，仅能抒发个人的情感，或者成为博学多识的"脚厨"。只有实经"阅历"，才可"行军"而成"真诗"。无论是《诗经》还是唐诗，其诗情之妙者，都是如此。如《卷阿》《柏梁》之诗蕴有"朝廷之阅历"，高适等人的边塞诗蕴有"边塞之阅历"，白居易的《琵琶行》《新丰折臂翁》蕴有"身世之阅历"，韩愈等人的《元和圣德诗》等蕴有"承平之阅历"，杜甫等人的《彭衙行》等诗蕴有"离乱之阅历"，李白等人的《梦游天姥吟留别》等诗蕴有"山水之阅历"。藉此政务、战争、旅行的真实阅历，才能"道如此之学问"，"张如此之才情"。后世学者缺乏这样的阅历，仅凭三寸之笔，自然难以企及古人的高度。缺乏阅历支撑的模仿之作，徒具古诗之形，往往多"不可解"、"不可读"。

---

① 郑献甫：《答友人论诗书》，《郑献甫集》中册，广西人民出版社 2013 年版，第 761 页。

"尝谓杨刘诸人之学西昆，如吴中少年，熏衣饰面，自诩风流，沿
其伪体，涂字砌句，至不可解；曾吕诸人之学西江，如河北大侠，掀髯
张目，自示陡健，沿其末派，谣歌语录，至不可读。……愚以为后世自
有真诗，不必拘某代；凡人各有真诗，不必问某家。凡未成室家，先立
门户；未具体段，先借衣冠。后世讲学习气，非古人作诗宗旨也。……
至其熔铸既久，则操持有定。随所至之地，处所历之事，抒所感之怀，
不胜郁积而酌为发挥，此岂有某代某家在其意中者？惟其无某代某家在
其意中也，故笔墨之间，清雄淡雅，自成气象。是殆所谓后世自有真
诗，凡人各有真诗。"①

如"西昆"、"西江"类的仿古诗作，只能称之为"伪体"、"末派"，仅
停留在"涂字砌句"、"谣歌语录"的层面上，"非古人作诗宗旨"。且因其拘
于某代某家的门户之见，沾染"讲学习气"，缺乏基于阅历的内在情感，自
然难以创作出打动人心的"真诗"。后世学者固然无法重建古人的阅历，但
这并不重要。后世学者自可从自己的真实经历与真实情感出发，经过长时间
的"熔铸"工夫，自能形成坚定的内在"操持"。"随所至之地，处所历之
事，抒所感之怀"，依据其自身的阅历与情怀，超越"某代某家"之意，"酌
为发挥"自家之意，也就能够"自成气象"，"清雄淡雅"，从而"自有真诗"，
"各有真诗"。在郑氏看来，诗与文既有相通之处，亦有相异之处。诗以言
志，需遵循一定的韵律格式以便于表达情感，不以追求实际用处为意。文章
则不同，更重视发挥其实际用处，反对将修辞格的重要性放在文本的实用性
之上。

"诗不必有用而文则不可无用，诗不可无格而文则不容有格。唐人
不尽为有用之文亦不为有格之文，故其善者如韩柳元白，各自成家，其
余或骈枝丽词、小说隽语，其弊也杂。宋人务为有用之文又好言有格之
文，其盛时如欧苏曾王，如出一手，其余亦自取义理，不失法度，其弊
也拘。总之，文不可以无用而又不可以有格也。自不学者舍奏议而言书

---

① 郑献甫：《跋〈仙舫诗集〉后》，《郑献甫集》中册，广西人民出版社 2013 年版，第 1072 页。

状，舍论著而言记序，舍传志而言辞章，而文于是乎无用。又舍才情而言义法，舍气韵而言音调，舍体段而言章句，而文于是乎有格。……余持论虽严，不过谓勿作四六骈语，勿作诗赋绮语，勿作注疏琐语，勿作语录俗语，勿作案牍习语，勿作尺牍套语，如是而已耳。"①

唐宋学者为文有一个共同特点，即都求为"有用之文"。因而唐有韩柳元白，宋有欧苏曾王等文章大家。但唐人中有为无用之文的，其失在于杂；宋人中有为有格之文的，其失流于拘；至于缺少个性的后世"不学者"，其为无用有格之文，完全失去了取舍准则。他们都不知奏议、论著、传志所言所论之事，皆需"究天人之际，通古今之变"，故需借助"才情""气韵""体段"以增强说服的力量，但不能舍本逐末，将心思花在"义法""音调""章句"这些表面的修辞手法上，而为书状、记序、辞章等无用有格之文，以作"骈语""绮语""琐语""俗语""习语""套语"炫人耳目。可见，郑氏所谓有用之文指言事、议事、记事之文，有用则指其事其理"确实"可信。

"窃以为，志之体，简洁而已矣；志之用，确实而已矣。而近世操笔者不然，不知古者并讹言讹事而沿袭之则不实，不知今者取俗人俗文而杂录之则不简。……既得简括，乃求确实。愚以为唐宋以下之说部，元明以前之正史，有可据者据之，若苦于无征，而实非无稽，则当取存于公牍者为左验，勿概以相传饰其孤陋，夫而后庶几有可信耳。"②

郑氏晚年，承担了《象州志》的编撰工作，明确以"简洁确实"为编志原则，主张志文须简洁，记事必确实。地方志的编写往往面临资料匮乏的窘境，因此编写者为求完备，往往将许多相传已久的"讹言讹事"收入其中，而对于同时代的史料，又囿于见识或人情，而将"俗人俗文"滥入其中。这就需要编写者既"知古"又"知今"，一方面根据学理对同时代的史料进行精简；另一方面，对于古代史料，则要验之于可信的私人著述与官

---

① 郑献甫：《答友人论文书》，《郑献甫集》中册，广西人民出版社 2013 年版，第 759—760 页。
② 郑献甫：《答程酉山太守问作志条例书》，《郑献甫集》中册，广西人民出版社 2013 年版，第 762 页。

方史学，对于一些没有确切证据但其事可信的，应当以"存于公牍者为左验"，不能仅以"相传"为托言，"至俗语所流传，非古籍所记录"者皆"集录以示博"。① 只有这样，地方志所载之事，才能"庶几有可信耳"。可见郑氏所求之真，并非仅指文本资料的现存真实状态，更指文本资料所反映的内容，无论是基于阅历的情志，还是记载的事实、推衍的事理，是否真实可信或可感。

三、义理的真

以朴学方法求真文真事有其优长，求真情真理则有所不足。对于朴学方法拙于阐发义理的不足，考据大家如戴震就已有所察觉，甚而直言"所记不如义理之养心"。戴氏之后，桐城学派倡导义理、考据、辞章不可偏废，意图进一步补偏救弊，但终究无法彻底改变清学偏于考据疏于义理的弊病。

> "儒之术，汉以后日益分训诂、谶纬、义疏、词章，杂然而代……义理之学，至宋而始盛，元述之，明和之，而章句流于隘陋，性命蹈于空虚，则亦不能无弊焉。姚江矫以简易，而空疏滋甚。国初诸儒，以鸿博救之，学始有汉宋之分。学者莫不舍宋而趋汉，述而和之，盛极于乾嘉，弊亦极于嘉道。贱躬行而贵口耳，弃义理而骛名物，学不切于身，用不关于家与国也。当时执牛耳之戴震东原氏，则已悔于末路，谓'所记不如义理之养心'。姚鼐、程晋芳、张海珊、刘开之徒，各著论以挽其失。顾其末流，愈泛滥不可收拾，猖狂而猝不可胜。"②

儒学本无汉宋之分，由经学衍至义疏之学而臻义理之学，是自然而然的学术发展过程。然义理之学过重章句性命之学，以至阳明之后日益走向"空疏"。清初诸儒欲以"鸿博救之"，儒学才有了"汉宋之分"。此区分在郑氏

---

① 郑献甫：《〈象州志〉四秩小序》，《郑献甫集》中册，广西人民出版社2013年版，第1173页。

② 蒋琦龄：《小谷郑先生墓志铭》，《郑献甫集》下册，广西人民出版社2013年版，第1745—1746页。

看来，是所谓"门户之私也，非心理之公也"①。学者"莫不舍宋而趋汉"，不注重义理躬行而专注于名物琐碎之学，至于产生"学不切于身，用不关于家与国"的无用之文。这实际上又使用于救弊的鸿博之学，归之于另一种"空疏"之学。戴震、姚鼐等人所开药方显然没有疗效，郑氏遂提出将汉宋学术方法"贯而通之，兼而取之"，并以之决学问之是非。

> "夫学安得有汉宋之别哉！唐以前论著者多言人事，宋以后乃探天理。唐以前自命者不过豪杰，宋以后乃拟圣贤，然其学问具在也。训故之能事，数百年来亦不多见；讲学之流弊，三百年来遂不可胜言。愚尝谓：'自语录出而天下无真理学，自说部出而天下无真经学，自类书出而天下无真词学。'盖难之，亦伤之也。顾亭林不肯讲学而自求之经史，黄梨洲不讳讲学而自实以经史，学之分为二者，复合为一矣。承学者第博极群书，讲求实用，杂碎者浑而涵之使鸿博，考订者返而课之使笃实，谓之汉学可也，谓之宋学亦可也。若本原不具而名目是争，所学正便于天下之不学。以常惺惺谈心，以活泼泼说理，贵空言而贱实事，无驳论而有游谈，其为害于学问不更大耶。……学之有汉学宋学，犹诗之有唐调宋调，字之有唐帖晋帖耳。任胶序诸儒入主出奴自为风尚则可，以国家大体分门别户垂为功令则不可。亦尝观夫水矣，当其别派靡不分，及其归墟靡不合。沟浍溪涧分矣，入大川则合；江淮河济分矣，入大海则合。"②

虽然唐以前学者"多言人事"，宋以后学者"乃探天理"，但他们"学问具在"。自从学者喜"讲学"厌"训故"之后，语录、说部、类书流行，学问俱失，世遂无"真理学"、"真经学"、"真词学"。清初儒者顾炎武、黄宗羲皆不为讲学所惑，能够自求、自实以经史之学，使考据与观理之学"复合为一"。他们的特点均是"博极群书，讲求实用"，使"杂碎"、"考订"者变为"鸿博"、"笃实"者。这样的学问，无论称之为汉学还是宋学，实无本质区别。其中关键在于求"本原"之学，贵"实事"重"驳论"，贱"空言"轻"游

---

① 郑献甫：《书茅鹿门八家文钞后》，《郑献甫集》中册，广西人民出版社 2013 年版，第716 页。

② 郑献甫：《答蒋京兆申甫书》，《郑献甫集》中册，广西人民出版社 2013 年版，第 978 页。

谈"。虽然从学者自身材性考虑，选择汉宋任一学术风尚均可理解，但从国家层面以功令形式表现出对某一学风的偏好，则有害于学术的进步。世上学问如同流水，虽有不同的流派，但最终所追求的都是同一义理。因此涉及学术争论时，需要的不是固守门户之见，盲从权威说法，任意发表个人意见，而应兼取并收，直探学问本原。

> "史公叙帝王曰本纪，叙公侯曰世家，其余人曰列传。王荆公议《孔子世家》谓：'孔子，旅人也。处之世家，仲尼之道不从而大；置之列传，仲尼之道不从而小。'以迁为自乱其例，不知此正迁之特创其例也。设如荆公言，将置之老韩之次乎？抑置之孟荀之前乎？好议论而不讨论，其弊每至此。"①

王安石研究《史记》中的传纪体例时，认为司马迁将孔子系之世家，是"自乱其例"。郑献甫则认为王安石的"议论"只是滥发意见，没有考虑到孔子的特殊地位。将孔子系于何种体例，不能简单套用一般的学派及爵位差异来安排其文本序次。司马迁充分考虑到孔子在中国文化中的至高地位，系孔子于世家是其特别针对孔子的特殊性而"特创其例"。郑氏从此论例推出一普遍化结论，即任何一个人提出新的观点时，都需充分"讨论"事实的细节，才能得出合乎义理的结论，"讨论"方法是义理判断真实可靠的最终保证，而讨论的关节在于"平心"分析。

> "郑康成注《礼》云：'水神则信，土神则知。'（《中庸》首章）何妥注《易》，亦以利物配义，贞固配信。（《集解》）故孔氏《正义》云：'元则仁也，亨则礼也，利则义也，贞则信也。不论知者，行此四事，并须资于知也。'此为古今定解。自班固《白虎通义》以信属土，谓'分旺于四时'，厥后理学诸儒皆以土配信，谓'并资于四德'。于是天下事，论诚伪不论是非，而仁非仁，义非义，礼非礼，信非信，至于不可复究。试平心读'贞固足以干事'之说，果当属知乎？抑当属信乎？何必

---

① 郑献甫：《驳王荆公史记孔子世家议》，《郑献甫集》中册，广西人民出版社 2013 年版，第909 页。

强圣言以就己意也。"①

五行配五德是中国传统易学思想中的重要观念，其中土的相配之法有配知配信两种讲法。郑玄以土配知，班固以土配信。何妥以"贞固配信"，贞为冬，冬为五行之水，故何氏实是以水配信。孔颖达谓"贞则信"，则亦以水配信，孔氏又言知资四德，而土旺四季，则孔氏明以知配土。何妥、孔颖达显然遵从郑玄以土配知的看法，郑献甫将此视作"古今定解"。或因班固之说更为早出，理学诸儒多信从其以土配信的说法，因之而形成信资四德的观念。在郑氏看来，以信资四德，做事就会只讲诚伪不论是非，从而造成"仁非仁，义非义，礼非礼，信非信"的有害后果。经此归谬式的义理讨论，郑氏认为信资四德观是"强圣意以就己意"的个人意见。若"平心读"，将语源法与归谬法结合起来进行义理讨论，就会支持知资四德的主张。

"记言：'用人之知去其诈，用人之勇去其怒，用人之仁去其贪。'客有曰：'诈近知，怒近勇，贪岂近仁耶？'予曰：'仁者断不至贪，而贪者则必托之于仁。'"②

"愚尝谓：'近世无仙家，近世亦无佛家，惟其趋于巫家而已。'……或曰：'此特其流弊之失，若其宗旨之妙，专以虚无为说，儒者亦为所夺，巫家安有是乎？'……仙之流为章表，佛之流为香花，儒之流为利禄，其源益远，其流益乖。至今日而是非同异，并可以无辨矣。"③

---

① 郑献甫：《愚一录卷之一》，《郑献甫集》下册，广西人民出版社2013年版，第1193—1194页。郑氏接受"知资四德"的说法，也可能与清代学者普遍重知的倾向有关，"举仁义礼可以赅智，智者，知此者也。……惟条理，是以生生；条理苟失，则生生之道绝"。而理学家则多认同"仁包四德"的说法，此说起于程朱，陈淳作了明确的概括，"就四者平看，则是四个相对底道理。专就仁看，则仁义较大，能兼统四者，故仁者乃心之德。"戴震：《孟子字义疏证·仁义礼智》，中华书局2008年版，第48页；陈淳：《北溪字义》，中华书局1983年版，第18页。对于郑献甫的易学造诣，杭辛斋有过评议，"《愚一录·易说》两卷，象州郑小谷先生全集经说之一种，其立论皆有根据，不为空谈，宗汉而不囿于汉，亦近今《易》说之善者也。"杭辛斋：《〈愚一录·易说〉订序》，《郑献甫集》下册，广西人民出版社2013年版，第1744页。

② 郑献甫：《用仁去贪说》，《郑献甫集》中册，广西人民出版社2013年版，第909页。

③ 郑献甫：《二教论》，《郑献甫集》中册，广西人民出版社2013年版，第903—904页。

郑氏显已注意到语言表达不清会造成义理混淆的语言现象。孔子在《礼运篇》中提出"用人之知去其诈，用人之勇去其怒，用人之仁去其贪"的观点，惑者认为将知诈、勇怒对称易于理解，但将贪仁对称，则令人疑惑，两者似无显然之关联。郑氏敏锐地意识到，孔子的知诈、勇怒、仁贪对称，是知者诈者、勇者怒者、仁者贪者的对称，非知性诈性、勇性怒性、仁性贪性的对称。如果一个人是仁者，则必定不至于贪，但一个贪者，则必假托于仁义之名以行其贪，将其与真正的仁行混淆起来，使别人不得不区分真正的仁行与虚假的仁行。因此，所谓去其贪，不是指去除一个真正的仁者的贪性，而是去除一个假托于仁义之名的贪者。通过平心讨论，郑氏指出惑者将主体属性与概念属性相混淆的思想误区。三教合一现象是中国文化的特征之一，主要指三者人文价值观的趋同。郑献甫则指出三教价值观的共同堕落现象，即儒者、释者、道者皆蜕变为香花、章表、利禄之徒。因而从名实相符的角度言，他主张将三者皆更名为"巫家"。惑者认为郑氏的说法忽视了释道"以虚无为说"，其主旨高妙无比的优点。郑氏批驳惑者没有理解他所说的中心，是儒者、释者、道者欺世盗名的问题，而非学说的"是非同异"问题。对于这些"巫者"而言，他们只关心利益不关心学问主旨，惑者的说法实际将修行实践与修行主张混淆了。这些讨论表明，郑献甫或已意识到，有些义理问题的产生实由语言的表达差异而非语言的意义差异引起。

四、人格的真

郑献甫反对混淆学说义理与学者人格为一谈，他也意识到人格的真与资料的真、文意的真、义理的真之间具有本质关联。没有人格的真做保证，资料的真、文意的真、义理的真，可能都无法实现。而要保证资料的真、文意的真与义理的真，与学者是否"志在实学"有莫大关系。如果学者处理不好"实学"与"虚名"的关系，不能先定其志，从而"尽吾学以顺吾命"，就免不了"诱于势利"，追求"速成"，而终身"自困于剽窃、摹仿、因袭中，不复得出矣"。① 从而无法达到人格、文格的自立。

> "文判于所学，尤判于所志。志在实学者必恐以揣摩陋其意，志在虚名者必恐以服古妨其功。两者常互讥而未已。殊不知富贵功名关乎命者也，言行文章由于学者也。尽吾学以顺吾命，倘其得则两得也；荒吾学以倅吾命，倘其失则两失也。学者此志不先定，则诱于势利，惊于速成，终身不能自立。文征其学，亦征其品，读方孟旋文知其为孝子，读左萝石文知其为忠臣，读赵侪鹤文知其有风节，读汤若士文知其有风流。故文者，挟吾之性术、精神、气度而出之者也。文中无实际是为浮，中无真际是为伪。彼言与行乖，文与人左者，非特其人不佳，即其文亦不佳，第不得有具眼者为之鉴耳。"②

文之品格既与作者的学问工夫密切相关，更与作者的精神品格密不可分。文章中蕴含着作者的"性术、精神、气度"，是作者人品的外现。依郑氏之见，读了方应祥的文章就能知道他是一个"孝子"，读了左懋第的文章就能知道他是一个"忠臣"，读了赵南星的文章就能知道他是一个有"风节"的君子，读了汤显祖的文章就能知道他是一个"风流"绝世的人物。作者的人品不真诚，"言与行乖，文与人左"，其文品也就达不到"实际"、"真际"的境界而流入"浮""伪"之途。只不过，人品与文品的正相关性，需要"具眼者"方能鉴别。

> "一代之世运，与一代之人才合，而成一代文体。如天之有日月风云，地之有江河山岳，体象不同而精彩皆同，故愈久而愈新。若具一孔

---

① 郑献甫：《家记·记家学·行文》，《郑献甫集》中册，广西人民出版社 2013 年版，第 1183 页。

② 郑献甫：《制艺杂话》，《郑献甫集》中册，广西人民出版社 2013 年版，第 1050 页。文如其人，是儒家的传统看法，苏轼曾言："子由之文实胜仆，而世俗不知，乃以为不如。其为人深不愿人知之，其文如其为人，故汪洋澹泊，有一唱三叹之声，而其秀杰之气，终不可没。"儒家多从道德性情上言，郑献甫似更偏于知性一些，与庄子"有真人而后有真知"的想法更接近些。苏轼：《答张文潜书》，《历代名人书札注释》第三册，商务印书馆 1924 年版，第 111 页；庄周：《大宗师》，《庄子今注今译》上册，中华书局 1983 年版，第 168 页。

之见，勒一途之归，则下笔皆陈陈相因而已耳。恶睹所谓'终古常见而光景常新'耶？"①

"或见而哂曰：'古人有诗话，古人亦有文话，经义之体，词人不道，何亦琐琐及此？'曰：'八比文，义理本于注疏，体势仿于律赋，絜度同于古文，体本不卑，作者自卑耳。'"②

正因为决定文品高低的是人品，所以随着"世运"、"人才"的不同而变化的文体，相互之间只是"体象不同"。时间愈久，文体愈多样。不世出之人才，无论使用哪一种文体，都能创作出"精彩"有品的文章。若能利用新文体创作"精彩"的文章，更能体现"愈久而愈新"的文章品格。反之，如果作者囿于"一孔之见"与"一途之归"，眼界狭窄，见识浅陋，下笔作文"陈陈相因"，无法做到"终古常见而光景常新"，就会怪罪文体，文章自无"精彩"可言。一般说来，"词人"的"诗话"、"文话"，多不言"经义之体"，认为八股文体难以写出"精彩"的文章。但郑氏以为，八股文体并无什么不妥，其修辞手法源于词诗歌赋，义理发挥源于经史注疏，文法又同于古文，至明代达到高峰，也有很多"精彩"的文章出来。因此，八股文"体本不卑"。贬低八股文无品，实是"作者自卑"，故意将文体作为写不出精彩文章的托词。此外，若涉及传记文，则传主人品与文品亦呈正相关态势。

"昔人皆谓人藉天下之奇文以传，余则谓文藉天下之奇人以传。凡初学执笔，褒贬是非，动曰不朽，皆妄也。且夫文也者，性情之清奇，学问之深博，才气之激昂，郁于其中而溢于其外耳。然苟无所藉则韬光敛采，泠然以虚。及得所藉以及发挥，又视所藉之高卑，以极其体势之所至，而浅深判焉，奇平别焉。设以记委巷之常流，颂当途之庸宦，必至于平沓、雷同、枯寂而不振。遂增饰其词则诙而已矣，曼衍其说则誇而已矣，附会其议则诬而已矣，其病又在平沓、雷同、枯寂者之下。凡

① 郑献甫：《书茅鹿门八家文钞后》，《郑献甫集》中册，广西人民出版社2013年版，第717页。
② 郑献甫：《制艺杂话》，《郑献甫集》中册，广西人民出版社2013年版，第1041页。

古人所不敢，今人皆不辞，此文所以流于卑陋而不可救也。"①

文章的"精彩"，是作者"郁于其中"的"清奇性情、深博学问，激昂才气""溢于其外"的自然表现。即便如此，如果作文"苟无所藉"，文章"光采"也无由显现。文章"光采"的"深浅"、"奇平"，实际上借藉于传主人品的"高卑"而定。文之"体势"只是助其将精彩"发挥"至极而已，不起决定作用。如若传主人格平庸无奇，所有的修辞技艺都会流于表面。要么文风平沓、雷同、枯寂，要么"增饰其词"以谀之，"曼衍其说"以夸之，"附会其议"以诬之，使文章"流于卑陋而不可救"。传记文品的高低与传主人品的高低呈正相关态势，是因为传主的选择与认可，与作者的见识高低相关，如《象州志》传记编排体例的安排即受郑氏识见左右。

"旧志……过分名目，反多挂漏。况一方之志，非比一朝之史，安可屑屑分配哉。……人物不必皆有科名，纪载亦不必强立定名，但有可书者即缀数语，无庸书者即不烦故撰一言。盖其荣辱不在此，有势者或谬为请属，无识者或妄为徇美，皆可以已矣。"②

"无识"者易于受外在名目的拘缚，不懂得根据人物本身的事迹与人格特征决定是否立传。往往"强立定名"，事先拟定框架来凑足体例，使那些根本不符合立传品格的人物得以厕身其间，滥竽充数。因此有识者只应考虑入传人物的事迹人格，"可书者即缀数语，无庸书者"连一句话也不能写。在郑氏看来，可书不可书的取舍标准，既不在权势，亦不在男女性别，"妇女可纪者亦为连书"③。他所说的"可纪"，既包括传统道德所表彰的烈妇，

---

① 郑献甫：《与友人论记事言文字书》，《郑献甫集》中册，广西人民出版社 2013 年版，第763 页。

② 郑献甫：《象州志·列传》，成文出版社 1968 年版，第 235 页。

③ 郑献甫：《象州志凡例十则》，《郑献甫集》中册，广西人民出版社 2013 年版，第 1170 页。郑氏主张对烈妇之事迹，"搜采尽登，不必皆立传，要不可不纪名也。"此外，对于一些富有才情的女诗人，郑氏除了为其撰写小传外，还通过诗歌唱和的形式以表达对这些女子的欣赏之情，并表明自己并无轻薄之意，只是"特辑幽光"，"有姓有名，而非渔其色；无形无影，而如闻其声，至于紫姑坛止矣。若此一集，更有三奇焉：……然彼本人间，此乃泉下，何嫌何疑，其可艳者一也。……然彼皆奇男，此乃怨女，有情有缘，其可艳者二也。……然彼悉死后，此乃生前，共见共闻，其可艳者三也。"郑献甫：《象州志·列

也包括一些殊有别格异品的才女，在一定程度上摆脱了男尊女卑观的束缚。

五、复数的真

郑献甫"好读书"，35 岁考中进士后即"早捐俗学"，而得以长期"从事古学"。中举前，"家无藏书，学无师承"，因此自言 20 岁时从事词章之学"苦无法"，30 岁时从事考据之学"苦无书"，40 岁时从事著述之学"苦无学"。虽所读书所藏书多在"科第后"，已届中年，但他仍然以读书为乐业，"寒暑不厌"。其自谓通过读《养新录》《日知录》《玉海》《通志》等书籍，自悟"读书法"、"著书法"。可见其读书颇为用心细致，"经史各本钩考订正，多余手批；子史各本朱墨丹黄，亦余手点。"[1]正如前所言，郑氏读书，经史子集，汉学宋学，皆下苦功，然贯穿其中则有一求实精神在。

> "故必博考注本，旁及说部，于其中疑难错综同异处，尤尽心焉。则证据确而文学日工，训诂明而字学日进，虽三而分，实一以贯矣。然此当勉求其实，不可强好其名。"[2]

桐城派倡导义理、考据、词章合一，但因其主张道统文统，郑氏批其

传》，成文出版社 1968 年版，第 235 页；《合刻〈幽女诗集〉序》，《郑献甫集》中册，广西人民出版社 2013 年版，第 569 页；《补学轩扶鸾诗词总序》，第 568 页。对女子以其才而入传，章学诚曾有论述，"其正载之外，苟有才情卓越，操守不同，或有文采可观，一长擅绝者，不妨于列女，以附方技、文苑、独行诸传之例，庶妇德之不尽出于节烈，而苟有一长足录者，亦不致有湮没之叹云。"郑献甫对于章氏之学说当是熟知的，他曾说，"章实斋论修志，欲于艺文专门外，别增文征一门，谓艺文只载书名，文征可收众作。殊不知志地方何与于选文字，彼果有关于地方利病、地方建置、地方名胜，已细注于各门各条之下，其他即号为作家，别有名篇，当于本人传中及之，岂必以刊志者代人刊集耶？此断不可从。"章学诚：《文史通义》，上海古籍出版社 2008 年版，第 283 页；郑献甫：《象州志凡例十则》，《郑献甫集》中册，广西人民出版社 2013 年版，第 1170 页。

① 郑献甫：《家记·记家藏·小引》，《郑献甫集》中册，广西人民出版社 2013 年版，第 1180 页。

② 郑献甫：《家记·记家学·经学》，《郑献甫集》中册，广西人民出版社 2013 年版，第 1183—1184 页。

"不惟于体太拘，而于事亦太陋"。① 基于此，他主张一以贯之实学治经史诗文诸门学问，因而逐渐触及"真"的多方面义涵。如前所析，郑氏认识到了"资料的真"、"文意的真"、"义理的真"、"人格的真"等"真"的多重义涵，这些义涵也可表述成文本资料的真确性，文本内容的真实性，文本义理的真理性，文本作者的真诚性。郑氏所说的文本真确性，不是指文本原貌，而是指文本现状，此现状是包含所有异字异音的矛盾现状。所指文本内容的真实性，包含了经典文本作者的阅历情感，以及读者自身的阅历情感，以及文本蕴含的事情事理的真实可感或可信。所指文本义理的真理性，指通过贯通考据法与观理法的平心讨论方法，厘清因语言表达不清造成的语义混淆现象，明确命题、概念的真实内涵。所指文本作者的真诚性，指作者人品与文品呈正相关性，就传记作品而言，无论是选择传主人品，还是呈现精彩文品，均依赖于作者的诚实人品。显然，无论是从"真"的多重义涵而言，还是从真确性、真实性、真理性、真诚性各自的多义性来说，都可以将郑献甫在治学经验中所触及的"真"，视为一种"复数的真"②，虽然郑献甫本人并无这样的自觉意识。同时也须指出，"复数的真"中的"复数"，并非意指一个混沌的整体，而是基于明晰个体或确定义项构成的"复数"。

> "（郑献甫）贯综六经诸子百家，于经义、史论、古文、诗词、四六
> 骈体皆精之。其文于事物必钩述源委，见于何书，一一疏证之，虽至近

---

① 郑献甫：《书茅鹿门八家文钞后》，《郑献甫集》中册，广西人民出版社 2013 年版，第716 页。

② 汉娜·阿伦特主张人是复数的，复数这个概念主要是强调人的相互依赖性，是一个政治哲学概念。在形而上学领域使用复数概念，则更偏向于指称事物的复杂性与辩证性，熊十力说："孔子创明一元实体之内部含藏复杂性，即乾坤以异性而相反相成。"克里斯蒂娃说："文学文本呈现为某种多重链接的体系，我们可以将其描述为某种复量的网络结构。"有趣的是，克里斯蒂娃将其复量符号学与中国的易经联系起来，"中国语言学家们似乎真正被置换和结合的种种问题牵动心扉，以至于许多数学家（Mikami）提醒人们注意，64 别卦是由阳爻和阴爻配合而成的，他们与计算图示联系在一起。"熊十力：《乾坤衍》，上海书店出版社 2008 年版，第 178 页；克里斯蒂娃：《符号学：符义分析探索集》，复旦大学出版社 2015 年版，第 132、147 页。

至微不漏，其讨论条达委备，无艰苦雕刻之态。"①

郑氏将其对于"真"的追求，贯穿于"经义、史论、古文、诗词、四六骈体"之中，对事物原委，虽"至近至微"也无遗漏，其讨论"条达委备"。在笔者看来，他并非是将"真"的多重义涵强行拼凑在一起，而是有其内在逻辑的"贯综"，可将其对于真的语簇用法归纳成"真（）"的悬置表达式。郑氏在描述其经史诗文之学时，使用了"真诗"、"真际"、"真理学"、"真经学"、"真词学"等诸多表达。也就是说，"（）"中是可以任意填充进"诗、际、理、经、词"等不同的名词术语的。而填充的方式则是"自熹"、"自有"、"自成"、"自求"、"自实"、"自立"等自觉性的语言填充活动，包括"读书"、"阅历"、"讨论"、"具眼"等具体的语言操作方式。在此语言填充过程中，主体不断推扩自身语言生活的边界，对"真"的认知越来越深刻，越来越全面，越来越多的名词术语也就被填充进去。因其有"归宿"，而统一于"真"名之下，也因其有"发明"，而扩充于"（）"之中。所以笔者判定，"真（）"表达式不是一种语义分析方式，而是儒者"致良言"的意义生长方式。在此语言填充生活不断丰富的过程中，语言意义不断生成，"愈久愈新"，最终使儒者成长为"通人"，能够说出"复数真"之良言。如若认识到这一层，则无论是从郑献甫学术贡献的表层意义，还是从其蕴含的深层学术史意义而言，后之学者都需要平心而论，去其层层遮蔽，以还其在岭南学术史甚或中国学术史上的恰当地位。②

---

① 蒋琦龄：《小谷郑先生墓志铭》，《郑献甫集》下册，广西人民出版社 2013 年版，第 1745 页。

② 僻地学者被历史遮蔽，也是学术史常态，司马迁说如叶适曾评价王禹偁说："王禹偁文，简雅古谈，由上三朝未有及者，而不甚为学者所称，盖无师友论议故也。"朱熹亦曾言："世固未尝无材也，惟其生于穷荒下邑，既无以自振，而又自知贵重，不肯希世取宠，遂以陆沉下僚，不及究其所有者，为不少矣。"如若将郑氏对文本现状的重视与胡塞尔"面向事情本身"的观念，将其对语言表达分析的重视与罗素"一切哲学问题经过分析都是语言问题"的观念联系起来看，也许更能启发对遮蔽问题的思考。同时，将"真（）"表达式看作"致良言"，与王阳明的"致良知"思想对应起来看，也别有味道。叶适：《皇朝文鉴三·记》，《习学记言序目》下册，中华书局 1977 年版，第 733 页；朱熹：《跋蒋邑州墓志铭后》，《朱子全书》第 24 册，上海古籍出版社、安徽教育出版社 2002 年版，第 3868—3869 页。

第六章 王鹏运的考据词学

除了反思"真"的多面向意义以外，有的广西学者在朴学方法的运用领域进行拓展，比如王鹏运就将朴学方法运用到词学研究中，从而开创了考据词学的崭新天地。

王鹏运（1849—1904），字佑遐，号半塘老人，原籍浙江绍兴，广西临桂人。清同治九年（1870年），王鹏运以监生中举人，不久北上应进士试不第，自是栖迟京华，浮沉宦海，做了中下级的京官，其先后担任过内阁中书、侍读、江西道御史、礼科掌印给事中等官职。在京城为官期间，王鹏运经常参加词社活动，学习创作填词，并与好友填词互答。其词作统名《半塘词稿》，晚年删定为《半塘定稿》，其中包含《袖墨集》《虫秋集》《味梨集》《鹜翁集》《绸知集》《校梦龛集》《庚子秋词》《春蛰吟》《南潜集》诸词集。

王鹏运自称"填词种子"，与况周颐、郑文焯、朱祖谋并称为"晚清四大词人"，是所谓"临桂词派"或者说"粤西词派"甚或说"桂派"的开创者。他是"重拙大"词学思想的引领者，但他的主要贡献是在创立考据词学上。王鹏运曾自述其词学校勘的郑重心态说：

"嗟夫，词于文章，小小道耳。苟歧其途，迷不知方；官商偶悟，犹曰绝学；雅郑无别，伊谁之愆？破瓠为圆，看朱成碧，凿枘不入，跂踔何之！噫，其值矣！燕云初生，旧雨时至，酒边灯下，前喁后吁，辩香之虔，端属之子，欲广流播，并付剞劂。迦陵鸟声，众响斯备；奢摩它路，宗风可寻。古人有言，殷勤永嘉，希踪正始，三复斯篇，其庶几乎？戈氏订韵，即出益工，跻之前贤，附庸靡怍。校雠崖略，赘尾俱详。聊述鄙怀，望古遥集。"①

可见，王鹏运视词为雅体，并以校勘作为恢复词的雅体地位的工具：

"半唐于词夙尚体格，于余词多所规诫，又以所刻宋元人词》属为斠雠，余自是得窥词学门径。"②

"自鹏运以大词人从事于此，而后词家有校勘之学，而后词集有可读之本。……伟哉盛业！匪鹏运孰能开风气之先欤？"③

不过，王鹏运的考据词学思想，其本人并没有专门著作传世，亦鲜有系统论述，但其倡导的词学思想与其校勘词籍的实践融为一体，而使其考据词学别有呈现。

一、托选刻以尊词体

以传统文论的一贯眼光看来，词作为吟唱于酒席宴会、勾栏瓦舍间的艺术形式，与诗相比，只不过是一种娱乐的雕虫小技，一度被视为诗余小道。在王鹏运看来，至南宋"尚雅论"兴起，词的地位开始提升，不再只是诗的附庸，而逐渐成为与诗地位平等的文学形式，词体始"尊"。

"夫词为古乐府歌谣变体，晚唐北宋间特文人游戏之笔，被之伶伦，实出声而得韵。南渡后与诗并列，词之体始尊，词之真亦渐失。当其末造，词已有不能歌者，何论今日！"④

词不同于诗的独特性在于其音乐性，王鹏运通过考证词的源起及发展，将词视为古乐府歌谣的变体，当词乐失传之后，词才主要依靠文辞表达思想感情。失去音乐性的词，其体"尊"，其雅则表现在"缘情依性"之上。

---

① 王鹏运：《双白词叙》，《四印斋所刻词》，上海古籍出版社2012年版，第162页
② 况周颐：《餐樱词自序》，《蕙风词话辑注》补编卷4，江西人民出版社2000年版，第594页。
③ 龙榆生：《清季四大词人》，《龙榆生词学论文集》，上海古籍出版社2009年版，第490页。
④ 王鹏运：《刻戈顺卿〈词林正韵〉跋》，《四印斋所刻词》，上海古籍出版社2012年版，第328页。

"夫握兰《金荃》，本源骚辩。元明以降，余音渐离。缘情依性，咏叹长言。厥擅胜场，断推南宋"①

在王鹏运看来，词是一种独立的文学体裁，有其自身独有的创作特色。词与诗一样，也渊源于中国的骚体传统，能够反映人的宏阔思想，寄托人的真切情感。而元明以后，词的这种特性渐渐减弱，因此有必要通过考证词的演变史，为词"正名"，重振此种传统。重振词的尚雅风范首先在于提高对词的典雅性的理论认识，从而真心尊崇词体。

王鹏运对于词体典雅性之重要性的认识，可从下面两首词中窥探出来：

"词，汝前来！酌汝一杯，汝敬听之：念百年歌哭，谁知我者？千秋沉瀣，若有人兮。芒角撑肠，清寒入骨，底事穷人独坐诗？空中语，问绮情忏否？几度然疑。玉梅冷缀苔枝，似笑我吟魂荡不支。叹春江花月，竞传宫体；楚山云雨，枉托微词。画虎文章，屠龙事业，凄绝商歌入破时。长安陌，听喧阗箫鼓，良夜何其！"②

"词告主人：酹君一觞，君言滑稽。叹壮夫有志，雕虫岂屑？小言无用，刍狗同嗤。捣麝尘香，赠兰服媚，烟月文章格本低。平生意，便俳优帝畜，臣职奚辞！无端惊听还疑，道词亦穷人大类诗。笑声偷花外，何关著作？情移笛里，聊寄相思。谁遣方心，自成沓舌，翻讶金荃不入时。今而后，倘相从未已，论少卑之！"③

在两首词序中，王鹏运谈到古人有祭诗以尊诗的传统，现在自己创作这两首词是"为词修祠"，以尊崇词体。他认为词并非诗之附庸，是与诗一样的"穷人"之业；因为"烟月文章格本低"，故当摒弃"绮情"艳体，而接续"诗骚"传统，像古人一样忧国忧民，情深意切；如此则可提高词的文学地位，词也就不会被视为"卑"体了。

重振词的尚雅风范，更为关键的或在于选刻具有典雅性的古人词集，以实际可感的形式呈现词的典雅性所在。

---

① 王鹏运：《双白词叙》，《四印斋所刻词》，上海古籍出版社 2012 年版，第 162 页。
② 王鹏运：《沁园春》，《王鹏运词集校笺下》，上海古籍出版社 2017 年版，第 329 页。
③ 王鹏运：《前调》，《王鹏运词集校笺下》，上海古籍出版社 2017 年版，第 331 页。

"陈大声词，全明不能有二。……其词境约略在余心目中，兼《乐章》之敷腴，《清真》之沉着，《漱玉》之绵丽。南渡作者，非上驷未易方驾。……是书失传，明词之不幸，半塘之隐痛矣。"①

可见，王鹏运选刻古人词集，其目的是为了使词的典雅性以具象的典范呈现在众人面前，使大家有感性的体认，能够追摹效仿，而不必在于是否宋人宋集。而王鹏运所说的典雅性，按照其弟子况周颐的说法，即是其所提倡的"重拙大"与自然真朴之论。

"所谓"重拙大"，所谓"自然从追琢中出"，积心领而神会之，而体格为之一变。"②

二、假古韵以效典型

如前文所述，词在发展演变的过程中，逐渐失去了与音乐的联系。但是日益诗化的词，也并非完全与音韵乐律隔绝，恰恰相反，在词的创作过程中，对于韵律的要求是日益严格的。

"故居今日而言词韵，实与律相辅。盖阴阳清浊，舍此更无从叶律，是以声亡而韵始严。此则戈式著书之微旨也！"③

不过王鹏运认为，当时所言之韵只是律的辅助，无法歌唱，持韵之严是对失乐的补救。为了恢复词韵的典雅性，王氏主张考究两宋时期作词用韵的情况，以指导作词实践的用韵问题。他在光绪九年（1883）重刊戈顺卿所著《词林正韵》，此书约初刊于六十年前，关于重刊此书的内在缘由，王鹏运说：

"按词韵之最古者，为菉斐轩《词韵》，秦敦夫太史刻之，而疑为元

---

① 况周颐：《陈大声词》，《蕙风词话辑注》卷5，江西人民出版社2000年版，第217页。
② 况周颐：《餐樱词自序》，《蕙风词话辑注》补编卷4，江西人民出版社2000年版，第594页。
③ 王鹏运：《刻戈顺卿〈词林正韵〉跋》，《四印斋所刻词》，上海古籍出版社2012年版，第328页。

明之季谬托，又疑其专为北曲而设，信然。外此如文会堂、学宋斋诸家多强作解事，未足据然。戈氏书最晚出，亦最精核，可谓前无古人矣。原版闻已毁于兵，而金科玉律实为填词家所不可少，因附刊三家词后，以广其传。上距成书之期适甲子一周矣。"①

王鹏运称《词林正韵》晚出最精，可作为词人填词的"金科玉律"。他将此书附刻在三家词即《姜尧章白石道人词集》《张叔夏山中白云词》《李易安漱玉词》后，显然认为书中之韵与宋韵合。按叶桂郴的统计，王鹏运词作的用韵确实遵从了《词林正韵》的标准。

"我们考察发现，王（鹏运）词押韵大多遵循《词林正韵》，只有入声各韵出韵次数频繁。"②

不过，王鹏运推崇"重拙大"的典雅性，主张词所表达的思想感情要深厚，所用笔法要朴实，所蕴含的主旨要博大，因而反对执律太拘。

"倚声凤昧，律吕尤疏。特以野人击壤，孺子濯缨，天机偶触，长谣斯发。深惭红友之持律，有愧碧山之门风。"③

王鹏运赞扬万树《词律》与戈顺卿（宝士）《词林正韵》有益时人，可以避免词人在填词时出现韵律上的常识错误。但他也批评两者持律过严，不足以绳宋人之韵。

"万氏持律太严，弊流于拘且杂，识者至訾为痴人说梦，未免过情。然使来者之有人，综群言至至当，俾倚声一道，不致流为句读不缉之诗，则筚路开基，红友实为初祖。"④

"宝士著书动谓宋词失韵，余谓执韵以绳今之不知宫调者则可，若以绳宋人似尚隔一层也。"⑤

---

① 王鹏运：《刻戈顺卿〈词林正韵〉跋》，《四印斋所刻词》，上海古籍出版社 2012 年版，第 328 页。

② 叶桂郴：《清代临桂词人王鹏运词作用韵研究（上）》，《桂林航天工业学院学报》2005 年第 1 期，第 81 页。

③ 况周颐：《半塘杂文》，《蕙风词话辑注》续编卷 1，江西人民出版社 2000 年版，第 290 页。

④ 况周颐：《半塘杂文》，《蕙风词话辑注》续编卷 1，江西人民出版社 2000 年版，第 290 页。

⑤ 王鹏运：《〈双溪诗余〉跋》，《四印斋所刻词》，上海古籍出版社 2012 年版，第 800 页。

真实的可为典范的宋韵，更多地存在于宋人词集里，因此校刻词集的过程也是探求雅韵的过程，效此雅韵可以获得自身词作的典雅性。

> "笏卿招'同人社'集'日望楼'，限调同赋。按白石此词，前拍'缈'字是借叶，换头'袖'字非韵，往与叔问论律如是。梦湘旧谱'黄钟清角调'，即用此说。次珊、韵珊皆严于持律，一字不轻下者，并以质之。"①

三、精校勘以养词心

王鹏运在词籍校勘事业上投入的时间，几乎贯穿一生，校勘成果十分丰富。他对于词籍的校勘，似乎更能体现其考据词学的特点。其校勘代表作是《四印斋所刻词》，书中的许多校勘跋语体现了其"词学、校勘不二"的考据词学思想。他在《〈稼轩长短句〉跋》中说：

> "晓风残月可人怜，婀娜新词竞莞弦。何似三郎催羯鼓，凤醒余秒一时捐。
>
> 层楼风雨黯伤春，烟柳斜阳独怆神。多少江湖忧乐意，漫呼青兕作词人。
>
> 信州足本销沉久，汲古丛编亥豕多。今日雕镌拨云雾，庐山真面问如何。"②

三首绝句表达的是王鹏运校刻《稼轩长短句》词集后的深刻感触，诗中提到宋词的典雅性呈现，一是词集内容的真切典雅，二是词集文本的真实可信，此两者之间显然是密不可分的，校勘行为适足以将二者关联起来。

（一）精心校勘以体会词的典雅精神

一般而言，校勘词籍要优先选择善本作为底本，只有这样才有可能校出

---

① 王鹏运：《角招（傍城路）序》，《王鹏运词集校笺下》，上海古籍出版社2017年，第460页。
② 王鹏运：《〈稼轩长短句〉跋》，《四印斋所刻词》，上海古籍出版社2012年版，第156页。

可信的词集作为词人填词的范本，否则就会做出错误的示范。但在实际的校勘过程中，典型文本的有无重于典型文本的好坏。陈匪石说：

"《四印斋所刻词》，王鹏运刻。惟《双白词》非善本，其余大概善本或孤本。且有影宋刊元椠者，校雠亦精。附《宋元三十一家词》，亦皆孤本"①

此说大致合乎实情，但也不尽然。王氏有时限于客观条件，本着先睹为快、聊胜于无的心态，也选用了不太好的本子用作校勘词籍的底本。王鹏运做得最好的是精心校勘，他倾向于尽可能地选择宋元刻本或祖本作为底本。这些底本要么未见，要么未全，要么未精，经其精心校勘后就可以作为典型供人学习研究，成为展现词的典雅性的最好载体。

"右易安居士《漱玉词》一卷……世已久无传本。……此刻以宋曾端伯《乐府雅词》所录二十三首为主，旁搜宋人选本说部又得二十七首，都为一集，……然即五十首中，假托污蔑之作亦已屡见。……此则金沙杂糅，使人自得于披拣之下。"②

"右《东山寓声乐府补钞》一卷，……唯屡经传写，伪阙至不可句读，与纯伯、夔笙校雠一再，略得十之五六，其仍不可通者，则空格或注原作某字于下，以俟好学深思者是之。……乌使读者不能快然意满如此。世有惠庵祖本，愿受而卒业焉。"③

《漱玉词》未见亦未全，《东山寓声乐府补钞》未全亦未精，须赖祖本校之，现在均是"金沙杂糅"，须人"披拣"。"披拣"既指精心校勘，更指领会此典型中的词学精神。王鹏运曾就《汇刻宋元人词》写道：

"莽风尘、雅音寥落，孤怀郁郁谁语。十年铅椠殷勤抱，弦外独寻琴趣。堪叹处。恁拍到红牙、心事纷如许。低徊吊古。试一醉前修，有灵词客，知我断肠否。文章事，覆瓿代薪朝暮。新声那辨钟缶。怜渠抵

① 陈匪石：《声执》卷下，《宋词举外三种》，江苏古籍出版社2002年版，第208页。
② 王鹏运：《〈漱玉词〉跋》，《四印斋所刻词》，上海古籍出版社2012年版，第273页。
③ 王鹏运：《〈东山寓声乐府补钞〉跋》，《四印斋所刻词》，上海古籍出版社2012年版，第424页。

死耽佳句，语便惊人何补。君念取，底断谱零缣、留得精神住。停辛伫苦。且醉上金台，酣歌击筑，杂沓任风雨。"①

在词失雅的现状下，王氏长期精心校勘的目的在于重建词的典雅性。他认为，校刻词集中蕴藏着雅音与典雅精神，当在词的创作中展现出来。

（二）精心合校以拓展词的典雅精神

如前所述，王鹏运将词籍校勘视作其一生事业，而校勘事业并非独力所能为，因此他不断推动同好共同参与词籍校勘事业，以期推动词的复雅运动兴起。他时常将其精校的词集赠与他人，引导他们产生校勘志趣。

"昔者吾友婺翁王给谏，以直言名天下，顾其闲暇时好为词，词多且工。复校刻其所得善本词于京师，以诏后进。"②

"翁喜奖掖后进，于予则绳检不少贷。微叩之，则曰：'君于两宋途径，固未深涉，亦幸不睹明以后词耳。'贻予《四印斋所刻词》十许家，复约校《梦窗四稿》，时时语以源流正变之故。彷徨求索，为之且三寒暑。"③

可见，王鹏运对后进提携的关键内容之一，即在于引导后进共同校勘可堪典型的词集，并在校勘的过程中明晰词的"源流正变之故"，乃至在词的创作过程中走上词的"两宋途径"，恢复其典雅精神。经此推动，也确乎形成了此校勘精神的绵延拓展。

"余性嗜倚声，尤喜搜香宋元人词集。朋好知余癖嗜，多出所藏相示，十余年来集录殆逾百本。窃思聚之之难，且写本流传，字多伪缺，终恐仍归湮没。爰竭一岁之力，先择世不经见及刊本久亡之篇幅畸零者，斠雠诠次，付诸手民。"④

① 王鹏运：《摸鱼子》，《王鹏运词集校笺下》，上海古籍出版社2017年版，第345页。
② 沈曾植：《彊村校词图序》，《彊村丛书》册10，上海古籍出版社1989年版，第8729页。
③ 朱祖谋：《彊村词剩卷首》，《彊村丛书》册10，上海古籍出版社1989年版，第8406页。
④ 王鹏运：《〈汇刻宋元三十一家词〉跋》，四印斋所刻词》，上海古籍出版社2012年版，第879页。

"方是时，彊村与相唱和，若钟吕之相宜，前后隅于，而曲直归分也。娄翁取谊于周氏，而取谱于万氏。彊村强识分殊，宗万氏而益加博究，上去阴阳，矢口平亭，不段检本，同人惮焉，谓之博士。盖校词之举，娄翁较其专，而彊村竟其事，志益博而智专，心益勤而业广。"①

王鹏运的校勘事业得到朋友的鼎力相助，他们将自己所拥有的古籍善本借给他作为校本或底本，王氏遂得以将这些"世不经见及刊本久亡之篇"经精心校勘后汇刻出版，供世人作为填词典范以资揣摸效仿。朱祖谋在其提携之下，踵事增华，将宋词集的汇刻推至高峰，使宋词的典范性借助校勘得以确立。此外，朱祖谋（彊村）还继承王鹏运对韵律的推崇与肯定倾向，精益求精，乃至被时人称为"律博士"，这也说明词集作为实际典型的重要性所在。前曾引况周颐言其得王鹏运赠所刻《宋元人词》后，才改变自己的风格而追求词之典雅精神，而他在改变之前，则喜作艳丽之词。因此他感叹：

"学填词，所作多性灵语，有今日万不能道者，而尖艳之讥在所不免。……人不可无良师友，不信然欤！大雅不作，同调甚稀，如吾半唐（王鹏运），如吾沤尹（朱祖谋），宁可多得？"②

况周颐是王鹏运最重要的校勘友人之一，他将王氏视为自己走上追求词的典雅精神的引路人。如前所言，他还将王氏所推崇的典雅性归结为"重拙大"。具有"重拙大"体格的词只能由况氏所说的"词心"发出，而"词心"的养成正是要经历细致校勘工夫的磨炼方可成就。

"无词境，即无词心。矫揉而强为之，非合作也。境之穷达，天也，无可如何也。雅俗，人也，可择而处者也。"③

---

① 沈曾植：《彊村校词图序》，《彊村丛书》册10，上海古籍出版社1989年版，第8729—8730页。

② 况周颐：《餐樱词自序》，《蕙风词话辑注》补编卷4，江西人民出版社2000年版，第594—595页。

③ 况周颐：《无词境即无词心》，《蕙风词话辑注》卷1，江西人民出版社2000年版，第10页。

四、祭词客以臻雅境

王鹏运校勘的先贤词集在可读性与可信性上取得很大成功，曾昭岷等人编《全唐五代词》仍以之为底本，称其"勘校独精，搜集较全"①。然如前所述，树立典型的目的不是或者说不仅仅是止于使人有可读之词集，更为重要的目的是使后来者学习效仿乃至创作具有典范性的雅词，从而形成新的雅词典型，绵延不已。

（一）尊体仪式

子曰："名不正则言不顺，言不顺则事不成。"又曰："其身正，不令而行；其身不正，虽令不从。"（《论语·子路》）"名正"之后接着要做的就是"身正"，王鹏运在体认到词体之尊后，即将尊体意识内化为信仰，并表现为"词祀"的外在行为。而"词祀"那些有功于形成骚雅传统的词人，正是所谓"形外诚中"的表现。

> "戊戌五日(端午)，以瓣香清泉，敬祀三闾。倚乐章谱迎神，亦《九歌》遗制也。"②

如前所述，王鹏运主张词亦源于骚雅传统。不过因《诗经》是集体性著作，《离骚》则被视作屈原的个人著述，从典型具象的角度而言，王鹏运就以"词祀"屈原来宣示崇雅情结。当然，"词祀"屈原还包含着对骚雅传统中的家国情怀的礼敬。屈原之外，苏东坡则是最频繁的"词祀"对象。

> "坡公生日，招同畴丈、粹甫、槐庐、伯谦、薇卿，设祀四印斋，敬赋。……即论余技文章，岷峨千古秀，还争奇崛。七百余年生气在，下拜犹通馨欬。"③

王鹏运之所以如此敬重苏东坡，与其对东坡的词品认知有关，他认为东

---

① 曾昭岷、曹济平、王兆鹏、刘尊明编撰：《全唐五代词》，中华书局1999年版，第649页。

② 王鹏运：《迷神引序》，《王鹏运词集校笺下》，上海古籍出版社2017年版，第408页。

③ 王鹏运：《大江东去序》，《王鹏运词集校笺上》，上海古籍出版社2017年版，第27页。

坡词体格"清雄",超出其他词学家之上,已臻仙境,故需特别标榜。

> "北宋人词,如潘逍遥之超逸,宋子京之华贵,欧阳文忠之骚雅,柳屯田之广博,晏小山之疏俊,秦太虚之婉约,张子野之流丽,黄文节之隽上,贺方回之醇肆,皆可摹拟得其仿佛。唯苏文忠之清雄,夐乎轶尘绝迹,令人无从步趋,盖霄壤相悬,宁止才华而已。其性情,其学问,其襟抱,举非恒流所能梦见。词学家苏辛并称,其实辛犹人境也,苏其殆仙乎。"①

(二)韵外别致

如前所述,王鹏运重视词作韵律,将词集中蕴含之韵看得比韵谱重,且反对执韵过严而伤词格。但细考其具体的用韵实际,则会发现他所说的韵不单是指音韵,更与词人通过词韵所表现出来的雅致有关。

> "冯正中《鹊踏枝》十四阕,郁伊惝恍,义兼比兴,蒙嗜诵焉。春日端居,依次属和,就韵寄托,而章句尤为凌杂。忆云生云:'不为无益之事,何以遣有涯之生。'三复前言,我怀如揭矣。"②

王鹏运肯定了冯延巳《鹊踏枝》词牌的韵律之美,但他显然更看重的是冯词中"就韵寄托"的部分,是其"义兼比兴"手法而致的"郁伊惝恍"的雅境,这种雅境能够使"有涯之生"变得有意义。也就是说,韵外别致、弦外之音,才是王氏重韵的真实目的所在。

> "风雨时至,溽热如炙,绿杉(文悌)见投新咏,率赋以当报章。昔紫霞翁(南宋词人杨缵)论择腔,谓此调衰飒,戒人毋作,然邪许相劳与兴会飙举者,声情自异。得失之故,愿与绿杉相寻于弦外也。"③

《塞上吟》曲调过悲,前贤戒人慎作此曲,但王鹏运却认为曲调悲喜与

---

① 况周颐:《历代词人考略》卷11苏轼条按语,《词话丛编续编三》,人民文学出版社2010年版,第1631页。
② 王鹏运:《鹊踏枝序》,《王鹏运词集校笺下》,上海古籍出版社2017年版,第299页。
③ 王鹏运:《塞翁吟序》,《王鹏运词集校笺下》,上海古籍出版社2017年版,第417页。

创作者的人生背景有关，取决于词作者的弦外之音。

（三）雅化人格

王鹏运的词作体格不断变化，其原因在于其不断学习前贤的词格，最后将他们的优点融化而成自家词格，从而使自己成为新的词人典范，这是基于他的学术信仰自觉追求的结果。朱祖谋、龙榆生概括此过程说：

> "君词导源碧山（王沂孙），复历稼轩（辛弃疾）、梦窗（吴文英），以还清真（周邦彦）之浑华，与周止庵氏说，契若什芥。"①

> "君固已治众制于一炉，运悲壮于沉郁。要之鹏运于词，欲由碧山、白石（姜夔）、稼轩、梦窗，蕲以上追东坡之清雄，还清真之浑化。"②

龙榆生承朱祖谋之说，更指出王鹏运最终集诸家之长而形成"运悲壮于沉郁"的词家雅格。他归纳王氏词格变化的时间节点是：碧山（1886 年）、梦窗（1896 年）、清真（1899 年）。与王氏校刻相应人物词集的时间节点：碧山（1888 年）、梦窗（始校 1896 年前，终校 1904 年）、清真（1896 年）相比，校刻节点大致与词格变化节点同步，似可说明校刻工作在考据词学形成过程中的重要作用。③1900 年梦窗词集校成时，王鹏运拟作画纪念，可能是将此项工作的完成视作自己成为词人新典型的象征。

> "往与沤尹同校梦窗词成，即拟作图以纪。今年冬，见明王綦画轴，秋林茅屋，二人清坐，若有所思，笑谓沤尹曰：'是吾《校梦龛图》也。'不可无词，因拈此调。图作于万历丁酉（1597 年），乃以能为三百年后人传神写意，笔墨通灵，诚未易常情测哉。"④

---

① 朱祖谋：《〈半塘定稿〉叙》，《清代诗文集汇编》册 771，上海古籍出版社 2010 年版，第 386 页。

② 龙榆生：《清季四大词人》，《龙榆生词学论文集》，上海古籍出版社 2009 年版，第 489 页。

③ 参见王鹏运：《四印所刻词》，上海古籍出版社 2012 年版，第 246、661、954 页跋语；龙榆生：《清季四大词人》，《龙榆生词学论文集》，上海古籍出版社 2009 年版，第 482—489 页。

④ 王鹏运：《虞美人序》，《王鹏运词集校笺下》，上海古籍出版社 2017 年版，第 565 页。

综论之，王鹏运创立的考据词学并非简单地指词学研究中引入朴学的经史考证方法，而是指他将词集校刻、词学理论与词的创作融为一体，并以校刻词集作为整个考据词学展开的中心环节，或可将其归纳为"（王鹏运）考据词学〔（重拙大）校刻词集（《半塘定稿》）〕"的语言表达式。

第七章　康有为《桂学答问》的今文考证

　　康有为（1858—1927），原名祖诒，本字广厦，自号长素，晚署天游化人，籍贯广东南海。康有为出生于"教授"世家，自小勤奋好学，常以成圣人为志向。早年学习宋明理学，曾自学过一段史地书籍，后游历香港与上海租界后，倾心西学，作《新学伪经考》、《孔子改制考》、《大同书》，欲融贯中西之学，发扬孔子春秋学的改制传统，走维新之路，从而成为维新运动的主脑。他还发动孔教运动，欲立孔教为国教。

　　康有为特别重视教育讲学，其一生中最有成就的讲学活动，一是广州万木草堂的讲学，二是桂林风洞的讲学。康有为是一个成功的教育家，有着系统的教育理论，著有《教学通议》、《长兴学记》、《桂学答问》等专门的教育与治学专著，这些著作直到今天还能启人深思，有益教学。其中，《桂学答问》是康有为第一次讲学桂林时所作，也是康有为第二次桂林讲学的指导思路。康有为二次桂林讲学，第一次四十余日，第二次六个月，时间虽短，却成效显著。培养了一大批优秀的桂籍学子，影响了广西学风的转变。这个成效的取得，与康有为的治学特点有莫大之关系。康氏虽以今文学为主脑，并且受西学影响，但清代今文学实与汉代今文学不同，它延续了清代朴学的内在精神，仍然保留了强烈的证明精神，虽然具体方式与清代古文经学有别。一般而言，对于《桂学答问》所代表的康氏的"新学"部分，即面向西方，面向未来的部分，学界关注较多，评价较高，而对于其中的"旧学"部分，即面向传统的部分，则关注较少，而事实上，康氏新之可贵，是离不开其旧的传承的。顾颉刚曾说：

"康有为这个人，在二十世纪中固然没有他的地位，但在十九世纪的末年，他确曾有过很光荣的历史，他确曾指给全中国的人民以一条生路，而且发生过极大的影响。所以在政治上我们要划除他的晚年的谬论，在学术上也要洗涤他的家派的成见，但在政治史上，学术史上，他所努力得来的成绩实在不容我们轻易忽略过。"①

"我们对于这册《桂学答问》中所讲的研究学问的方法，千万不要把现在应用的眼光来看它，而要用十九世纪末年一个从经生改行的新学家的读书方法来看它，看它如何沿袭着前人，又如何独辟着新路，看它怎样受时势的影响，又怎样受环境的束缚。能够这样做，我们研究康有为时，就不是研究他一个人，而是研究一个康有为的时代了。"②

一、尤尊经学

康氏赴桂，是由其弟子龙泽厚邀请而至，亦因在其家乡"著书讲学被议"。康有为在桂林住在风洞，此地离桂山书院不远，与广西书局逊业堂相距甚近，因其与逊业堂士人往来中，听说当地读书风气不盛，因而萌生了向当地士人传授读书门径的想法，至有此《桂学答问》一书的出现。康有为在此书序言中，明确表达了读书须从读经史之书入手的观点。他借叙述桂山书院"经明行修"匾额的由来，以及自其祖而至广西书局对读经的重视，以传达读经实为朝廷政策所鼓励的信息，冀以坚定广西士子读经的意志。

"光绪二十一年秋（1895 年 12 月）吾以讲学被议，游于桂林，居于风洞，过于桂山书院之堂，仰视楹桷，……有'经明行修'四字，……盖穆宗毅皇帝所赐先臣请颁秀峰、宣城、榕湖三书院匾额之诏书，而

---

① 康有为著，楼宇烈整理：《长兴学记·桂学答问·万木草堂口说》，中华书局 1988 年版，第 43 页。

② 康有为著，楼宇烈整理：《长兴学记·桂学答问·万木草堂口说》，中华书局 1988 年版，第 43—44 页。

先臣（康有为叔祖康国器）刊示士民者也。（赐……榕湖额曰'经明行修'）……（先中丞公既护巡抚，修三书院，复以榕湖居太隘，不足容师弟子，乃另辟地桂山之阳，建桂山书院。……故榕湖赐额移奉桂山讲堂，而堂栋题名如此）……叹曰，先帝教诲桂人士，训辞深厚，先公教惠桂人士，手泽浓渥若此哉！……先中丞公既建书院，又置经史各书于院中，用惠来学。……近者，巡抚马公丕瑶玉山创开书局，藏各直省书于各郡，又于省垣刻经史书以惠多士，……因书局而创逊业堂，课士以经史古文辞，而移榕湖旧书并置局中。……终岁除同肄业诸人，鲜有来堂读书者。……窃意多士盖昧于读书门径，故仍裹足不前，殊失马公暨诸公盛意。若为疏通证明以诱之，既有书册，又识途径，学者当亦未尝无志于书也。既居风洞月余，来问学者踵屡相接，口舌有不给，门人请写出传语之。吾永惟先帝'经明行修'之诲，思推先中丞公修学舍惠多士之意，与桂士有雅故焉，不敢固辞，敢妄陈说所闻以告多士。"①

此段论说，用意颇深，乃是康有为避免遭到当时广西书院保守学风的抵制而预先构置的防卫之说，以期给自己加上一层合乎正确导向的保护色，同时也表明自己所传播的只是一套有益士子读书的门径，仅是技术上的问题，从而避免如同在其家乡所遭致的挫折。严格来说，康氏的担心既是合理的，也是必要的，后来康氏在桂林遗留下来的刻字题词被铲掉证明其是有先见之明的。正因为有此一层特殊的渊源，康氏在桂林的讲学，总体上是顺利的，影响了一批桂地官员与士子的学术取向。

"在桂林讲学期间，住风洞山之'景风阁'四十天，平日与门人龙积之、龙赞侯、周榕湖辈往还，暇则搜岩访胜，徜徉赋诗，至于地方官员与士大夫及各书院院长、教授等，则少有过从。可见当时社会，对此'被议'之人，还是很有戒心的。"②

---

① 康有为著，楼宇烈整理：《长兴学记·桂学答问·万木草堂口说》，中华书局1988年版，第27—28页。

② 林半觉：《康南海桂游石刻研校》，《桂林文史资料（第二辑）》，中国人民政治协商会议桂林市委员会文史资料研究委员会内部发行，1982年版，第103页。

    "此文（康有为跋）摩崖在龙隐岩桂海碑林内元祐党籍碑左下角，高二尺，宽一尺八寸。大部分被清朝地方官吏视为'逆迹'而凿毁，能辨认者仅十余字。"①

康氏所说的经学，实际上已与桂林当地经史传统中的经学不同，桂林当地经史传统中的经学主要是清代朴学中的古文经学。康氏今文经学与惠戴古文经学所言之经虽皆指孔子之六经，但惠戴之经学可能更加偏向于对孔子"本义"的追求，而康氏所继承之常州经学更加强调的则是孔子创制的"新义"。当然，这个差别也并非是泾渭分明，完全没有交叉的。

    "天下之所宗师者孔子也，义理制度皆出于孔子，故学者学孔子而已。孔子去今三千年，其学何在？曰，在'六经'，夫人知之，故经学尊焉。凡为孔子之学者，皆当学经学也。"②

康有为认为，孔子之义理学，无可争议，所可争议者，是孔子的制度之学，因孔子之学的核心即体现在改制之学上，这一点集中表现在孔子的春秋学中。孟子与董仲舒深知其义，他们的学说核心即是公羊学，公羊学为孔子口说，最可信赖，因而学习孔子之学，其中心就在于，从孟子、董子阐发的公羊义理入手。若能通晓公羊改制之说，则孔子之道就可明了无疑。

    "孔学之聚讼者，不在心性而在礼制。《白虎通》为十四博士荟萃之说，字字如珠，与《繁露》可谓孔门真传秘本。赖有此以见孔学，当细读。"③

    "今为学者觅驾海之航，访导引之人，有孟子者，古今称能学孔子，而宜可信者也。由孟子而学孔子，其时至近，其传授至不远，其道至正，宜不歧误也。……述及孔子，亦舍五经而言《春秋》。然则孔子虽有六经，而大道萃于《春秋》……学《春秋》当从何入？有《左氏》者，

① 林半觉：《康南海桂游石刻研校》，《桂林文史资料（第二辑）》，中国人民政治协商会议桂林市委员会文史资料研究委员会内部发行，1982年，第104页。
② 康有为著，楼宇烈整理：《长兴学记·桂学答问·万木草堂口说》，中华书局1988年版，第29页。
③ 康有为著，楼宇烈整理：《长兴学记·桂学答问·万木草堂口说》，中华书局1988年版，第31页。

有《公羊》《谷梁》者，……学《春秋》者，在其义不在其事与文。……
惟《公羊》有'王鲁改制'之说。董子为汉世第一纯儒，而有'孔子改
制《春秋》当新王'之说。……《春秋》微言大义，多在《公羊》而不
在《谷梁》也。……孔子所以为圣人，以其改制而曲成万物，范围万世
也。……《春秋》所以宜独尊者，为孔子改制之蹟在也。《公羊》《繁露》
所以宜专信者，为孔子改制之说在也。能通《春秋》之制，则六经之说
莫不同条而共贯，而孔子之大道可明矣。"①

康氏还认为，史学即是经学，因此重视经学，也必须重视史学，重视读
经，也必须重视读史，因史书中亦多微言大义。

"读史宜以《史记》两《汉》为重。《史记》多孔门微言大义，殊不
易读。虽有窜乱，然至可信据矣。《汉书》虽为刘歆伪撰，而考汉时事，
舍此不得。后汉为孔子之治，风俗气节到美。范蔚宗又妙于激扬，皆有
经义，皆妙文章，故三史宜熟读。……能通三史，则经义、史裁、掌故、
文章俱备矣。"②

当然，康氏主张尊崇经学，还有另一层考量，即在西学处于优势的情况
下，中华民族仍当立定中国根基，不能够丧失中国文化的主体性地位。

"方今外教相迫甚至，吾辈发明孔子之道，尤当光明。"③

"近善堂林立，广为施济，盖真行孔子之仁道者，惟未正定一尊，
专崇孔子，又未专明孔子之学，遂若善堂仅为庶人工商而设，而深山
愚氓，几徒知关帝文昌，而忘其有孔子，士大夫亦寡有过问者。外国
自传自教，遍满地球，近且深入中土，顷梧州通商，教士猬集，皆独
尊耶稣之故，而吾乃不知独尊孔子以广圣教，令布濩流衍于四裔，此

---

① 康有为著，楼宇烈整理：《长兴学记·桂学答问·万木草堂口说》，中华书局 1988 年版，
第 29—30 页。

② 康有为著，楼宇烈整理：《长兴学记·桂学答问·万木草堂口说》，中华书局 1988 年版，
第 35 页。

③ 康有为著，楼宇烈整理：《长兴学记·桂学答问·万木草堂口说》，中华书局 1988 年版，
第 37 页。

士大夫之过也。"①

二、重视佐证

康有为主张读经，但是并非不读其他类的书籍，只是康氏的阅读，有着强烈的主观目的，即将其他类的书籍阅读，看做是经书义理的佐证，或者某种显现。康氏认为，其他类的书籍看似与正经有别，但从根本义理的角度来看，两者其实是无不相通的。

"专言《公羊》《繁露》者，乃就至约至易言之，仍当广通孔门诸学以为佐证。《谷梁》同传大义，当与《公羊》分别求之。有同经同义者，有同经异义者，有异经同义者，有异于《公羊传》而同于《何注》者，其异虽多，若不泥其文而单举其义，则无不同也。"②

上所引言是所谓的正面印证，除此之外，康氏还认为，像诸子之书，虽与孔门义理有冲突，但若能读得其法，其恰能起到反证的作用。诸子之改制，适可与孔子改制以相比较而反能证明孔子之可信。

"周秦诸子宜读。各子书，虽《老子》《管子》亦皆战国书，在孔子后，皆孔子后学。说虽相反，然以反比例明正比例，因四方而更可得中心。诸子皆改制，正可明孔子改制也。《吕氏春秋》《淮南子》为杂家，诸家之理存焉，尤可穷究。子家皆文章极美，学者因性之所近，熟读而自得之。"③

康氏所言之佐证法，是以一正确之理去较量事实，以去除其中不正确的

---

① 康有为：《两粤广仁善堂圣学会缘起（附会章）》，《桂林文史资料》第二辑，中国人民政治协商会议桂林市委员会文史资料研究委员会内部发行 1982 年版，第 21 页。
② 康有为著，楼宇烈整理：《长兴学记·桂学答问·万木草堂口说》，中华书局 1988 年版，第 31 页。
③ 康有为著，楼宇烈整理：《长兴学记·桂学答问·万木草堂口说》，中华书局 1988 年版，第 34 页。

内容或义理。此与惠戴之学更重归纳有些不同，惠戴之学更偏重于伪中求真，并不先行预设一个真的标准。而事实上，康氏认为其所说的孔子经学中，亦有伪的成分掺杂其间。

> "人人皆当学经学，而经学之书汗牛充栋，有穷老涉学而不得其门者，则经说乱之，伪文杂之。如泛海无舟，邈然望洋而叹；如适沙漠而无乡导，怅怅然迷道而返，固也。然以迷道之故，遂舍孔子而不学，可乎？"①

正因为如此，在读经之前，必定是要先行做一个辨别真伪的工夫。康氏认为，要做到这一点，就要掌握学问的"律例"，康氏这个说法，应当是受到春秋学重视义例法则的传统习惯的影响。

> "胥吏办一房之案，当官办一时一朝之案；儒者办天下古今之案，其任最大。天下古今之案，奉孔子为律例，若不通孔子之律例，何以办案？若能通之，则诸子廿四史一切群书皆案情也。不读律，不审案，则不得为官吏；不通孔子律例，不审天下古今大小一切案，岂得为儒生？日抱案而不知律，则无星之秤尺，无以为断案之地；若仅读律而不详览案情，亦无以尽天下之变也。故通经之后，当遍览子史群书。无志于为官吏者，是甘心于下流；无志于办天下古今大案者，是甘心为愚人也。"②

但是，孔子经学的律例，其实并不是那么容易领会的，因为如同前之所述，孔子经说中，杂有伪文。从律例的意义上讲，则是律例之中杂有伪律，若以相杂之伪律断案，就只能断出冤案、错案。

> "六经皆孔子之律例，人无不读；而难遽读之者，以有伪律乱其间，恐妄引之而误杀人，则不得不明辨之。"③

---

① 康有为著，楼宇烈整理：《长兴学记·桂学答问·万木草堂口说》，中华书局1988年版，第29页。
② 康有为著，楼宇烈整理：《长兴学记·桂学答问·万木草堂口说》，中华书局1988年版，第32页。
③ 康有为著，楼宇烈整理：《长兴学记·桂学答问·万木草堂口说》，中华书局1988年版，第32页。

　　就此点而言，康氏表现出了对惠戴之学的信从态度。康氏的信从态度主要表现在两个方面，一方面是对朴学考证方法的掌握与运用。康氏认为，学者必须掌握小学方法，尤其是音韵之学，才能分别真伪；但小学终究只是方法，不能以之为学术目的，以之为学术目的，就会囿于碎义而不知道。

　　"《说文》虽有伪窜，而古今文字之荟萃，学者当识字，不得不读。以《段氏注》为经，而《王氏菉友》《说文释例》为纬。《说文逸字》《说文外篇》《说文新坿考》《说文引经考》《说文答问》皆可考。《文字蒙求》。可先看，认得六书之序，童子最便。……《说文声读表》可知文字多由声出，亦宜并阅。"①

　　"韵学先看《广韵》，可通古通今。（古音为专门，当别考。)《说文》形学也，《尔雅》义学也，《广韵》声学也，皆学者所不可废，为国朝专门之学。惜其乱杂伪羼，破碎而无用。新学者宜稍涉之，但不必冒大道耳。"②

　　"当知目录之学。俾知天下书目甚多，无以《兔园册》子、高头讲章、时样制艺自足。书目博深，莫如钦定《四库提要》。……精要且详，莫如《书目答问》，版本最佳。……其检丛书之目，有《汇刻书目》，皆学者必应查考之书。"③

　　另一方面，则是对惠戴学者们的考证书籍，乃至惠戴学者们对经学的考证成果，康氏表现出对其可信度的认可态度。

　　"当读考订之书。考订之书甚多，不胜读，可先读《困学纪闻》《日知录》《十驾斋养新录》《读书杂志》《经义述闻》《且癸巳类稿》《癸巳存稿》。若议论之书，如《颜氏家训》《黄氏日抄》《明夷待访录》《文史通义》《校

①　康有为著，楼宇烈整理：《长兴学记·桂学答问·万木草堂口说》，中华书局1988年版，第33页。
②　康有为著，楼宇烈整理：《长兴学记·桂学答问·万木草堂口说》，中华书局1988年版，第34页。
③　康有为著，楼宇烈整理：《长兴学记·桂学答问·万木草堂口说》，中华书局1988年版，第38页。

邠庐抗议》，并可考涉。"①

"魏氏源《诗古微》，阎氏若璩《古文尚书疏证》，胡氏渭《禹贡锥指》《易图明辨》，惠氏栋《易汉学》，江氏永《礼书纲目》，秦氏蕙田《五礼通考》，及一切今学经说可先读。"②

康有为在考证上，自然也有独到的见解与方法。比方说，他对口说类著作（主要指汉代经纬之书）的发掘，是在经书真伪证明上的一个新见。只不过这种方法的运用，有一定的主观性，难免受到康氏个人真理偏爱的影响。

"《大戴礼》当与《小戴礼记》同读，皆孔门口说，至精深也。《尚书大传》《韩诗外传》亦皆孔门口说，与《繁露》《白虎通》同重。"③

"《七经纬》宜读。纬皆孔门口说，中多非常异义。刘歆作谶攻纬，后人乃并攻之，而孔门口说亡矣。今以《公羊》考之，其说多同，虽有窜乱，分别择之，不独不能废，实可宝也。"④

"西汉时书皆经说，宜读。如陆贾《新语》贾子《新书》《盐铁论》刘向《说苑》《新序》《列女传》，皆今文学家纯完之书，可与《公》《谷》互证，且多七十子口说，大义存焉，可为瑰宝。《太玄》《法言》《论衡》有杂伪说，可择观之，然亦有今学说可互证也。"⑤

康氏认为，虽然要学会辨别伪书，但并不是说伪书不可读，因为伪书仍然有其文献价值甚至义理价值。此外，拥有阅读伪书的经验，才能形成对伪书的真实判断能力，从而获得真正的读书自由，不会被伪书牵着鼻子走。

"《五经异义》当读，……今古经说具存。今真而古伪；而非知伪

---

① 康有为著，楼宇烈整理：《长兴学记·桂学答问·万木草堂口说》，中华书局 1988 年版，第 37—38 页。

② 康有为著，楼宇烈整理：《长兴学记·桂学答问·万木草堂口说》，中华书局 1988 年版，第 32—33 页。

③ 康有为著，楼宇烈整理：《长兴学记·桂学答问·万木草堂口说》，中华书局 1988 年版，第 33 页。

④ 康有为著，楼宇烈整理：《长兴学记·桂学答问·万木草堂口说》，中华书局 1988 年版，第 34 页。

⑤ 康有为著，楼宇烈整理：《长兴学记·桂学答问·万木草堂口说》，中华书局 1988 年版，第 34 页。

说，无以见真说之可珍。……从此读《新学伪经考》，别古今，分真伪，拨云雾而见青天，登泰山而指培塿，一切古今是非得失，了然指掌中。……《新学伪经考》读毕，可阅《四库提要经部目录》。凡二千年经说，自魏晋至唐，为刘歆之伪学；自宋至明，为向壁之虚学，是非得失皆破矣。……自此以往，一切经说可自择读，不致误于歧途。"①

三、融通西学

康有为学习西学，目的在于融通西学，他的《人类公理》一书借鉴了几何公理的思路。康氏认为，若因学习西学，以至于内心反不认同孔子之道，此于中国人究无益处，如此只是增加了一个外国人罢了。

"圣道既明，中国古今既通，则外国亦宜通知。譬人之有家，必有邻舍，问其家事，谱系田园，固宜熟悉，邻舍某某乃全不知，可乎？况乎相迫而来，我之所为，彼皆知之；彼之所为，我独不闻，尤非立国练才之道。今为学者略举其一二。若仅通外学而不知圣道，则多添一外国人而已，何取焉！"②

康有为所说的略举一二的西学，包括西方的制度之学与自然科学。制度之学包括西方的法律以及西方的政治、教育体制乃至社会机制；自然科学则包括西方近代自然科学的各个门类。康氏当然不是主张成为一个通才式的科学家，而是主张要了解这些科学知识，以免与近代社会脱节，也便于运用近代科学知识重构儒家的道学。

"一、律法。《万国公法》，外国所公用。《星轺指掌》，使臣之体例，最要。……一、政俗。《列国岁计政要》《西国近事汇编》最详。《西国

---

① 康有为著，楼宇烈整理：《长兴学记·桂学答问·万木草堂口说》，中华书局1988年版，第32页。

② 康有为著，楼宇烈整理：《长兴学记·桂学答问·万木草堂口说》，中华书局1988年版，第38页。

学校论略》《德国议院章程》《西事类编》《西俗杂志》《普法战纪》《铁
轨道里表》。此外各使游记，如《使西纪程》《曾侯日记》《环游地球日记》
《四述奇书》《出使英法意比四国日记》《使东述略》，皆可观。张记最详，
薛记有考据。余皆鄙琐，然可类观也。"①

"西学。《谈天》《地理浅识》《天文图说》，动物学、植物学、光学、
声学、电学、重学、化学，有《西学大成》辑之。有《全体新论》《化
学养生论》《格致鉴原》《格致释器》《格致汇编》。（此书是丛书，名种
学皆有。）《格致汇编》最佳，农桑百学皆有。"②

康有为十分重视地理学，他甚至接受了地理环境决定论，认为中西文化
的主要差异是由不同的地理环境决定的，包括人格、政治无不如此。因此，
无论从中西之学的哪一个角度而言，都要重视对地理书籍的阅读。

"读史当通地理，则《地理志》宜先读。然古之某州郡，必先明为
今某省府乃能了然，故以看地图为先。今地图绝佳者，胡文忠《大清一
统地舆图》，（武昌刻本）稍详矣，次则李兆洛、董方立之图，又次则仅
有郡县之图，亦当日挂左右，然后取《历代地理沿革图》《历代地理韵
编》考之，则得其涯略矣。（初学先读《三才略》及《地理歌》，尤为根
柢。）至天文图，地球图，五大洲图，万国全图，皆当悬置壁间，能购
天球、地球尤佳。（不过数金耳。）凡考地图，《舆地经纬度里表》宜通。
（见荷池精舍本一卷，可翻刻。）每日饭后以硃笔考一府，通其沿革，细
核山川，积久便熟；或用油纸仿印，自能绘出尤佳。《水经注》详于山水，
且最古雅，可先读。（数日可了。）此外各史地志，《元和郡县志》《元丰
九域志》《舆地广记》《大清一统志》，皆可备考。"③

---

① 康有为著，楼宇烈整理：《长兴学记·桂学答问·万木草堂口说》，中华书局1988年版，第39页。
② 康有为著，楼宇烈整理：《长兴学记·桂学答问·万木草堂口说》，中华书局1988年版，第39页。
③ 康有为著，楼宇烈整理：《长兴学记·桂学答问·万木草堂口说》，中华书局1988年版，第36页。

"地志宜先读。《瀛寰志略》其译音及地最正，今制造局书皆本焉。《海国图志》多谬误，不可从。余若英、法、俄、美《国志》皆粗略。《万国通鉴》《万国史记》《四裔年表》可一涉。（数日可了。）《日本图经》《日本新政考》，日事亦略见矣。"①

除了重视中西地理学说，康氏亦颇重视兵学与算学的中西会通。对于兵学，康氏认为《孙子兵法》尚还有现实意义，因其关注的是战争理论，其他的传统兵书，尤其是兵制之书，已经没有太大的现实意义，反而是西方兵制之书，更加实用。对于算学，康氏认为算学实质上是一种科学语言，是各门具体科学的通用语言，这一点算得上是一个深刻的认识。

"兵学古书莫如《孙子》，但言虚理，历久不变者也。至兵制，有《历代兵制》一书……。其余今古既变，无大用，惟《练兵实纪》尚可行。胡文忠公《读史兵略》最佳。近西洋之《行军测绘》《水师操练》《陆师操练》《防海新论》《御风要术》《克虏伯炮说》《炮操法》《炮表》……《海战纪要》《兵船布陈》，皆有用之书也。"②

"数学。考古则《算书十经》，而以《四元玉鉴》为至精。从今则钦定《数理精蕴》，而以《梅氏丛书》为至专。西法则以《几何原本》为入门，而以《代数术》《微积分》《微积溯源》《代数积拾级》为至深。而《数学启蒙》最便入门。近人《行素斋数学》论之最精详。天文地理各学皆从算学入，通算犹识字也。"③

康有为认识到小学的重要性，从根本上讲是认识到语言的重要性，因此他将数学列为一项语言技能。中国传统重视文字之学，至清代方发展出专门的音韵之学，注重音转与义转的关系，也依此而重视字源学的研究。康氏受

---

① 康有为著，楼宇烈整理：《长兴学记·桂学答问·万木草堂口说》，中华书局1988年版，第38—39页。

② 康有为著，楼宇烈整理：《长兴学记·桂学答问·万木草堂口说》，中华书局1988年版，第38页。

③ 康有为著，楼宇烈整理：《长兴学记·桂学答问·万木草堂口说》，中华书局1988年版，第39页。

西学影响，将关注点推进到对言语的重视，从而提倡正音雅言，认为只有文字语音全国一致，才能做到政令畅通，举国一体。

> "古者惟重言语，其言语皆有定体，有定名。……凡以言语为用，必有定名，天下同一，而后可行。……譬如今所谓正音，官话也。天下皆依于正音之名，而绝其方言，则莫不通矣。言之名贵治，而归于一，然学士大夫朝庙坛席相周旋，又尚雅焉。……古人以为言语之助辞，不如后世这个、怎、地、底之满口鄙言也。……既而观乐正教国子言语必本于乐德，则知古以能宣德行为言语也。……必言语同声，名号同系，然后能交喻也。……今闽、广、江、浙人交臂于外国，虑其皆不相通，而咸籍夷言以通语也，其辱国甚矣。……一切名号断从今式，不得引古，俾学士、野民咸通其读，则民智日开，学问益广。"①

依前所述康氏十分重视丛书的购藏，一方面是因为丛书查找资料方便，另一方面则是因为考证之学需要大量的参考资料以资考校。当此倾向与西学相结合后，则表现为康氏对学校图书馆藏的重视。

> "辛卯之岁，马中丞奏开桂垣书局，翻印经书，遍购经史子集四部书籍略备，刊发章程，准士子就读，甚盛意也。惟其地太偏僻，士子就读为难，且官局森严，乡间士庶，每逢巡而不敢进，惟善堂地处要冲，易于走集，广购图书，便于会讲。近年西政西学，日新不已，实则中国圣经之义，议院实谋及庶人，机器则开物利用，历代子史，百家著述，亦多有之，但研究者寡，其流渐湮，正宜恢复旧学，岂可让人独步。今之聚书，务使人士知中国圣人穷理之学，讲求实用，无所不备。泰西通都大邑必有大藏书楼，即中国图籍亦藏庋至多。今拟合中国图书陆续购钞，而先搜其经世有用者，西人政学及各艺术图书皆旁搜购采，以广考镜而备研求。若世家大族，名士硕儒，出其藏本，嘉惠本堂，敬当什袭珍藏，公之同志，与捐资者一例登报，以扬美德。"②

---

① 康有为:《言语第二十九》,《教学通义》,《康有为全集》第一集,中国人民大学出版社2007年版,第54—56页。

② 康有为:《两粤广仁善堂圣学会缘起（附会章）》,《桂林文史资料》第二辑,中国人民政治

受西学之影响，康氏亦十分重视对真实意义的知解，以培养真实的动手能力，因而康氏颇重图谱和实验仪器的购置。这种学风深刻影响了其弟子马君武，马氏开办广西大学重视实验仪器的购置当与此有关。

"然而文字明，其义有难明者，非图谱不显；图谱明，其体有不能明者，非器不显。《诗》称关关雎鸠，熟陆机之疏，通冲远之说，学者日详考其形色，而不知雎鸠也，置雎鸠于前则识矣。人之一体，读《素问》，考明堂，及全体新论不知也；外国有人身全体，一见则明矣。今并购天球、地球、视远、显微镜、测量艺学各新器，皆博揽兼收，以为益智集思之助。"①

康氏对科学知识的探求精神，在桂林讲学期间，表露无遗。其设计的科学实验课，对当时桂籍学子，良有启发，而为他们深印脑中。

"光绪丁酉孟夏（1897 年 5 月）一夕，与同门汪凤翔、龙朝辅、况仕任、龙泽厚等约十数人往景风阁康师住所，座谈请益，未几，雷电交加，风雨将至，康师兴发，即率我等带雨具，持风灯，穿过风洞后之望江亭上，观赏雨景，即指示声浪、光浪、电浪之原理。康师并谓：此种宇宙之自然现象，西人悉心研究，成为声学、光学、电学之原理原则，应用于人间，是以西国日进于文明，我等亦须精心研究等语。诸弟子闻言，颇多觉悟，俟雨停后，仍送康师回寓，我等方各归寝，是亦实验之一课。"②

四、特标会讲

康有为并非在一般的意义上来理解"学"的意义，他将"学"理解为人

协商会议桂林市委员会文史资料研究委员会内部发行，1982 年，第 22 页。

① 康有为：《两粤广仁善堂圣学会缘起（附会章）》，《桂林文史资料》第二辑，中国人民政治协商会议桂林市委员会文史资料研究委员会内部发行，1982 年，第 23 页。

② 廖中翼：《康有为第二次来桂讲学概况》，《桂林文史资料》第二辑，中国人民政治协商会议桂林市委员会文史资料研究委员会内部发行，1982 年，第 70—71 页。

与动物的差别性属性，认为正是因为人能"学"，故而能够将自身与动物区别开来。同时，康氏认为"学"的核心是逆天而行，只有逆天而行，人才能克服自身的弱点，而日臻于文明的境地。康氏此说可能与他反对孟子性善与荀子性恶说有关，他同意告子之说，并认为这与孔子的看法一致。

"孟子性善之说，有为而言；旬子性恶之说，有激而发；告子'生之谓性'，自是确论，与孔子说合，但发之未透。使告子书存，当有可观。"①

"故人所以异于人者，在勉强学问而已。夫勉强为学，务在逆乎常纬，顺人之常。有耳目身体，则有声色起居之欲，非逆不能制也；顺人之常，有心思识想，则有私利隘近之患，非逆不能扩也。人之常俗，自贵相贱，人之常境，自善相高，造作论说，制成事业，与接为构，而目惑荧而心洽就。其为是俗，非一人也，积千万人，积亿兆人，积京陔秭壤沟人，于是党类立矣。其为是俗，非一时也，积日月年，积百十年，积千万年，于是积习深矣。欲矫然易之，非至逆安能哉？故其逆弥甚者，其学愈至，其远于人愈甚，故所贵勉强行道也。"②

正因为此，人当以"学"为贵，不畏艰辛，立下为"学"的志向。康氏认为，一个人的治"学"志向，决定了一个人治"学"成就的境界高低，也决定了一个人治"学"是否成功。

"凡百学问，皆由志趣。志犹器也，志大则是器大，所受者大；志小则器小，所受者小。仅志于富贵科第，所谓器小也，语之以天下之大，岂能受哉。若有大志，则通古今中外之故，圣道王制之精，达天人之奥，任天下之重矣。故《学记》言'辨志'，孟子言'尚志'，孔子言'志仁无恶也'，陆子静言'一月仅言立志'。砥砺名节，涵养德性，任大道而行仁政，皆自志出也。其庶几先帝'经明行修'之诲耶！"③

---

① 康有为著，楼宇烈整理：《长兴学记·桂学答问·万木草堂口说》，中华书局1988年版，第3页。

② 康有为著，楼宇烈整理：《长兴学记·桂学答问·万木草堂口说》，中华书局1988年版，第4页。

③ 康有为著，楼宇烈整理：《长兴学记·桂学答问·万木草堂口说》，中华书局1988年版，

当然，仅仅有志向，而无实行，也称不上是"学"。康有为认为，从小的知识见闻而言，每个人都能够说出旁人不知的东西，旁人也愿意听闻这些奇闻异事。但是，一旦涉及精深的义理，就没有多少人愿意花费精力来深究。此虽然是人之常情，若深究其中的原因，或在于理解精深的义理确乎要付出非同一般的、旷日持久的努力，而且即便这样的付出，也不能保证必有所得，这就超出了一般人的忍耐力。然而考之人之行路，靠双脚行走，还是靠铁路运送，其速度差距甚远。读书求义理亦如之，若掌握一正确的方法，其效果自然不可同日而语，因此读书还须讲求方法。

> "今人闻谈古事，乡曲人道城市，不乐听之者无有也。故虽乡曲陋民，胸中必有一二城乡古事义理，故谓天下皆学人也。然而语以穷极古今之故，中外之事，天地之大，圣人之道，贤达之论，则裹足掩耳而欲遁逃，则或一邑一郡无通人。乐闻小而恶闻大，此岂人之情也哉？其书太繁，其道太远，其力太苦，而卒无所得，望海无舟，其向若而惊，归而浮游溪沼之间以自娱乐，乃人之情也。今夫昔之之京师，裹粮三月而后能至，近者轮舶往来，不旬日抵津沽矣，假有铁路，则一日程耳。……故学者为学，患不知道，既知道矣，患无精炼之舟车。二者既备，其功百倍，至千万倍焉。方今国事之艰，皆由士人之谬陋寡学，无才任之，每念叹息。"①

康有为所讲的为"学"之法，具体而言，包括三个方法：一是分类读书法，二是计程读书法，三是会讲读书法。

所谓分类读书法，是把所欲阅读的书籍分成若干类别，或者说，根据读书求道的完整性，按照类别分别选取有代表性的著作，组成系统的阅读书目，按照此书目去阅读，从而形成对儒家之道的全面把握。康氏倾向于把阅读书目分成七个大类，这些类别又可是分成精读与涉猎两个部分，精读部分则分成六类，其中经、史、子、宋学、词章，大致对应经史子集的部分，小

———————
第42页。

① 康有为著，楼宇烈整理：《长兴学记·桂学答问·万木草堂口说》，中华书局1988年版，第45页。

学与西学另成一类，说明康氏内心将小学西学皆看作是知识性的读物。

"读书当分专精、涉猎二事，惟专乃可致精，惟涉猎乃能致博，二者不可偏废。"①

"读书宜分数类：第一经义，第二史学，第三子学，第四宋学，第五小学及职官天文地理及外国书，第六词章，第七涉猎。或以朝暮午夜分功，或以刚日柔日分学，并轨齐驱，日见所不见，闻所不闻，至于经年，自能豁然贯通，八方并集，罗午旁魄，本末内外，上下古今，无不该举，而学成矣。"②

所谓计程读书法，是将所欲阅读的书籍，按其内容深浅，分成前后次序，按日阅读。每日按照早晨、上午、下午、傍晚、晚上分成不同的时间段，按照经、史、子、理学、西学分类选择适当数量的内容，每日分时阅读。此两种方法相结合，规定好每日须完成的阅读量与总的阅读时间与次序，以期在一定时日内达到成就儒者的目标。梁启超曾经按照康有为的嘱咐，细致地排列了一个日程表，按其说法，"不出三年"③，即可成就。

"为学之始，先以一二月求通孔子之大义为主。五经四书固所自熟，将《公羊》《繁露》《白虎通》《孟子》《荀子》《大戴记》《韩诗外传》《尚书大传》及《三史儒林传》汉人经说，讲求而贯通之。是月也，但兼看小学及《宋元学案》以为清新寡欲之助，诸书既通，则可分类并致，半年之内，周秦西汉子说可毕，《三史》亦通，《说文》地图亦有所入，考订议论目录之书亦粗涉，词章亦以暇讽诵，外国要书及天文地理，亦讲贯毕。及半年以后，浩然沛然，旁薄有得，各经说，各史学，群书百家，皆可探讨，期年而小成，有基可立矣。三年则是诸学毕贯，此为

① 康有为著，楼宇烈整理：《长兴学记·桂学答问·万木草堂口说》，中华书局1988年版，第41页。
② 康有为著，楼宇烈整理：《长兴学记·桂学答问·万木草堂口说》，中华书局1988年版，第41页。
③ 康有为著，楼宇烈整理：《长兴学记·桂学答问·万木草堂口说》，中华书局1988年版，第49页。

中人言之。若上智之才，尚不待此；即使下才，倍以年月，六年亦可大成矣。"①

康氏所提及的读书之法中，最为重要的是师友会讲之法。康氏的会讲之法，是明朝书院讲会制度与清朝书院日课制度的结合。康氏一方面强调师友之间互相切磋治学，另一方面也强调学生要勤于笔记，当心得体会记于书上，对于学生优秀的课堂发言，将其选刻出来，以便传观，从而达到集思广益，互相促进的学习效果。

"读书须讲求师友，师不易得，求友最要。孤陋则寡闻见诮，丽泽则讲友宜先。曾子则贵会文辅仁，孔子则重多闻直谅。一人之见有限，众人之识无穷，故读书求友讲求，旬日会讲，（或三日一会，或五日为期，不可太疏。）上下议论，其益无穷。"②

"读书当设功课部，每日读之书，当详注明，以便稽考。所读之书，必加议论，与朋友商其得失。杜工部曰：'小心事友生，误谬则改之。'曹子建曰：'必求有公鉴，而无姑息者。'但求学识之进，不必饰非护前，自能日有光明。若一謦一言，接人行事，养心修身，皆能日省，尤为有益，是在志士。"③

"每会课，当公推学识优长者为会长，性行严正者为监督，以资表率，而去惰慢。其课部中议论佳者，当摘抄，以备选刻，以厉观摩。久之成书，风化自起。"④

不过，康氏所说"会"，不单单是指会讲之"会"，它还有更加广阔的社会意义。康氏认为"会"是文明的象征，古今中西都是如此，是国家进步的

① 康有为著，楼宇烈整理：《长兴学记·桂学答问·万木草堂口说》，中华书局1988年版，第41页。
② 康有为著，楼宇烈整理：《长兴学记·桂学答问·万木草堂口说》，中华书局1988年版，第41页。
③ 康有为著，楼宇烈整理：《长兴学记·桂学答问·万木草堂口说》，中华书局1988年版，第41—42页。
④ 康有为著，楼宇烈整理：《长兴学记·桂学答问·万木草堂口说》，中华书局1988年版，第42页。

阶梯。此外，康氏所说的"学"，也不仅仅是学术研究之"学"，而是民智开通之"学"，是农工商之类的实学。此本为中国之传统，只是日后失传，因此康氏欲借西学以兴中国传统的经世致用之"学"。

> "宋明儒者，每讲一学，皆合大会，今泰西亦然。会中无书不备，无器不储，即僻居散处，亦得购书阅报，以广观摩，故士有才业，而教日以昌，国借圣教，而势日以盛。"①

> "三代之富美，由开农工商之学为之。后世日谈经义，而以其业听之小民，长官士夫，皆置不讲，农工商之业，日以弊陋，至四海困穷，徇虚谈而不求实学之故也。……泰西之富，不在治炮械军兵，而在务士农工商。农工商之业，皆有专书千百种，自小学课本，幼学阶梯，高等学校皆分科致教之。又皆有会，以讲格致新学新器，俾业农工商者考求。故其操农工商为者，皆知植物之理，通制造之法，解万国万货之源，用能富甲大地，横绝四海。今翻译其书，立学讲求，以开民智。"②

五、桂林讲学的流风余韵

正因为康氏毫无保留地提供了其宝贵的治学路径，并且不厌其烦地将此路径之细节和盘托出，更是在桂林进行实实在在的讲学活动，从而使其提供的新学路径，在桂林发生了深切的影响。康氏在桂林的讲学，时间虽短，但内容丰富，改变了桂林士子的求学方向，其弟子龙应中说：

> "南海举上列诸学以入告门弟子，桂人思想大变矣。尝说欲速造就多士以救时，故课程时短而学多，汝等宜速学，朝夕思之，放眼观世界，较战国时尤烈，其祸不堪设想。春秋恶战，其害何如乎？孔子已先

① 康有为：《两粤广仁善堂圣学会缘起（附会章）》，《桂林文史资料》第二辑，中国人民政治协商会议桂林市委员会文史资料研究委员会内部发行，1982年，第21页。

② 康有为：《两粤广仁善堂圣学会缘起（附会章）》，《桂林文史资料》第二辑，中国人民政治协商会议桂林市委员会文史资料研究委员会内部发行，1982年，第24页。

言之。康师又谓汝等虽学六个月，抵东省学三年，然此只付与开门之锁钥耳，汝等须扩充之善用之等语。"①

"先生之学，精深博大，来桂讲学，影响颇多，人知爱国御敌，兴学堂，重体育，设会讲学，文武兼重，风气之变速而巨。"②

康有为的桂林讲学不仅影响到其学生，还影响到了与其交往的广西地方官员，如时任广西洋务总局按察使蔡希邠，就受到康氏会学思想的深刻影响，而在《圣学会序》中极力铺陈"会"对于人类的重要作用，同时表明自己"乐从之游而观其成"③的坚定信念：

"质点相会而成体，元气相会而成化，日月相会而成望，颜色相会而成文，声音相会而成乐，人类相会而成国，学者相会而成教；举天天之中，物物之内，不能有一而无二也，则不能无会也。有所会而后有所成，不会则散，散则毁矣。其会大者其成大，其会寡者毁而不成。是会无量无算数无思议之空气而成为天，会无量无算数无思议之土而成为地。易曰：大哉乾元乃统天，乾元者，会其有极也。"④

又如，桂籍名人唐景崧，受康氏之教育思想影响，在其办学过程中，多沿康氏思路设置课程。由其主办之广西大学堂，也染上了康氏学风。

"时唐景崧掌经古书院，即于该院添设算学、时务两课，其后唐复主持广西体用学堂，亦以中学为体，西学为用，除治学（包括经史中外政治）、数学两科外，已添设英文一科，要皆沿圣学会之范畴而扩展。其后由体用学堂，改办广西大学堂，监督陈昭常为具有新知识之官僚，提调先任刘士骥，继任石德芬，皆昔年与康有为在广州同教大馆者，亦

① 廖中翼：《康有为第一次来桂讲学概况》，《桂林文史资料》第二辑，中国人民政治协商会议桂林市委员会文史资料研究委员会内部发行，1982年，第54页。
② 廖中翼：《康有为第一次来桂讲学概况》，《桂林文史资料》第二辑，中国人民政治协商会议桂林市委员会文史资料研究委员会内部发行，1982年，第55页。
③ 蔡希邠：《圣学会序》，《桂林文史资料》第二辑，中国人民政治协商会议桂林市委员会文史资料研究委员会内部发行，1982年，第42页。
④ 蔡希邠：《圣学会序》，《桂林文史资料》第二辑，中国人民政治协商会议桂林市委员会文史资料研究委员会内部发行，1982年，第40页。

不外'改良'、'立宪'之主张。故广西大学堂之风气，在前半期由于《新民报》之输入，全部员生之学术思想，多半为康氏及康徒梁启超之学术思想所影响。其后半期，中国同盟会成立，民报输入，始渐转变为民主主义革命之学术思想。"①

此外，康氏与民国时一些桂籍学者，亦有交游，如与陈柱之间的交游颇为典型。康有为曾经为陈柱的藏书楼题字，陈柱亦雅好收藏康有为字画。康有为逝世后，其家人欲变卖康氏收藏的书籍字画以偿债，陈柱即介绍康氏弟子时任广西大学校长的马君武收购，因此这些藏品的大部分由民国时的广西大学图书馆收藏。康氏之于广西大学，惠有深焉。

"古籍中，以康有为遗藏之二万余册，最为珍贵，均属康氏本人之私藏。善本少，地志尤多。今再欲购置如此繁富珍异之古籍，诚非易事也。"②

---

① 廖中翼：《康有为第二次来桂讲学概况》，《桂林文史资料》第二辑，中国人民政治协商会议桂林市委员会文史资料研究委员会内部发行，1982 年，第 83 页。

② 刘小云，吕广生：《陈柱与康有为关系考论》，《玉林师范学院学报》2013 年第 6 期；国立广西大学图书馆：《国立广西大学图书馆一览（民国三十年度）》，桂林国立广西大学图书馆 1941 年版。

第八章　陈柱的"哲学"考证 [①]

　　"朴学"又称考据学或汉学，源于清初学者方以智、顾炎武等人，盛行于清中期。其学反对空疏学风，主张"实事求是"，以考据为根本。梁启超在《中国近三百年学术史》一书中谈到，清中期古典考证学独盛，考察的对象主要为古典文献，而非自然现象。其中汉学派最为突出，包括吴派与皖派两个支系，吴派是朴学奠立的标志，皖派是朴学发展的巅峰，"吴派以惠定宇为中心，以信古为标帜，我们叫他做'纯汉学'。皖派以戴东原为中心，以求是为标帜，我们叫他做'考证学'。" [②] 梁启超以为他们（含总结式的扬州派与浙东派）的研究方法与近世科学方法极为相近，而称他们为"科学的古典派"，其主要从事的工作包括：经书笺释；辨伪书；辑佚书；文字训诂；音韵考辨等等。到清晚期则出现具有今文经学倾向的常州学派，其关注中心点在公羊家经说，他们用独特的眼光研究《春秋》学，也以科学方法建构"经世致用"之学，仍可看作朴学的继续与发展。由于清代朴学家把精力集中在古典文献与经学而非自然现象之上，有的学者就怀疑朴学的科学性。然而不管朴学家研究的对象是什么，胡适与章太炎都以为朴学间接发展了科学的方法，暗含了科学的精神。道光朝后，由于科举及官学的肯定，朴学逐渐传入广西，逐步改变了广西书院及学界的学风。

　　陈柱（1890—1944），字柱尊，号守玄，广西北流人。幼承家学，曾师

---

① 此部分为广西社科项目《朴学影响下的清代广西学术》的阶段性成果，今略有修改，已发表在《梧州学院学报》2015年第4期。

② 梁启超：《中国近三百年学术史》，人民出版社2008年版，第23页。

从唐文治，有朴学功底；后留学日本而有现代学问方法训练。张岱年曾在《中国散文史》序言中，谈到以陈柱为代表的清末学者"继承了朴学的作风，考据比较精审，析事论理，力求准确。……许多学者都在一定程度上参考了西方的治学方法，致力于中西学术的会通与融合，因而达到了较高的学术水平"。[①] 或许可以说，陈柱融合朴学传统与近代西学新知，将传统的朴学考证发展为具有近代意义的"哲学"考证。

一、实事求是的朴学方法

清代朴学家践行"实事求是、无征不信"[②]的方法论原则，其朴学方法总体上说是"实事求是"的方法。具体来讲包括三个方面：第一是恢复本文，包括音韵、文字、训诂等手段；第二是理解本义，包括义例、贯通、分析、明故等方法；第三是事实校验，包括历史事实与经验事实的校验。

首先，朴学重视求真，主张恢复经典文本原貌，就必借助于小学方法的运用，因之当时的朴学家甚而讲到，不通音韵、文字、训诂等考证方法根本无法阅读古书。其中，音韵主要研究音节声、韵、调的分合异同；文字研究字的形体及形体与声音、语义之间的关系；训诂则研究如何用通用语言解释古字古义。在方法的改进上，"顾炎武首创'读九经自考文始，考一文自知音始'的研究顺序；惠栋进一步把'从古字、审古音'作为考经的准则；戴震又主张'以小学为基'来践履求是的通经路线。"[③] 同时，朴学家反对运用孤证作为立论基础，而主张对研究领域的有关对象逐一充分考察，决不放过任何可能的反面例子，进而加以比较，以得出最后的结论。

其次，朴学家在广泛地收集尽可能多的原始材料后，为了理解本义，而主张"会通义例"，即不是简单地堆砌一大堆原始材料，而是分类归纳事实，

---

① 陈柱：《中国散文史》，东方出版社 1996 年版，序。

② 梁启超：《清代学术概论》，东方出版社 1996 年版，第 5 页。

③ 参见李海生：《朴学思潮与清代学术》，《上海行政学院学报》2005 年第 6 期，第 89 页。

以期揭示事物内在的深层规律。除此以外，他们还主张"一以贯之"，依据"义例通则"以考察诸特殊现象与事例。为了进一步验证考证结论，朴学家亦主张进行逻辑论证意义上的"虚会"论证，即依据"对象的内在特征"进行推衍。具体则包括三种形式：一是"根据前后是否贯通，推断某种记载或观点的真伪"；二是"通过对文献内容或结构的分析以论证某一假设"；三是"通过明故析因以论证某一论断"。① 朴学家通过梳理从文字到训诂，再到义理的逻辑先后关系，强调本义的重要性，"以'语言的还原'复原经典的'本义'，成为朴学'考据'方法的一个基本思路。"②

最后，为了验证结论的真实性，朴学家还采取事实校验的方法，即根据事实材料进行检验，包括历史事实与经验事实的校验。历史事实校验主要是基于同时性的相关历史材料或所处的历史背景进行校验，经验事实校验主要是根据人们的经验常识或进行实地考察进行校验。这两种校验的方法也可相互结合使用，从而使其结论更具有科学性。

二、继承传统的文献梳理

陈柱是一个文献学家，他在注疏经典文献时，继承了朴学"实事求是"的精神，娴熟地运用朴学方法以探求经义，主要包括以下几点。

一是慎重改字，重视证据。朴学家批评宋代学者在没有充足文献证据的前提下擅改文字，因此主张恢复文本原貌时须并列异说以使合理文本"不证自明"地显现出来。陈柱继承了此方法，反对妄自改字。在《墨学十论》中，陈柱认可王念孙对脱字、误字、衍字，颠倒、妄改字进行辨正，目的就是恢复原始面貌，使文本易于读通。陈柱在《老子韩氏说》凡例中讲道："一、老子原文，用浙江局本。其韩子书所引有异者改从韩子，而于原句下注明。

---

① 参见赵华、胡永翔：《清代朴学与实证科学方法之比类研究》，《云南社会科学》2008 年第 6 期，第 60—64 页。

② 康宇：《论清代朴学对儒家经典解释方法的重构》，《文史哲》2011 年第 2 期，第 39 页。

二、引韩非子原文用王氏集解本，遇有改订处于句下注明。三、韩子书中如解老喻老，固为释老子之书，即其不引老子之言，而语有足相阐发或相反证者，亦为韩学所渊源，皆列于每章之下，以见老韩两家学术之变迁。四、每章多下以鄙见，或究其流变，或评其得失。"① 从这段话中可以看出，陈柱尊重原文，也注重把不同的异文列于文下，让原文、修改的内容甚至意思相反的内容彼此对比，以彰显学说的变迁，最后才列出作者对文本的历史梳理与个人的评论。陈柱的这个主张与阮元的主张是一致的。

二是重视注疏的证明作用。陈柱在许多个人著作中都采用了注疏的方法，如在《中庸注参》中，陈柱每列出一节原文，就出现"柱按"内容，然后结合他家的注疏，列于后面，用注疏证明文本所阐释的义理，如对"天命之谓性"的梳理中，陈柱即引用戴震、康有为、刘师培、陈钟凡的训释以证明天命之谓性之性是自然之性。在《墨学十论》中重视例证的证明作用，如在摘录墨子文字的内容中，大量引用他注与自注，以证明墨子之文与唐后散文有着密切的联系。② 在注疏上，陈柱还继承了"概念化"的注解方式③，如在《公羊家哲学》"攘夷说"一节中，为了说明"化"与"攘"各自的意义，其大量使用"由是……，则……""反是……，则……"与"凡……，则……"的句式，把注疏作为一个整体体系对观点进行系统论证。

三是继承朴学家"以音求义、以形辨讹"④ 的训诂法。如陈柱在《法家总论》中论述法家出于理官时，运用音韵法以证明理与士有内在关联，他说："'法家者流，盖出于理官，信赏必罚，以辅礼制。'此言法家之远源也。理字从玉里声，里从士声，故理官于古为士。"⑤ 又如他在《名家总论》中反驳

---

① 陈柱:《老子韩氏说》，商务印书馆 1939 年版，"凡例"第 1 页。
② 参见陈柱:《中庸注参》，华东师范大学出版社 2011 年版，第 53—55 页;《墨学十论》，商务印书馆 1934 年版，第 131—137 页。
③ 参见郑朝晖:《论惠栋易学中采用的"逻辑化"方法》，《周易研究》2008 年第 1 期，第 26 页。
④ 参见郑朝晖:《论惠栋对考证方法的"知识性"改造》，《广西社会科学》2009 年第 8 期，第 38 页。
⑤ 参见陈柱:《诸子概论》，广西师范大学出版社 2010 年版，第 70 页。"攘夷说"句式例见刘小枫、陈少明主编:《犹太教中的柏拉图门徒》，华夏出版社 2007 年版，第 234—237 页。

胡氏对别墨条目的误解时，亦运用音韵法证明别与背的关联，他说："'相谓别墨'一句，宜注重'相谓'二字。'相谓别墨'盖谓彼此互斥为'别墨'。'别'字古与'八'通。'八'、'北'、'背'古声义皆相通。盖彼此不同，自以为正宗，而斥人为背师者也。"①《墨学十论》中证明墨学与尚书学的关联时，陈柱也应用了此法。陈柱还采用以形辨讹的训诂法，如在反驳简朝亮的一些不当观点时，陈柱细致辨析了言与吉字因形致误的可能性，他说："'言'当为'否'。篆书'否'作'否'，'言'字作'言'，二形相近。隶书'否'字或作'音'，'言'作或作'音'，亦相似。故'否'误为'言'。'否'与'不'古字通。按段王说，是也。'非'，'不'，'否'，古均通用。"② 在《墨学十论》中，陈柱还有许多间接运用"以形辨讹"的内容。

四是继承朴学家的"会通义例"。如梁启超在《墨学微》与《墨子学案》中曾主张，墨子选立天子及巨子之法，与卢梭民约之意相仿，有民主之意味。陈柱运用"会通义例"的方法，反驳梁之看法是附会之说，墨子所谓的选立者是天而非人民，其举出《尚同》《天志》等篇中的诸多实例以证其谬。陈柱对梁氏论墨子的实利主义、劳农政府等观点进行纠正，指出"近人之学，颇似商贾趋时，好似外国学说，皮傅古书……。此乃近世学者之长技也。其学术之能耸动听闻者在此，其短处亦正在于此。"③这说明陈柱反对穿凿附会地设立义例，要想正确设立新的义例，必须提供大量的旁证。

五是继承朴学家的事实校验法。在《墨学十论》中，陈柱主张墨学如同孔子之学，其学亦出自《六经》之学。《墨子》书多引《尚书》《礼经》，陈柱多寻找到原文出处以证实之，尤其是为了说明墨子之学本于《尚书》尤深，陈柱根据《墨子》中的《尚贤》《兼爱》《天志》《非命》《非乐》诸篇中的相关内容，在《尚书》以及《伪尚书》中找到大量与之相同的原始材料。④《墨子》中易学引文似不多见，陈柱经过细致爬梳，从语法与意义的角度寻找到

---

① 陈柱：《诸子概论》，广西师范大学出版社 2010 年版，第 97 页。
② 陈柱：《墨学十论》，商务印书馆 1934 年版，第 40 页。
③ 陈柱：《墨学十论》，商务印书馆 1934 年版，第 202—203 页。
④ 陈柱：《墨学十论》，商务印书馆 1934 年版，第 35—62 页。

一些文本事实以证明墨子对《易传》的引用，如《修身》中的"畅之四支"与《易·坤·文言》"美在其中而畅于四支"同；"其惟圣人乎"，与《乾·文言》"知进退存忘而不失其正者其惟圣人乎"句法同。还有《贵义》中的"翟闻之：同归之物，信有误者"与《易·系辞》中的"天下同归而殊涂"同。①在逻辑验证上，以《公羊家哲学》中的革命说为例，陈柱为了证明公羊学说、孔子富有革命思想的观点，首先证明《论语》有明显关于孔子的革命思想的文本，其次，从孔子、孟子的语言间接推出他们寓有革命大义，接着反驳腐儒关于公羊学说、孔子无革命思想的观点，论证何休注公羊推演"新周王鲁"的学说以阐明革命之义的合理性，然后列举何休"王鲁"学的例子证明革命之义的内容。②

三、追求真义的哲学训诂

陈柱受到今文经学与现代学术精神的影响，更加看重传统经典中蕴含的微言大义，或者说合乎近代精神的真理光辉，因此他引入了近代自然科学与社会人文知识以探求古籍中的新义，并期望能够用来解决现实的社会问题，这些可以统称为对传统经典的哲学训诂，主要表现在以下几方面：

第一，重视历史流变的字义考证法。陈柱在解释胡适提到法字的两种写法时，就运用了字义流变法分析其流变过程。在《法家总论》第一节"本原"中，陈柱指出："胡适《中国哲学史大纲》谓古时有两法字，一为灋，是模范之法；二是灋，是刑罚之法，其说是也。考灋字从亼从正，亼即合之古文，字从亼正，谓合于正者也，是即模范之义。……及其亼既不足以为标准法度，于是乃以灋济之。《易·蒙卦》云：'初六，发蒙，利用刑人，用说桎梏。象曰：利用刑人，以正法也。''刑'字，世之学者多误解为刑杀之

---

① 陈柱：《墨学十论》，商务印书馆 1934 年版，第 33—35 页。

② 刘小枫、陈少明主编：《犹太教中的柏拉图门徒》，华夏出版社 2007 年版，第 212—216 页。

刑;当从沈起元说,作'仪刑文王'之刑,……然则初六爻辞谓发蒙者,当善用可以仪刑之人,以脱其桎梏之苦,谓使其可以免于恶,而避于刑也。《噬嗑之象》曰:'先王以明罚敕法。'此法字乃灋之本义也。夫金所以使合于正也,而不正者则必去之,则灋生矣。于是后也乃合二为一,而法字乃含有数义矣。"① 陈柱并引《尹文子》的说法以证,"法有四呈……一曰不变之法,君臣上下是也。二曰齐俗之法,能鄙同异是也。三曰治众之法,庆赏刑罚是也。四曰平准之法,律度权衡是也。《尹文子》是伪书,然所分甚明晰,故引之。"② 从以上的引文可以看出,陈柱对字的训诂主要以古代文献为证据材料,同时注意到了文字义理的历史流变,而且对文字义理的梳理不局限于所谓的真书,只要能寻求义理,伪书的内容也可以作为参考。陈柱重视字义演变分析的一个重要原因是他重视语言与文字的统一问题。陈柱在《中国散文史》的自序中对言语与文字之间的关系有自己独特的看法,他认为言语与文字之间既不能离得太远,又不能合得太近。其中离得太远如骈文就艰深,合得太近如方言就难识。并指出当时方言众多,不能统一,自己的使命就是力求方言的统一之道。③

第二,重视新义的思想辑注法。在辑注方面,陈柱注重广度与深度的结合,多采用近代学者的辑注。陈柱在《中庸注参》自序中谈到,其在大学讲授《中庸》时,"乃以己意略注之,其别无新意者,则仍采郑注。并略录各家之说,以备参考。而于近代戴震、康有为、马其昶及业师唐蔚芝先生之说,录之尤众。"④ 在"说明"中,谈到二点,并详细说明了辑注新义的理由:"(一)《中庸》为儒家思想最重要之书,然古来注者多失之迂腐,今注本,又多失之浅陋。本书辑注,力矫此二弊。(二)鄙人所注,务使简易明白,所辑各家之注,自戴东原以下,多近代大家之言,均受时代学术之影响,无陈腐之习气。(三)戴震注《中庸》,世亦尚少传本。(四)所辑各注,以近

---

① 陈柱:《诸子概论》,广西师范大学出版社 2010 年版,第 71—72 页。
② 陈柱:《诸子概论》,广西师范大学出版社 2010 年版,第 72 页。
③ 陈柱:《中国散文史》,东方出版社 1996 年版,"序"第 1—3 页。
④ 陈柱:《中庸注参》,华东师范大学出版社 2011 年版,"自序"第 47 页。

代大家为多。以古代之注，多已流行，近代之著作，尚颇少人留意也。"①不仅在《中庸注参》中，在《孝经要义》《墨学十论》等书中也大量引用孔广森、简朝亮等近代学者的辑注。

第三，重视探求真理的现代哲学方法，主要包括归纳与演绎，进化论、科学知识解说等方法。

首先，陈柱十分重视归纳法与演绎法，他认为是否采用归纳与演绎结合的方法是区分哲学家与术士的标准，如他认为："邹衍之学始于归纳法，验之于小物，得其同然，然后用演绎法以推他物，故曰'必先验小物，推而大之，至于无垠'，足见邹衍治学之方法。"②陈柱认为邹衍学说"先重实验而后演绎"，接近于现代科学方法，而与阴阳命运、神仙方士等学说完全不同，他因之指出："盖阴阳家为哲学家，而兵阴阳，五行阴阳，则不过一技一艺，不足以言哲学也。彼鬼神怪迂之说，则所谓一技一艺者也。"③这也可间接说明陈柱对归纳法与演绎法的认可，也表明了这种方法对哲学的重要性。陈柱在其学术研究中亦十分注重归纳演绎法的运用，如在《公羊家哲学》一书中表现得比较明显。《尊王说》一节中对归纳法的运用较多，在举出几个例子后，就会出现"观其几例……可见（知）……盖……"的归纳句式；《弭兵说》则对演绎法的运用较多，如陈柱认为公羊家虽主张孔子作《春秋》是为了拨乱反正，以实现天下太平，但最根本的还是主推仁义，为此，其从灭国、伤害多、久暴师等十二个方面举例说明《春秋》都会进行讥贬。

其次，陈柱重视进化论的方法。在《公羊家哲学》的《进化说》中，陈柱吸收了西方进化论的方法，把历史分为三大时期，即衰乱之世、升平之世、大同之世，划分的标准是道德进化的程度，从而说明公羊家的主张是"愈进化之世，则其责于道德也愈严"。在《崇让说》中，陈柱也谈到当时盛行的"天演竞争"说，主张"争"与"让"都不能走极端，而是要有进有退，要从群众、国家的利益出发。可以看出，陈柱已经把进化论的方法纳入中国

---

① 陈柱：《中庸注参》，华东师范大学出版社 2011 年版，"说明"第 51 页。
② 陈柱：《诸子概论》，广西师范大学出版社 2010 年版，第 66 页。
③ 陈柱：《诸子概论》，广西师范大学出版社 2010 年版，第 67 页。

的伦理体系之中。①

再次，由于陈柱受西方思想的影响，在论述过程中重视科学知识解说。如在《公羊家哲学》中的"灾异说"一节，为了说明何休《解诂》中对灾异的穿凿附会，陈柱大量引用汤姆生著的《科学大纲·谈天》、丘浅治郎著的《进化与人生》、某氏著的《异闻录》等书中有关地理的相关数据，以科学对自然现象的解释来对天人感应学说进行反驳。②

最后，重视解决现实问题的实践方法。陈柱研究学术的目的是寻求义理，寻求建设"经世致用"之学，不是为了考证而考证。如在《诸子概论》凡例中，陈柱谈到"本书论述诸子学说，最注重于各人之基本观念，及政治教育二者"③。在《公羊家哲学》自序中，陈柱谈到自己的治学目的非在于为圣人辩诬，而在于寻求真正的义理，"条其大义，去其乖戾，使世之学者，得以览其通焉。夫然，故暂且不必为孔子辩诬，不必为《春秋》辩诬，亦不必为公羊辩诬，而公羊家之哲学，乃大有可论者矣。"④陈柱注重考据、义理、经世三者的贯通，根本上是为了"求是"，为特定时期的中国革命提供理论支撑，从而在朴学的基础上迈向哲学。

综上所述，陈柱作为清末学者，不仅继承了许多传统的朴学方法，同时又吸收了近代西学的一些研究方法，形成了具有鲜明个人特色的哲学考证方法。究其原因，一方面是因为朴学是清代学术的主流，陈柱在接受书院教育的过程中研读六经诸子之学，深受朴学治学方法的影响；另一方面，陈柱所处时代，正是中西文化激烈碰撞交融的时代，实证主义、科学主义在中国大行其道，加上陈柱中学时期曾留学日本，受过西方教育的浸染，因而在治学上吸收了现代治学方法。陈柱对朴学方法的继承与发展，不仅是中西方文化

---

① 所引公羊几例均见刘小枫、陈少明主编：《犹太教中的柏拉图门徒》，华夏出版社 2007 年版，第 216—214，224—228，243，228—234 页。

② 刘小枫、陈少明主编：《犹太教中的柏拉图门徒》，华夏出版社 2007 年版，第 275—279 页。

③ 陈柱：《诸子概论》，广西师范大学出版社 2010 年版，"凡例"第 1 页。

④ 刘小枫、陈少明主编：《犹太教中的柏拉图门徒》，华夏出版社 2007 年版，"自序"第 211—212 页。

融合的一个缩影，而且代表了一种理性的态度，即对优秀的民族传统文化要传承，对先进的世界文化要吸收，从而创造更高层次的现代文化，以适应中华文化复兴实践的迫切需要。

第九章　冯振《老子通证》的子学考证

冯振（1897—1983），原名冯汝铎，字振心，自号"自然室主人"，广西北流人。年幼时在家乡村中私塾读书，1911 年跟随叔父冯介前往上海，师从陈衍、唐文治学习诗学、经学、训诂学等。1917 年因病自上海交通大学休学回到家乡，在广西省立梧州中学等校任教多年。1927 年担任无锡国学专门学院教授，并于 1938 年开始担任无锡国专代理校长。在抗日战争的烽火硝烟之中，他带领无锡国专辗转多地，在艰险环境下依然坚持高水平的办学质量，同时积极宣传抗战思想、发动师生群众支援抗战，贡献卓越。1949 年以后，冯振先后担任广西大学文教学院语文系教授、广西师范学院（今广西师范大学）中文系主任等职，1983 年病逝于桂林。

冯振毕生致力于国学教育与文史哲研究，著作颇丰，代表作有《诗词杂话》《七言绝句作法举隅》《老子通证》《荀子讲记》《韩非子论略及提要》等。从冯振的著作可以看出，他不仅精通诗词研究，对中国哲学经典亦有独到的见解。《老子通证》作为冯振研究先秦诸子的代表作，其移朴学方法研究子学著作，有开创意义。冯友兰称其方法为"以老证老"，梁漱溟则称为"以道释道"，均予以肯定。

一、疏通老子本义

《老子通证》是冯振在无锡国学专门学院任教时，为学生讲解《老子》

一书时编撰的。他认为历来解读《老子》的著作"多先自存成见，强《老子》以自圆其说，鲜能得老氏之本真"。[①] 因此冯振著《老子通证》，并不先入为主地阐发思想，而是循序渐进，先以"注文"梳理字句之意，次以"通论"明确章节之旨，最后以"参证"发掘思想内涵。

（一）精心选取注释，不求全面深入，但求简洁明了

《老子通证》中的注文是冯振在博览众家注释的基础上精选数条，只以解释疏通文本之义为目的，不求全面对比和深入考究各家对某一字句的注解，也并不刻意详细考证文字的字音字义。这样的方式就决定了《老子通证》并非《老子》一书的集解，也非专门的《老子》考据著作。《老子通证》之"通"，就是要以精选之注文疏通《老子》书中隐晦的语言，使读者能够对《老子》书中的每一句话所要表达的思想有最基本的认知，从而扫清进入《老子》思想体系的障碍。

（二）跳出前人的局限，依理阐发思想

冯振摒弃复杂烦琐的文字考据、训诂，只以精选"注文"疏通《老子》字句之意，为读者通过字句进入《老子》的思想世界铺平了道路。《老子通证》中的"通论"则是点名章节主旨，阐发冯振对《老子》见解的重要环节，故他在《老子通证·凡例》中指出："通论期在融汇一章之义，虽时采前贤之说，仍以个人之义为主。"[②] 这说明通论是冯振阐发自己对《老子》思想见解的重要内容。"通论"所欲阐发的老子之思想，并不是个人的主观臆断和固有成见，而是在梳理《老子》章句文义的基础上展开的，且依照《老子》内在的思想逻辑进行推论而得出的结果。他在《老子通证·凡例》中引用刘

---

①　冯振：《老子通证》，华东师范大学出版社 2015 年版，"自序"第 1 页。

②　冯振：《老子通证》，华东师范大学出版社 2015 年版，"凡例"第 3 页。

彦和的话说："有同乎旧者，非雷同也，势自不可异也；有异乎前论者，非苟异也，理自不可同也。"① 这就表明冯振"通论"中的结论既不是为了标新立异，也不是为了附和前人，完全是以科学客观的态度，根据《老子》文本的内在逻辑，自然而然推导出来的结果。

（三）以本经为依据，发掘内在思想逻辑

冯振认为"解经者贵乎以经证经，尤贵乎以本经证本经。盖必如是而后其字义宗旨之所在，可得而明也。解子者亦何能异是"。② 因此，在《老子通证》一书中，他以"参证"附于章节的末尾，主要用《老子》其他章节之内容，来证明本章中所涉及的概念或观点，同时也会选取其他经典中的一些观点来作为佐证。而挑选"参证"内容的原则是"以能得确解，不流附会为主恉"③，挑选结果往往体现出冯振对于《老子》思想的独特见解。他所撰写的"参证"，以本经内容为主，其他经典内容为辅，都是为了能够解释清楚章节中的思想，并不只是为了附会主流的见解。此"以本经证本经"的论证方式，不仅展示了《老子》完整的思想体系构架，而且深入地发掘了《老子》一书各章节之间的内在逻辑，有助于读者进一步梳理《老子》的思想脉络，把握其论述方式，其严谨客观的研究态度，也值得我们认真学习。

综上而言，《老子通证》是冯振以其独特的视角，探究《老子》原义的注解之作。同时也是冯振用"老子"的语言来解释《老子》的思想，从而阐明自己的老子思想见解的创新之作。《老子通证》精选"注文"以逐字解剖《老子》，详述"通论"以探求章节主旨，仔细考究"参证"发掘其内在思想逻辑，三者相互印证，相辅相成，形成了一种独特的论证方法。这样的论证方法有王桐荪将其概括为"三环论证法"④。"三环论证法"即是"注文"、"通论"、"参

---

① 冯振：《老子通证》，华东师范大学出版社 2015 年版，"凡例"第 3 页。
② 冯振：《老子通证》，华东师范大学出版社 2015 年版，"凡例"第 3 页。
③ 冯振：《老子通证》，华东师范大学出版社 2015 年版，"凡例"第 3 页。
④ 党玉敏、王杰主编：《冯振纪念文集》，广西师范大学出版社 2000 年版，第 127 页。

证"三个部分各有侧重，环环相扣，层层递进，不断深入《老子》思想的内核，不断展现《老子》思想的脉络，使读者能够更加清晰地把握《老子》思想的逻辑线索。在此举一例来分析"三环论证法"的形式：

老子通证·十五章

古之善为士者，（马其昶曰：得道之士也。）微妙玄通，深不可识。夫唯不可识，故强为之容：（河上注：强为之容，谓下句也。）豫若冬涉川，（焦竑曰：常难之也。）犹若畏四邻，（焦竑曰：慎自持也。〇高延第曰：徘徊却顾，道家尚畏慎也。）俨若客，（高延第曰：不为主也。）涣若冰将释，（高延第曰：煖然如春也。）敦兮其若朴，（焦竑曰：质而无文章也。）旷兮其若谷，（焦竑曰：虚而无所藏也。）浑兮其若拙。（苏辙曰：和其光，同其尘，不与物异也。〇高延第曰：受天下之垢也。）孰能浊以止？静之徐清。孰能安以久？动之徐生。（苏辙曰：世俗之士，以物汩性；枯槁之士，以定灭性。今知浊之乱性也，则静之，静之而徐自清矣；知灭性之非道也，则动之，动之而徐自生矣。）保此道者不欲盈。夫唯不盈，故能敝不新成。（王道曰：能，读如耐。耐敝者，虽旧不坏。新成，再造之也。〇王树枏曰：敝不新成，谓能持久，虽敝犹不敝也。）

【通论】夫道之体，希夷微妙，固不可名状矣。即有道之士，体道而行，其精深奥远，亦不可拟议形容而识之。不可形容而形容之，亦强为之形容而已：夫有道之士，行若有所难，出若有所畏，常为客而不敢为主，涣然冰释，与物无忤，质若木之未斫，旷兮若谷之空虚，浑若水之含垢，此不可识而强为之容者也。然世俗之士，浊而不能清；枯槁之士，寂而不能感。此又两失其情者也。有道之士则不然，寂然不动，感而遂通，浊以止而静之，则徐自清矣；安以久而动之，则徐自生矣，……不盈者，虚也。惟虚足以应有，故能久用而不敝。敝必又改为之，敝而不敝，故敝而不新成也。

【参证】本经曰："有物混成，先天地生……吾不知其名，字之曰道，强为之名曰大。"（二十五章）强为之名，与强为之容，句法全同，以明道不可名状；有道之士，亦不可名状。不可名状而名状之，亦强为之说耳。名实固有间也。

本经曰:"吾不敢为主而为客"(六十九章),此即"俨若客"之义。

本经曰:"知其荣,守其辱,为天下谷。为天下谷,常德乃足,复归于朴。"(二十八章)又曰:"上德若谷。"(四十一章)"上德若谷","为天下谷",即"旷兮其若谷"之义;"复归于朴",即"敦兮其若朴"之义。

……本经曰:"躁胜寒,静胜热,清静为天下正。"(四十五章)此即"孰能浊以止,静之徐清"之义。

本经曰:"敝则新。"(二十二章)又曰:"大成若缺,其用不敝。大盈若冲,其用不穷。"(四十五章)若敝则常新,若缺则不敝,不敝则常成,常成则无新成,是若敝正所以无新成也。"大盈若冲",即"不欲盈"之义,此正释"夫唯不盈,故能敝不新成"之义。①

从中我们可以看到,"注文"乃是"三环论证法"的第一环,直接夹注在字句之后,解释字句的文义。"注文"所挑选的注家也并不繁多,只挑选一到两家注解的内容,作为疏通文义的基础,且"注文"中亦不比较和评议注家观点,只是单纯引用其觉得可信的注释。因此连同本经与"注文"一同阅读下来,可以对章节字句的大意有一个初步的了解。

"注文"夹注于字句之后,虽有助于理解字句之义,能够帮助读者理解章节大概内容,但对于解释章节所要表达的整体思想,"注文"就显得过于零碎,不利于读者整体把握。因此冯振将"通论"作为论证的第二环,附于每章之后,整合"注文"中各家的思想,对章节的整体思想进行论述阐发。从十五章的"通论"中,我们可以看到冯振阐发思想的方式是紧扣《老子》本经的内容,以本经章句内容作为阐发思想的依据,对章节做一个整体的讲解,将《老子》的思想用更加浅显的语言表述出来。而"通论"之后则跟随"参证"作为论证的第三环,将《老子》本经或其他经典中与本章所表达思想相近的文本罗列出来,作为本章论证的依据。这样就有助于读者在了解本章的整体思想之后,联系其他章节或其他经典的内容,更加深入全面地了解本章

---

① 冯振:《老子通证》,华东师范大学出版社 2015 年版,第 25—27 页。

思想的内涵，同时也能够证明冯振所做"通论"既依据本章内容，同时也有其他章节或经典作为论据支撑。

总的来说，由"注文"、"通论"、"参证"构成的"三环论证法"，环环相扣，各有侧重，相互支撑，组成了一个逻辑严密的论证体系。在这种论证体系下，能够更加深入地阐释《老子》思想的内涵。

二、经文参互证明

《老子》一书作为道家哲学的经典之作，其思想内涵之丰富，不言而喻。历代哲学家对于《老子》的注释和解读也非常广博而深入。自清代以来，朴学家们在对经典的研究上，是以小学为切入点，训诂考究字音字义，以批判宋明理学，恢复汉学。虽然梁启超批评惠栋"不问真不真，惟问'汉不汉'"[1]，"凡古必真，凡汉皆好"[2]。但其实清代朴学家考据的目的并不在于"求汉"，而在于"求真"。同样，冯振《老子通证》要做的并不是复原《老子》经典的原貌，而是要复原《老子》思想的原貌。前文所述"三环论证法"，主要是说明《老子通证》解读《老子》文本，论证《老子》思想的形式。在这种论证方法的背后，其实蕴含冯振主要的两种朴学研究方法。

（一）"融会贯通"，探寻《老子》的宗旨

"诸子之书，莫不各有其宗旨。虽枝叶扶疏，而根柢于一本，故能持之有故，言之成理。读诸子书者，必融会贯通，求其宗旨之所在，然后能明其万派生于一源，一源流为万派，此通之事也。"[3]

冯振认为先秦诸子的著作虽然繁杂，各成体系，但都有共同的理论根

---

① 梁启超：《清代学术概论》，上海古籍出版社 2011 年版，第 33 页。
② 梁启超：《清代学术概论》，上海古籍出版社 2011 年版，第 31 页。
③ 冯振：《老子通证》，华东师范大学出版社 2015 年版，"自序"第 1 页。

基，都受到某种学术思想的影响。研究先秦诸子不仅要能够将著作章节的文义进行梳理，使章节之间连贯起来，还要能够将不同流派的著作相互比较，探索这些著作之间的相互联系（"必融会贯通"），找到影响这些著作的理论根基（"求其宗旨之所在"），然后才能够以这个理论根基为出发点，将诸子著作加以整合，明确主干，细化枝节，全面掌握著作所建立的思想体系（"万派生于一源，一源流为万派"）。

《老子通证》许多章节的通论和参证中，都有引用其他经典和其他学者的论述，或疏通章节大意，或作为论证依据。而冯振挑选这些经典和论述的依据之一，就是考究这些经典和论述的内在思想是否与老子思想相契合。如相契合，就说明这些论述与《老子》思想具有一定的渊源，相互之间也会存在某种联系。

（二）"语有佐证"，用"老子"早期诠释来证明《老子》原义

"然自有主意，强古人以就己，首尾本末，仍相联属，是亦通也；而可以谓为其人之宗旨，不可谓为古人之宗旨也。故通必有事于证焉。证者，所以明义非虚构，语有佐证也。通论但通一章之义而已，若沿参证而贯通之，虽全书之义可通也。然则疏通证明，期不失老氏之本真，此又通证之名所由取也。"[1]

今人研究古人思想，往往容易先入为主，有意或无意地借古人之名来阐发自己的思想。冯振认为要避免出现这样的情况，就要使"通"和"证"相互结合（"通必有事于证"），从古人经典之中寻找"参证"，为疏通文义，提供最可靠的依据（"明义非虚构，语有佐证"）。

《老子通证》多注重于对思想的求证，而求证的方式则在于从经典本身寻找内在证据，并以同时期或相近时期的其他经典为补充，全面展现求证的

---

① 冯振：《老子通证》，华东师范大学出版社 2015 年版，"自序"第 1 页。

过程。在《老子通证》的"参证"中，引用其他经典的章节，共有二十四章。其中主要以《韩非子》的参证引用最多，共十一章；引用《庄子》的参证有九章；引用《淮南子》的参证有三章；引用《吕氏春秋》的参证有一章；引用《文子》的参证有三章；引用《尹文子》的参证有一章。从宽泛的意义上讲，所引皆为老子后学，即法家、庄子学派与黄老道家，而从引文的类型来看，则可分为两大类（仅列举一些有代表性的章节为例）：

1. 直接或抽象解释《老子》文句的参证

韩非为法家，参证中所引经典以《韩非子》的《解老》《喻老》两篇为最多。这两篇文章是《韩非子》对老子思想的解读，其成书年代离老子年代比较近，对于《老子》思想的解读比较详尽，具有很强的代表性。例如：

老子通证·一章

道可道，非常道；名可名，非常名。无名，天地之始；有名，万物之母。故常无，欲以观其妙；常有，欲以观其徼。此两者同出而异名，同谓之玄，玄而又玄，众妙之门。

【参证】《韩非子》曰："凡理者，方圆、短长、粗靡、坚脆之分也。故理定而后物可得道也。故理定有存亡，有死生，有盛衰。夫物之一存一亡，乍死而乍生。初盛而后衰者，不可谓常。惟夫与天地之剖判也俱生，至天地之消散也不死不衰者谓常。而常者无攸易，无定理。无定理非在于常，是以不可道也。圣人观其玄虚，用其周行，强字之曰道。然而可论，故曰道之可道，非常道也。"（《解老》）①

此章"参证"引用《韩非子·解老》的内容，抽象地解释了本经中"常"、"道"等核心概念以及这些概念所表述的思想。引文以"理"的确定性来反衬"道"的恒常性。"理"有生灭存亡，因此"不可谓常"。而"道"生于天地产生之前，即便天地消亡后也依旧存在，所以可成为"常"，即"道"的恒常性。这种恒常的"道"超越确定的"理"，圣人也只能"观其玄虚，用其周行"，

---

① 冯振：《老子通证》，华东师范大学出版社 2015 年版，第 1—3 页。

勉强用语言来描述这种恒常的"道"。但这种通过语言描述出来的"可道之道"，就不再是"常道"本身。《韩非子·解老》的这段论述，非常恰当地描述了"道"的恒常性与超验性，非常贴近《老子》文本对"道"的理解。

庄子学派的代表是庄子，冯振挑选的庄子"参证"，多有直接解释《老子》文本的例子，例如：

老子通证·十三章

宠辱若惊，贵大患若身。何谓宠辱若惊？宠为上，辱为下。得之若惊，失之若惊，实为宠辱若惊。何谓贵大患若身？吾所以有大患者，为吾有身，及吾无身，吾有何患？故贵以身为天下，可以寄天下。爱以身为天下，可以托天下。

【参证】……《庄子》曰："君子不得已而临莅天下，莫若无为。无为也而后安其性命之情。故贵以身于为天下，则可以托天下；爱以身于为天下，则可以寄天下。"（《在宥篇》）此正释本章末四句之义。①

老子通证·三十六章

将欲噏之，必固张之；将欲弱之，必固强之；将欲废之，必固兴之；将欲夺之，必固与之。是谓微明，柔弱胜刚强。鱼不可脱于渊，国之利器，不可以示人。

【参证】……《庄子》曰："鱼不可脱于渊，国之利器不可以示人。彼圣人者，天下之利器也，非所以明天下也。"（《胠箧》）②

老子通证·五十五章

含德之厚，比于赤子。毒虫不蜇，猛兽不据，攫鸟不搏。骨弱筋柔而握固，未知牝牡之合而朘作，精之至也，终日号而不嗄，和之至也。知和曰常，知常曰明，益生曰祥，心使气曰强。物壮则老，是谓不道，不道早已。

【参证】《庄子》载老子之言曰："儿子终日嗥嗌不嗄，和之至也；终

① 冯振：《老子通证》，华东师范大学出版社 2015 年版，第 22—23 页。
② 冯振：《老子通证》，华东师范大学出版社 2015 年版，第 54—55 页。

日握而手不掜，共其德也；终日视而目不瞚，偏不在外也。行不知所之，居不知所为，与物委蛇而同其波。"《庚桑楚》正同本章之义。①

冯振引《庄子》以"无为"解释《老子》十三章中的"无身"，以"圣人"解释《老子》三十六章中的"利器"，以"委蛇"解释《老子》五十五章中的"赤子"，从侧面证明了《老子》思想的本义所在。

黄老学派中的《文子》也有直接解释《老子》文本的例子，其言：

老子通证·二十七章

善行无辙迹，善言无瑕谪，善计不用筹策，善闭无关楗而不可开，善结无绳约而不可解。是以圣人常善救人，故无弃人；常善救物，故无弃物。是谓袭明。故善人，不善人之师；不善人，善人之资。不贵其师，不爱其资，虽智大迷，是谓要妙。

【参证】《文子》曰："故圣人举事，未尝不因其资而用之也。有一功者处一位，有一能者服一事。力胜其任，即举者不重也；能称其事，即为者不难也。圣人兼而用之，故人无弃人，物无弃材。"(《自然篇》)②

冯振引《文子》以圣人善于因材施用来解释《老子》二十七章中的圣人"善于道"的思想，显示《文子》是《老子》思想体系的延伸。他选取早期《老子》诠释文本作为参证的方法，有助于实现他所提倡的融会贯通，为读者审视《老子》的思想提供了一个横向对比的角度。

2. 事例或寓言解释《老子》文句的参证

直接或抽象解释虽然使《老子》文本与其他经典文本的相关性更紧密，但对这些解释文本的理解也需要较高的理性能力，因而冯振选用了一些事例或寓言解释，以便于读者更加容易地通过诸"参证"理解《老子》思想的原义。冯振挑选的黄老道家"参证"，除《文子》外还包括《淮南子》《尹文子》，因《尹文子》为直接解释，故下面选例《文子》《淮南子》：

---

① 冯振：《老子通证》，华东师范大学出版社 2015 年版，第 88—89 页。
② 冯振：《老子通证》，华东师范大学出版社 2015 年版，第 43—44 页。

老子通证·九章

持而盈之，不如其已。揣而锐之，不可长保。金玉满堂，莫之能守。富贵而骄，自遗其咎。功成，名遂，身退，天之道。

【参证】《文子》曰："狡兔得而猎犬烹，高鸟尽而良弓藏。功成，名遂，身退，天道然也。"（《上德篇》）①

老子通证·十九章

绝仁弃义，民复慈孝；绝圣弃智，民利百倍；绝巧弃利，盗贼无有。此三者以为文，不足，故令有所属。

【参证】《淮南子》曰："跖之徒问于跖曰：'盗亦有道乎？'跖曰：'奚适其无道也！夫意而中藏者，圣也；入先者，勇也；出后者，义也；分均者，仁也；知可否者，智也。五者不备而能成大盗者，天下无之。'由此观之，盗贼之心，必托圣人之道而后可行。故老子曰：'绝圣弃智，民利百倍。'"（《道应训》《庄子·胠箧篇》略同）②

冯振引《文子》对老子主动"退藏"观的反面论证，即不主动"退藏"而致灾的常见事例，来印证《老子》第九章讲的"身退"道理。又引《淮南子》用盗跖论盗亦有道讽刺儒家之道的故事，以说明《老子》第十九章绝弃世人巧智的道理。上述通过讲故事而引致的结论显然更容易为人所接受。

法家的"参证"条目，冯振仍引《韩非子》为例：

老子通证·四十七章

不出户，知天下。不窥牖，见天道。其出弥远，其知弥少。是以圣人不行而知，不见而明，不为而成。

【参证】《韩非子》曰："空窍者，神明之户牖也。耳目竭于声色，精神竭于外貌，故中无主。中无主则祸福虽如丘山，无从识之。故曰：不出于户，可以知天下；不窥于牖，可以见天道。此言神明之不离其实

---

① 冯振：《老子通证》，华东师范大学出版社 2015 年版，第 17—18 页。
② 冯振：《老子通证》，华东师范大学出版社 2015 年版，第 32—33 页。

也。"(《喻老》)

又曰:"白公胜虑乱,罢朝,倒杖而策锐贯颐,血流至于地而不知。郑人闻之曰:'颐之忘,将何不忘哉。'故曰:其出弥远者,其智弥少。此言智周乎远,则所遗在近也。"(同上)①

《韩非子》将《老子》四十七章的圣人"生知"观,理解成神明不耗散的理智行为的自然结果,并举白公胜因为专心考虑政治大事,而忘记面颊受伤的肉体痛苦,以证明一个人的神明若耗散于外的话,会连眼前的切身之痛都觉而不知,从而反证保持神明不耗散就能"知天道"的理论的正确性。冯振之所以引此作为参证,是因为他认为《老子》此章即是讲的"反身而诚"的意思,与《韩非子》之说适可参证。

《庄子》亦善讲寓言,所以冯振亦多引用《庄子》的寓言类参证为例:

老子通证·三章

不尚贤,使民不争;不贵难得之货,使民不为盗;不见可欲,使民心不乱。是以圣人之治,虚其心,实其腹,弱其志,强其骨。常使民无知无欲,是夫智者不敢为也。为无为,则无不治。

【参证】《庄子》曰:"自虞氏招仁义以挠天下,天下莫不奔命于仁义。士则以身殉名,圣人则以身殉天下。"(《骈拇篇》)"招仁义以挠天下",即"尚贤"之义;"莫不奔命于仁义",即"争"之义……《庄子》曰:"夫至德之世,同与禽兽居,族与万物并,恶知君子小人哉?同乎无知,其德不离;同乎无欲,是谓素朴。素朴而民性得矣。"(《马蹄》)此即"无知"、"无欲"之意。②

老子通证·五十六章

知者不言,言者不知。塞其兑,闭其门,挫其锐,解其纷,和其光,同其尘,是谓玄同。不可得而亲,亦不可得而疏。不可得而利,亦不可得而害。不可得而贵,亦不可得而贱。故为天下贵。

<hr>

① 冯振:《老子通证》,华东师范大学出版社2015年版,第77—78页。
② 冯振:《老子通证》,华东师范大学出版社2015年版,第7—9页。

【参证】《庄子》曰："知北游于玄水之上，登隐弅之丘，而适遭无为谓焉。知谓无为谓曰：'予欲有问乎若：何思何虑则知道？何处何服则安道？何从何道则得道？'三问而无为谓不答也。非不答也，不知答也。知不得问，反于白水之南，登狐阕之丘，而睹狂屈焉。知以之言也问乎狂屈，狂屈曰：'唉。予知之，将语若。'中欲言而忘其所欲言。知不得问，反于帝宫，见黄帝而问焉。黄帝曰：'无思无虑始知道，无虑无服始安道，无从无道始得道。'知问黄帝曰：'我与若知之，彼与彼不知也，其孰是邪？'黄帝曰：'彼无为谓真是也，狂屈似之，我与汝终不近也。'夫知者不言，言者不知，故圣人行不言之教。"（《知北游》）①

冯振抓住《老子》三章所阐述的"无知"、"无欲"的关键词，引《庄子》用"尧舜以仁义治国而致人性浇薄"的事实与"至德之世无知无欲反致人性淳朴"的事实两相对比，以证《老子》三章主张的本旨所在。对于《老子》五十六章"知者不言，言者不贵"的主张，冯振引《庄子》书中"无为谓""三问三不知"的故事为例，以说明"无言高于忘言，忘言高于知言"的道理，从而引导读者深入思考五十六章的断言。

上引诸例皆出老子后学，可以看出，冯振所说的"语有佐证"，是指在道家经典内的互证。此方法显然受到"六经互证"方法的影响，但六经之间是平行的关系，而《老子》系诸经的互证则是纵向的，此或基于其"万派生于一源，一源流为万派"之说的影响而致。

三、本旨衡定究竟

（一）本经道经，纵横参究

冯振在《老子通证》一书中所体现出来的朴学方法，既体现了传统朴学

---

① 冯振：《老子通证》，华东师范大学出版社 2015 年版，第 89—90 页。

讲究考证的特点，也体现了冯振自己对《老子》独到的见解，尤其是《老子通证》的"通论"部分，梳理了章节的含义，为读者理解《老子》思想的深刻内涵打下了基础。而冯振在《老子通证》中所采用的论证方法，也为读者提供了一个很好的研究模式：即以"注文"理清字句含义，以"通论"梳理章节内容，以"参证"提供思想证明。这样的方式不仅适用于解读《老子》本文，对于先秦诸子及其他许多经典，都可以采用这样的研究方式，由浅入深，由表及里，从字句着手，不断发掘经典所蕴藏的智慧，同时触类旁通，更加全面地理解和把握经典所构建的思想体系。

对于此种方法，冯友兰曾评价说："冯振先生此书，主张以《老子》本书证《老子》，……他也引《庄子》《韩非子》等书以解《老子》，但其所引亦不必限于有明文言系解释《老子》者。……其书所用以讲《老子》之方法，是很得当，值得介绍的。"① 而梁漱溟说："冯先生……的《老子通证》，用以道释道的方法讲述，确属新创。"② 两者当合观之，即本经是以老证老，参证是以道释道，本经是横，参证是纵，纵横合参，以究本旨。此方法的一个重要主旨在于区分老子本旨与他人理解的不同，而这对于后来的老子注释都产生了影响，如陈鼓应《老子注译及评介》③，其解释结构分成注释、今译、引述三个部分，注释多参证，引述部分阐发个人见解以与本旨相别，但其中也有本经互证，可见冯振"纵横参证"法的实质影响。

（二）确证难求，或失本旨

尽管《老子通证》所运用的朴学方法对我们理解《老子》有很大的帮助，但作为一部注解经典的著作，《老子通证》仍然存在的一个问题就是，对于《老子》的注解还是很难达到最为透彻、无限接近其本义的境地。这一点就连冯振自己也难以确定其考证效果，因而感叹道："所引以为之证者，是否

---

① 冯振：《老子通证》，华东师范大学出版社 2015 年版，"附录二"第 133—134 页。

② 冯振：《自然室诗稿与诗词杂话》，广西师范大学出版社 1989 年版，第 328 页。

③ 参陈鼓应《老子注译及评价》序言及诸章后注释、今译及引述，中华书局 1984 年版。

不已失其本恉，此至难言也。"①

为了证明某一观点或者某一思想，势必要寻找相应的证据，而证据本身的可信程度则直接影响了整个证明的有效性。《老子通证》中冯振所引用的证据除《老子》本经之外，《庄子》《韩非子》《淮南子》等后学著作的影响力都很大，但是这些著作也有可能在流传的过程中，由于许多有意或无意的人为因素而改变了著作文本的原貌，从而影响其参证效果。

如此说来，《老子》本恉的探寻，已然成为一个没有终点的无尽旅程。如冯振曾将《老子》第一章"故常无欲以观其妙常有欲以观其徼"句，断为"故常无，欲以观其妙；常有，欲以观其徼。"而帛书本则为"故恒无欲也，以观其眇；恒有欲也，以观其所噭。"② 断句的不同显然会影响对本恉的理解。也许《老子》的本恉永远无法确切知晓，这是所有尝试解读《老子》本恉者皆难以回避的解释难题。

（三）追求真理，永无止境

《老子》本恉或许就如同"道"一样，可道则非常道。后人为了寻求真理，为了能够让"不可道"、"不可名"的"常道"显现出来，进而指导人类的思想和行为，就不得不对"道"进行阐释，不得不去追求《老子》本恉。但是《老子》本恉究竟是一个封闭的、原始的概念，还是一个开放的、不断发展演变的思想体系？追求《老子》本恉的过程，究竟是对过去的复古，还是对未来的超越？《老子》所言"道"是简单而抽象的，但"道"之用却是无穷无尽的。对《老子》本恉的追求，既是向过去追问原初的"道"之体，同时也是结合当下、面向未来去阐发"道"之用。《老子》所留下的文字，其中蕴含的思想，暗藏的逻辑线索，都是后人不断阐发的依据，这或许是冯振追问老子本恉的真实意义所在。

---

① 冯振：《老子通证》，华东师范大学出版社 2015 年版，"自序"第 2 页。
② 孙以楷：《老子注释三种》，安徽大学出版社 2003 年版，第 2 页。

第十章　王力的"新训诂学"

王力（1900—1986），字了一，广西博白人。中国现代语言学奠基人之一，曾留学法国，后在广西大学、北京大学等多所大学任教，深受赵元任影响，精通训诂、音韵、词学，一生著述颇丰。王力受过朴学训练，运用朴学方法取得了丰硕成果，并且在实际研究过程中完善、发展了朴学。

一、新训诂学

王力对于清代朴学的方法首先是持肯定态度的，并给予以戴震、段玉裁、王念孙、王引之等为代表的朴学家以极高的评价。他说：

"我们不能割断历史，乾嘉学派必须继承。特别是对古代汉语的研究，乾嘉学派的著作是宝贵的文化遗产。段、王之学，在中国语言学史上永放光辉。他们发明的科学方法，直到今天还是适用的。王念孙在他的《广雅疏证》序里说：'窃以训诂之旨，本于声音。故有声同字异，声近义同，虽或类聚群分，实亦同条共贯。'又说：'今则就古音以求古义，引申触类，不限形体。'这是千古不刊之论。我们研究中国古代的语言文字，必须学习乾嘉学派的著作，那是没有问题的。"①

---

① 王力：《积极发展中国的语言学》，《王力论学新著》，广西人民出版社 1983 年版，第 41—42 页。

在王力看来，乾嘉学派的朴学方法是科学有效的，其中诸多方法如"自疏自注"、"以形辨讹，以音求义"、"特重《尔雅》《说文》"、运用综合知识校验等等都是具有开创性的正确方法，是研究语言学的不刊之论。王力不但认可清代朴学，自己的诸多研究方法与主张也是从中得来。王力尤其推崇《说文段注》，认为它讲究音韵，掌握古音，能从音到义。并且总结了此书的四个优点，包括："因音求义"、重视同源字、长于解释假借、具有历史观点等。如王力以《经传释词》的"终"字为例，谈到了自己学习王引之的训诂方法。① 除此之外，王力的著作中也可见到乾嘉学派治学方法的运用。

朴学最大的特点就是凡证皆有所据，因此罗列证据是其证明手段，一切基于证据是其证明的出发点。王力非常注重大量举证分析，有着"例不十，法不立"②的原则。而凡是遇到单文孤证，都将其归于"存疑"之列，以待将来再加以深考。大量举证的例子非常多，常见于王力的音韵考证研究中。③ 除了大量举证，王力在音韵学研究中还综合性地运用各种考证方法，如王力为证明日母音值问题，首先审名实之别，从听觉上证明其说非是；其次运用音韵学规律，从系统性上排除了可能性；又分析源流，从音韵发展的角度证明其说；最后依照古代解释，力证发音方式问题。④ 就此一个问题，王力就运用了审名实、重规律、明源流、尊古解的众多传统朴学方法，可以说真正继承了清代音韵学的精粹。

王力不但将朴学方法作为自己的研究方法，还将其看做真正科学的方法，以之作为判断标准来验证他人的研究成果。如王力就依此批评黄侃的音韵学研究，认为黄侃的失误在于：一、未能遵循不预设结论的朴学原则，从原则出发，预设结论，然后企图以材料证明其结论，陷于循环论证的错误，

---

① 王力：《谈谈写论文》，《王力论学新著》，广西人民出版社 1983 年版，第 269 页。
② 王力：《中国文法中的系词问题》，《龙虫并雕斋文集》册一，中华书局 2015 年版，第238 页。
③ 王力：《南北朝诗人用韵考》，《龙虫并雕斋文集》册一，中华书局 2015 年版，第 1—55 页。
④ 王力：《现代汉语语音分析中的几个问题》，《王力论学新著》，广西人民出版社 1983 年版，第 98 页。

将音韵学变成了主观演绎而非客观归纳。二、缺乏对语音发展规律的考证，很多做法严重违反了语言学原则，其论证前后矛盾又有简单化的倾向。① 可见王力是以严谨的朴学态度和专注的朴学精神对待学术成果的。

王力的突出贡献在于对新训诂学的提倡。他认为训诂就是解释以前的言，而训诂学是文字学的一个部门，文字学又称"小学"。王力认为，《四库全书提要》把小学分成三个组成部分，即字书类、训诂类、韵书类，分别对应字形、字义与字音，是恰当的。但王力亦指出在传统训诂学中，这三者的界限是模糊的：

> "字书对于字形的解释，大部分只是对于训诂或声音有所证明，而所谓韵书，除注明音切之外还兼及训诂，所以三者的界限是很不清楚的。"②

正因为如此，王力不喜用训诂学的旧称而提倡新训诂学。新训诂学是要强调文字学与文化史的关系，他主张一切的语言史都只是文化史的一部分，在语言史内部，语义史又只是语言史的一部分，所以要对语义的变迁作历史的观察，赋予训诂学以新的价值，成为新训诂学。王力说道：

> "等到训诂脱离了经学而归入了史的领域之后，新的训诂学才算成立。到了那时候，训诂学已经不复带有古是今非的教训意味，而是纯粹观察、比较和解释的一种学问了。"③

二、历史的方法：演化与规律的统一

重历史演化的观点是王力"新训诂学"最为大力倡导的观点。针对前人讲字的本义和引申假借只看重汉代以前而少有研究汉代以后的现象，王力认

---

① 王力：《黄侃古音学述评》，《王力论学新著》，广西人民出版社1983年版，第67页。
② 王力：《新训诂学》，《龙虫并雕斋文集》册一，中华书局2015年版，第299页。
③ 王力：《新训诂学》，《龙虫并雕斋文集》册一，中华书局2015年版，第310页。

为:"(应该)把语言的历史的每一个时代看作有同样的价值。"①语言是发展的,它随着历史的变迁而变化。现代汉语由古代汉语发展而来,一方面有发展,另一方面有其自身的稳固性,既有继承,也有变化。因此,王力认为:"学习古代汉语最要紧的一个问题就是历史观点的问题。"②这里说的历史的观点就是要重视语言的历史演化,王力说:

> "在字义方面,汉以前的古意固然值得研究,千百年后新起的意义也同样值得研究。无论怎样"俗"的一个字,只要它在社会上占了势力,就值得研究它的历史。例如"松紧"的"松"字和"大腿"的"腿"字,《说文》里没有,因此一般以《说文》为根据的训诂学著作就不收录它。而现在我们应当追究这类在现代汉语里占重要地位的字是什么时候产生的。"③

王力认为,尊重字义的历史演化还表现在重视字义在不同时代的不同含义,不能片面、简单地看待问题,要具备历史的眼光。王力以"羹"字的语义变化说明了这个问题,在现代汉语里其义为"汤",但在古代"羹"却另有意思。《孟子》"一箪食,一豆羹,得之则生,弗得则死"中,"一豆羹"就是指一碗熟肉。《史记》"必欲烹而翁,则幸分我一杯羹"中,"一杯羹"也指一盘肉,非指一杯汤。④王力认为从历史演化上观察语义的变迁,重点就在于抓住细节。多数语义的转移都是引申,都或多或少与原意有类似的点。如果太相近,往往就容易被忽略。王力区分了"脚"与"胫"以及唐代的"仅"与清代的"仅"字的细微变化,"脚"本来是"胫"的意思,两者是脚丫和小腿的区别,唐代的"仅"与清代的"仅"都是程度副词,但前者是叹其多,后者是叹其少,以此说明观察入微的重要性。⑤在

① 王力:《新训诂学》,《龙虫并雕斋文集》册一,中华书局2015年版,第304页。
② 王力:《关于古代汉语的学习和教学》,《王力论学新著》,广西人民出版社1983年版,第223页。
③ 王力:《新训诂学》,《龙虫并雕斋文集》册一,中华书局2015年版,第304页。
④ 王力:《关于古代汉语的学习和教学》,《王力论学新著》,广西人民出版社1983年版,第226页。
⑤ 王力:《新训诂学》,《龙虫并雕斋文集》册一,中华书局2015年版,第308页。

他看来，有历史演化的观点，不混淆古今字义，是阅读古文，解释古文的基本要求。

在文法方面，王力认为，重历史演化就是：一要明确今古文法变化处，二要区分活文法与死文法，不要相混。对于阅读古文来讲，古代文法不如字义那么重要，但一些区别却能影响正确地理解文意。王力举蟠字为例以解文法对于理解文义的重要性，他举李商隐的《韩碑》诗中"碑高三丈字如斗，负以灵鳌蟠以螭"的话，认为按照文法，"蟠以螭"就是"以螭蟠之"，如果仅考虑字义，认为螭、蟠都是龙，文法上就难以理解了，若知单独的"蟠"是"缠绕"的意思，文法上便没有问题了。① 王力又举古代"适"与"往"的文法差别，以证明两者在古代是不能通用的。他认为"适"是一个外动词，必须有目的地，相当于"到……去"；"往"是一个内动词，没有目的地，相当于"去"，两者不能混用。② 此外，王力认为，古代主格、动格、目的格的位置没有现代那样固定，因而句型多出。到后来逐渐某一些句型占据了优势，习惯上就以此为标准，其他句型就趋于消灭了。趋于消灭的文法就是死文法，占据优势的文法就是活文法。他说：

"研究中国文法，首先应该把死文法另列专篇，不与活文法混杂，然后系统分明。"③

例如：

"若据'室于怒而市于色'一句，就说副格可以在介词之前；根据'箝之舌而夺之气'一句，就称'之'可以是领格。"④

那么文法便乱套了。文法已废，古语仅存，分则两利，合则两伤。

王力所主张的历史方法，是重历史规律的历史方法，所谓重历史规律就是重视语言原则与原则的运用范围。如王力在批判高本汉的上古汉语音韵学

---

① 王力：《关于古代汉语的学习和教学》，《王力论学新著》，广西人民出版社1983年版，第224页。
② 王力：《新训诂学》，《龙虫并雕斋文集》册一，中华书局2015年版，第306—307页。
③ 王力：《中国文法学初探》，《龙虫并雕斋文集》册一，中华书局2015年版，第202页。
④ 王力：《中国文法学初探》，《龙虫并雕斋文集》册一，中华书局2015年版，第202页。

时，就是根据汉语音韵学的历史规律进行判断的，他指出高本汉忽略了汉语音韵学的历史特点，犯了四点错误：

"(1) 在上古汉语里，每一个阴声韵部和它的入声韵部的关系都应该是一样的，我们不能像高本汉那样，把它们割裂为四个类型……从史料上看，这是没有根据的。(2) 如果依照高本汉的原则，凡阴声和入声在谐声和押韵上稍有牵连，即将阴声字改为闭口音节，那么，逻辑的结论不应该是高本汉自己所得的结论……而应该是……完全否定上古汉语的闭口音节。但是，完全没有闭口音节的语言是世界上所没有且不曾有过的，我们不能设想上古汉语是这样一种语言。这不仅仅是常识判断的问题，而是关系到语言的本质的问题。……(3) 从整个语言系统来看，上古汉语的阴阳入三声是有机地联系着的，同时又是互相区别的。在史料上，阴阳入的通转体现着有机联系的一面；但是，我们并不能因此泯灭了它们之间的界限。我们必须辩证地处理谐声和押韵的问题，区别一般和特殊，然后不至于在纷繁的史料中迷失方向。(4) 汉语韵尾—p、—t、—k 是唯闭音，不但现代闽粤等方言如此，中古和上古也莫不如此。它们和西洋语言闭口音节的—p、—t、—k 不同。……因此，高本汉所构拟的清尾和浊尾对立的上古汉语是一种虚构的语言，不是实际上可能存在的语言。"①

王力的意思是在音韵的历史研究中，既要从史料出发，但也不能违背基本的语言规律，而虚构一个根本不存在的音韵学体系，而是要做到历史真实与历史真理的统一。从中我们不难见到，王力所主张的历史方法不是单一地讲演化，也不是单一地讲规律，而是统一了重演化与重规律两个方面。如王力在研究中国传统文本中的系词时，就说：

"我们应该把问题看得复杂些。第一，我们得先问在什么情形之下用得着系词，又在什么情形下用不着系词；第二，即使在同一情形之

---

① 王力：《上古汉语入声和阴声的分野及其收音》，《龙虫并雕斋文集》册一，中华书局 2015 年版，第 184—185 页。

下，我们得再问在什么时代不用系词，到什么时代才开始用它；第三，
即使情形相同，时代相同，我们还应该看什么字在当时有做系词的资
格，而什么字还没有这资格。……总之，我们应该在归纳的研究之下，
看出来同情形、同时代、同字的文法规律。"①

而历史方法又是反对实用主义的方法。王力认为：

"自从胡适提出了'大胆假设，小心求证'的实用主义观点，许多
人受了他的影响，抛弃了清代学者朴学的优点，而在前人主观臆测的缺
点上变本加厉，以达到实用主义的目的。"②

为了反对实用主义，王力指出了实用主义的一些现象与危害，提出了自
己的反对和主张。王力反对崇尚对古书"新颖可喜"的解释，而主张遵从切
合语言事实；反对先有对古人思想的见解再从语言上说明，提倡直接从语言
中获得古人思想；反对遇到难懂的字词就解释为"并存"、"亦通"，强调拿
出见解与意见；反对脱离语言的社会性，主张重视语言具有社会性的事实；
反对"望文生义"，主张"因文定义"，注重上下文对确定词义的重要性；反
对滥用通假、偷换概念，主张重视故训。③ 王力认为之所以出现前述的诸多
问题，是因为注释家强不知以为知，没有客观的历史态度，因而要有"存疑"
的雅量。

"存疑并不是不可知论。知之为知之，不知为不知，这是科学的态
度。今天的存疑，可以为后人进一步研究问题提供参考；将来有了新的
材料或者是新的发现，问题仍旧是可以解决的。当然，遇着有疑难问题
的字句，首先是尽可能要求解决，没有深入考察而马上存疑，那种懒汉
作风也是不对的。"④

---

① 王力：《中国文法中的系词》，《龙虫并雕斋文集》册一，中华书局 2015 年版，第 241—
242 页。

② 王力：《训诂学上的一些问题》，《龙虫并雕斋文集》册一，中华书局 2015 年版，第 312 页。

③ 王力：《训诂学上的一些问题》，《龙虫并雕斋文集》册一，中华书局 2015 年版，第 312—
325 页。

④ 王力：《训诂学上的一些问题》，《龙虫并雕斋文集》册一，中华书局 2015 年版，第 326 页。

三、考古而非信古

王力具备严谨的"疑古"精神，不迷信经典，追求客观事实。如他认为，南北朝时期的韵书有多种，但其他的韵书都已失传，只有《切韵》一书得以流传下来，按王氏的看法，《切韵》的流传不是因为它忠实地记录了当时的语音，而是他保留了古韵，或许那些失传的韵书保留当时语音的价值比《切韵》更大。王力认为，对《切韵》价值的怀疑，是可以通过考古的客观方法予以澄清的。他说：

"我们还有别的史料，藉此可以审核《切韵》的归类是否符合当时的语音系统。史料中最重要的就是南北朝的韵文，因为这是与韵书有直接关系的；纵使《切韵》与《广韵》也都丧佚了，我们还可以根据这些史料编成一部韵书。孔广森既然能单凭《诗经》著成一部《诗声类》，我们自然也能单凭南北朝的韵文著成一部《南北朝声类》，而这《南北朝声类》既可与《切韵》互相证明，也可以在某一些情况之下矫正《切韵》的错误。"①

王力之所以欲建立新训诂学，其原因还在于他认为旧训诂学缺少疑古精神，难以用来探索语言的真相，他说：

"旧训诂学的弊病，最大的一点乃是崇古。小学本是经学的附庸，最初的目的是在乎明经，后来范围较大，也不过限于明古。先秦的字义，差不多成为小学家唯一的对象。甚至现代方言的研究，也不过是为上古字义找一些证明而已。这可说是封建思想的表现，因为尊经与崇古，就是要维持封建制度和否认社会的进化。"②

王力认为，旧训诂法有其优点，甚至还提倡要重视故训，不轻易作翻案文章，因为语言的进化都是历史的产物，需要尊重历史，尊重语言的发展规

---

① 王力：《南北朝诗人用韵考》，《龙虫并雕斋文集》册一，中华书局 2015 年版，第 2 页。
② 王力：《新训诂学》，《龙虫并雕斋文集》册一，中华书局 2015 年版，第 304 页。

律。但王力也注意到，旧训诂法因为其内在崇古的特点，而使其极易被误用。王力将旧训诂法分成三种，即纂集派、注释派、发明派。他认为这三种方法都有其优点，纂集派具有述而不作的客观的科学精神，注释派能够使过简的古文的含义变得易于理解，发明派注意到了古人忽视的基于声韵通转的字义通转现象，能够发现许多字的新联系。① 但这三种方法如果运用不当，则会给理解语言造成新的障碍。如纂集派喜欢杂取故训，如果不作辨析，就会造成理解的混乱，王力举媚字之解以作说明：

"例如《辞海》'媚'字下有三种意义：（一）说也，引《说文》；（二）爱也，引《诗》'媚兹'一人；（三）谄也，引《史记》'非独女以色媚'。其实'媚'字祇有一种意义，说是《说文》所谓'说也'。'说也'就是'悦也'，'悦也'就是取悦于人，俗话叫做'讨好'。讨好皇帝显得是爱，因为古代对于君主必须讨好的；讨好平辈往往被认为坏事，所以是'谄'了。这是杂引故训的缺点，也就是纂集派的流弊。"②

又如注释派主要是《说文解字》的注家，容易拘泥于《说文》的见解，而作出错误的阐释，王力举夫字之解以作说明：

"例如《说文》'夫'字下云'丈夫也'，'婿'字下云'夫也'，段氏以'夫'为男子的通称，这是对的；而连'婿'字也认为男子的通称，就糊涂了，因为古书中没有一个'婿'字可解为男子的通称的。《说文》所谓'夫也'显然祇是'夫妻'的'夫'。"③

发明派易于发明新义，容易引发人的惊奇心，也便于师心自用，故而从者众多，但实际上声韵通转的现象比较复杂，对同源字的证明效力是有限的，极易造成误用。王力举啥字之解以作说明：

"现在试从章炳麟的《新方言》里举出一个例子。他追溯'啥'的来源说：'余，语之舒也。余亦训何，通借作舍，今通言甚么，舍之切音也。川楚之间曰舍子，江南曰舍，俗作'啥'，本余字也。'为什么

---

① 王力：《新训诂学》，《龙虫并雕斋文集》册一，中华书局 2015 年版，第 300—304 页。
② 王力：《新训诂学》，《龙虫并雕斋文集》册一，中华书局 2015 年版，第 300 页。
③ 王力：《新训诂学》，《龙虫并雕斋文集》册一，中华书局 2015 年版，第 300—301 页。

他知道'舍'字有'何'的意义呢？他说：'《孟子滕文公》篇'舍皆取诸其官中而用之'，犹言何物皆取诸其官中而用之也。'这上头有两个疑问无法解答：第一，'何物皆取诸其官中而用之'一类的句子不合于上古的语法；'什么都……'只是最近代语法的产品，唐宋以前是没有的，何况先秦？第二，'舍'字变为'甚么'很奇怪，'舍'是清音字，'甚'是浊音字，不能成为切音，而且中间有个 m 为什么消失了，也很难解释。后来步武章氏的人，越发变本加厉，以致成为捕风捉影。"①

实际上，这三种旧训诂方法，纂集派认为所有的古训都是重要的，因而不做辨析；而注释派以《说文》为准，不敢质疑；发明派则将所有的今字都从古字里找源头，都犯了泥古不化的毛病。王力主张要将不同历史时期的字义作同等对待，要以同时代的不同语料以相互证明当时之义，他认为这才是历史客观的态度，他还认为古人的资料不如现代丰富，因为许多出土文献的发现，应该是运用历史的方法，大展手脚的时代了。

四、借鉴而非套用

王力的新训诂学，显然吸取了西方语言学的研究视角，"要研究好中国语法，必须先懂得普通语言学"②，但他并不主张全盘照抄西方语言学，而认为应该学习其方法，走洋为中用的路子，他认为这个路子是可行的，中国传统中也有成功的经验。他说：

> "韵图的学问叫做等韵学。等韵学来源于印度；所以我们说，我们中国古代也有洋为中用，等韵学就是一例。"③

王力认为现代中国处在一个洋为中用的历史时期，这个时期现在还为时

---

① 王力：《新训诂学》，《龙虫并雕斋文集》册一，中华书局 2015 年版，第 302—303 页。
② 王力：《积极发展中国的语言学》，《王力论学新著》，广西人民出版社 1983 年版，第 39 页。
③ 王力：《积极发展中国的语言学》，《王力论学新著》，广西人民出版社 1983 年版，第 37 页。

不长，只有"八十年的历史"①，仍须大力吸收西方语言学之长，进一步发展中国语言学，一定不能抱残守缺，故步自封。他说：

> "我认为，学术是没有国界的。世界上的学术成果，是全世界共同的文化遗产。并没有一个语言学派是任何一个国家专利的。比方说吧，'音位学'是波兰语言学家 Baudouin de Courtenay（译名为博顿·德·古尔特内—记录者注，下同）首创的，但很快就传遍全世界，为捷克布拉格学派所接受，英国语言学家 Doniel Jones（琼斯）等人也为它宣传。所以我们学习国外先进语言学是洋为中用，并不产生崇洋媚外的问题。"②

王力还认为，学习西方语言学，不仅仅是运用西方的语言学理论，分析中文资料，证实其理论的正确性，而是要在分析汉语的过程中发展西方语言学理论，乃至超越他们的语言学成就。

> "我们学习语言学理论，不是消极地接受，还要力求发展它。现在普通语言学的书多是欧美人写的，他们用的材料古代的是希腊文、拉丁文直至印度梵文，现代的则是欧美各国的语言，没有或很少引用中国的语言材料。我们身为中国人，如果能运用汉语或少数民族语言的材料研究普通语言学，就有可能发展语言学理论。……有人说我的著作富于开创性，其实我只是根据语言学原理来处理汉语研究问题。学习了语言学理论和欧美语言学家有关研究语言研究的著作，回过头来考虑我们的汉语研究，就能开辟放多新的园地，甚至可以产生新的理论。"③

王力认为，在借鉴西方语言学的同时，也不能遗忘了清代朴学的传统，要继承发展这些优秀传统。

> "乾嘉学派博览群书，掌握了极其丰富的材料，今天我们在这方面不可能赶得上它，但是今天有了马列主义的指导，有语言学理论的指

① 王力：《积极发展中国的语言学》，《王力论学新著》，广西人民出版社 1983 年版，第 37 页。
② 王力：《积极发展中国的语言学》，《王力论学新著》，广西人民出版社 1983 年版，第 37—38 页。
③ 王力：《积极发展中国的语言学》，《王力论学新著》，广西人民出版社 1983 年版，第 41 页。

导，在方法方面却一定能超过乾嘉学派。这实际上是对乾嘉学派的继承和发展。"①

虽然王力十分重视西方语言学对于中国语言学的借鉴作用，并积极地运用西方语言学来研究中国语言问题，并且取得了很高的语言学成就。但他也注意到在借鉴西方语言学研究中国语言文法时，易于犯的错误。

"研究中国文法的人往往学过西洋语文，于是自然地倾向于以西洋文法来支配中国文法。"②

"西洋人研究中国文法的时候，总想看看中国文法所无而西洋文法所有的东西究竟是否真正没有；如果现代的中国没有，还要问古代的中国是否也没有。这种精神原是好的，但其流弊就在乎先存成见，然后去找证据；遇着例外的时候，再去寻找解释。"③

王力认为正确的研究方法不能像马建忠那样忽视中国语的"语像"结构，应当深入体会中国人的心理。

"总之，我们研究中国文法，该从语像的结构上着眼。说得更浅些，就是体会中国人的心理。中国人心里把某字认为甲种词品，我们不该认为乙种词品。若要体会中国人的心理，每过一个句子，该先就原文仔细推敲，不必问西文有无此类句子。"④

王力举"马跑"与"马壮"的表达方法以说明中国人的语像与西方人不同，中国人认为跑的动作与壮的状态，都是马的属性，因此不需要联系词，而西方人则认为这是两种关系，跑是马发出的动作，可以不用联系词，壮却必须用 is 作联系词。因此不能认为，"马壮"为"马是壮"或"马为壮"的省略，这说明不能套用西方文法来分析中国文法。⑤ 因此，王力认为，只有从中国文法自身的语像入手，才能发现中国的"竹夫人"，也就是中国语言的真相。

---

① 王力：《积极发展中国的语言学》，《王力论学新著》，广西人民出版社1983年版，第42页。
② 王力：《中国文法学初探》，《龙虫并雕斋文集》册一，中华书局2015年版，第190页。
③ 王力：《中国文法学初探》，《龙虫并雕斋文集》册一，中华书局2015年版，第190页。
④ 王力：《中国文法学初探》，《龙虫并雕斋文集》册一，中华书局2015年版，第194—195页。
⑤ 王力：《中国文法学初探》，《龙虫并雕斋文集》册一，中华书局2015年版，第194页。

如王力举出丁声树对否定词弗与不用法的分别，就是发现了中国文法的特殊点，是所谓"竹夫人"。

"(1)'弗'字只用在省去宾语的外动词之上，内动词及带有宾语的外动词之上只用'不'字，不用'弗'字；(2)'弗'字只用在省去宾语的介词之上，带有宾语的介词之上只用'不'字，不用'弗'字；(3)'弗'字决不与状词连用，状词之上只用'不'字，不用'弗'字。"①

王力以实事求是的研究态度、一丝不苟的研究精神、传统朴学的研究方法，将中西比较作为研究补充构建了自己的学术体系。其研究的唯一目的在于还原语言事实，最大的研究特色是演化与规律并重的历史的方法（又称新训诂学）。王力一生笔耕不辍，运用乾嘉学派的研究方法，拓展了小学的研究视野，将中国传统语言学发扬光大。

---

① 王力：《中国文法学初探》，《龙虫并雕斋文集》册一，中华书局 2015 年版，第 189 页。

第十一章　罗尔纲的历史考证①

　　罗尔纲（1901—1997），笔名幼梧、慕婉，广西贵港人。曾任教贵县中学，长期任职中科院近代史研究所。太平天国史研究大家，重考据研究，在金石考据与历史考据领域取得不凡的成果。他曾引领太平天国历史考据研究风潮，并出版诸多考据著作及《太平天国史》。胡适表扬罗氏做学问"不苟且"，罗尔纲亦自称做学问"要从大处着眼，小处下手"。② 是一位真正朴实钻研，不务外物的学者。中国公学毕业后，他师从胡适，做了大量朴学训练，后来研究历史的方式都与朴学方法密切相关。罗尔纲在《太平天国史记载订谬集·自序》中写道："今天检查为过去做的太平天国史事考据工作所用的方法，都是古老的乾嘉学派的方法……这一种方法，从实际出发，依靠证据，实事求是地去鉴定史料或史事的真伪"③。又在《太平天国史事考·自序》中提到："我做考证用的方法，是乾嘉学派用的考据方法……是一种形式逻辑的演绎和归纳的综合。"④罗尔纲先生的历史考据所采取的方法是对清代朴学方法的继承，应该是无疑议的。通过他的考据成果，我们能够一窥罗尔纲的历史考据的内容、原则和方法。

---

① 此章作为广西社科项目"朴学影响下的清代广西学术"的阶段性成果，大部分内容已发表在《宜宾学院学报》2017年第7期。

② 罗尔纲：《困学丛书》下册，广西人民出版社1986年版，第789页。

③ 罗尔纲：《太平天国史记载订谬集》，生活·读书·新知三联书店1985年版，第3页。

④ 罗尔纲：《太平天国史事考》，生活·读书·新知三联书店1979年版，第2页。

一、重视史料甄别

史料是历史研究的基础，史料真实是历史研究得以成立的关键。罗尔纲十分重视史料的真实性，他将辨伪、史料考证和人物事件考证作为历史研究的基础工作。

第一，辨伪（又称史料鉴定），这是研究历史的第一步工作。史料不经过鉴定，采用了作伪者伪造的史料，就会混乱了真实的历史事实，难免得出错误的结论。罗尔纲因此主张"研究历史，应该首先作史料的鉴定，而史料鉴定的工作，却以'辨伪'为第一件大任务"①。辨伪也是清代朴学潮流的开端，并成为了贯穿清学的一大精神。罗尔纲如此重视辨伪，可见朴学对其影响之深。罗尔纲的太平天国史辨伪成果集中于《太平天国史料辨伪集》，其中的《太平天国史料里的第一部大伪书——〈江南春梦庵笔记〉考伪》与《〈太平天国战记〉考伪》都堪称辨伪名篇。在此举《一篇伪造的〈太平天国起义檄文〉》②一文为例以展现罗尔纲辨伪的基本方式。此篇中，罗尔纲辨伪的基本方式是将此起义檄文与同时代的太平天国文献进行对比。从檄文中的三个说法出发分别找到对应的真文献的相关内容，从而辨明真伪。在对比《原道醒世训》《原道觉世训》《洪仁玕自述》《奉天诛妖檄》《奉天讨胡檄》等九种文献后，可证檄文中对于起义首领的描述、起义的动机、对百姓的态度三个说法均为错误的，其内容所表现的各方面都与太平天国事迹不符，从而证明檄文是伪造的。

第二，史料考证，涉及内容很广，包括文献(目录、提要、题跋、版本、校勘)、史迹、文物等等。史料就其本身孤立地看常常是没有意义的或是意义几乎仅存在于那个时代，但是史料的整理、校释工作却是很多历史考据的关键。罗尔纲提到："(史料)都不过是为读者们做太平天国史的研究预备下

---

① 罗尔纲：《太平天国史料辨伪集》，生活·读书·新知三联书店1985年版，第1页。

② 罗尔纲：《太平天国史料辨伪集》，生活·读书·新知三联书店1985年版，第91—96页。

了一块砖、一片瓦的小小工作……它们作为建筑一座太平天国史事材料来论，有没有用途，还得等待读者的选择。"①一个具有严肃的科学态度的历史工作者，断不应该对任何一件史料或一个史迹不加鉴定就肯定它的真实性。罗尔纲在太平天国史料考证方面做了大量工作，出版了包括《太平天国史料考释集》《太平天国史迹调查集》《太平天国史记载订谬集》等在内的一系列考据著作。在《南京堂子街太平天国壁画调查记》②一文中，为求证壁画是否为太平天国时期所作，罗尔纲从观察壁画内容着手，提出了两个要点：其一，画面不绘人物，其二，画中望江楼与太平天国的契合。随即求证于《金陵杂记》，确信不准绘人物是太平天国的壁画制度，又参照《金陵难纪略》各条、《金陵纪事诗》证明望江楼是太平天国特有建筑，整幅壁画反映的是天京尖锐的军事斗争的现实，从而证实壁画确实作于太平天国时期。罗尔纲说自己从小就有着"打破砂锅问到底"的习惯，在历史考据上，也总会多做一些追问。在上文考据中，罗尔纲在得到证实后追问壁画所属于哪个王府，继而又考证太平天国的王府规制，得出此壁画应属于衙署壁画的结论。

罗尔纲有着深厚的金石学功底。1934 年，罗尔纲在北京大学文科研究所考古室工作，整理清学者廖荃孙《艺风堂金石拓本》，据此校勘《金石萃编》，并爰张敦仁、罗振玉的著作参证。罗尔纲所成《金石萃编校补》③共四卷，除首卷外，其余各卷主要依照廖荃孙《艺风堂金石拓本》校订，该拓本缺失的则并列各家之说。金石资料是重要的史料，其完整性或真实性需要细致考究，才可认定。罗尔纲非常重视对金石资料的正字、补字工作。

正字是《金石萃编校补》一书中篇幅占比最大的一部分，至少有四种不同的类型。其一，还原异体字。罗尔纲对比碑文与《金石萃编》的字形差异给出碑文的原字形。这样的好处有几个：一是能还原碑文原貌，减少转录讹误；二是便于后来者考察当时的字形情况；三是了解字形的转演过程；四是

---

① 罗尔纲：《太平天国史料考释集》，生活·读书·新知三联书店 1985 年版，第 4 页。
② 罗尔纲：《太平天国史迹调查集》，生活·读书·新知三联书店 1985 年版，第 11—27 页。
③ 罗尔纲：《金石萃编校补》，《罗尔纲全集》16 卷，社会科学文献出版社 2011 年版。后引诸书或只注《校补》《辨伪集》《调查集》等第几页，视情而定。

考察当时的特殊用法，乃至作为历史考证依据等。罗尔纲还原异体字的方式是直接指出碑文原字，如《龙藏寺碑》校补中，"'岂直道安罗什有寄宏通'及'宝宏三宝'"一句，"宏"碑均作"㝉"；"建取胜之幢"一句，"取"碑作"㝡"。在《金石萃编》与碑文均为异体字的情况下，罗尔纲还会对异体字作出解释。如《杜乾绪等造象铭》校补中，"虽濆形居俗冈，志在方外"之后，罗尔纲不但指出"濆"碑作"濵"，而且说明"俊"即"復"字。其二，补空字。金石学家们的研究往往受限于研究材料的完整程度，在碑文方面，拓本的质量的影响很大，因而不同学者的金石集必有渺全之异。他对于碑文渺字采取的一般方法是首先比对艺风堂拓本与《金石萃编》，继而参照其他校本。《房彦谦碑》校补中，"□慕容氏□度"一句，艺风堂拓本首字犹存，为"随"字。《龙藏寺碑》校补中，"释迦□□说□□□□菩提"一句，艺风堂拓本渺"说"字，存"迦"后"文"字、"菩"上"须"字，张叔未校本渺"文"字，存"说"、"须"，并多存一"之"字。其三，改错字。金石著录中错字很难避免，所以需要拥有反复考校的功夫，这也是校补最基本的内容。罗尔纲对此类问题的处理非常简洁明白，一般用"碑作"二字就改正了错字，并没有多做分析。例如《秦王告少林寺主教》校补中两条："尔纲按：'宏'碑作'弘'"，"尔纲按：'轮'碑作'输'"。又如《张景略铭》校补中，"尤辉朗润"一句，"尔纲按：'尤'碑作'光'"。其四，更正格式。更正格式的情况主要有两种，一是《金石萃编》文字格式有误，如《曹子建碑》校补中，"太祖武皇帝"一句"武"字后有一个空格①；二是清代庙讳而不录的字，如《宗圣观记》校补首段，"上十句……及各句空格处《金石萃编》均填'庙讳'二字，未录原字，案碑为'玄'字"。②

　　补遗是罗尔纲金石考据的另一项重要内容，主要包括补内容和补描述两种。一是补内容（漏字）。可能由于拓本粗精不同，又或者碑体刻字隐弊，《金石萃编》有一些碑的文字缺失。不同于空字的特点是，漏字并没有"□"代

---

①　上所有引例见《校补》第43，52，62，42，58，47，52页。

②　《校补》第58页，另可见于《校补·洺州南和县沣水石桥碑》，第55页。

替，而是直接遗漏了。可见于《龙藏寺碑》校补中，"尔纲按：碑阴第四列左方有'营寺□□□　希邕'八字，《金石萃编》未录"。在确有漏字，但漏字已经完全不能辨明的情况下，罗尔纲会指出漏字位置，并根据格式、内容推断漏字总数。如《赵芬碑》校补中，罗尔纲写道："此碑首行存一'碑'字，'碑'字上书衔已缺，其下无书撰人姓名，据此可考碑上截残缺当在五六字以至八九字之间。《金石萃编》未录此字，今补录"。二是补描述。此类补遗仅是在《金石萃编》对碑文没有作出描述情况下的补充。如《洺州南和县沣水石桥碑》校补中，罗尔纲在碑名后录："碑高四尺九寸……存二十六行……《金石萃编》不载高广字数，为补著之"，又如《裴镜民碑》后录："碑高五尺三寸……正书，在山西闻喜县……今为补著之。"可见罗尔纲对于细节一丝不苟的态度和对于史料完整性、全面性的追求。

　　第三，人物事件考证，这是历史考据的大关节。如果说历史考据是一串项链的话，那人物事件就是项链上的一粒粒珍珠。它随着历史过程而产生，后来又成为了历史本身。历史事实常常隐晦不明或者异说纷纭，甚至有虚捏的或是歪曲的。这些都必须加以考据，然后才能发现历史真相。罗尔纲有相当多的这类考证，其中《洪大全考》①是历时较长，引起争论相当多的例子。考证由近世学者对洪大全是否存在的怀疑出发，罗尔纲整理了五个时期学术界对于这个问题的争论，并将当时太平天国学界所发相关文章一一分析，通过将支持者与反对者的材料都进行解释和分辨，得出支持洪大全存在的史料均为伪造故不可相信的结论。从史料上否定之后，罗尔纲继续从当时政治情况出发，通过考察天地会的历史与太平天国和天地会的关系否定了洪大全此人的历史存在基础与影响。在得出洪大全不存在的结论后，罗尔纲继续刨根问底，寻找赛尚阿作伪的证明材料。不仅如此，罗尔纲还将赛尚阿作伪的帮手、其作伪的缘由乃至洪大全替身的身世背景都一一考证查明。其考证过程的繁杂艰难，真是令人难以想象的。在《艺风堂金石文字目讹误举例》中，

---

① 　罗尔纲：《困学集》，中华书局1986年版，第50-145页。前引例见《校补》第44，45，55，64页。

他提到四点当考据的内容：年代、人名、标题与其他①，可归约为三个方面：正字、正事与补遗，三方面的方式、比重、格式都各有不同。

在金石资料的处理上，正事考据最能体现罗尔纲对历史事件的考证工夫，集中体现了罗尔纲的朴学精神。在《读〈金石萃编〉条记》第四篇《贺若弼非贺若谊之兄》中，罗尔纲在金石考据中加入了历史考据的方法。罗尔纲首先观察到王昶的贺碑跋语说贺若谊是贺若弼、贺若敦的弟弟这一结论是以两点事实为证据得出的，即：一、数量上为三兄弟，二、《北史》中有记载贺若谊称敦为兄，未记载贺若弼对二人的称呼。他随即找到《北史·贺若敦传》并《隋书》相关原始记载，见其皆言贺若弼是贺若敦的儿子，而贺若谊是贺若敦的弟弟。此时已可证明王昶跋语有误，然而罗尔纲依据贺碑、《唐书》，继续详考三人生卒年，从而确证史书不误，保证了证据的可信。在根据证据证明结论后，进一步证实材料的真实性或引旁证证明的方式，是段玉裁开创的典型朴学方法。而后，罗尔纲更补充说明三兄弟之说虽是正确的，但有一人失去记载。整个证明过程体现了怀疑和证实的精神。这种将金石考据与历史考据相结合的方法，使得罗尔纲在解释碑文所载事件中不拘泥于金石限制，更完整地还原了金石记载的本貌。②

二、重视证据效果

罗尔纲的考据著述非常丰富，相比较而言，他自己对于考据理论的总结，乃至他人对罗尔纲考据工夫的评价却难觅只言片语。他的学问太朴实了，以至于学术成果中都难以看到罗尔纲个人的影子。因为著作丰富，其中的考据原则其实是相当突出的。其原则可具体分为审名实、重佐证、戒妄牵、体人情、证缘由五种。遵从这些原则进行考证有助于提升证据的证

---

① 罗尔纲：《艺风堂金石文字目讹误举例》，《困学集》，中华书局1986年版，第390—407页。
② 引例见《校补》第75-76页，另可见于《校补·邛州刺史狄公碑主姓名考》，第80—81页。

实效果。

1. 审名实是发现问题、初步考察的关键处。考据的目的是要解决有问题的史料、史迹和史事，发现问题是首要的。疑而后考，经过考明才能相信，此即审名实。写作《考信录》的清代学者崔述"专以辨其虚实为务"，他是罗尔纲心中值得效仿的辨伪学者。罗尔纲自述其开始研究太平天国的动机始于怀疑薛福成所述张嘉祥故事的真实性，其后怀疑洪秀全与朱九涛的关系，怀疑洪大全，怀疑石达开诗文并——考明事实，在太平天国研究史上开创出一种辨伪考证的风气。[①]"疑而后信"，不轻信载籍，用怀疑的眼光去评判史料是最大的原则。罗尔纲发现《江南春梦庵笔记》的作者用了种种障眼法伪造身份来欺骗读者，虚构了许多太平天国的事迹，混乱了太平天国史实。此书作伪首先体现在作者错记起义时蒙得恩的真实年龄，继而发现作者亦不知蒙得恩已经去世三年还大谈其种种事迹，又考其记载日期方式有误。从而进一步证实其种种捏造以辨明真相。[②]又如罗尔纲起疑曾国藩破天京虚报清廷的事情，是由于当时天京守军仅不到一万，而曾国藩却谎报杀了数十万人。

2. 重佐证就是重视论证过程的严谨性，强调积累更多的证据和经得起反证，才能成为定论。考证必须从实际材料出发，而不允许凭空提出；假设的证实，必须依靠更多的证据，并须尊重反证的检验，而不允许主观臆断。罗尔纲对于证据要求特别严苛，规定至少须做到三点：一是不信孤证，必须大量举证。如《洪大全考》中为考证《剿平粤匪方略》的真伪，罗尔纲首先对比不同史籍记载的出入，再核查此书的前后矛盾，又找出书册中故意漏记的方面与篡改之处，最后根据原始史料确证其伪。二是证明材料必须多样化，不能出自同一阵营。如在《南京堂子街太平天国壁画调查记》中，所引证据既有反对太平天国的清代乡绅所著《金陵杂记》，又有参与太平天国革命人士张汝南所著《金陵省难纪略》。三是证明材料有直接证明与辅助证明才显完备。如《一篇伪造的〈太平天国起义檄文〉》中，证明起义缘由时，在据《干

---

① 罗尔纲：《师门五年记》，生活・读书・新知三联书店1998年版，第28页。

② 罗尔纲：《太平天国史料辨伪集》，生活・读书・新知三联书店1985年版，第5—37页。

王洪仁玕自述》直接证明起义由拜上帝会与团练斗争日益尖锐而起，又据《奉天诛妖檄》辅证起义并非由于官吏激变。①

重佐证的原则表现在金石考证上，就是审拓本，尊众解。在《华岳庙残碑阴跋》②的校补中，罗尔纲引《金石萃编》所引《韩真阁汉碑》证张敦仁所校内容的依据、来源，补证前人考证出处，沿袭了自惠栋以来的"事不师古，即为杜撰"的考据学方法。在《房彦谦碑》的校补中，《金石萃编》有"式昭文物"一句，罗尔纲察拓本写作"式故昭文物"，怀疑"故"字是铭文中的衍文，又引《山左金石志》证"故"字为衍文。审拓本又不迷信拓本，注重对勘的方法，一切以证据为主。罗尔纲不但注重直接证据，同时重视旁证的作用。在《万年宫铭□仁□题名考正》中，罗尔纲据艺风堂所藏《平百济国碑》中所记相关史实，对应碑中人名、官衔、时代，而证明王昶的误解。可见，罗尔纲对考据证据的运用是灵活且通贯的，是在掌握大量资料基础上的合理加工，并从不脱离证据本身。值得注意的是，罗尔纲虽然强调证据，却也不拘泥于证据，在没有其他证据的情况下也会根据拓本提出自己的推测。在《等慈寺塔记铭》中，罗尔纲根据拓本，对于《金石萃编》中的两处句中漏字作出了自己的推断，所用格式为"疑为'X'字"，并说明了自己推断的过程。这仍然是考据的方法，其结论是存疑而不决的，体现了罗尔纲对传统朴学方法的坚守和最大程度还原碑文的目标的结合。

所谓尊众解，是指在不同本子之间有渻有全的情况下，罗尔纲往往兼采两本以并录于文中，如《龙藏寺碑》中，艺风堂拓本与金石萃编所渻字相同（皆八个字），而张叔未校本有四字未渻。另如《安喜公李君碑》校注中，多次将拓本内容与罗振玉校本并列于下。只因罗振玉校本有更多的字未渻，然而孤本不足信，只是采录。可见罗尔纲严格遵循朴学规范，不妄取信，总是

---

① 引例见《困学集》第50—145页，《调查集》第11—27页，《辨伪集》91—96页。

② 原文如下：华岳庙残碑阴跋（卷十一）"民故武都太守□□□躬曼节"教案："跋语'民故'当作'故民'"。尔纲案：金石萃编引韩真阁汉碑文字跋云："隶辨莲字注以为刘宽碑阴。按刘宽二碑，一为故吏李谦等所立，一为门生郭异、殷苞、李照等所立。此云故民故功曹，自是李谦一碑，惜其名不存也。"张敦仁所据即此跋语。《校补》第14页。

先证明证据可信或证据多出，否则不轻下定论。① 在面对不同本子之间有异的情况下，罗尔纲往往兼采众说，并录于文中。如《等慈寺塔记铭》校注中，碑文"臬此□也寔来赴援"句，艺风堂此字作"敕"，张叔未校本作"役"，罗尔纲录而不评议。另如《裴镜民碑》校注中，"□四序之递□"一句，罗尔纲并举张敦仁校本和艺风堂拓本，因其互有泐全。

3. 戒妄牵是章炳麟所论经师应守的信条，指须杜绝不经考察材料的适用性和历史背景即乱引证据以牵合自己的成见与预设结论的轻率行为。罗尔纲说："断不能认为有供，即有其人其事，必须先去考证他的供所记事实是否与太平天国史事相符。"② 罗尔纲谨记其师胡适"有一分证据说一分话，有三分证据说三分话"的原则。在其自传《师门五年记》中，他写到自己在出版《太平天国史纲》一书选用材料时偏袒太平天国运动，忽视其不良影响，主观认为五四新文学运动受其影响，受到了胡适的批评。经自己反省后深肯其师的批评意见，从而要求自己不能存成见，不能预设结论。

4. 体人情是回到历史情境下还原人物的心理活动，既不要以今观古，也不要妄加揣测。这是罗尔纲历史考据中的闪耀之处。在《彭玉麟画梅本事考》中，罗尔纲指出有学者依据彭玉麟梅花画上的题诗考证彭的恋人为谁，没有考虑到彭之梅花画多为赠人之物，从人情上讲他是不会在题诗中透露自己的隐秘恋情的，故欲考其恋情，须从彭氏的个人诗集入手。罗尔纲经对彭氏诗集的梳理，果然解开了彭氏恋人的谜底。

5. 证缘由是罗尔纲追求完善考据结论的重要体现。罗尔纲的历史考据往往不是孤立地解决一个个的具体问题，而是能在解决具体问题的基础上进一步给出问题的缘由，从而深入历史问题的发生逻辑，使得历史考证不再碎片化。如《洪大全考》中，在得出洪大全为赛尚阿邀功掩罪虚构的替罪羊后，他继续考证赛尚阿的动机、过程，助手的行为、作伪的方式，更难能可贵的是还考证了洪大全替身的身世背景，将整个事件全然展现。又如《石达开假

---

① 引例见《校补》第 42，55 页。前重佐证所引诸例见《校补》第 63，79-80，60 页。

② 罗尔纲：《困学集》，中华书局 1986 年版，第 58 页。尊众解后两例见《校补》第 60,66 页。

诗考》①一文，除了考据石达开的假诗之外，还考证了造假的动机，证明假诗是由高天梅在清末鼓吹革命时假造的。

三、重视细节考证

罗尔纲考证所采用的方法大多是沿袭清代的考据方法，具体来说有本证法、对证法、反证法、假设求证法、对勘法等。其中对勘法与假设求证法是贯穿罗尔纲历史考据始终的重要方法。无论是对勘还是假设，均需要非常细致的观察能力。

对勘法是将同一史事的不同记载进行一一对照，从中发现问题，辨明真伪，从而解决考证问题。对勘法是需要花大力气、死工夫的考据活动，需要从文献比较中抄写、整理对勘表。罗尔纲的校勘法实源自胡适的《蒲松龄的生年考》与《醒世姻缘传考证》。他运用对勘方法所作的两篇最具代表性的著作为《太平天国史料里的第一部大伪书——〈江南春梦庵笔记〉考伪》与《水浒真义考》。在《水浒真义考》②中，罗尔纲考察水浒传世传的两位作者罗贯中与施耐庵的生平背景，并举不同材料，从时代、地位、历史事件、评论等方面对勘。在《洪大全考》中，罗尔纲并列《洪大全供》、《洪大全上咸丰表》、军机大臣刑部会奏三文，从姓名、籍贯、参加革命和封号等方面制表对勘。

假设求证法是考证问题的通常方法。一般是建立假设之后寻求证明，包括积累材料、根据事实提出假设、检验假设三部分。罗尔纲笃信胡适提出的"大胆假设，细心求证"的方法，认为需要"细心的观察，大胆的怀疑"③。不细心观察就容易受材料的蒙蔽，忽略真正的问题所在；不大胆怀疑就不敢

---

① 《辨伪集》第 127-138 页。前三例见《师门记》第 54—56 页，《困学集》第 208—218，50—145 页。

② 罗尔纲:《困学集》，中华书局 1986 年版，第 1—49 页。后例见《困学集》第 50—145 页。

③ 罗尔纲:《困学集》，中华书局 1986 年版，第 482 页。

提出问题。在《李秀成伪降考》①一文中，罗尔纲敏锐发现《李秀成自述》中至少有十二处值得怀疑的地方，故而提出李秀成可能伪降的假设，该假设下又分列七项待考察的事实。提出细致具体的假设后，罗尔纲即着手进行验证，他首先厘清七项待考事实的真相，继而从历史条件、敌我形势、曾国藩与清廷矛盾、李秀成教育背景、李秀成个性作出验证解释，从而证实了李秀成伪降的假说。

此外，在金石考证中，罗尔纲注重校勘法的运用，主要是补证与订正两种形式，这两种方法都强调对细节的关注。

补证是对前人的考据进行补充说明的过程。罗尔纲的补证大体可分为两种。一是溯前人考证依据。罗尔纲对于前人考据要寻得依据，所得与前人结论相同的便录其证据附后而不议。如《华岳庙残碑阴跋》校补中，张敦仁案语："跋语'民故'当作'故民'。"罗尔纲将其所依证据《涵真阁汉碑文字跋》录于文下。又如《李翕西狭颂跋》校补中，罗尔纲亦将其校补的证据《五瑞图》具录于下。二是对前人考证补充说明。罗尔纲将前人考证的结论复考一遍，同时会另添入一些额外的考证结论作为补充。如《泰山都尉孔庙碑跋》校补中，敦案"籍魏郡魏郡者"应作"籍魏郡魏县者"。罗尔纲考碑中魏郡魏县人两位，添录于文。又如《杜乾绪等造象铭》校补中，王昶有跋："王闰橼三字……当脱一字。"罗尔纲认可王昶的说法，但另证"王"字碑实作"玉"，王昶录为"王"字有误。

订正是贯穿于整个金石考据过程的常见方法，这里主要讨论一些特殊的情况。一是直接通过观察提出自己观点。罗尔纲在拓本清楚的情况下会直接作出结论，而在难以确定的时候会提出自己的观点作为参考。如《等慈寺塔记铭》校对中，"□挺构兵"一句，张叔未作出了"由"字的判断，而罗尔纲据拓本认为更近"白"字。"跋行□息"一句，罗尔纲验渤字偏旁"口"字仍在，推测为"喙"。不仅在字的校对上会如此，还有一个衍文的例子也体现了相似的处理方法。《房彦谦碑》校补中，"式故昭文物"一

① 罗尔纲：《困学集》，中华书局1986年版，第153—207页。

句，罗尔纲认为铭文四字一句，"故"字当为衍文，并引《山左金石志》证之。二是订正前人的错误。这部分内容集中体现在《读〈金石萃编〉条记》中。除此之外另举一例可证：《等慈寺塔记铭》校对中，"淫慝所懲□其京观"一句，艺风堂拓本作"赦"，而张本作"赦"。虽然"赦"即是"赦"，但并非碑本字，故罗尔纲认为张叔未校本径录为"赦"有误。①

罗尔纲对学术有着极其严肃的态度，面对问题时具有强烈的征实精神。其文辞简练，从来不多费一字一词；证明直接有效，未落于俗套；没有旧知识分子言必称古的弊病，十分尊重客观事实。罗尔纲朴学的研究方法不仅体现在其著作中，他的生活态度、方式也都是严谨、追求真实的。

---

① 上引诸例见《校补》第 14，14，14，52，59，60，63，60 页。

附　论

第一章　桂林书院学风的朴学转向

随着到广西游宦的朴学官员的增多，执教广西书院的朴学学者也相应增多，从而改变了广西书院的教学内容，同时因为科举考试与学术话语权转向朴学内容，使得仅从科举功利角度而言，朴学也变得可以接受。因清代广西的中心在桂林，因而桂林书院在这一点上表现得尤为明显。

一、话语权变更与科举内容调整

自元朝钦定以《四书章句集注》为标准取士教材后，书院教学皆以程朱理学为中心，以帮助生员提高科举的成功率。广西书院在清代共办有 183 所①，这些书院中最有名的是"桂林四大书院"，即宣城、秀峰、榕湖、桂山四书院。然而考察书院主持者的学问背景，可知在清代，即便偏僻如广西，朴学学者也逐渐占据了主导地位。

宣成书院之名，是为了纪念理学家张栻、吕祖谦，合二者谥号（张栻谥号"宣"，吕祖谦谥号"成"）而成，其教学重点在于培养科举人才，课程设置上倾向于理学。宣城书院在人才培养上十分成功，曾培养出了明代的蒋冕、吕调阳与清代的陈宏谋等人，其人均是有名的理学儒臣。② 然至 1724

---

① 邓洪波：《中国书院史》，东方出版中心 2004 年版，第 221 页。

② 景定三年（1262 年）广西经略朱祀孙为纪念张栻、吕祖谦而创设宣成书院。

年李绂复题宣成书院时，其题诗则有提倡朴学的意味在其中了。

> "贤才国根本，得之国乃昌。经训士蓄畜，教成治益光。朝廷正有道，举孝兴贤良。声教周四际，安得遗遐方。矫兹古西粤，经学汉滥觞。陈氏有家传，上书言丘明。遂令左氏传，鼎立于胶庠。霸才震士燮，诗学鸣曹唐。制科宋所重，大魁先冯王。有明尤挺出，朝士多轩昂。文定得启沃，清惠才明将。鹤楼抗风节，凛凛严风霜。争衡于上国，峨峨莫与京。流风百余年。山高水犹长。菲薄忝遭逢，持节来炎荒。愿与诸士约，讲学兴文章。艺苑共驰骤，德圃同翱翔。上以应景运，休征来麟凤。下以致美俗，旧染回伶俍。庶几轸翼南，奎壁回光芒。往闻常观察，风气开闽疆。又闻韩昌黎，文学兴潮阳。望古一遥集，盛事其可忘。教化如有成，百世同芬芳。"①

雍正十一年（1733 年），秀峰书院建立，书院教学以通经致用为本。第二年，陆奎勋任秀峰书院山长，《清史稿》载：

> "奎勋，字聚侯，世楷子也。少随棻京师，以学行为公卿所推重，顾久困诸生中。康熙末，……匄疾归，主广西秀峰书院。奎勋笃于经学，忘饥渴寒暑。著《陆堂易学》，谓'《说卦》一篇，足该全易。'其《诗学》与明何楷《诗世本古义》相近。《尚书说》，惟解伏生今文二十八篇。《戴礼绪言》，纠正汉人穿凿附会之失。《春秋义存录》，则凡经传子纬所载孔子语尽援为据，力主《春秋》非以一字褒贬。奎勋说经务新奇，使听者忘倦。最后撰《古乐发微》，未成而卒。"②

陆奎勋早期论学虽以朱熹理学为宗，且其所订秀峰书院学规仿自白鹿洞书院，但治学方面主张"兼合六经以注一经"，晚年主讲秀峰书院之际即专心于经学，可见其个人学术方向已受朴学浸染。

乾隆四十年（1775 年），刘定逌任秀峰书院山长，学崇理学，规定课程八则，即《四书》《小学》《性理》近体排律诗、古文、时文等科目，具体的

---

① 谢启昆修，胡虔纂，广西师范大学历史系中国历史文献研究室点校：《广西通志》，广西人民出版社 1988 年版，第 3826 页。

② 赵尔巽等撰：《清史稿》44 册，中华书局 1997 年版，第 13352 页。

学习内容虽以四书五经为中心，但显然更加重视小学、古文、五经等朴学家重视的学术领域，不能不说有朴学的影响。

"桂林府之秀峰书院，为岭西人文萃集之区。乾隆间，武缘刘灵溪太史定迫联云：'于三纲五常内，力尽一分，就算一分真事业；向六经四子中，尚论千古，才识千古大文章。'吕月沧山长称之。余谓从申凫盟'真理学从五伦做起，大文章自六经分来'二语衍而畅之耳。"①

嘉庆四年（1799年），谢启昆任广西巡抚，扩建桂林秀峰书院，敦聘胡虔为山长，以经学、古学课诸生，并撰《祀汉经师陈君记》。谢氏通过追溯陈氏父子的经学成就，赞颂广西经学曾经的辉煌，将秀峰书院的教学目的聚焦在"通经致用"上，清晰地表明秀峰书院将以朴学为其治学宗旨。

"嘉庆四年冬，启昆奉命，来抚粤西。逾年春，课士秀峰书院。院为世宗宪皇帝赐金所建。所以兴励粤士者，固在通经致用，而不徒文艺之工而已。粤西自昔称荒服，然汉时陈君父子崛起苍梧，传左氏绝学。南方州郡，经学之盛，未有先于粤西者。乃后或衰息人材不古若者何与？院之讲堂后，有厅五楹，所以居山长者。又其后有房室倾圮，盖昔人作之而未讫工者，余为彻而新之。凡十有一楹，以为寝室。而于厅事中立陈祭酒长孙氏木主，率诸生以时致祀，使有所矜式。苍梧在汉世，边徼远郡耳，陈君以经师抗疏朝右，邹鲁之士，未能或先，况圣朝教泽涵濡，粤士蔚然丕变久矣。继自今其必有破其习俗，穷研经术，以上副作人化者，使者实厚幸焉。"②

事实上，就课程设置而言，秀峰书院除一般为科举而设的课程外，还专设逊业堂课，特别面向太平府、泗城府、镇安府等地招收淡于科举而在经史上有一定根基的士子入学，用以培养广西的朴学研究人才。

除了书院建立者与书院山长学术倾向的影响外，科举内容的调整更加能

---

① 梁章钜：《楹联丛话》卷八刘定迫条，上海书店1981年版，第109页。

② 谢启昆修，胡虔纂，广西师范大学历史系中国历史文献研究室点校：《广西通志》，广西人民出版社1988年版，第3820页。

够减少生员对朴学的抵触心理。清高宗认为，士人应当首重经学，不能限于理学注疏，甚至乾隆十年（1745 年）的殿试题目就是经学试题。

> "圣祖仁皇帝四经之纂，实综自汉迄明，二千余年群儒之说而折其中，视前明《大全之编》，仅辑宋元讲解，未免肤杂者，相去悬殊。各省学臣，职在劝课实学，则莫要于宣扬盛教，以立士子之根柢。"①

> "（高宗策问：）五、六、七、九、十一、十三之经，其名何昉？其分何代？其藏何人？其出何地？其献何人？传之者有几家？用以取士者有几代？得缕晰而历数欤？"②

这种政策信号，必然会改变科举中经学的比重，乾隆三十五年（1770 年）的广西乡试试题即为经学试题："《易》《书》《诗》《礼》《乐》《春秋》，古曰六艺，亦曰六学。其曰经，孰昉欤？"如此情势下，书院教授朴学不但不会成为参加科举考试的障碍，而且还会对生徒通过八股入仕产生相当大的帮助。康有为即说：

> "若能通经史，解辞章，博学多通，出其绪余，便可压绝流辈。"③

二、《广西通志》的模范作用

嘉庆四年（1799 年）八月，谢启昆开始主持《广西通志》（简称《谢志》）的编撰，敦聘胡虔、朱依真等人实际操作。胡虔是安徽桐城人，精通古文，亦精通考证之学。朱依真为广西临桂人，对史学十分精通。胡虔是章学诚的好友，其主持编撰《广西通志》受到章学诚的极大影响。章学诚将方志从地理类中独立出来，创立了方志学，并创造出所谓"志、掌故、文征"的方志三体。《广西通志》没有完全接受章学诚主持撰写的《湖北通志》的体例，

---

① 王炜编校：《清实录科举史料汇编》，武汉大学出版社 2009 年版，第 218 页。

② 邓洪波、龚抗云编著：《中国状元殿试卷大全》，上海教育出版社 2006 年版，第 2109 页。

③ 康有为著，楼宇烈校注：《桂学答问》，《长兴学记桂学答问万木草堂口说》，中华书局 1988 年版，第 40 页。

而是进一步完备了方志的体例，但两者的因袭关系却是非常明显的。谢启昆主张以"前事略"的形式，将历史变化的脉络勾勒出来。《谢志》"凡为典一，曰训典；为表四，曰郡县沿革，曰职官，曰选举，曰封建；为略九，曰舆地，曰山川，曰关隘，曰建置，曰经政，曰前事，曰艺文，曰金石，曰胜迹；为录二，曰宦绩，曰谪宦；为列传六，曰人物（泗城府无人），曰土司，曰列女，曰流寓，曰仙释，曰诸蛮，为篇二十有二，为卷二百七十有九"。① 这种体例糅合了章学诚的著述体及编纂体，为后来修方志者所尊崇，成为清代修志的榜样。②

《广西通志》得以超越前代史志的根本原因，则是朴学方法论合理且自觉的应用。《谢志》中对旧志考订的地方众多。如"选举表"，金鉷修《广西通志》（简称《金志》）载有陈钦、陈元、士壹、徐征、李贤等人荐举之事，《谢志》经考证后均从表中删除类似表述。

> "《金志》云：陈钦举贤良方正，陈元举明经，士壹举经明行修，考《后汉书》陈元有传，其父钦见于元传，士壹附《三国志·士燮传》，皆不言有荐举事。又《金志》有徐征、李贤二人，云详人物。及检人物传，皆不提前为荐举，沿讹踵谬，今并删之。"③

谢启昆又根据广西多山多关隘的地理特点，从"舆地略"中分出"山川略"和"关隘略"，认为镇守广西的官员要专门予以留意。

> "山川、关隘则为专门者，职方外有山师川师而掌九州之图者，又有司险之官，此其例也。至粤西夷苗杂处，设险守边，尤官吏所宜加意矣。"④

"山川略"共二十七卷，包括山（十五卷）、川（八卷）、水利（四卷）。

---

① 谢启昆修，胡虔纂，广西师范大学历史系中国历史文献研究室点校：《广西通志》，广西人民出版社 1988 年版，第 13—14 页。

② 求知：《光绪江西通志的体例及其渊源试析》，《江西师院学报》1983 年第 4 期。

③ 谢启昆修，胡虔纂，广西师范大学历史系中国历史文献研究室点校：《广西通志》，广西人民出版社 1988 年版，第 1774 页。

④ 谢启昆修，胡虔纂，广西师范大学历史系中国历史文献研究室点校：《广西通志》，广西人民出版社 1988 年版，第 8—9 页。

因"山川略"专门分出，故《谢志》记述诸山比旧志尤为详细，中附诗文，且多考证。《谢志》介绍桂林的桂山，先述诸志之描述，然后以按语正其误，可谓言之有据。

"桂山，城内东北隅，相传山多桂树，故名。旧号越王山。(《金志》)在临桂县之东。《山海经》云，八桂成林。(《方舆胜览》)"①

"桂山为城北之主山，故遂以桂名之。前人引《山海经》'番禺八桂成林'系之，误矣。黄庭坚、韩雍、金志章皆有桂山诗，盖记桂林诸山之胜，非专咏此一山也。"②

又如桂林的桂岭，针对《郝志》③城北三里之说与周去非④城北二里之说的争议，《谢志》经过实地考察，而支持周去非的说法。

"桂岭，城北三里。经略吕源大书刻石。(《郝志》)桂林城北二里，有一丘，高数尺，植碑其上，曰桂岭。及访其实，乃贺州实有桂岭县，正为入岭之驿，全、桂之间，皆是平陆，初无所谓岭者，正秦汉用师南越所由之道。桂岭当在临贺，而全、桂之间，实五岭之一途也。(《岭外代答》)"⑤

"宋周去非所云桂岭在城北二里者，盖据当时之城言之，今考其地实在城内宝积山下，则《郝志》所云在城北三里者，无乃不考其迹，而漫循旧说矣。"⑥

① 谢启昆修，胡虔纂，广西师范大学历史系中国历史文献研究室点校：《广西通志》，广西人民出版社1988年版，第2935页。
② 谢启昆修，胡虔纂，广西师范大学历史系中国历史文献研究室点校：《广西通志》，广西人民出版社1988年版，第2937页。
③ 《郝志（康熙）广西通志》的简称，清康熙二十三年（1684）郝浴修，同年刊刻。
④ 周去非，字直夫，浙江温州人，历任钦州教授、广西静江府县尉、浙江绍兴府通判周去非任广西静江府县尉时曾"随事笔记，得四百余条"，后参考范成大《桂海虞衡志》格式，撰成《岭外代答》一书。
⑤ 谢启昆修，胡虔纂，广西师范大学历史系中国历史文献研究室点校：《广西通志》，广西人民出版社1988年版，第2940页。
⑥ 谢启昆修，胡虔纂，广西师范大学历史系中国历史文献研究室点校：《广西通志》，广西人民出版社1988年版，第2940页。

《谢志》"流寓传"中收人物七十六人，多有考证，如广西当地传言周敦颐在龚州收二程为徒，并以此为地方文化之重彩，故《谢志》则引史质疑其非，然证据不够充足，谢志仍存旧说以待来者进一步予以考证。

"周敦颐，字茂叔，道州人。胸襟洒落，如霁月光风，世称濂溪先生。庆历中，游西粤，寓于浔，二程子从父珦在龚州，因受学焉。(《金志》) 程颢，字伯淳，弟颐，字正叔。皇祐间，父珦知龚州，从父宦游。读书于桂平之杨岩，受业濂溪先生。(《文载》) 谨案：《宋史·周敦颐传》言'敦颐掾南安，时程珦通判军事，使二子颢、颐往受业。'是周程授受之地在南安，而粤西各志皆谓珦官龚州，敦颐来游，使二子受业。至今山川古迹皆引茂叔以为重，其出于附会可知。然敦颐之未至龚州不可质言，姑从旧志，附录之以待考。"①

《谢志》因其体例完备，考证精当，得到了当时及以后之学者的称赞，成为方志类书籍的典范作品。《广西通志》的成功极大地证明了朴学方法论在史学上的实际运用是可行的，同时也为立志于朴学研究的广西士子扫清了一般印象中朴学研究重经轻史而至"泥古"的思想障碍，给他们亲身参与朴学实践提供了机会，成功地提升了广西士子从事朴学的信心。

"在我国为数众多的地方志书中，清朝嘉庆年间谢启昆主修的《广西通志》(通常简称《谢志》或《谢通志》) 是现存古代所修的《广西通志》中最完善的一种。《谢志》成书于我国修志兴盛的乾嘉时代，它问世不久，即为当时的学者所重视，备受赞誉。清代学者阮元称它'载录详明，体例雅饬'。嘉庆道光间浙江、广东、云南等省修志，都模仿谢志的体例。梁启超更称赞它较当时著名方志学家章学诚主修的《湖北通志》更完好，'为省志楷模，虽以阮芸台之博通，恪遵不敢稍出入。'"②

---

① 谢启昆修，胡虔纂，广西师范大学历史系中国历史文献研究室点校：《广西通志》，广西人民出版社 1988 年版，第 6833 页。
② 谢启昆修，胡虔纂，广西师范大学历史系中国历史文献研究室点校：《广西通志点校本前言》，《广西通志》，广西人民出版社 1988 年版，第 4 页。

三、桐城派对朴学方法论的传播

就一般印象而言，似乎朴学与桐城学派之间的学术主张相互对立。但是从事实上讲，则朴学早期有所谓吴皖之分①，皖派大师戴震提出"义理、考据、辞章并重"的学术主张，与桐城派的主张，"义理、考据、文章"三者"兼长"，有相通之处，因此桐城派三祖之一的姚鼐曾致书称戴震为"夫子"，提出师从问学的请求。姚鼐曾说：

> "余尝论学问之事，有三端焉，曰：义理也，考证也，文章也。是三者，苟善用之，则皆足以相济；苟不善用之，则或至于相害。今夫博学强识而善言德行者，固文之贵也；寡闻而浅识者，固文之陋也。然而世有言义理之过者，其辞芜杂俚近，如语录而不文；为考证之过者，至繁碎缴绕，而语不可了当。"②

姚鼐认为要正确运用考证方法，以辅助义理的发挥。他对朴学方法形式上的采用和价值方面的认同，对其后的桐城派学者产生了深远的影响。谢志主编胡虔出于姚鼐门下，终生与其保持着紧密的联系。乾隆五十二年（1787 年），胡虔入江西学政翁方纲幕府，结识谢启昆。为了推荐胡虔"觅馆"，姚鼐写信给谢启昆，称赞谢胡二人修撰的《西魏书》体例"极为允协"，请其"鼎力多方助之"。嘉庆二年（1797 年），胡虔至谢启昆幕，并告知姚鼐在浙撰书情况，姚鼐回信赠虔诗集，并于次年请其胡虔转交一部给谢启昆，此后一直保持书信往来。由此可见，胡虔游幕及著述等事，远在桐城的姚鼐都一直在给予着关注，并在来往信件中提及四库目录等学术问题，而对于《广西通志》之体例设定，未见姚鼐有反对意见。《广西通志》之体例受到章学诚《湖北通志》的影响，或与胡虔与章学诚独力合作

---

① 洪湛侯在《徽派朴学》自序中认为，"经学史上有所谓吴派、皖派，吴派大致以苏州为基地，皖派则崛起于徽州。谓之皖派，并不确切，若以与吴派对举，亦以称徽派为是"。洪湛侯：《徽派朴学》，安徽人民出版社 2005 年版，"自序"第 1 页。

② 姚鼐：《述庵文钞序》，《姚鼐文选》，苏州大学出版社 2001 年版，第 289 页。

有关。① 这或可说明，在某些学术领域，例如史学领域，朴学与桐城派并非水火不容，反而有成功合作的可能，此正是因为重事实、重考据的朴学方法论在其中起到了调和作用。

自胡虔后，清代广西古文学派渐渐兴起，有所谓岭西五大家。自道光十五年（1835）起，吕璜担任秀峰书院山长。吕璜（1777—1839），桂林府永福县之锦桥里人，素有传播桐城文法之志。他亦主张通经致用，认为学习经学的目的在于能够指导实践，经学是文章之学的根本。吕璜的老师吴德旋主张作文有法，

> "章有章法，句有句法，字有字法。到纯熟后，纵笔所如，无非法者。"②

> "昌黎谓声之长短高下皆宜，需善会之。有作一句不甚分明，必三两句乃明。而古雅者亦有炼数句为一句，乃觉简古者。总之，不可不疏。"③

这里所谓的简古之法，虽然主要是指文章之法，但简古之法的根源都在于经学。吕璜所撰秀峰书院讲堂联，代表五大家将经学视为学行之本。

> "先有本而后有文，读三代两汉之书，养其根，俟其实；舍希贤莫由希圣，守先正大儒之说，尊所闻，行所知。"④

在吕璜身体力行的倡导下，广西古文得以兴盛起来，朱琦、龙启瑞、王拯、彭昱尧先后兴起，形成了后人称颂的岭西五大家。

道光二十九年（1849），郑献甫⑤ 在桂林榕湖经舍讲授经学；咸丰三年（1853），又任秀峰书院山长。郑献甫反对强分学派，但他对朴学有深入的反思，对朴学方法也颇为自觉，在任教期间对广西士人治学倾向朴学有着极大

---

① 参见尚小明：《胡虔生平系年》，《中国典籍与文化》2005 年第 4 期，第 63—68 页。

② 吴德旋著，吕璜辑：《初月楼古文绪论》之五，《论文偶记·初月楼古文绪论·春觉斋论文》，人民文学出版社 1959 年版，第 20 页。

③ 吴德旋著，吕璜辑：《初月楼古文绪论》之六，《论文偶记·初月楼古文绪论·春觉斋论文》，人民文学出版社 1959 年版，第 20 页。

④ 梁章钜：《楹联续话》卷二格言，《楹联丛话》，上海书店 1981 年版，第 213 页。

⑤ 郑献甫，参本书正论第五章，郑献甫对"真"的认知。

的推动作用。

　　"（献甫）为学，姿秉超绝，强记博览，自谓于物无所好，唯于书如鱼之于水也。既绝意进取，益贯综六经诸子百家，于经义、史论、古文、诗词、四六骈体皆精之。其文于事物必钩述源委，见于何书，一一疏证之，虽至近至微不漏，其讨论条达委备，无艰苦雕刻之态。……其乡先哲之学若前代蒋成父、陈处实、周东溪、本朝陈榕门，皆今所谓宋学也。士生期间，沐其遗风，服习其教训，备霎于时尚而不善为名。先生始撤而新之，虽当代鸿博大儒无以过。说者谓一洗荒隅之陋，而莫敢眳也。……今先生为考据，而不肯以汉学名，不尊宋而制行与古贤合，殆亦借考据以夺时贤之气，而关其口以救其弊。"①

　　清代广西的古文学家大多从事教育活动，长期担任桂林各书院的山长，推动了桂林书院的学风转向。由胡虔起，经由吕璜、朱琦、龙启瑞、王拯、彭昱尧、郑献甫等人的传承与发展，桂林地区已然建立起一个以桐城为宗，义理、考据、辞章并举的学术共同体，注重对真实义理的追求。桂林书院长期受古文经学之熏染，而渐至坚固之态，至康有为到桂林讲学，其今文经学主张，还受到桂林书院的抵制，其中尤以秀峰书院山长曹驯为烈，此可见古文经学学风之坚固，亦可见广西学风之转变多赖于强劲之外力输入，才有可能得到根本的改变，由程朱理学转为清代古文经学如此，由古文经学转为今文经学，显然亦当如此。

　　"泽厚为曹驯之女婿，以丈人对康师如此之态度，意终不怿，思有以调和之，乃往见曹，婉词以劝。曹曰：'吾不愿见此人，此人名为尊孔，实为蔑孔，孔子向称素王，而康则自号长素，岂康之学问道德，更有大于孔子者。可见其非圣无法，离经叛道，为害将无所底止，汝等何为乐此耶？'泽厚力为解说，至于泪下，曹氏终不为动，词色更厉，泽厚知难与言，垂涕而去。由此可见当时社会风气守旧之一斑。"②

---

① 蒋琦龄：《小谷郑先生墓志铭》，《郑献甫集》下册，第1745—1746页。
② 廖中翼：《康有为第一次来桂讲学概况》，《桂林文史资料》第二辑，中国人民政治协商会议桂林市委员会文史资料研究委员会内部发行，1982年版，第48页。

"时桂抚马丕瑶正创办桂垣书局，秀峰书院山长曹驯为桂垣书局会办兼主逊业堂课，校刊四书五经，正崇古文学。有为之今文学运动，认为非圣无法，离经叛道，极为反对。"①

康有为第二次桂林讲学后，桂林书院的学风实已有所改变，广西士子开始接受朴学与西学相杂的学风。此后之体用学堂、广西大学堂，乃至经由马君武而影响的民国时的广西大学，其学风均可溯源至康氏讲学。然随着清末开始的中国二千年未有之大变局的影响，广西学术渐转入近现代学术的发展路径，尽管其中仍可见到朴学遗风的润泽，但那终究是另一种叙事了。

"当时风气渐开，闻康氏有重来讲学讯，社会人士多有向旧日同学探问消息，并有直接或间接表示欲及门而受业者。"②

"新拜康门者有汤铭三、林泽普、林负才、李惠如、陈柱、秦嗣宗、陈祖虞、赵福纪皆入圣学会，马君武（原名同）亦常到会听讲，其他尚有会员多人，忘其姓名，未能备录。"③

---

① 廖中翼：《康有为第二次来桂讲学概况》，《桂林文史资料》第二辑，中国人民政治协商会议桂林市委员会文史资料研究委员会内部发行，1982 年版，第 63 页。
② 廖中翼：《康有为第二次来桂讲学概况》，《桂林文史资料》第二辑，中国人民政治协商会议桂林市委员会文史资料研究委员会内部发行，1982 年版，第 62 页。
③ 廖中翼：《康有为第二次来桂讲学概况》，《桂林文史资料》第二辑，中国人民政治协商会议桂林市委员会文史资料研究委员会内部发行，1982 年版，第 66 页。

第二章　清代广西朴学的学术生态

　　学术生态，是学术主体围绕着学术研究与学术环境相互作用、相互影响而形成的有机整体，它的内容主要包含学术主体、学术研究以及它们之间的相互作用之下的关系。学术生态的好坏决定着学术生命力的强弱。①

　　在整个清学的发展过程中，朴学与理学形成了对立和斗争的局面，并且在乾嘉时期达到高潮。需要指出的是，虽然朴学考据的方法在清代昌盛一时，但是考据这种治学方法，并非清代朴学所独有，历代学者在整理文献时都曾经普遍使用，而把考据作为治学的专门对象，则是清代朴学的主要贡献。

　　朴学自明末开始萌芽。明清之际的思想家在反思明亡原因时，对陆王心学提出颇为严重的质疑。顾炎武批评陆王心学"以明心见性之空言，代修己治人之实学"②，认为明朝的灭亡根于心学的泛滥。顾炎武、黄宗羲、毛奇龄等考据学大家因之提倡"实学"，并逐步转向考据学研究。他们倡导"实事求是"的学术观点，治学风格朴实无华，以"无征不信"与"孤证不立"作为论证规范，遵循"以经证经"的证实原则，主张"读九经自考文始，考文自知音始，以至诸子百家之书亦莫不然。"③清朝中期，带有明季思想影子

---

① 参杨俊、黄琴、李建忠、刘松年：《学术生态初探》，《学术交流与学术生态建设》，中国科学技术出版社 2007 年版，第 109—114 页。

② 顾炎武：《日知录》卷七"夫子之言性与天道"，上海古籍出版社 2012 年版，第 307—308 页。

③ 顾炎武：《答李子德书》，《亭林文集》卷 4，《亭林先生遗书汇辑》，凤凰出版社 2011 年版，第 2653 页；参杨海英：《1999 年清史学界动态和研究述评》，《中国史研究动态》2000 年第 8 期，第 2—11 页。

的、又对理学思潮具有强烈批判精神的学者相继去世，自明末传入中土的西学因素又逐步渗透进中国学术的日常生产中，加之清廷"黜异端以尊正学"的文化专制主义甚嚣尘上，朴学就自然而然地将眼光转移到对经典文本的语言解释中来，也因之而出现繁荣的局面。到了清晚期，朴学范型已经形成，朴学取得了清代学术的主导地位。①

有清一代，广西文化相较于中原文化，其发展虽仍落后，但是随着广西经济社会的发展，相较前朝而言，仍可说进步空前。然令人遗憾的是，朴学虽逐步在桂林书院占据主导地位，但因广西特殊的学术生态，主导广西朴学学风的发展与转变的主要是外地学者，尽管广西本地学者在旅桂学者或者寓桂学者的影响下，也对朴学的发展作出了自己独特的贡献。

一、广西朴学的研究主体

广西地处边疆，当朴学在中原地区正处于高潮时，广西书院依然保持着较强的理学学风，考据基础相对薄弱。乾隆之前，尚无专崇朴学的经学家担任广西书院的山长，然而受到科举考试的影响，广西学子对朴学方法有所耳闻，然由于"异地为官"等政策影响，② 朴学难以彻底转变广西学风。清中叶以后，随着一批中原学者在广西创制朴学著作，讲授朴学方法，组织朴学研究，才为广西带来朴学研究的范型，逐渐改变广西本地学者的治学风格。朴学学者的成长主要依赖于方志与书院制度，下面简要择例以窥其豹。

（一）外来的朴学学者

谢启昆（1737—1802），江西南康人。他"厕身"著名考据学家翁方

---

① 康宇：《论清代朴学对儒家经典解释方法的重构》，《文史哲》2011 年第 2 期，第 37—45 页。
② 张研：《清代知县的"两套班子"》，《清史研究》2009 年第 5 期，第 74—87 页。

纲门下"四十余年",当时号称"苏门六君子"之一。嘉庆四年(1799年),谢氏升任广西巡抚,甫任即主持修纂《广西通志》,并且亲自参与修志活动,书中的"广西金石志"即其纂写。谢氏将志局设在秀峰书院,他还主持祭祀广西汉代经学家陈钦父子,以期传播经学。《谢志》成为清代地方志的典范性之作,并在修志的过程中培养了一批广西当地学者。嘉庆七年(1802年),他因主持祈雨仪式,不意中暑出世,后被奉入广西名宦祠。①

胡虔(1753—1804),安徽桐城人,被谢启昆敦聘为《广西通志》总纂,并掌教秀峰书院。胡虔师从桐城大家姚鼐,继承桐城派"义理、考据、文章"兼通的学术主张,摒弃门户之见,吸收历史上众多志书之长,并借鉴章学诚关于方志修撰的创新思想,完善《广西通志》的编纂体例。除总纂《谢志》外,他还编纂《临桂县志》。他在主教秀峰书院期间,为广西培养了大批古文人才,是推动广西学风转变的有功之臣,是在明清之际的方以智与钱澄之以外最早入桂的桐城派古文学家。②

(二) 本土的朴学学者

吕璜(1778—1838),本字礼北,自号月沧,又号南郭老民,籍贯广西永福。桐城派在广西的重要传人,早年为官浙江,回到桂林后以"古文名大吏",主讲于桂林榕湖、秀峰书院,常"以经学、古文课诸生"。他认为"岭西少藏书",因此"收书万余卷",回乡时将其收藏的万卷藏书捐献给当地书院以富其藏。通过书院讲学,他吸引了大批门生学宗桐城。更为重要的是,吕璜将古文经学视作"简古文风"的根源,这种朴学倾向影响了广西古文学

---

① 参见谢启昆修,胡虔纂,广西师范大学历史系中国历史文献研究室点校:《广西通志(点校本)前言》,《广西通志》,广西人民出版社1988年版,第9—10页。

② 参见谢启昆修,胡虔纂,广西师范大学历史系中国历史文献研究室点校:《广西通志(点校本)前言》,《广西通志》,广西人民出版社1988年版,第10—11页。

派重视"义理考证"的学术传统。①

郑献甫（1801—1872），原名存纻，别字小谷，广西象州县人。素性不喜为官，任刑部主事不足一年即辞职回乡，专职从事教育工作近三十年。重游学，先后主教庆远、桂林、广州、顺德、东莞、象州等地书院，与广东朴学家陈澧相交相契。郑氏学识渊博，通经学，明考据，善诗文。他创作的高水平经学著作《四书翼注》，代表了广西朴学的最高水平。郑氏对朴学之"真"的认识有其独到之处，是一个有创见的广西朴学家。②

从学源与年代上看，广西朴学发展的主导性力量是外地朴学学者。但因方志修撰与书院讲学的纽带作用，本地朴学学者与外地朴学学者间形成松散的学术传承，并在游学的催化下，形成某种深化朴学理论的文化自信。

二、广西朴学的传播环境

学风的转变是连续、复杂的过程，新的学术类型在一个地方的确立，需要许多特定的条件。朴学缓慢传入广西并立定脚跟的过程，与广西经济教育发展水平有莫大之关系。可以说，自明代以来，广西地方经济得以开发，土地也得到大量开垦。加以王阳明入桂传道后，广西学院教育有着突飞猛进。这些都为广西接受朴学提供了一般条件，但工商业经济的落后，则限制了朴学的广泛传播，以及朴学的自生与系统的创造能力。

（一）垦荒政策的影响

清代初期，相对于其他省份，广西地方受到战争的影响更久，人口减少，土地抛荒。清政府在平定广西后，推行屯垦政策，给农民提供耕牛、

---

① 参见本书正论第四章，岭西五大家的义理考证；并参见杨帆：《广西五大古文家的先导者吕璜》，《图书馆界》1986 年第 3 期。

② 参见本书正论第五章，郑献甫对"真"的认知。

农具，减免税赋，招募流民开荒，并以此考核地方官员。在此政策的推动下，广西土地开垦数目迅速增加，顺治十八年（1661年），广西田地数尚为5393865亩，至嘉庆十七年（1812年）时，广西的田地数上升至9002579亩，增长近1倍。①

随着农业经济的发展，广西的人口数量也呈现出了增长态势，除了清初因频遭战火有一定的下降以外，其数量一直在缓慢增长之中。乾隆十四年（1749年），广西人口仅为4162142人，至嘉庆十七年（1812年），已经增长一倍至8678250人，道咸年间更是增长到了9340018人，占到了当时全国总人口的2.34%。②广西人口的增加，一方面是由于经济稳定发展，当地人口的自然增殖。另一方面则是由于垦荒政策的积极推行，其他省份无田者的大量移民造成。其他省份移民的流入一方面补充了当地劳力的不足，另一方面则带来其他省份的精神文化和物质文化，为朴学的传入准备了文化条件。

在清代的广西，一般拥有丰厚资本，具有先进商品意识的多数为外省人士。广西本土则民风淳朴，从商较少，商品经济发展比较缓慢。这种情况或许解释了广西朴学以外地朴学学者为主导，本地朴学学者较少的现象。

（二）书院藏书的增多

清代广西的书院教育，与宋、元、明历朝相比，取得了长足的进步。就书院开办数量而言，清代广西一共有书院221所，占到当时全国3000余所书院的7.3%，占从南宋到民国期间广西书院总数305所的72.4%。由此可见，广西虽然地处南疆，但在清代，当地书院的发展速度与规模还是跟上了全国书院发展的大好形势。广西书院增长的原因是多方面的，既与改土归流政策的实施有关，也与大量移民进入广西带来汉文化的传播以及与当地文化的融合有关。

---

① 梁方仲：《中国历代户口、田地、田赋统计》，上海人民出版社1993年版，第530页。

② 黄贤林、莫大同：《中国人口·广西分册》，中国财政经济出版社1988年版，第47页。

书院的发展，使广西士人增多，加强了读书治学的风气。开办书院与修纂志书，都需要大量藏书，谢启昆来桂，即带来八船藏书，陈宏谋与吕坤还桂亦将藏书捐献当地书院，这些行为影响了广西士子对藏书重要性的认知。在此模范的带动下，清代广西私家藏书日兴。藏书者们主张藏书不是"为藏而藏"，而是为了提供探求书中道义的资料而藏，如吕璜即言：

> "吾萃千百载圣贤才俊以至一得之士之所见于一楼，匪惟立言于是乎取之，即立德立功，皆将于是乎取之。必盈其量，而可以不朽。斯吾志，以毕耳。"①

不仅吕璜，陈宏谋、龙启瑞都有类似之明确主张，他们也确乎利用藏书在理学或朴学研究上取得了丰硕成果。

朴学研究需要大量藏书，而朴学藏书重视古籍原本收藏，需要巨量财力支撑，这个要求在一定程度上限制了广西藏书家的数量。清代广西藏书家多出自官宦世家，有着长期的藏书积累。如陈宏谋为官二十余年，历任多省总督并入阁大学士，收藏的"书画墨刻各物不可胜记"。因广西气候潮湿闷热，书籍保护不易，造成当地藏书时兴时毁。但经历代士人之努力，一些珍贵的乡邦文献，还是流传至今。② 康有为曾记述藏书之艰难与可贵：

> "先中丞公既建书院，又置经史各书于院中，用惠来学。吾因考宣成、秀峰、榕湖三书院旧皆有书，宣成建最早。雍正中，巡抚李公绂穆堂修之，又藏书焉。(《穆堂别稿》中有《行知书院藏书檄》及书目，省志失载)秀峰建雍正末，书则嘉庆初巡抚台公布置之(见省志)。榕湖建道光中，稍后，书则池俞庭学使、阿镜泉按察储之。(见郑方伯祖琛《榕湖经舍碑记》)先中丞公来粤时，则三书院均圮，榕湖书院最近，亦无存。"③

总之，清代广西藏书受制于自然条件与经济条件，虽然付出了巨大努力，其公私藏书规模与藏书家人数，还是发展不足，一定程度上限制了广西

---

① 吕璜：《映雪楼藏书目录序》，《月沧文钞》卷一，《涵通楼师友文钞》影印本，第8页。

② 吕立忠、周碧蓉：《清代广西文人藏书初探》，《河池学院学报》2005年第3期，第46页。

③ 康有为：《桂学答问序》，《桂林文史资料》第二辑，中国人民政治协商会议桂林市委员会文史资料研究委员会内部发行，1982年版，第4页。

本土朴学学者的产生。

三、广西朴学的渗透方式

广西经济的发展、移民的进入以及书院藏书的具备，虽然为朴学的发展提供了必备的条件，但是朴学要真正地进入广西，还是需要广西士人的自觉认知，养成朴学思维的习惯，提升朴学研究的能力，而这有赖于讲学著述传统的形成。只有形成了讲学著述的"当地自觉"，朴学方能真正地入脑入心，渗入广西文化的底色。

（一）讲学活动

主政广西的学政官员，勤于职事者，往往究心劝学，以养成向学之风，吕璜曾经记录广西学政楚雄池之行事，可见一斑。

"公沈毅清惠，动止有仪法，以不欺为本，以陶物振俗为志，视人世芬华泊如也。课士先行谊而后文艺。其大指曰立志，曰修身，曰穷经，曰讲学。又条为子目二十四曰塾规。刊万本颁示诸生，盖正学源流，于是其备，又刊《朱子小学斠》数千帙，随使车所至，辄分给就试者，令诵习之。士请谒，无或不见，见则首勉以植品，问所治经心得何在。或袖诗文求审定，必详指其利病，词色煦煦，虽日数十见，无倦容。闻士有逾闲检者，则是痛惩之。于诸郡邑书院，必核其实，求所以有裨于学者。费不充则与守土者议捐，增必足乃已。故事太平诸郡土司所辖之民，惟佃种隶田者不许应试。其佃官田者，令退佃，乃得与考。其自种民田者，不在禁考之列。近时土官有他意，凡应试者，辄抑之，或饱其欲，乃录送。土童不胜冤，则鸣于有司，鸣于上官。有走诉于公者，公廉得其实，以谓土官无听讼之责，其小大狱皆流官主之，独童试一端，听其操纵由己，非政体，且非所以广作人之化，随具疏，请改由流官主试事。奏入格于部，议不果行。"①

明清书院制度有所不同，明时书院以讲学为主，清代书院转以考课为重。清代书院考课由山长亲自主持，考课制度对于提升学子的经学水平，特别有促进作用，因此至康有为时仍然坚持此种制度。

"月朔课前月所肄，诸生肃谒主讲，主讲按日历刺举经籍章句，试其诚诵与否，有错误遗忘者，劄记以俟再课，后月亦如之。季终通核所诵生熟，并文会等第高下总注日历后幅，移送本部院，以凭查核，面加劝勉。"②

"康有为第二次在桂讲学与第一次稍有不同，第一次系依照万木草堂所列之学纲学目，排列课程，逐步讲授。第二次讲学，则定为朔望讲学，庚子拜经，系由康氏亲自主持，余则依照《桂学答问》所列之分月读书课程表，指示读中西书籍之方法，由受学者依照课程自行研读，并将心得作成札记，或写质疑问难，送交学长龙应中、况仕任汇集，分别拟具答解意见，汇呈康氏批答。如讲学时，听讲者自行笔记，详略各有不同，亦送由学长编定送阅，经批答后，发还相互传观，学子受益不浅。"③

山长对学生的考课具有决断权，因而对于学子的求学志向自然会发生深刻的影响。书院山长的个人学术倾向也会对书院的课程设置产生影响，从而影响整个书院的学风倾向。山长的经学志趣明显地表现在他们的学术倾向上，并体现到书院学规的具体制订中。

"然则学当何如？曰：勿学二氏之幻，幻则无君父；勿学张苏之辩，辩则蔑仁义；勿学京郭之鬼，鬼则入谶纬；勿学荀杨之驳，驳则堕荆榛。必也，求之四子，以立其本；体之六经，以明其理；参之二十一史，以

---

① 吕璜：《国子监司业广西学政楚雄池公墓志铭》，《月沧文钞》卷一，《涵通楼师友文钞》景印本，第22—23页。
② 李绂：《宣成书院条约》，《穆堂别稿》卷49，《续修四库全书》1422册，上海古籍出版社2002年版，第658页。
③ 廖中翼：《康有为第二次来桂讲学概况》，《桂林文史资料》第二辑，中国人民政治协商会议桂林市委员会文史资料研究委员会内部发行，1982年版，第69—70页。

300

识天地古今治乱安危之变，帝皇王伯因革损益之故，君子小人进退消长之由。去其非，从其是，绝其似，存其真，如是焉，而修身齐家治国平天下之要，皆不等他求而得。何也？吾所谓古大儒为己之学，固即尧舜禹汤文武周公孔子以来相传之道也。不然，不知而不学，与学之而不力，与力之而但以邀世取荣，则书院虽不作可矣。"①

"康氏此次讲学，仍以春秋公羊学为中心，专注今文学运动，《礼记·礼运篇》则言其概略，《孟子》《荀子非十二篇》《庄子天下篇》《春秋繁露》《淮南子》《墨子》《史记》《汉书》《宋元学案》诸书，随时摘要讲演，清代庄存与、刘逢禄、龚定庵、魏默深等之著作，凡足以发挥今文学之要义者，俱旁征博引，以证今文学之真传未坠，益导之为主流。"②

周珊曾将桂林宣成、秀峰、榕湖、桂山四大书院历任山长列表展示，今转引如下，此中可见山长变化与广西学风转变的同步性。

清代宣成书院山长

姓名	别字	籍贯	科名时代
周因培	椿圆	临桂	道光六年丙戌进士
苏性	禾材	灵川	咸丰六年丙辰举人
濮尚暄	晓初	贵州清镇	咸丰二年壬子进士
周干臣	芜江	临桂	咸丰十年庚申进士
陈衍昌	受笙	临桂	同治四年乙丑进士
周必超	熙桥 （一字慎庵）	临桂	道光三十年庚戌进士
周璜	斅卿	临桂	同治七年戊辰翰林
石成峰	子轩	临桂	同治十三年甲戌翰林
李骥年	萃轩	永福	光绪十六年庚寅翰林
黄泌	霞君	临桂	同治元年壬戌举人

---

① 刘以贵：《茶山书院记》，《广西通志教育志》，广西人民出版社 1995 年版，第 55 页。

② 廖中翼：《康有为第二次来桂讲学概况》，《桂林文史资料》第二辑，中国人民政治协商会议桂林市委员会文史资料研究委员会内部发行，1982 年版，第 70 页。

清代秀峰书院山长

姓名	别字	籍贯	科名时代
刘定逌	灵溪	武缘	乾隆十三年戊辰翰林
萧馨义	兰谷	临桂	乾隆十七年壬申举人
张鹏展	南松	上林	乾隆五十四年己酉翰林
马俊良		浙江石门	乾隆进士内阁中书
朱廷楷	小裴（一字松庐）	临桂	嘉庆六年辛酉拔贡
黄暄	春庭	临桂	嘉庆十九年甲戌翰林
阳金城	鉴堂（原名焕云）	临桂	嘉庆十九年甲戌翰林
廖重机	萃堂	临桂	嘉庆二十四年己卯进士
卓倜	宽甫	藤县	嘉庆十四年己巳进士
吕璜	月沧	永福	嘉庆十六年辛未进士
陈治昌	敦臣（原名守模）	临桂	道光元年辛巳举人
郑献甫	小谷	象州	道光十五年乙未进士
蒋琦龄	申甫	全州	道光二十年庚子翰林
王拯	定甫	马平	道光二十一年辛丑进士
王恩祥	芷庭	临桂	道光二十四年辰甲翰林
周德润	雨亭（一字生霖）	临桂	同治元年壬戌翰林
曹驯	谨堂	临桂	同治十年辛未翰林

清代榕湖书院山长（即经古书院）

姓名	别字	籍贯	科名时代
李光瀛	竹溪	临桂	嘉庆二十二年丁丑进士
吕璜	月沧	永福	嘉庆十六年辛未进士
朱一琼	石柯	临桂	道光六年丙戌进士
朱凤荣	期亭	临桂	道光十一年辛卯举人
郑绍谦	受山（原名荣九）	临桂	道光三年癸未翰林
郑献甫	小谷（原名存纻）	象州	道光十五年乙未进士
周因培	椿圆（原名瞻渭）	临桂	道光六年丙戌进士
况澍	雨人	临桂	道光九年乙丑翰林

续表

姓名	别字	籍贯	科名时代
王恩祥	芷庭	临桂	道光二十四年甲辰翰林
周干臣	芜江	临桂	咸丰十年庚申进士
王拯	定甫（原名锡振字少鹤）	马平	道光二十一年辛丑进士
周璜	黻卿	临桂	同治七年戊辰翰林
龙朝言	小村（原名有森）	临桂	光绪二年丙子翰林
李骥年	萃轩	永福	光绪十六年庚寅翰林
唐景崧	维卿	灌阳	同治四年乙丑翰林

清代孝廉书院山长（即桂山书院）

姓名	别字	籍贯	科名时代
朱琦	濂甫（一字伯韩）	临桂	道光十五年乙未翰林
蒋琦龄	申甫（原名琦淳）	全州	道光二十年庚子翰林
周干臣	芜江	临桂	咸丰十年庚申进士
况桂森	嘉稺	临桂	同治元年壬戌进士
靳邦庆	迪丞	临桂	咸丰三年癸丑翰林
周璜	黻卿	临桂	同治七年戊辰翰林
石成峰	子轩	临桂	同治十三年甲戌翰林
唐景崧	维卿	灌阳	同治四年乙丑翰林
李骥年	萃轩	永福	光绪十六年庚寅翰林

表1[①]

从表1中可知，清代早期，山长多为理学学者，桂林书院依然保留着比较强的理学学风。直到清朝中后期（嘉庆、道光年间），朴学在中原地区有所衰退的情况之下，广西才出现了一定数量或是由于罢官或是由于任职而来的朴学学者，山长方多由具有朴学倾向的学者担任，如吕璜、郑献甫、王拯、朱琦等。正是在此时，广西出产了一些专门性的朴学著作。而至清代晚

[①] 周鼐:《桂林书院建置始末》,《广西文献通讯》1948 年第 2 期,第 4 页。

期，则有具有今文经学倾向的学者担任山长，如唐景崧等。广西的学风随之
而开始接受康学的影响，转向今文经学的学风。

（二）著述活动

除了讲学可以真正影响广西士人的治学风格之外，撰写和刊刻朴学类书
籍也是朴学在广西传播渗入的一种有效方法。这种方式一方面本身就在使用
考据方法进行考据活动，尤其是大型志书的编撰，使参与者掌握了具体的朴
学方法，从而培养了大量的朴学人才；另一方面，通过撰写朴学著作，广西
本地的朴学学者又可对自己的朴学实践进行理论反思，从而使其朴学创作由
模仿转向自觉。

李绂主政广西之时，曾主持修纂《广西通志》，其修志风格对于广西士
人当即产生影响。后因其得罪朝廷，其主编的《广西通志》遭到禁毁，但他
主张的修志原则，还是为后来的修志者所继承。如他主张修志要实事求是，
要对资料穷搜细讨，就为谢启昆主修的《广西通志》所接受。

> "纂言记事，必载原书，所谓则古称先，庶免无稽之诮。李氏善注《文
> 选》，乐史作《寰宇记》，每条注征引书名，可为著书之法，今亦仿之。"①
> "所有未经开列者，一体搜访。荒榛古道，断碑残文，但有数字，
> 悉行摹搨，以备收采，录入志书。"②

《谢志》继承《李志》的朴学主张，"叙例"以之为重要的修撰原则。

> "宋高似孙《剡录》先贤各传，每事必注其所据之书，潜氏《临安志》
> 征引丰富，开地志引书之例。广西为桂林、象郡旧地，秦汉以来事迹至
> 多，必采录群书，乃臻详赡。其专为此邦作者，如《桂林风土》、《北户
> 录》、《桂海虞衡》、《峤南琐记》、《桂胜》、《桂故》、《粤西三载》诸书，

---

① 李绂：《修临川县志》，《穆堂别稿》卷49，《续修四库全书》第1422册，上海古籍出版社
2002年版，第656页。

② 李绂：《行查各府金石碑刻檄》，《穆堂别稿》卷47，《续修四库全书》第1422册，上海古
籍出版社2002年版，第636页。

更掌故之最切者。今摭拾成编，期无疏舛，且详注书名于所引条下，则考古征信之义如此。至《文载》及各旧志、府县志，类多冗鄙，今皆删润过半，而仍注原书之名，著所本也。"①

《谢志》中列举的参编人员，有许多是广西本土学人。如《谢志》列举的分纂人员名单中，即有三名临桂人，周惟堂、关瑛、朱依真，他们在谢启昆与胡虔的领导下参与修志，必然能够接触到先进的修志理念，并能在实际的修志过程中，提升自己的朴学水平。

"分纂：署庆远府同知州同借补按察司经历臣任兆鲸，西林县知县臣王尚珏，河池州州同臣张堃，临桂县县丞臣范来沛，上思州学正臣周维堂，署苍梧县训导臣关瑛，候补从九品臣张元辂，前任凭祥州州判臣朱锦，布衣臣朱依真。"②

《谢志》相较《李志》的历史命运要幸运得多，得到了朝廷与学界的承认。《谢志》之后，广西许多府县方志均依《谢志》体例进行修撰，其朴学方法在广西士人群体中得到广泛传播，锻炼了更多的广西地方学人。

"不仅省志，许多府州县志，也仿效《谢志》的体例。同治间江西修志，多用刘坤一例；光绪间山西修志，多用曾国荃例。道光间贵州的《兴义府志》、广西嘉庆《临桂县志》、道光《浔州府志》《阳朔县志》、同治《苍梧县志》、光绪《平南县志》《迁江县志》《镇安府志》《郁林州志》《临桂县志》等等，都是《谢志》体例的仿行者，纪传体志体得到广泛的推行。"③

郑献甫是广西朴学的代表人物，他在撰写《愚一录》的长期过程中，不断地总结朴学方法，逐渐形成一套自觉的考证方法，并用以指导自己的著述

---

① 谢启昆修，胡虔纂，广西师范大学历史系中国历史文献研究室点校：《广西通志叙例》，《广西通志》，广西人民出版社1988年版，第13页。

② 谢启昆修，胡虔纂，广西师范大学历史系中国历史文献研究室点校：《重修广西通志衔名》，《广西通志》，广西人民出版社1988年版，第4页。

③ 谢启昆修，胡虔纂，广西师范大学历史系中国历史文献研究室点校：《〈广西通志〉（点校本）前言》，《广西通志》，广西人民出版社1988年版，第34页。

活动，而成为一代朴学大家。他说：

> "语录如画鬼也，无论是否皆可以欺人；考据如画人也，小有参差，即不敢示人；词章如画意也，无论工拙，皆自谓过人而已矣。"①

郑献甫特别重视实地考察，主张将实地考验与文献记载相互验证，他曾基于对桂林诸山的实地考证，纠正了一些史地误解。

> "昔邹衍称'五帝以来，治不及远，故九州之地，皆纪于近'，余尝以为妄言。后考之黄帝合符于釜山，今塞外地也；至禹则仅会诸侯于涂山；舜巡狩至于苍梧，今岭外地也；至周则仅封国至南楚，所见益隘，则所及益陋，故辽东之地乐浪、玄菟，汉尝置郡，魏以后无有；安南之地九真、日南，汉亦置郡，唐以后无有，此尤昭昭可据者，而儒者乃以井底蛙之见窥天测海，妄以己所知为断，此何可哉！此何可哉！"②

郑氏所著之书信实可靠，也充满识见，因此得到了两粤学子的信服，被称为"两粤宗师"，在其影响下，朴学对广西学子的影响更加切近了。

> "《愚一录》考据论辩之精且详，窃以为可与王伯厚《困学纪闻》、顾亭林《日知录》后先鼎立。"③

> "岭东西大吏聘主书院二十余年，学者叩焉不穷，索焉皆获。所谓闻其名而慕，聆其论惊以喜，与之居不能舍以去者，其造就不可胜纪也。顾其考据之精博如此，而不屑以汉学自鸣；其品之高、行之笃如彼，而平生不喜宋儒之讲学。盖与其一切著述不拘格辙，不分门户，皆断然自为一家之学也。"④

---

① 郑献甫：《著书说》，《补学轩文集》，《郑献甫集》中册，广西人民出版社 2013 年版，第 693 页。

② 郑献甫：《桂林诸山别记》，《补学轩文集》，《郑献甫集》中册，广西人民出版社 2013 年版，第 726 页。

③ 林肇元：《刊郑小谷先生〈愚一录〉序》，《愚一录》，《郑献甫集》下册，广西人民出版社 2013 年版，第 1191 页。

④ 蒋琦龄：《小谷郑先生墓志铭》，《郑献甫集》下册，广西人民出版社 2013 年版，第 1745 页。

四、广西朴学的地域属性

清王朝治理广西，以流官羁縻土官为治，听任土官限制土民的科举自由，"独童试一端，听其操纵由己"，由是造成广西边地文教不兴。即便参加科举者，也乏读书习气，学风萎靡。此种学风赵翼、吕璜皆有所见，至康氏讲学桂林时还是如此情形。

> "吾处风洞间，书局去所居尤近，暇辄与桂士读书逊业堂者相过从，睹马公所创书局，心向往之，又见公所书额联，壁间规条，立法甚密，用心良苦，有用之书亦略备，盛德在人，前未尝有。多士望风，宜无不争先趋向矣。乃吾初入读书堂，则苍梧高茂才嘉仁伯慈为余言终岁除同肄业诸人，鲜有来堂读书者。吾闻而惜之，省垣如此，他郡可知矣。"①

广西士子究心于科举之业，即便养成读书习惯，也自然会以程朱理学为宗。一些学者主动以程朱理学为自己教学生活的中心，保持了程朱理学在广西儒学中的中心地位。如刘定逌即主张以程朱理学为学规：

> "读书穷理，以明其志。循规蹈矩，以习其义。一日之内，自旦而暮、而夕、而夜，立定课程，循序渐进。读正经之书，习正经之学，存正经之心，交正经之友，行正经之事，讲正经之话。毋畏难，毋苟安，毋因循，毋姑待，毋旁杂，毋间断，毋妄语，毋多言。"②

吕立忠曾依《广西省述作目录》所收著作，将清代广西文人著述分类列表，今转引如下，观此表或可明清代广西文人的宗学状况。

---

① 康有为：《桂学答问序》，《桂林文史资料》第二辑，中国人民政治协商会议桂林市委员会文史资料研究委员会内部发行，1982 年版，第 4—5 页。

② 刘定逌：《三难通解训言述》，《武鸣县志》，1915 年刻印，附录第 84 页。

清代广西文人著作分类统计表

类	目	数量
总类	目录	2
	经部	58
	杂述	87
	丛书	2
	团体刊物	6
哲学	哲学	0
	阴阳五行	9
	伦理修身	31
	儒家及杂家	22
宗教	宗教	1
社会科学	社会学	0
	政治经济	13
	法律	1
	军事学	8
	教育	6
	农工商	5
语言学	字典字书	8
	说文训诂及类书	7
	国语方言	0
艺术	书画	6
	音乐	3
	杂品	2
文学	丛录及诗文评	32
	合集	104
	诗歌	525
	词	36
	文	99
	小说	1
	戏剧	3

类	目	数量
史地	历史	64
	地理	30
	广西省志	2
	广西郡邑志（府县州志）	69
自然科学	概说	0
	天算	8
	理化	7
	博物	6
应用技术	医学及卫生学	30
	杂艺	1

表 2①

表 2 颇能说明一些问题，随着理学在中原失去中心地位，加上科举考试中，朴学比重增加，广西也确乎受到朴学之影响，而产生了一些朴学著作，但在总体著述中所占比例偏小，尤其是去掉史地类应用型的朴学著作，探讨形而上问题或者纯粹小学的著作所占比例就更小了，而其中"字典字书"和"说文训诂及类书"这些和朴学考据密切相关的著作仅占 15 种，数量很少，仅占总量的 0.01%。清代广西文人著作中，占比最多的是文学类书籍（虽不排除其中有些作品亦有朴学色彩），按吕氏统计，约占比 62%。此外，从表中可知，自然科学类著作占比较少，尤其是近代自然科学著作，只有约十多种，且这些著作的出现，基本是在光绪末年。这两种现象，或许说明广西朴学的另外两种地域特色，即因广西包含许多民族地区，少数民族文化有能歌善舞的一面，这种文化背景或许促成了广西朴学学者多为诗人、古文学家现象的形成。另外，广西与广东皆属岭南文化，广西清代文人著述的变化与清代广西朴学学者与广东学者的交往也有关系。下面分两方面来论述之。

---

① 吕立忠：《清代广西文人著述初探》，《广西社会科学》2009 年第 2 期，第 20 页。另参《广西省述作目录》，杭州古籍书店影印 1987 年版。

　　清代广西产生了两个有全国影响力的学术派别，即以岭西五大家为标志的广西古文学派，以及清晚期的临桂词派。严格来说，这两个派别都是文学派别，并非标准意义上的朴学派别。但这两个派别都受到了朴学的影响，只是广西士子的经学兴趣并不深厚，而与感性的文学、诗词更为相契。当然，与朴学相结合的结果，是使岭西五大家更加重视文章的简古风格，也使临桂词派对词的校勘考证产生浓厚兴趣，甚至发明了考据词学，使词的地位在学界得到极大提高。广西士人天生具有韵律感，此特点与广西士人重实用不重形上的特点结合在一起，或使古文学派传到广西后即蔚为大观。

　　"道光戊子（1828年），吴仲伦先生馆于鄞，十二月，将返宜兴，过杭，而璜遮留焉。住丛桂山房凡二十余日，所亲承口讲指画，恐其久而忘也，条记之如左。"①

　　"右若干条，皆先生就璜所问而答者。璜退，以片纸书之；先生别去，乃稍比次而书于册。他日以告先生。先生曰：'此不可以示人也。凡论人论事，必本末具，乃可笔于书而无遗议。此等或舍大而专言其细，或举偏而不见其全；不量余者，将以为口实焉。'璜不敢忘，而并识于此。"②

　　事实上，吕璜的行为，不但与师言不协，即于此文中所讲的道理，亦有不相一致的地方，但吕氏出于传播古文义法的需要，而将其师言论编为《古文绪论》传入广西，还是取得了巨大的成功。

　　"古文之体，忌小说，忌语录，忌诗话，忌时文，忌尺牍；此五者不去，非古文也。"③

　　针对广西古文学派的盛况，龙启瑞曾说：

---

①　吴德旋著，吕璜辑：《初月楼古文绪论》序，《论文偶记·初月楼古文绪论·春觉斋论文》，人民文学出版社1959年版，第19页。

②　吴德旋著，吕璜辑：《初月楼古文绪论》识，《论文偶记·初月楼古文绪论·春觉斋论文》，人民文学出版社1959年版，第33页。

③　吴德旋著，吕璜辑：《初月楼古文绪论》之二，《论文偶记·初月楼古文绪论·春觉斋论文》，人民文学出版社1959年版，第19页。

　　"粤西僻在岭峤，独文章著作之士未克与中州才俊争骛而驰逐，逮
子穆与伯韩、少鹤、仲实先后集京师，凡诸公文酒之宴，吾党数子者必
与。语海内能文者，屈指必及之。梅先生尝曰：'天下之文章，其萃于
岭西乎！'"①

王鹏运是临桂词派的代表人物，他将词的写作与校勘当做自己一生的事
业。在词的写作上，他主张"重拙大"的美学标准，强调词作要情感深厚，
意境深远，自然平实。时人认为这是对常州派词学思想的发展。

　　"半塘所以过人者，其平生所学及抱负，尽纳词中，而他不旁及。"②
　　"常州一脉，乃由江浙而远被岭南，晚近词家如王、朱、况、郑之
辈，固皆治张、周之涂辙，而发扬光大，以自抒其身世之悲者也。"③

不过，他在词学上最重要的贡献则是考据词学的发明。

　　"半塘尝校定唐宋元名家之作，裒刻为《四印斋词》，词家有校雠之
学，自半塘始。盖前人词集，经累代传刻，鲁鱼亥豕之伪，学者病焉。
'四印斋词'印行，词集既有可读之本，有功词林，良非浅鲜。"④

王鹏运身上除了展现广西文人将朴学与文学相结合的特点外，还展现了
与广东文人交往相契的一面。王鹏运与康有为之间交往甚密，他支持康氏的
改良运动，经常主动将康氏上书转交朝廷。

　　"二十一年五月，代康有为上《请修京城街道折》，奉旨允行。六月
十四日，又代有为上疏劾徐用仪之阻挠变法，徐遂被逐出枢译两署。又
上疏附康有为片奏疏粤抚马丕瑶保奏市侩潘赞清为三品衔。盖有为以其
新入台敢言也。七月，京师强学会议起，鹏运亦列名其中。"⑤

对于王鹏运的高风亮节，康有为有着极高的赞誉，称其"情深而文明"：

① 龙启瑞：《彭子穆遗稿序》，《经德堂文集》卷2，《续修四库全书》1541册，上海古籍出版社2002年版，第575页。
② 朱祖谋：夏孙桐《朱公行状》，《彊村丛书》册10，上海古籍出版社1989年版，第8710页。
③ 《近三百年名家词选后记》，《龙榆生词学论文集》，上海古籍出版社2009年版，第411页。
④ 吴雁魂：《吴雁魂评王鹏运》，《王鹏运研究资料》，漓江出版社1996年版，第275页。
⑤ 汤志钧：《王鹏运》，《戊戌变法人物传稿上》，中华书局1961年版，第145页。

"桂林王侍御佑遐，所谓情深而文明者耶！争和议而逐鹰鹯，非其义深君父耶？叹日月而惜别离，非情深朋好耶？温柔敦厚之至，而为咏叹淫佚之词。其为稼轩之飞动耶？其为游扬佚荡之美成耶？其为草窗、白石之芳馨耶？但闻裂帛，听幽涛，古琴瑟瑟。它日游王子之故乡，泛砦洲之烟雨，宿凤洞之岚翠，天晴豁开，万壑涌秀。忽而云雾半冥，一峰青青，有人独立其上，苍茫问天，其必情深而文明者哉！"①

可以看出，广西士人的岭南属性，使康氏今文经学得以顺利在广西传播，甚至其效果比之康氏在北京、上海的活动更为有效，也使广西士人相比古文经学更加能够接受康氏思想，从而一度成为旧中国的模范省份。

清代广西士人的岭南属性，在郑献甫身上也有体现。郑氏与广东朴学大家陈澧在学问上相互讨论，屡有切磋，并引之为知己，有所心得辄欲与陈氏相校。

"拜别后将近一年不通一书，非无暇也，欲有待也。今夏初，得奉手教，诸为心沥，云欲刻古书，果何种耶？又云，被登荐牍，果何阶耶？弟虚名略同，而知文较寡，庶不为荐士之孔文举、桓元子诸大老所累。此一著似胜，其余皆不及也。昨亟谋归里，读书种田，冀尽余日。而田夫心事，山长头衔，老翁颜状，虽曰闲人，实少闲日。覆将《愚一录》料理，其中少独得处，又非确然精卓奇创可问世者。将别众人，自为一家之学。既非所能，将附众人共为一阓之市；又非所欲，故屡思摘数十条相质而未果。前于各友有执讯，而独于侍者无执讯，正为此耳。然迩来精力稍衰，而识力渐长，有亟欲与高明畅所未尽者。"②

郑献甫去世后，陈澧为其撰写小传，称其为广西学人之代表，具有豪杰之气，其品格操行在王符、仲长统之间，并评价其学术道：

"君天资高朗，耿介豪逸，发言行事，纯任自然，谈笑讥贬无所避。平生无嗜好，惟好书，终日不释卷，博览强记。《十三经注疏校勘记》

---

① 康有为：《康有为评王鹏运》，《王鹏运研究资料》，漓江出版社 1996 年版，第 241 页。
② 郑献甫：《与陈兰甫书》，《补学轩文集续刻》，《郑献甫集》中册，广西人民出版社 2013 年版，第 975 页。

皆有评点，尤熟诸史。为文章贯串古今，直抒所见，绝去修饰。"①

综上所述，由于清初广西农业垦荒政策的有效实施，带来大量汉民移入广西，并随之而使汉文化成为广西文化的主流，形成了文化融合的大好局面，广西书院与汉文藏书也得到极大增长，为其文化发展准备了基本的条件。随着一些旅桂学者、寓桂学者的讲学与著述活动的开展，以及清政府科举试题中朴学内容的增多，广西本地学者开始接受朴学。但是由于广西士人重功名，又处于民族地区，多歌咏之风尚，且为岭南文化之一部分，其士人多文学气质，对形上学缺乏足够兴趣，而更多地处于一个追随者的地位，从而使广西朴学虽有所创获，但其推动力皆自外而来，并没有形成内生的学术发展机制。只是，这个外来的学术推动力量，如果同样来自岭南地区的话，其接受和发展则更为迅猛。

① 陈澧：《五品卿衔刑部主事象州郑君传》，《郑献甫集》下册，广西人民出版社 2013 年版，第 1747 页。

附　录

附录一：灵渠对广西文化的影响

　　广西兴安灵渠，一座与都江堰齐名的水利工程，它的价值不仅仅体现在灵渠之"渠"上，而是更多地体现在灵渠之"灵"上。这是一座两千年来，生生不息的，渠之灵。

　　无论是将相才子，还是贩夫走卒，只要他们与灵渠相遇，都会在他们的生命中，刻画下难忘的记忆。灵渠，在一个个鲜活生命融汇而成的历史中，生长变化。他留存在人们心中的水意象，如同化蝶一般，从发挥通道作用的"水之道"，转换成承担生活职能的"水之利"，继而成长为代表文化融合精神的"水之灵"。

　　元人黄裳早就指出，灵渠是经历了一千五百年的渐渐进化，方才

　　　　"更四贤之勤，历秦、汉暨唐，而后其制大备，以迄于今，公私蒙其利。盖千五百有余岁，其致之者渐也。"[1]

　　对于灵渠的身形变换，马立博也明确指出：

　　　　"灵渠最早作为从华北向岭南运输秦朝军队和战船之用，后来成为了岭南经长江到华北货物往来运输的重要通道。"[2]

　　具体而言，灵渠技术特征的变化，与灵渠水意象的变化有着密切的关系。在灵渠之水主要发挥通道功能之时，灵渠主要发展了大小天平等分水系

---

① 黄裳：《灵济庙记》，载刘仲桂、刘建新、蒋官员等编著：《灵渠》，广西科学技术出版社2014年版，第144页。

② 马立博：《虎、米、丝、泥：帝制晚期华南的环境与经济》，江苏人民出版社2011年版，第33页。

统工程。而在发挥水利功能时，则主要发展了陡门系统与堰坝系统工程。当其发挥能源与景观功能时，则主要发展了水库系统工程。

灵渠之灵，正是在其发挥水道与水利作用的基础上，升华而来的人文精神，可简略概括成"节、融、柔"三字。所谓节，是指灵渠融汇长江、珠江两大水系，是中原文化与岭南文化，甚至是中国文化与东南亚文化的节点。所谓融，是指中原文化与岭南文化在长期的历史交往中，逐渐形成你中有我，我中有你的一体化特征，已经水乳交融，难分彼此。所谓柔，是指灵渠展示了水的柔性，虽柔和不争，但有着坚韧的生命力，在历史长河中不断丰富自身的技术与文化内涵。

一、水之道

灵渠的产生机缘，与秦人经略岭南，有莫大之关系。因而，其早期主要是作为战争粮道出现的。但综观其整个历史，灵渠主要不是一个军事工程，或者主要不是发挥军事作用的工程，具有"道可道，非常道"的灵性。

按照历史记载，灵渠水道经常被用作战争通道。《史记》言：

> "监禄凿渠运粮，深入越，越人遁逃。旷日持久，粮食绝乏，越人击之，秦兵大败。秦乃使尉佗将卒以戍越。"[1]

《读史方舆纪要》亦说，

> "咸通五年，安南为南诏所陷，诸道兵屯聚岭南，江西、湖南馈运皆溯湘江，入零渠、漓水，劳费艰涩，诸军乏食。有润州人陈磻石，请自福建运米泛海，不一月到广州。从之，诸军食始足。"[2]

甚至直到中法战争期间，灵渠仍发挥着战道的作用，法人拉丕克说：

---

[1] 司马迁：《平津侯主父列传》，载刘仲桂、刘建新、蒋官员等编著：《灵渠》，广西科学技术出版社 2014 年版，第 114 页。

[2] 顾祖禹：《读史方舆纪要》卷 106，载刘仲桂、刘建新、蒋官员等编著：《灵渠》，广西科学技术出版社 2014 年版，第 121 页。

"对于法国人，这事体尤为重要，因为黑旗军打安南的时候，似乎是经过这条运河运湖南米来接济的。"①

但是，这些记载也说明了一点，即灵渠只是战争中的粮道，并非战道本身，它本质上还是起到了通道的作用。

因而可以看到，灵渠的战争作用，没有我们想象的那么大，在后来的历史长河中，灵渠更多是作为生民之道、通联之道而存在的。唐代李渤重修灵渠，更为关注的是它的通航功能，"渤酾浚旧道，郡泄有宜，舟楫利焉"。②明太宗实录中的记载，则似更加关注灵渠利益民生的功能，"南渠通海，北渠通湖广，可行舟楫，溉民田，为利甚薄。"③法人拉丕克在对灵渠的记载中，念念不忘的则是灵渠的探险功能：

"一个好水上运动的人，可以用一个特制的小汽艇，从安南东京区的东部出发，经龙州由水道航行到北京。"④

二、水之利

通道意象是灵渠水意象的基础，利生意象则是灵渠水意象的另一层重要意涵。老子云："上善若水，水善利万物而不争。"⑤灵渠在其历史发展的过程中，充分发挥了水的利生功能。

灵渠其实自开凿之始，就已显示出其对农业的灌溉功能。但早期岭南

---

① 拉丕克：《兴安运河记》，载刘仲桂、刘建新、蒋官员等编著：《灵渠》，广西科学技术出版社 2014 年版，第 137 页。

② 欧阳修等撰：《李渤传》，载刘仲桂、刘建新、蒋官员等编著：《灵渠》，广西科学技术出版社 2014 年版，第 115 页。

③ 《明太宗实录》卷 28，载刘仲桂、刘建新、蒋官员等编著：《灵渠》，广西科学技术出版社 2014 年版，第 117 页。

④ 拉丕克：《兴安运河记》，载刘仲桂、刘建新、蒋官员等编著：《灵渠》，广西科学技术出版社 2014 年版，第 138 页。

⑤ 孙以楷：《老子注释三种》，安徽人民出版社 2003 年版，第 23 页。

地区，农业不够发达。至唐宋后，发挥灌溉功能，才成为灵渠工程关注的中心点。如宋人周去非言，"渠水绕迤兴安县，民田赖之。"[1] 在明人陈琏的《重修灵渠记》中，则显示出对灌溉水函的重视，"修白云、攀桂桥及灌田水函二十有四。"[2] 清人顾祖禹在《读史方舆纪要》中亦载其有水函之用：

> "今县东有水函十，灵渠之水径此，每遇霖潦，往往啮堤为患，因置石函以泄之。灌田数千亩。每至决坏，有司相视，以时兴修焉。"[3]

这些记载都表明了灌溉功能在灵渠利生功能中的重要性。

明清以后，灵渠的商贸功能不断得到增强，出现为了商业利益争抢灵渠通道的事件，官府甚至以地方条例的方式予以调节。清代《禁止木簰出入陡河告示碑》上说：

> "兴安县陡河，上通省城，下达全州，为粤省咽喉要路，官商船只，络绎不绝。临全埠行盐办饷，国课攸关，更赖此一线河身。为销运之地，岂容阻塞，致滞行旅，而误课程。"[4]

灵渠是重要的官河通道，承担着"行盐办饷"的重要职责，而木簰商人为了私利，出入陡河，"乃遂一二人牟利之私，阻千万人经由之路"[5]，为了保证大多数人的利益，就要禁止木簰出入陡河。民国时，《规定陡河行船办法布告碑》上说：

> "前船设有浅搁，以两日为限，如果不能开行，即将原船退下，让

---

[1] 周去非：《岭外代答》卷1，载刘仲桂、刘建新、蒋官员等编著：《灵渠》，广西科学技术出版社2014年版，第116页。

[2] 陈琏：《重修灵渠记》，载刘仲桂、刘建新、蒋官员等编著：《灵渠》，广西科学技术出版社2014年版，第133页。

[3] 顾祖禹：《读史方舆纪要》卷107，载刘仲桂、刘建新、蒋官员等编著：《灵渠》，广西科学技术出版社2014年版，第120页。

[4] 《禁止木簰出入陡河告示碑》，载刘仲桂、刘建新、蒋官员等编著：《灵渠》，广西科学技术出版社2014年版，第122页。

[5] 《禁止木簰出入陡河告示碑》，载刘仲桂、刘建新、蒋官员等编著：《灵渠》，广西科学技术出版社2014年版，第122页。

后来船只次第开驶，于商业交通，均称便利。"①

这是为了调节民船出入陡河的秩序，避免堵塞，专门设定的船舶排队办法。

随着灵渠工程质量的提高，利生功能的充分发挥，灵渠逐渐成为灵渠人的生活背景，其景观功能逐步得到重视，也逐渐地开发出来，并且，随着社会的进步，其历史景观功能越发突出，甚至成为灵渠的中心功能。明人吴玉所撰《万里桥记》记载了渠、桥、亭的出现过程，暗示其对景观功能的关注：

> "桂林属邑兴安有灵渠，古漓水，经流县郭，秦史禄凿流以通舟楫，而未有桥也。唐李渤因作桥以往来，而未有亭也。迨本朝奠鼎，西粤之区，庶务毕举。知县鲁公孔达遂构亭以覆桥。"②

20 世纪 40 年代以来，灵渠的通道功能逐步退化乃至消失，因其灌溉功能亦非十分巨大，故而景观功能越发凸显出来，《广西壮族自治区灵渠保护办法》即说：

> "灵渠是指灵渠水利工程文物本体及其各类伴生的历史文化遗存和自然景观。灵渠本体主要包括大天平、小天平、铧嘴、南渠、北渠、陡门、堤岸、三将军墓、泄水天平、堰坝、桥梁、水涵等。伴生的历史文化遗存主要包括秦城遗址、石马坪古墓群、石刻、古树古木等。"③

此外，新中国成立以来，灵渠沿线修建的大量水库均兼有景观功能，刘仲桂、刘建新、蒋官员等撰写的《灵渠》一书中说：

> "新的防洪及漓江补水工程的建成，将与灵渠工程一起，有力推动桂林市的城乡建设的繁荣和发展，保护秀丽漓江黄金水道的生态环境，为桂林山水甲天下的旅游事业的兴旺发达打下坚实的水源基础。"④

---

① 《规定陡河行船办法布告碑》，载刘仲桂、刘建新、蒋官员等编著：《灵渠》，广西科学技术出版社 2014 年版，第 123 页。

② 吴玉：《万里桥记》，载刘仲桂、刘建新、蒋官员等编著：《灵渠》，广西科学技术出版社 2014 年版，第 133 页。

③ 《广西壮族自治区灵渠保护办法》，载刘仲桂、刘建新、蒋官员等编著：《灵渠》，广西科学技术出版社 2014 年版，第 125 页。

④ 《兴建桂林市防洪及漓江补水枢纽工程》，载刘仲桂、刘建新、蒋官员等编著：《灵渠》，

三、水之灵

虽然在两千年的历史长河中，灵渠发挥着重要的通道功能和利生功能，但正如笔者在文章开头所言，灵渠的根本价值既不在于水道，亦不在于渠利，而是在于其在水道、渠利的历史演变过程中形成的"水之灵"。老子有言，"反者道之动，弱者道之用。"① 意思是只有回到根本，才会有生生不息的生命力。

灵渠之灵，是灵渠的根本所在，是其生命力所在，是古往今来的灵渠人的灵魂所在。这个灵魂，总起来说就是"节、融、柔"，分开来说，就是灵渠人的五颗心，"妙心、同心、善心、平心、游心"。

1. **妙心**，是指灵渠以其天人合一的灵巧水工，时时给人巧夺天工的惊奇之感。前人对灵渠之巧，多有赞颂，如宋人范成大曾经称赞灵渠，"治水巧妙，无如灵渠者。"宋人周去非，非常细致地描述了铧嘴的设计之妙：

> "自铧嘴分水入渠，循堤而行，二里许，有泄水滩。苟无此滩，则春水怒生，势能害堤，而水不南；以有滩杀水分势，则春水怒，堤不坏，而渠得以溜湘余水缓达于融。可以为巧矣！"②

西人马立博亦说灵渠之灵，就是精妙之意：

> "就其设计的精妙而言，灵渠至今仍是水利工程的杰作。甚至对灵渠本身的详细描述都不足以形容其沟通湘江和漓江水系之妙，李约瑟恰当地将其名称（灵）译为magic，重点在于强调其创造性的精妙而不是规模的宏大。"③

广西科学技术出版社2014年版，第126页。

① 孙以楷：《老子注释三种》，安徽人民出版社2003年版，第135页。
② 周去非：《岭外代答》卷1，载刘仲桂、刘建新、蒋官员等编著：《灵渠》，广西科学技术出版社2014年版，第116页。
③ 马立博：《虎、米、丝、泥：帝制晚期华南的环境与经济》，江苏人民出版社2011年版，

而袁枚的诗，大概最能表达古人的惊叹：

"江到兴安水最清，秀山簇族水中生。分明看见青山顶，船在青山顶上行。"①

2. **同心**，是指灵渠融会秦楚吴越文化，形成同文同种的文化意识。对于灵渠而言，湘漓同源的说法，是最好的楚越文化融会的象征，郦道元在《水经注》中说：

"湘漓同源，分为二水，南为漓水，北则湘川。"②

周去非则说：

"今桂水名漓者，言离湘之一派而来也。曰湘曰离，往往行人于此销魂。"③

而唐人鱼孟威则明确点出灵渠使中原礼仪文化进入岭南，使岭南之地成为地理中国的历史作用：

"（灵渠）导三江，贯五岭，济师徒，引馈运，推俎豆以化猿饮，演坟典以移鴃舌，蕃禹贡，荡尧化也。则所系实大矣。"④

宋人张孝祥则指出，灵渠之地，已与江浙无异，接受了儒家教化：

"提封连岭海，风土似江吴。仙去山藏乳，商归斗算珠。劲农多乐岁，厉俗有通儒。已过炎关了，吾行且缓驱。"⑤

至明时，诗人方宏静已经不将此地视作九夷之地：

"云迷风自叠，滩急水相离。竹露长凝泪，松风不断吹。壮儿歌刈

第33页。

① 袁枚：《由桂林溯漓江至兴安》，载刘仲桂、刘建新、蒋官员等编著：《灵渠》，广西科学技术出版社2014年版，第167页。

② 郦道元：《湘水》，载刘仲桂、刘建新、蒋官员等编著：《灵渠》，广西科学技术出版社2014年版，第118页。

③ 周去非：《岭外代答》卷1，载刘仲桂、刘建新、蒋官员等编著：《灵渠》，广西科学技术出版社2014年版，第116页。

④ 鱼孟威：《桂州重修灵渠记》，载刘仲桂、刘建新、蒋官员等编著：《灵渠》，广西科学技术出版社2014年版，第132页。

⑤ 张孝祥：《兴安》，载刘仲桂、刘建新、蒋官员等编著：《灵渠》，广西科学技术出版社2014年版，第154页。

稻，瑶女舞祈祠。万里今封建，无言陋九夷。"①

3. **善心**，是指灵渠的利生功能，其根本，实是由灵渠人的一念之善激发的。鱼孟威述其重修灵渠之志，不在名利之心，而在利民之道：

"余所记重修，又非为名也，祗要叙民之艰苦实由斯渠，冀后之居者不阙其修，行者不毁其修，长利民而已。"②

明人吴玉记载万里桥的修建缘由，即在于捐建者的一念之善：

"今公志非徼名，一念之善，施于见闻所及，俾有司积年之废坠，一旦修举，事虽不甚大，费虽不甚厚，而为善之心，则出于诚也。"③

民国彭学溙《杏亭记》云，修亭之志在于让人有一个休憩之所，而非谋利，"依此飞来石建筑一亭，为邑人游览憩息之所……愿输余粟以竟其志"。④ 此长流长传的一念之善，正是灵渠不断生长，不断复生的根本力量。

4. **平心**，是指灵渠坦荡宽容，宁静平和的心态。熊佛西《漫记兴安灵渠之游》言：

"遍览名山巨川的人来游兴安，自然觉得平淡，但我以为兴安风景最大的长处就是'平淡'。它秀，但不媚；它引起人的美感，但不使人陶散；它幽，但不神秘，虽有世外桃源之感，但无神出鬼没的现象。它的长处就是'平淡无奇，落落大方'。它好像一位读过些诗书的乡下姑娘，不烫发，不抹脂粉，不穿高跟鞋，不奇装异服的故意招惹人注意。但她的五官却长得很端正，尤其是那双清秀而不荡媚的眼睛，使人发生无限

① 方宏静：《兴全道中》，载刘仲桂、刘建新、蒋官员等编著：《灵渠》，广西科学技术出版社2014年版，第161页。
② 鱼孟威：《桂州重修灵渠记》，载刘仲桂、刘建新、蒋官员等编著：《灵渠》，广西科学技术出版社2014年版，第132页。
③ 吴玉：《万里桥记》，载刘仲桂、刘建新、蒋官员等编著：《灵渠》，广西科学技术出版社2014年版，第133页。
④ 彭学溙：《杏亭记》，载刘仲桂、刘建新、蒋官员等编著：《灵渠》，广西科学技术出版社2014年版，第138页。

的美感。黄昏在'秦堤'散步，在'点灯山'俯瞰，月夜在'铧嘴'抚琴、听涛，暑天在'分水塘'游泳，在'飞来石'纳凉—都是人间的清福。"①

今人彭匋《湘江源记》亦说："今喧嚣尘世，竟有此宁境，殊难得也。"②这种平静之所以体现在灵渠，一方面固然是因为他的水性之柔，另一方面显然是因为水道喧嚣退去后，灵渠深厚的历史积淀导致的结果。

5. **游心**，是指庄子所说的"游于形骸之内"③，"游乎四海之外"④的逍遥之心境。灵渠之美，一在于他能引领我们身游海外，二在于他能够引领我们心游道境。明人多识灵渠的海道内涵，如明人解缙、桑悦、鲁铎皆有说：

"石渠南北引湘漓，分水塘深下作堤。若是秦人多二纪，锦帆直是到天涯。"⑤

"海阳一水化湘漓，南北分流各有期。同派可怜成隔绝，三溪即有会同时。"⑥

"一道原泉却两支，右为湘水左为漓。谁知万里分流去，到海还应有会时。"⑦

这些描述都提到灵渠连接海洋文化的功能。另外，灵渠之静往往能使人领会得道的境界，如明人曹学佺在乳洞中即体会到良知自在之意：

"静为天地本，动合圣贤心。动静俱无碍，腾腾超古今。"⑧

① 熊佛西：《漫记兴安灵渠之游》，载刘仲桂、刘建新、蒋官员等编著：《灵渠》，广西科学技术出版社2014年版，第141页。
② 彭匋：《湘江源记》，载刘仲桂、刘建新、蒋官员等编著：《灵渠》，广西科学技术出版社2014年版，第142页。
③ 庄周：《德充符》，《庄子注疏》，中华书局2011年版，第111页。
④ 庄周：《逍遥游》，《庄子注疏》，中华书局2011年版，第111页。
⑤ 解缙：《兴安渠》，载刘仲桂、刘建新、蒋官员等编著：《灵渠》，广西科学技术出版社2014年版，第159页。
⑥ 桑悦：《观湘漓分流寄竹窗民奇民育民秀诸兄弟》，载刘仲桂、刘建新、蒋官员等编著：《灵渠》，广西科学技术出版社2014年版，第159页。
⑦ 鲁铎：《分水塘》，载刘仲桂、刘建新、蒋官员等编著：《灵渠》，广西科学技术出版社2014年版，第159页。
⑧ 曹学佺：《乳洞》，载刘仲桂、刘建新、蒋官员等编著：《灵渠》，广西科学技术出版社2014年版，第163页。

而清人彭榕在这里则体会到成仙的逍遥乐境：

"巉岩三洞乳晶莹，隐隐霞光映上清。到此飘然尘浊净，无须云母一身轻。"①

清人陈关调亦从陡河上学到了为人的道理：

"水理不宜直，人心不宜曲。人曲无生气，水直难接续。古者开成手，凿河意诚笃。源引海洋波，迂回势满足。建陡三十六，陡陡自结束。遥闻舟子喧，侧见凫鸥浴。徒有破浪怀，到此顿局促。"②

正因为灵渠在兴安当地发挥出如此深刻的历史作用，产生了如此深厚的文化积淀，灵渠乃至与其相关的人物、景观、文化，对于兴安人而言，就具有了某种精神信仰的价值，故兴安人设立祠堂以纪念于灵渠有功之人：

"切惟岭南之民，好祥瑞，侈祠宇，共俗固矣。惟兹四贤，其生也，于灵渠之兴能合智以创物；其没也，于灵渠之坏能攘患以庇民，是在祭法所当祀者，岂与他祀比哉？"③

祭祀之意乃有文化传承，德行激励之蕴：

"谒将军墓，吊古人死事之冤也；越秦堤，赞始皇功业之伟也；登飞来石，羡此地泉石之幽也；拜灵济祠，敬前贤德之永也。"④

而对于湘、漓同源的祭祀活动，则不仅仅是对水的畏惧与感恩，更有可能包含着中原与岭南文化交融的信念：

"万物崇源本，所由祀海洋。湘漓同祖述，黍稷告馨香。肃穆千秋典，寅清九月霜。惭余凉德意，感格在微茫。"⑤

---

① 彭榕：《乳洞餐霞》，载刘仲桂、刘建新、蒋官员等编著：《灵渠》，广西科学技术出版社2014年版，第174页。
② 陈关调：《陡河曲》，载刘仲桂、刘建新、蒋官员等编著：《灵渠》，广西科学技术出版社2014年版，第165页。
③ 黄裳：《灵济庙记》，载刘仲桂、刘建新、蒋官员等编著：《灵渠》，广西科学技术出版社2014年版，第144页。
④ 彭学溁：《杏亭记》，载刘仲桂、刘建新、蒋官员等编著：《灵渠》，广西科学技术出版社2014年版，第138页。
⑤ 陈关调：《九日奉祭海洋坪诗》，载刘仲桂、刘建新、蒋官员等编著：《灵渠》，广西科学技术出版社2014年版，第164页。

　　虽然实体意义上的灵渠水道已经沉寂，但是"秦风楚韵，海魂越魄"的灵渠之"灵"尚存。现代社会是信息社会，现代"灵渠人"当如同历史上不断重修灵渠，并使之不断生长的先贤们一样，在不同的信息通道，或者说文化通道间开挖一条现代意义上的"文化灵渠"，使之成为一个文化节点，比如说岭南文化与中原文化的节点，甚至海洋文化与大陆文化的节点，让不同的文化在此节点上碰撞、交融、汇通，从而形成生生不息的"新灵渠"，这应当是每一个现代"灵渠人"的历史责任。

附录二：关于民族地区国学教育的反思

广西在历史上是一个流官省份，民族地区主要是以羁縻州的层次存在。建国后，广西成为壮族自治区，但是，一直以来，汉族人口多于其他民族人口，并且整个地区的汉化程度非常高，受教育人口均以现代汉语为日常通行语言。对于一些没有受过正规学校教育的人群，所说的语言则主要是当地方言，但这一部分人口的数量在不断减少中。此外，广西与广东省一直号称两广，与湖南湖北又称湖广，与汉文化区域有着长期的交流与归属感，但在现在则有些弱化，即现代广西的文化归属意识既没有从大的方面将自己归属于湖广文化，也没有从小的方面将自身归属于两广文化，从岭南文化中游离出来，而自认为是山水之地，民族之乡。这种情况就使在广西推广国学教育，具有一些不同于其他文化单一地区的特点，需要深入反思，以总结经验，寻找切入口。

广西大学国学研究中心，自 2015 年成立以来，做了一些国学推广的工作，其经验教训，值得总结归纳，以期对其他处在类似状况下的国学推广同仁有所帮助。国学中心所做的工作，主要包括两个方面，一个是在广西地方与当地文化人合作以国学沙龙的形式推动地方文脉的复兴，一个是在高校开办国学通识课程以影响年轻学子。至目前而言，已经成功举办了两次国学沙龙，拍摄了三门国学经典导读慕课，分别是《道德经导读》、《论语导读》与《坛经导读》，以代表儒释道三家的基本思想。

一、德保国学沙龙

广西德保县属百色市管辖，主要居住人口为壮族。德保县人大主任黄学锋对国学非常感兴趣，认为国学有助于提升人的修养品格，因此与广西大学国学研究中心联合主办了一期国学沙龙。沙龙采用的形式，是由国学研究专家与当地社科专家提前准备主题相关材料，形成论文形式，在德保县秀阳书院举行现场讨论，同时也邀请一些热心国学的当地文化人与人大工作人员，参与现场听讲，并可就沙龙的讨论问题进行提问。

双方经过商议后，最后决定以清代著名历史学家、诗人赵翼为沙龙主题，讨论内容为赵翼在德保担任镇安知府三年的诗文笔记，挖掘其中蕴含的仁政思想、儒家思想、镇安民俗等等相关内容，这种讨论可以说激活了当地对赵翼思想的零碎记忆。

赵翼（1724—1814），是江苏常州人氏，在1767—1770年间出任镇安知府，在任期间撰写诗文记录镇安当地的风土人情以及自己的政治举措，与当地人民结下了深厚情谊，当地将其奉祠纪念。赵翼在镇安期间所创作的诗文，收录在其著作《檐曝杂记》与《瓯北集》，共有120条。赵翼初至镇安时，认为镇安与江浙一带文化发达的地区相比，"直有三四千年之别"①，但他很快发现当地民风淳朴，而逐渐喜欢上这个地方，甚至愿意终老此地。赵氏本着对镇安民众的热爱，积极改革地方弊政，如他采用定准秤等技术手段收贷，并设法为镇安民消除虎患，主动祈雨，都是践行他的仁政理想的表现。又如他意图改革当地的婚姻制度，意图将汉地的婚姻观念传入镇安，则没有成功。还如他对当地科举制度、边境贸易以及语言交通等问题的反思，都表明了他的宅心仁厚。他的这些作法，有的成功，有的失败，但赵翼对当地的诗歌传统的影响却一直保持下来，这既与赵翼任后，继任官吏均为诗人

---

① 赵翼：《檐曝杂记》，《赵翼全集》三册，凤凰出版社2009年版，第39页。

有关，也与当地有着歌诵传统有关。①

沙龙由笔者主持，首先介绍了赵翼在镇安诗文中表现出来的经世史学思想，随后由国学中心专家与当地专家发言，内容包括：

黄海云教授：镇安府诗文的思想内容；张锐副教授：赵翼镇安任内的仁政思想探析；黄国柱教师：读懂镇安民俗的第一位江浙诗人赵翼；黄金城主席：赵翼与镇安府。

在上述专家发言结束后，则进入讨论环节，由参会专家之间互相讨论并开放参与听众提问。当地参与者的总体感受是对镇安的历史文化有了新的认识，并且希望能够进一步将受赵翼影响的、延续近三百年的镇安诗文传统挖掘出来。会议结束后，黄学锋主任作总结发言，当地宣传部赵科部长介绍德保推动传统文化的一些经验，他说当地推行的三字经、壮拳进学校、进课堂活动，取得了很好的效果。

沙龙结束后，在当地产生了一定的影响，当地报纸《右江日报》报道：

"7月10日，德保县借助广西大学国学研究中心平台，邀请广西大学郑朝晖教授、黄海云教授等人组成的国学宣讲团到该县进行讲学授课活动。讲座紧紧围绕赵翼的历史地位、学术思想、民族文化观、边疆地理观、社会治理观以及赵翼对德保的影响等内容以讲课和讨论相结合的形式进行。通过讲座，与会人员纷纷表示，要以此次讲座为契机，深入弘扬和学习赵翼文化和精神思想，不断挖掘本土优秀的历史文化，融入社会主义核心价值观，在为德保的经济社会发展服务的同时也为德保旅游、文化发展增添一笔浓厚的人文色彩。"②

此次沙龙对当地的真实影响，似乎还是体现在诗歌传播之上。当地有着悠久的诗歌传统，一位沙龙的参与者，在当地报刊上发表文章，提到沙龙的影响，认为沙龙使他们重新认识到，德保的诗歌传统十分深厚，并且一直延续至今，还保持着活力，这是德保诗歌继续繁荣的坚实基础。

---

① 参见本书正论第二章，赵翼的经世史学。
② 李荣报、赵云飞：《德保举办"赵翼在德保"讲座》，《右江日报》2015年7月14日版。

　　"我在讲授诗歌起源、沿革、诗体的时候，特别介绍了……'赵翼在德保'文学沙龙活动情况，让学员明白：248 年前，'江山代有才人出，各领风骚数百年'的作者、清朝大诗人赵翼就已经将中原诗文化的种子播撒在这方热土了；1984 年成立的云山诗社，更是为德保诗歌大发展大繁荣提供了厚实而肥沃的土壤。"①

二、灵渠国学沙龙

　　灵渠位于广西桂林市兴安县，兴安县居民的祖人多自湖南省迁移而来，其文化带有湘楚文化的特色，是中原文明与岭南文明的交接点。当地人以灵渠为荣，多年来一直在申请联合国文化遗产项目。兴安县宣传部副部长赵时斌对传统文化情有独钟，认为国学教育是造福兴安子孙后代的事情，并有助于提升兴安灵渠的文化品位，因此与广西大学国学研究中心联合主办了"灵渠与水文化"国学沙龙。此次沙龙形式与德保国学沙龙相同，地点则选择在兴安灵渠内的湘漓书院。

　　在沙龙举办前，国学中心在兴安传统文化论坛上，作了关于"中国传统中对于水的思考"的专题讲座，使当地一些文化工作者十分认可国学中心对水文化的阐释角度。因此沙龙主题，双方很快就达成了共识。此次沙龙，文化气息更浓，除了沙龙，还组织了《大学》诵读活动，国学基地挂牌仪式。

　　灵渠的开凿，与秦始皇开发岭南的政治行动有关，于公元前 214 年，由监御史禄负责开凿完成，其主要目的是解决军事运输问题。因为湘水水位低于漓水，灵渠设计了巧妙的陡河系统，解决了下水船上行的难题，在世界水利史上占有光辉的一页。在和平时期，灵渠主要发挥着水路通道与灌溉水源的作用，因为其将珠江水系与长江水系连接在一起，就使全国南北的水路形成一个大的交通网络。借助灵渠的节点作用，基本上可以北上北京，南下广

———————

① 陆杉：《畅游神奇的诗歌王国》，《右江日报》2015 年 7 月 22 日版。

州，甚至到达越南，确乎起到了通江达海的作用。在如此频繁的南北交往中，灵渠成为文化交融点。湘桂铁路开通之前，灵渠一直是中原文化与岭南文化之间的沟通桥梁，甚至是中华文明与东南亚文明的接触点之一，也可说是大陆文明与海洋文明的交汇点之一。正因为其重要的文化通道作用，灵渠沉淀下丰富的历史文化资源，包括灵渠本身的水利文化、与灵渠相关的诗词歌赋文化、文明融合的建筑信仰文化等，值得深入挖掘与探讨。[1]

沙龙由许素菊教授主持，在主持人简短介绍了灵渠的历史之后，参与讨论的国学中心专家与当地专家分别发言，内容包括：

> 国学中心蒙绍荣教授：海上丝绸之路与灵渠；郑朝晖教授：灵渠的水文化意象；黄煌博士：灵渠地区的人水和谐生活；当地专家李光明教授：灵渠的文化路线特征；陈兴华研究员：灵渠桥梁的调研与再利用；任仲平经理：湘漓书院的历史沿革与发展；赵龙生教师：灵渠文化对兴安居民性格的影响。此外，湘漓书院院长李海鸣、兴安政协副主席伍发进、文贻炜总编等也作了即席发言。

沙龙的讨论，使参会者一致认识到灵渠作为文化节点的作用，促进了当地文化人物对当地文化的深入理解。因为新华网广西频道与国学基地的合作关系，此次沙龙的全部发言文章都上传到了新华网广西频道的国学栏目。同时，沙龙取得了较好的新闻效应，广西日报、广西电视台、桂林电视台、新华网、搜狐网、光明网等都进行了报道。对于地方而言，对灵渠的作用认识，主要关注的还是从文化遗产的角度进行开发，因而对于沙龙的关注角度重在其中的旅游方略讨论：

> "'北有长城，南有灵渠。'灵渠虽与长城同为秦朝的大工程，后者如今已成为家喻户晓的旅游景点，但一直以来，灵渠依然如同小家闺秀，名气远不如长城。记者了解到，灵渠作为旅游景点早在上世纪70年代就已开发，但市场宣传大多定位于水利工程范围，景区的历史文化内涵挖掘不足，主要是以静态的、展示性的观赏为主，这种方式游客逛

---

[1] 参见本书附论第一章，灵渠对广西文化的影响。

留的时间短、花费小，也难以吸引回头客。李光明建议，可以通过灵渠'文化线路'的线性特征，使其本身形成经典的旅游线路。'由此构成的线路资源不但内涵丰富、类型多样，且特色鲜明，具有多功能性。'"①

不过，据笔者半年后重访兴安的了解，则此沙龙还是或多或少，对当地国学传播起到了一定的推动作用。其原因在于，当地政府在随着沙龙成立的国学基地，举办了一些免费国学培训，实际上促使兴安县的一些家长主动阅读国学经典，以提前准备给自己的小孩进行国学辅导。

三、国学经典导读系列慕课

广西大学地处之南宁，是东盟博览会永久会址所在地，其办学定位是成为面向东盟的国际区域化大学，学校的发展重心之一就是东盟研究。刘正东书记毕业于西南大学思政专业，由全国政协下派至广西任职，现为广西区政协副主席，兼任广西大学党委书记。其在参观某女子学院后，深感传统礼仪对于塑造人的品格的积极力量，因此打算在广西大学推广传统文化教育。广西大学国学研究中心，在教务处的直接委托下，承担了此项任务。

因广西大学每年新生有六千多人，采用传统授课方式进行授课的话，至少需要一百人的国学教学队伍，即便学校领导下定决心要配齐教学队伍，在短时间内也是无法做到的，何况一个国学人才的成长是一个长期的过程，至少需要十年的培养期。经过反复思考，最终教务处与国学研究中心达成共识，即借助于学校的慕课拍摄计划，以慕课的形式推广国学。国学中心考虑到此教学目的是提升学生的人格修为，因此决定采用原著导读的形式进行，即对原典进行逐字逐句地解读，用原典的精神魅力感染学生。考虑到中国经典数量众多，国学中心从最大公约数的角度出发，选择了《道德经》《论语》《坛经》三本原著进行导读，以期在三教合一的中国融合性思想传统的基础

---

① 《灵渠：一座水文化的富矿》，《广西日报》2015年12月24日。

上进行传统文化的培育工作。

为了达到提升学生人格修为的目的，国学中心进行了精心的策划。《国学经典导读系列慕课》，是广西大学重点打造的国学通识课程。目前而言，全国同类型课程，基本采用的是概论性或主题性的授课方式，意在抽象地讨论某派思想。个别采用文本解读方式的慕课，如超星慕课平台上的《周易解读》《华严经导读》，看起来像是由视频课转制过来，缺少字幕，不适于经典阅读型课程。《国学经典导读系列慕课》课题组针对经典阅读的特性，对授课方式、字幕展示方式等作了全面的革新。其革新体现在三个方面，一方面是讲究授课内容的系统性，避免学习者因学习单一经典而形成某种思想偏见，因此选择儒释道三家的代表性著作，《道德经》《论语》《坛经》，组成系列慕课，使学习者系统了解中国优秀传统文化；另一方面是在全文逐字解读的过程中，将教师讲解视频与文本显示同屏分板展示，以形成听讲与电子阅读的完美结合；再一方面是引入教师亲身展示的教学方式，包括教师亲身展示在经典文化影响下形成的文化样式，含太极拳、茶道、琴道等等的展示，以及六位教师亲身展示三教合一的理性的历史论争过程，更加亲身展示在实地参访过程中进行文化辨析的方式。这样的教学方式革新，在全国同类课程中可以说是一个首创。

具体而言，系列慕课由《道德经导读》《论语导读》《坛经导读》三门相互关联的慕课课程组成，三门课程分别代表道家、儒家、中国佛教的典型性思想。通过三门课程的配合性教学，可以使学习者对中国"三教合一"的文化传统，有一个理性的认识和亲身的体验。

每门课程均由五个教学部分组成，即经典简介、文本释读、文化影响、三教论争、三山参访。设计的目的是使学习者掌握阅读经典的方法，理解经典的深刻内涵，体会经典对中国文化的深远影响，并了解经典在现代社会中的现实作用。为达此目标，每门课程配备两位各有所长的教师，奉献各自的研究心得，以期形成合力。

《道德经导读》由郑朝晖教授与蒙绍荣教授合作讲授。其中，郑朝晖教授长期给哲学系本科生开设《道德经精读》课程，对于《道德经》文本及其思想内涵颇有研究，蒙绍荣教授著有内丹学及直觉思维专著，长期练习太极拳，古琴造诣高，又在广西大学长期开设《茶道》课程，有着深厚的道家文化修养，课程由郑朝晖教授讲授《道德经》文本，蒙绍荣教授讲授并展示《道德经》文化影响，就能达至理性与感性相融从而触动人心的教学效果。《坛经导读》亦如是，袁经文教授长期开设《禅宗导读》课程，而黄煌讲师亦开设有本科生的《琴歌唱诵》课程，由袁经文教授负责《坛经》文本解读，黄煌博士负责《坛经》文化影响展示，正是相得益彰的配合。《论语导读》的两位教师，张锐副教授长期开设《四书导读》课程，谢群洋博士对阳明后学、传统礼仪皆有研究，两人的配合也提升了课程的整体魅力。

三教论争与三山（五台山、终南山、尼山）参访，是本课程的原创部分，也是一种具有开创性意义的授课方式，即辩论性授课与实地授课。其目的在于，在多元文化背景下，培养学习者的理性论辩思维，及对中华文化活力的实际感受。两部分授课均由六位教师一起参加。三教论争部分，六位教师分工合作，不掺杂教师个人的学术观点，以各自讲授学派代言人的身份，客观陈述历史上三教论争中的代表性观点，将三教融合的理性对话过程，客观地展示出来，并在此基础上最终说明三教合一的文化传统。三山参访部分，选取三教名山，即佛教的五台山、道教的终南山、儒家的尼山，六位教师共同进行实地参访，参访过程中通过与僧道儒者的访谈及六位教师的主题辩论，展示三教合一的文化传统在现代社会中的实际表现。

三门课程在 2015 年 6 月至 10 月拍摄完成，由广西大学与超星公司慕课平台合作，2015 年 10 月起开放给广西大学本科生作为校选通识课。该系列慕课主要面向大一新生，每学期均可选课，每次每门课程开放 200 个选课名额。广西大学期望通过试运行的方式，总结经验，改善课程内容与方式，逐步实现在超星慕课平台上面向全国高校开放选课的长期目标。

目前为止，《国学经典导读系列慕课》已经开放到第三期，初步得到选课学生的积极认可。三次选课总的选课人数约有 1500 人，具体而言，《道德经导读》，第一次 180 余人，第二次 210 余人，第三次 290 余人，三次共计680 余人；《论语导读》，第一次 210 余人，第二次 120 余人，第三次 290 余人，三次共计 620 余人；《坛经导读》，因学生不太了解，每次均为 70 余人，三次共计 210 余人。选课学生对课程的评分在 4—5 分之间浮动，三门课程的平均分，约是《道德经导读》4.5 分，《坛经导读》4.6 分，《论语导读》4.4 分，其中《道德经导读》、《论语导读》的参评学生数较多一些。

选课学生普遍认为，三门课程相互关联，具有一定的系统性，部分同学先后选修了三门课程，以帮助自己理解三教文化。对于课程教学形式的创新，也得到了选课学生的肯定，一些同学表达了对六位教师以论争形式授课方法的喜爱，对于三教参访的教学形式，同学们在肯定其优美风光的同时，也感受到了教师的良苦用心。在课程的教授过程中，部分学生与教师之间产生了积极互动，教师对于学生所提问题进行引导并及时回应激发了学生的学习热情，甚至推动了学生之间的互动。一些学生对于系列课程内容的丰富性，给予积极肯定。对于一些参与深度学习的学生而言，《国学经典导读系列慕课》不仅仅使他们对传统文化有所了解，更使学生的个人修为得到了提升，引发了一些学生思考人生，探索传统文化精髓的兴趣。一些学生说：

"内容真的挺丰富的，看了这么多视频，听了老师的讲解，我真心觉得自己又学会了好多待人处事的道理。短短的一段话居然蕴含了那么多深刻的道理，中华文化果然博大精深。""老师们讲解得很生动到位，纠正了我们以前一直误解的一些意思，让我们感受到了中华文化的博大精深。""老师们讲的课非常精彩，解释得非常到位，以前一些理解错的，通过课程学习，明白了很多，许多道理对生活上也非常有帮助，课程的设计我非常喜欢，每个教学视频大约十五分钟，每次内容不多，记忆起来也不是很难，而且老师讲得通俗易懂，带着课后作业的问题看视频，学习也有目标。""很不错，可以修身养性，提高人生境界。""上了这门课，我能清静自己的心灵，学到《道德经》的精髓。"①

近日，国学经典导读系列慕课获得了全国高等教育学会评定的"信息技术与教学深度融合的创新案例"三等奖。同时，该系列课程除在超星慕课平

---

① 这些评价均为选修三门国学慕课的学生的课程评语。

台上网以外，还在优课网上网开课，向全国高校开放选课。但严格来说，并没有按照原来预想的方式进行。此系列课程本是为了全体新生开设的国学通识课程，但在实际的操作过程中，以选修课的方式进行，并且选修人数限定在 200 人，这一方面是一种慎重的考虑，需要积累经验，完善课程，有一个过程。另一方面，则表明，传统文化的复兴，任重而道远。

四、一点反思：文化内生机制

广西国学传播的三个尝试，都取得了一定的积极效果，并产生了一些积极的社会影响。但是，从文化内生机制而言，三个尝试都没有寻找到持续发展的长效机制。其原因，可能与操作者的文化积累尚待时日有关。但更为根本的原因，可能在于，笔者对当代广西的文化特点认识不清，也没有提出相应的较为成熟的对应措施。笔者就此初步作一反思，以就正于方家。

关键或许在于，现代广西多元文化形成了竞合关系。一般而言，中国传统文化被认为是一个整体，即便考虑到其中存在多种民族文化，也倾向于认定此多民族文化是一体多元的，即以汉文化为底色，将其他民族文化贯穿成一个整体。因而，我们在考虑现代中国文化的时候，倾向于将中国文化视作一个统一体，其内部主要是合作关系，只有与西方文化相较时，才有所谓竞合关系的思考，才会考虑中西文化之间的竞争问题。此思路显然存在问题，因为他没有考虑到当西方文化成为现代文化的主导文化形态之后，一体多元的中国文化这个整体也会发生一些潜在的、易于被忽略的变化。此变化的核心是，中西文化的竞合关系具有传导性，即竞合关系会传导到一个整体文化内部，使整体文化内部的多元文化之间也出现竞合问题，尽管很可能还是合作大于竞争，但竞争一面毕竟被显明出来。对于现代广西多元文化而言，就出现了四种需要思考的文化竞合问题。第一个文化竞合问题是国学与汉学之间的竞合问题，这个问题主要存在于民族地区，即民族地区易将国学理解成汉地学术，而非涵括多元文化的国学，因而将国学理解成与本地民族文化竞争的文化。第二个文化竞合问题是地方文化与国家文化的竞合问题，即民族地区易于将本地民族文化理解成地方文化，将汉地文化理解成国家文化，因而担心国家文化在民族地区的传播会压制本地民族文化，而希望更多地传播本地民族文化，在当地以本地民族文化为主导。第三个文化竞合问题是原创文化与衍生文化的竞合问题，东亚地区存在一个汉字文化圈了。存在一个汉字文化圈，历史上包括中日韩越等国，在古代社会中，中国是原创地，日韩越等地是衍生地，中国发生的思想原动力，都会推动这些国家的思想发展，但在近现代以来，日本后来居上，具有部分原创色彩，其他国家反受其影响。第四个文化竞合问题是主流文化与边缘文化的竞合问题，在现代社会中，西方社会是主流文化，儒家文化、伊斯兰文化、印度文化等都是边缘文化，其中伊斯兰、印度文化与西方文化具有近缘关系，儒家文化是异质性最强的文化，但儒家文化因其超强的学习革新能力，反而与西方现代文化走得更近，尽管仍处于边缘地位。

这四种竞合关系掺杂在一起，就会改变原有的基于"中西文化"的思考模式，这一点在中国，尤其是在民族地区，表现得更为突出。这种改变即是，在汉文化与国内其他民族文化的关系上，一体多元格局被打破，各民族文化在边缘文化的意义上是同级的，即其他民族文化不必借道汉地文化与西方文化发生关联，各民族文化与主流文化的间距是同距的。同级与同距的关系，易使民族文化之间形成有关主导权的竞争格局。也就是说，各民族文化的核心目标是与主流文化更近，形成直接联系，而拒绝以另一文化为中介的联系方式。从广西的文化实状看，在古代，广西与中原文化的亲密度与距灵渠的地理远近有一定的关系，中原文化的传播，至广西有一定的滞后作用。而且传统文化在广西得到广泛传播的主要是诗文传统，经学传统并不强盛。这就使广西始终没有形成内生的文化成长机制，其文化人物的成长多凭借出外游学，其学术进展的原动力多藉由外部传来。换句话来说，边缘文化的成长依赖着到"主流文化"中游学，或者"主流文化"的代表到边缘文化中传道。这就启示我们，国学的传播首先要解决的问题恰恰是，建立国学文化的内生机制，创造代表世界先进文化的"国学"，才有可能形成多元和谐的"一体多元"的中国之学。

主要参考书目（按照参考章节编排）

一、原始著作

1. 惠栋：《春秋左传补注》，阮元编《清经解》第 2 册 353 卷，上海书店 1988 年版。

2. 惠栋：《后汉书补注》，续修四库第 270 册，上海古籍出版社 1999 年版。

3. 惠栋：《太上感应篇注》，丛书集成新编 26 册，新文丰出版公司 1985 年版。

4. 惠栋：《易大谊》，《中庸分章(及其他二种)》，丛书集成初编，中华书局 1985 年版。

5. 惠栋：《易大义》，续修四库第 159 册，上海古籍出版社 1997 年版。

6. 惠栋：《新本郑氏周易》，《景印文渊阁四库全书》第 7 本，商务印书馆 1984 年景印版。

7. 王士禛著，李毓芙、牟通、李茂肃整理：《渔洋精华录集释》，上海古籍出版社 1999 年版。

8. 惠栋：《周易本义辩证》，上海图书馆藏手稿本。

9. 惠栋：《周易本义辨证》，续修四库 21 册，上海古籍出版社 1995 年版。

10. 惠栋：《周易讲义合参》，上海图书馆藏手稿本。

11. 惠栋：《惠氏读说文记》，丛书集成初编，中华书局 1991 年版。

12. 惠栋撰，林忠军校：《易汉学》，《象数易学发展史》，齐鲁书社 1994 年版。

13. 惠栋：《九经古义》，《景印文渊阁四库全书》第 191 本，商务印书馆 1984 年景印版。

14. 惠栋：《古文尚书考》，续修四库第 44 册，上海古籍出版社 1997 年版。

15. 惠栋：《九曜斋笔记》，丛书集成续编第 92 册，上海书店出版社 1994 年版。

16. 惠栋：《松崖笔记》，丛书集成续编第 92 册，上海书店出版社 1994 年版。

17. 惠栋：《松崖文钞》，丛书集成续编第 129 册，上海书店出版社 1994 年版。

18. 惠栋：《荀子微言》，续修四库第 932 册，上海古籍出版社 2000 年版。

19. 惠栋：《明堂大道录》，商务印书馆影印本 1937 年版。

20. 惠栋：《禘说（及其它两种）》，丛书集成初编，中华书局 1991 年版。

21. 惠栋：《易例》，商务印书馆 1936 年版。

22. 惠栋：《周易述》，上海古籍出版社 1990 年版。

23. 惠栋撰，江藩补，袁庭栋整理：《周易述》，巴蜀书社 1993 年版。

24. 惠栋：《周易述》，《雅雨堂丛书》本，武汉大学图书馆古籍馆。

25. 戴震：《孟子字义疏证》，中华书局 1961 年版。

26. 戴震：《东原文集》，黄山书社 2008 年版。

27. 戴震：《戴震文集》，中华书局 1980 年版。

28. 戴震：《戴震全书》，黄山书社 2010 年版。

29. 朱缇：《传经图序》，《国朝耆献类征初编》卷 419，经学节第 46 函，武汉大学古籍馆。

30. 焦循：《雕菰楼易学五种》，凤凰出版社 2012 年版。

31. 焦循：《雕菰集》，商务印书馆 1937 年版。

32. 陈居渊：《易章句导读》，齐鲁书社 2002 年版。

33. 王引之：《经传释词》，岳麓书社 1984 年版。

34. 杨伯峻译注：《论语译注》，中华书局 1980 年版。

35. 杨伯峻译注：《孟子译注》，中华书局 1960 年版。

36. 庄周著，郭象注，成玄英疏：《庄子注疏》，中华书局 2011 年版。

37. 王先谦：《荀子集解》，中华书局 1988 年版。

38. 司马迁：《史记》，中华书局 2005 年版。

39. 苏舆：《春秋繁露义证》，中华书局 1992 年版。

40. 班固：《汉书》，中华书局 1962 年版。

41. 马其昶：《韩昌黎文集校注》，上海古籍出版社 1986 年版。

42. 柳宗元：《柳河东集》，上海古籍出版社 2008 年版。

43. 影印《柳州县志》，成文出版社 1961 年版。

44. 张栻：《张栻集》，中华书局 2015 年版。

45. 脱脱等：《宋史》，中华书局 2000 年版。

46. 汪圣铎点校：《宋史全文》，中华书局 2016 年版。

47. 程颢、程颐：《二程集》，中华书局 1981 年版。

48. 朱熹：《朱子全书》，上海古籍出版社、安徽教育出版社 2002 年版。

49. 黎靖德编：《朱子语类》，中华书局 1986 年版。

50. 朱熹：《四书章句集注》，中华书局 1983 年版。

51. 陆九渊：《陆九渊集》，中华书局 1980 年版。

52. 魏了翁：《鹤山集》，《景印文渊阁四库全书》第 1173 本，商务印书馆 1986 年版。

53. 汪森撰、黄盛陆等校点：《粤西文载校点》，广西人民出版社 1990 年版。

54. 汪森撰、黄振中等校注：《粤西丛载校注》，广西民族出版社 2007 年版。

55. 王守仁：《王阳明全集》，上海古籍出版社 1992 年版。

56. 陈荣捷：《王阳明传习录详注集评》，台湾学生书局 1983 年版。

57. 邓艾民：《传习录注疏》，上海古籍出版社 2014 年版。

58. 张廷玉等撰：《明史》，中华书局 2000 年版。

59. 束景南：《阳明佚文辑考编年》，上海古籍出版社 2012 年版。

60.《南宁府志》，宣统元年刊本，广西人民出版社 2008 年版。

61. 刘振西等纂：《隆安县志》，成文出版社 1975 年版。

62. 方以智著，黄德宽等编：《方以智全书》，黄山书社 2019 年版。

63. 方以智著，张永义校注：《浮山文集》，华夏出版社 2017 年版。

64. 钱澄之撰，汤华泉校点：《藏山阁集》，黄山书社 2004 年版。

65. 施闰章撰，何庆善、杨应芹点校：《施愚山集》，黄山书社 1993 年版。

66. 钱澄之撰，彭君华校点：《田间文集》，黄山书社 2014 年版。

67. 钱澄之撰，诸伟奇校点：《所知录》，黄山书社 2014 年版。

68. 瞿式耜：《瞿式耜集》，上海古籍出版社 1981 年版。

69. 陈宏谋：《陈榕门先生遗书》，民国三十二年广西省乡贤遗著编印委员会编印。

70. 郭志高、李达林编：《陈宏谋家书》，广西师范大学出版社 1997 年版。

71. 赵翼：《赵翼全集》，凤凰出版社 2009 年版。

72. 谢启昆修，胡虔纂，广西师范大学历史系中国历史文献研究室点校：《广西通志》，广西人民出版社 1988 年版。

73. 李绂：《穆堂别稿》，《续修四库全书》第 1422 册，上海古籍出版社 2002 年版。

74. 曾国藩、刘坤一等修，刘绎、赵之谦等纂：《光绪江西通志》，《续修四库全书》第 656 册，上海古籍出版社 1999 年版。

75. 黄蓟辑：《岭西五家诗文集》，国家图书馆藏 1935 年桂林铅印本。

76. 吴德旋著，吕璜辑：《论文偶记·初月楼古文绪论·春觉斋论文》，人民文学出版社 1959 年版。

77. 朱琦：《怡志堂文初编》，《续修四库全书》1530 册，上海古籍出版社 2002 年版。

78. 王拯：《龙壁山房文集》，《清代诗文集汇编》659 册，上海古籍出版社 2010 年版。

79. 龙启瑞：《经德堂文集》，《续修四库全书》1541 册，上海古籍出版社 2002 年版。

80. 郑献甫：《郑献甫集》，广西人民出版社 2013 年版。

81. 郑献甫：《补学轩外编》，文海出版社 1975 年版。

82. 郑献甫：《愚一录》，黔南节署本。

83. 郑献甫：《补学轩续刻散体文》，文海出版社 1975 年版。

84. 郑献甫：《补学轩诗集》，文海出版社 1975 年版。

85. 郑献甫：《补学轩散体文》，文海出版社 1975 年版。

86. 郑献甫：《制艺杂话》，文海出版社 1975 年版。

87. 郑献甫：《象州志》，成文出版社 1968 年版。

88. 郑献甫：《补学轩骈体文》，文海出版社 1975 年版。

89. 王鹏运著，沈家庄、朱存红校笺：《王鹏运词集校笺》，上海古籍出版社 2017 年版。

90. 王鹏运：《四印斋所刻词》，上海古籍出版社 2012 年版。

91. 况周颐：《蕙风词话》，《词话丛编》第 76 册，中华书局 2005 年版。

92. 朱祖谋：《彊村丛书》，上海古籍出版社 1989 年版。

93. 龙榆生：《龙榆生全集》，上海古籍出版社 2005 年版。

94. 康有为著，楼宇烈整理：《长兴学记·桂学答问·万木草堂口说》，中华书局 1988 年版。

95. 康有为：《康有为全集》，中国人民大学出版社 2007 年版。

96. 陈柱：《中国散文史》，东方出版社 1996 年版。

97. 陈柱：《墨学十论》，广西师范大学出版社 2010 年版。

98. 陈柱：《中庸注参》，广西师范大学出版社 2010 年版。

99. 陈柱：《老子韩氏说》，商务印书馆发行。

100. 陈柱：《公羊家哲学》《犹太教中的柏拉图门徒》，华夏出版社 2007 年版

101. 陈柱：《诸子概论》，广西师范大学出版社 2010 年版。

102. 冯振：《老子通证》，华东师范大学出版社 2015 年版。

103. 冯振著，党玉敏编：《冯振全集》，广西师范大学出版社 2017 年版。

104. 王力：《龙虫并雕斋文集》，中华书局 1980 年版。

105. 王力：《王力论学新著》，广西人民出版社 1983 年版。

106. 王力：《博白方音实验录》，中华书局 2014 年版。

107. 王力：《汉语史稿》，中华书局 2004 年版。

108. 王力：《汉语语音史》，商务印书馆 2008 年版。

109. 王力：《诗词格律》，中华书局 2009 年版。

110. 王力：《王力文选》，北京大学出版社 2010 年版。

111. 胡适：《胡适全集》，安徽教育出版社 2003 年版。

112. 罗尔纲：《困学集》，中华书局 1986 年版。

113. 罗尔纲：《太平天国史料辨伪集》，生活·读书·新知三联书店 1985 年版。

114. 罗尔纲：《太平天国史料考释集》，生活·读书·新知三联书店 1985 年版。

115. 罗尔纲：《师门五年记》，生活·读书·新知三联书店 1998 年版。

116. 罗尔纲：《太平天国史丛考甲集》，生活·读书·新知三联书店 1981 年版。

117. 罗尔纲：《太平天国史迹调查集》，生活·读书·新知三联书店 1978 年版。

118. 罗尔纲：《太平天国史记载订谬集》，生活·读书·新知三联书店 1985 年版。

119. 罗尔纲：《太平天国史事考》，生活·读书·新知三联书店 1979 年版。

二、研究著作

1. 皮锡瑞：《经学历史》，中华书局 1959 年版。

2. 赵尔巽等撰：《清史稿》，中华书局 1997 年版。

3. 梁启超：《清代学术概论》，上海古籍出版社 2005 年版。

4. 梁启超：《中国近三百年学术史》，人民出版社 2008 年版。

5. 钱穆：《中国近三百年学术史》，商务印书馆 1997 年版。

6. 支伟成：《清代朴学大师列传》，岳麓书社 1998 年版。

7. 章太炎等：《清代学问的门径》，中华书局 2009 年版。

8. 杨向奎：《中国古代社会与古代思想研究》，上海人民出版社 1964 年版。

9. 漆永祥：《乾嘉考据学研究》，中国社会科学出版社 1998 年版。

10. 郭康松：《清代考据学研究》，崇文书局 2001 年版。

11. 陈祖武：《乾嘉学派研究》，河北人民出版社 2007 年版。

12. 李绪柏：《清代广东朴学研究》，广东省地图出版社 2001 年版。

13. 洪湛侯：《徽派朴学》，安徽人民出版社 2005 年版。

14. 李开：《惠栋评传》，南京大学出版社 1997 年版。

15. 郑朝晖：《述者微言：惠栋易学的逻辑化世界》，人民出版社 2008 年版。

16. 吴文治编：《柳宗元资料汇编》，中华书局 1964 年版。

17. 王斯福著，赵旭东译：《帝国的隐喻：中国民间宗教》，江苏人民出版社 2018 年版。

18. 韩森著，包伟民译：《变迁之神：南宋时期的民间信仰》，中西书局 2016 年版。

19. 邓洪波辑校：《张栻年谱》，科学出版社 2018 年版。

20. 邓志峰：《王学与晚明师道复兴运动》，复旦大学出版社 2020 年版。

21. 魏月萍：《君师道合：晚明儒者的三教合一论述》，联经出版社 2016 年版。

22. 陈来：《有无之境：王阳明哲学的精神》，北京大学出版社 2006 年版。

23. 耿宁：《人生第一等事：王阳明及其后学论"致良知"》，商务印书馆 2014 年版。

24. 杨国荣：《心学之思：王阳明哲学的阐释》，生活·读书·新知三联书店 2015 年版。

25. 束景南：《王阳明年谱长编》，上海古籍出版社 2017 年版。

26. 董平：《王阳明的生活世界：通往圣人之路》，商务印书馆 2018 年版。

27. 方叔文：《方以智先生年谱》，安徽师范大学出版社 2018 年版。

28. 任道斌：《方以智年谱》，安徽教育出版社 1983 年版。

29. 高吉人：《陈榕门之生平》，桂林文化供应社 1937 年版。

30. 罗威廉：《救世：陈宏谋与十八世纪中国的精英意识》，中国人民大学出版社 2016 年版。

31. 赵兴勤：《赵翼评传》，南京大学出版社 2002 年版。

32. 陈清云：《赵翼年谱新编》，上海古籍出版社 2017 年版。

33. 广西壮族自治区通志馆：《广西方志提要》，广西人民出版社 1988 年版。

34. 周长山：《广西通史》，广西师范大学出版社 2019 年版。

35. 张维、梁扬：《岭西五大家研究》，凤凰出版社 2003 年版。

36. 克里斯蒂娃：《符号学：符义分析探索集》，复旦大学出版社 2015 年版。

37. 苏彩和、黄铮：《历史文化名人郑献甫论丛》，广西人民出版社 2005 年版。

38. 张维：《清代广西古文研究》，广西师范大学出版社 2008 年版。

39. 吴丈蜀：《词学概说》，中华书局 2005 年版。

40. 欧明俊：《词学思辨录》，人民出版社 2011 年版。

41. 万柳：《清代词社研究》，中州古籍出版社 2011 年版。

42. 李睿：《清代词选研究》，安徽大学出版社 2011 年版。

43. 刘红麟：《晚清四大词人研究》，湖南师范大学出版社 2012 年版。

44. 巨传友：《清代临桂词派研究》，上海古籍出版社 2008 年版。

45. 张正吾、蓝少成、谭志峰编：《王鹏运研究资料》，漓江出版社 1996 年版。

46. 朱存红：《王鹏运研究》，广西师范大学博士学位论文，2011 年。

47. 吴天任：《康有为年谱》，广东人民出版社 2018 年版。

48.《桂林文史资料》，中国人民政治协商会议桂林市委员会文史资料研究委员会内部发行，1982 年。

49. 萧公权、汪荣祖：《康有为思想研究》，中国人民大学出版社 2014 年版。

50. 李剑萍、杨旭：《教育家康有为研究》，山东人民出版社 2016 年版。

51. 刘小云：《陈柱生平及其思想研究》，中国社会科学出版社 2015 年版。

52. 党玉敏、王杰主编：《冯振纪念文集》，广西师范大学出版社 2000 年版。

53. 王缉国、张谷：《国文通才王力》，北京大学出版社 2008 年版。

54. 郭毅生：《罗尔纲传》，广西师范大学出版社 2005 年版。

55. 茅家琦：《一代宗师：布衣学者，罗尔纲先生传》，凤凰出版社 2010 年版。

56. 邓洪波：《中国书院史》，东方出版中心 2004 年版。

57. 梁方仲：《中国历代户口、田地、田赋统计》，上海人民出版社 1993 年版。

58. 黄贤林、莫大同：《中国人口·广西分册》，中国财政经济出版社 1988 年版。

59. 陆军等编著：《清代广西贡院》，广西师范大学出版社 2013 年版。

60. 王炜编校：《清实录科举史料汇编》，武汉大学出版社 2009 年版。

61. 邓洪波、龚抗云编著：《中国状元殿试卷大全》，上海教育出版社 2006 年版。

62. 孙先英：《宋明理学在广西的传播及其对少数民族文化的影响》，中国社会科学出版社 2015 年版。

63. 马立博：《虎、米、丝、泥：帝制晚期华南的环境与经济》，江苏人民出版社 2011 年版。

64. 广西壮族自治区地方志编纂委员会编：《广西通志行政区划志》，广西人民出版社 2001 年版。

65. 广西壮族自治区地方志编纂委员会编：《广西通志教育志》，广西人民出版社 1995 年版。

66. 刘仲桂、刘建新、蒋官员等编著：《灵渠》，广西科学技术出版社 2014 年版。

后　记

　　本书由笔者主持的 2008 年广西社科项目"朴学影响下的清代广西学术"结项成果扩充而来。合作者当时皆为笔者指导之学生，其具体分工如下：郑朝晖撰写绪言、前论四章、正论第二章、第五章、第七章；黄辉撰写正论第一章；黄创德撰写正论第三章；张亦然撰写正论第四章；袁铭撰写正论第六章、第九章；邹初英撰写正论第八章；黄征撰写正论第十章、第十一章；蔺飞宇撰写附论第一章；陈少通撰写附论第二章。附录一至二皆为郑朝晖所作。诸位合作者于 2014 年分别完成其写作后，由郑朝晖最后统稿。基于全书体例与观点统一的基本要求，统稿者对于诸章节作了统一的结构调整，对部分章节补充了原始证据。笔者于 2022 年校稿时，改写了正论第九章第二小节的第二分节、第三小节的第一分节及附论第一章第三小节，补写了正论第四章第四小节、附论第二章第四小节，重写了正论第六章。

　　本书冀以点带面，希望通过深入研究一些典型学者的朴学工夫，通过细节将清代广西朴学发展的整体面貌勾勒出来。然因此为笔者初次独立提出学术问题并指导研究生进行合作研究，故所谓以点带面只有想法，缺乏具体做法。所以时间虽延续颇久，效果却不甚理想。主要教训在两点：一是对研究或者说著述体例认识不清，以点带面的体例应当在文章中专设学缘一节，如此方可由点出发而达到面的效果；二是对传统文化研究的跨学科性质体认不深，因而自身的学术准备不足，训练学生的学术工夫也不到位，造成有时说了一些不太在行的话，做了一些不太在行的反思。比方说，王鹏运是考据词学的发明人，但他能发明考据词学，既有很深的学缘因素，也有跨学科素养的促进作用。王鹏运曾言谢良琦是广西古文的先导，而我们知道谢良琦也是晚明词家并师从方以智为学，而方以智曾在岭南游历多年；同时，王鹏运的父亲王必达与岭西五大家渊源深厚，且王鹏运小时候曾跟从朱琦学习，后又在北京从王拯游，他当然又师从词学大师端木埰，交好康有为，引领况周颐、朱祖谋等词学后辈；如果能够穿透这些交游表象，而采用跨学科的分析方法从他们的学术著作中找到学术交融的脉络，就会发现即便是外在驱动机制下的学术发展，亦有其内在的虽微弱却重要的"生机"，如此则所谓以点带面，就会带来清晰的充满细节的学识，而非如现在只有模糊的见识。其实并不仅仅是王鹏运，其他学者均可作如是观。

尽管此书仅可视作一篇习作，难登大雅之堂，然即就笔者个人而言，也是作了一些认真且严肃的反思，而略有所欲呈于学界同好者。其所欲呈者：其一，提出了三个重要的学术问题，且其问题久未引起学界的足够重视，一是夷夏双向互融问题，二是师道的独立性问题，三是阳明晚年的心学遗嘱问题，本书对此都作了虽粗疏然而具体的思考。其二，提出了三个新颖的学术观点，然非向壁而造，皆是从研究对象的学术实践中归纳提升而来，一是关于文明传承的"箕子苦心"观，二是关于"复数真"的致良言表达式，三是关于"考据词学"的语言表达式，本书对这些观念作了细致阐发。其三，其实并未明言出来，但如果读者能略观本书目录，并对广西的学术生态有所反思，则不难发现，清代广西学术的发展脉络是从经世实学转向朴学考证并最后走向某种专门知识的系统创造，其脉络似是整个清代学术发展脉络的复刻，如果我们将之一般化并用来观察学术史的一般发展过程，也并非是不可接受的想法。

最后，感谢广西哲学社会科学规划办，在本项目延宕十年的情况下仍准予结题！感谢广西大学文学与文化研究中心，在本书还有如此多的改进空间的情况下，仍全额资助出版！感谢人民出版社的大力支持及洪琼编审，在本书有如此多的疏漏错误的前提下，仍细心排版校对！感谢我亲爱的父母家人，在我给予你们如此之少的爱的情况下，仍一如既往地包容、关心和爱护我！

郑朝晖于南宁暮春斋

2023 年 6 月 19 日中午

责任编辑：洪　琼

图书在版编目（CIP）数据

朴学影响下的清代广西学术 / 郑朝晖 等著 . —北京：人民出版社，2024.5
ISBN 978－7－01－024729－8

I. ①朴…　II. ①郑…　III. ①学术思想－思想史－研究－广西－清代
　IV. ① B249.05

中国版本图书馆 CIP 数据核字（2022）第 071738 号

朴学影响下的清代广西学术
PUXUE YINGXIANG XIA DE QINGDAI GUANGXI XUESHU

郑朝晖　等 著

人民出版社 出版发行
（100706　北京市东城区隆福寺街 99 号）

北京汇林印务有限公司印刷　新华书店经销

2024 年 5 月第 1 版　2024 年 5 月北京第 1 次印刷
开本：710 毫米 ×1000 毫米 1/16　印张：22.25
字数：350 千字

ISBN 978－7－01－024729－8　定价：99.00 元

邮购地址 100706　北京市东城区隆福寺街 99 号
人民东方图书销售中心　电话（010）65250042　65289539